完本

檀流クッキング

THE DAN-RYU COOKING

檀一雄
＋
檀太郎・晴子

集英社

完本　檀流クッキング

「檀流クッキング」に再挑戦

檀 太郎

父檀一雄は、とんでもない遺産を残してくれたものだと、溜め息をつきながら料理の完全再現に挑戦した。チチ（以後は父をチチと記す。僕達兄妹は親しみを込めて、チチと呼んでいたし、晴子もいつの間にかチチと呼ぶようになっていた）は途中で何回も中断しながら、百五十八回分の料理エッセイを産経新聞に連載。単行本と文庫を合わせて、かなりの版を重ねる人気本となった。細々とではあるが、チチの没後四十年を経過した今でも増刷が行われ、料理好きの男性にとって、バイブル的な存在にまでなっているのだとか。

確かに、今まで料理など無頓着であった益荒男がこのエッセイを読み、食に対するモチベーションが昂まったこともあるだろう。僕の友人知人達も「ダンさん、親父さんの「檀流クッキング」凄いね。イカのスペイン風炒め作ってみたけど、最高。案外、料理って面白いねぇ〜。今度は、ビーフシチューに挑戦してみようと思っているんだ」等々。また、十年ほど前からインターネットの普及が進み、料理好きの方々が果敢に檀流クッキングに挑戦、その料理をブログに掲載されている。が、どこか違うぞ、というのが僕の正直な感想。「檀流クッキング」には、正確なレシピは存在しない。だから、読者の方々が思われるままに料理をされることは自由。そうしたコンセプトが、檀流クッキングの真髄でもある筈だから……。そんな時、ある出版社から連絡が入り、読者がネットに流した「檀流クッキング」を本にしたいという申し出があった。丁度この頃、チチの本を僕達夫婦の手で再現をしてみようかという会話を交わしていたし、集英社からも再挑戦のお話があったので、丁寧にお断りをした次第。

さて、簡単に「檀流クッキング」を再現すると申しても、チチが連載をしていた頃から数えると既に半世紀が経過している。加えて、世の中の風潮も諸物価も大いに変動しているし、チチの料理の説明には不明瞭な言い回しもある。そこで、「檀流クッキング」のイメージを損なわぬよう留意をし、出来る限り忠実に再現してみたことを報告しておこう。

また、今回新たにチチの最も得意とするビーツサラダを加えた（336ページ参照）。この料理は、チチの師である佐藤春夫先生から美しい彩りのデリカテッセンのサラダを頂き、その後に苦労して再現し檀家の定番料理となったもの。佐藤先生から頂いた夜、チチに呼ばれてサラダに含まれている具材を舐めながら、一つ一つ解明して行った思い出がある。白い皿の上に並べた材料はおよそ八品。この具材を均等にさいの目に切り揃え、生のものは生、湯通しするものは湯に通し、マヨネーズ、フレンチドレッシング、サワークリーム、塩コショウで味を調え、数時間寝かせる。と、どうだろう、ビーツから滲み出た赤い色素がむらなくサラダ全体に染み渡り、実に美しい仕上がりとなる。しかし、チチは出来上がったサラダを見て、いたく不機嫌になった。サラダを作り上げた瞬間にはビーツの色が、他の具材に行き渡らなかった為である。ところが、翌朝母が大騒ぎをしている。冷蔵庫に放り込んだサラダが、大変身を遂げていたからだ。この事実を知ったチチは、満面の笑顔で小躍りをして喜んだ。以来、ビーツサラダは檀家のメインの定番となるものの、チチのエッセイには一切書かれていないことは、未だに謎である。

ともあれ、チチは家にいる限りは毎朝買い物に出かけ、家族全員の食事と客をもてなす為に料理の腕を振るった。が、所詮大名料理。裏でアシストを務めた母や晴子の苦労は並大抵のことではなかっただろう。「檀流クッキング」を再現するにあたり、晴子の奮闘がなければ実現はしなかった。檀流は男の料理と思われがちだが、今回の改訂で女性の方々にも共感して頂けるものと期待している。

目次

装丁・三村　淳

檀流クッキング

檀一雄

第1部（1969年5月〜1971年3月）

○第1部・第2部は、１９６９年〜１９７３年のサンケイ新聞連載『〝檀流〟クッキング』を、底本としたものです。本文中に人種、地域などに関して、今日の人権意識に照らせば不適切と思われる表現や用語も使われておりますが、作者が故人であること、および作品の持つオリジナリティや時代性等を尊重する意義から、そのまま収録いたしました。
○漢字、かなづかい、送りがな等の表記については、中公文庫『檀流クッキング』（２００２年改訂版）を参考にいたしました。

001
カツオのたたき

レシピは
P.338

しばらくの間、私がみなさんに、食べものの話、そのつくり方、その食べ方を手ほどきすることになった。

ご承知の通り、私は、料理の専門家でもなく、包丁さばきの大家でもなく、ただ十歳のころから、ヤミクモに、自分の食べるものは、自分でつくって、食べてきたというう、男である。おまけに、生来の放浪癖も手伝って、日本中のここかしこを、ウロウロとあてもなくうろつきまわり、土地土地のさまざまの魚介類や、野菜や、海草の食べ方を、見よう見まね、その土地土地の流儀で、つくっては、食べてきたものだ。

中国も、至るところ転々とした。ある時は砂漠のゲルの中で、羊肉の水タキをつつき、ある時は湖南省の土民の台所で、オカミさんに料理の手ほどきを教えてもらったりした。

いや、時にはロシア人と暮らして、「ボルシチ」や「ウーハー」を見習い、時には韓国人と同居して、「プルコキ」や「カルビクイ」にも、馴れつくした。だから、私は、広く、まんべんなく、世界のさまざまの料理を、みなさんと一緒につくってみたり、味わってみたりしたい。ただしなるべく、材料が、安くて、豊富で、だれでも食べられる、愉快な食べ物を心がけてみたいものである。

その第一番目に、カツオのたたきを選んだのは、やっぱり日本人として、日本の好季節の、一番痛快な、食べ物にしたかったからだ。

目に青葉山ほととぎす初鰹

とだれでも知らぬ人のないこの俳句が生れた、江戸時代の、ある時期には、初ガツオを食べるのがイキで粋で、江戸ッ子なら、だれでも着物を質入れしてまで、初ガツオを買って食べようとしたらしい。

だから、その値段も法外な高値をよんで、いまなら一本数万円ぐらいになっていたようだ。

カツオは黒潮のフチのあたり、水温の暖かい澄みとおった海水を回遊して北上してくるらしく、二、三月、台湾。三、四月、九州、伊豆七島。四、五月頃から、野島岬の沖合あたりにやってくるようで、この時期が、山ホトトギス初ガツオなのだろう。

さて、カツオのたたきは高知の豪快なサワチ料理の一部である。

どこの魚屋でも今頃ならカツオを四つの節に割ったものを売っているから、その一節を買ってくる。背が好きな人は背の方、腹の皮のキラキラと輝いている部分が好きな人は、腹の部分を買ってくるがよい。

皮のまま、カツオに、金串を二本縦に刺し通して、ワラを焼き、カツオの表面をサッとあぶって霜降りにさせ、薄く塩を塗りつける。ザクザクと下駄の歯の厚さぐらいに包丁で切って、マナ板の上に平にならべ、コップに酢と、醤油を半々、サラシネギをいっぱいきざみ入れ、カツオが見えないくらいに全体にふりかけて、包丁の腹や手のヒラでベタベタと叩く。これが平ヅクリだ。

酢は、ダイダイや、スダチや、レモン、何でもよろしかろう。

出来上がりには、トキガラシや、ニンニクなどを添えて食べるのが普通である。向井潤吉画伯の奥さんは高知の方だが、シソガラを丁寧に乾して、これを燃やしてあぶり、そのシソの香と、ネギの薬味だけを大切にして、ニンニクや、カラシの類は使われない。

私はといえば、ガスの炎を一応、魚焼きの鉄板でさえぎって、ガスコンロの左右に煉瓦を並べその上に金串でカツオを差し渡して、あぶる。

塩をしたら、長いまま、レモン、醤油、ネギ、サンショウの葉、ニンニク、青ジソ、ダイコンおろし、なんでも、まぶしつけて、パタパタ叩いたあげく、三センチぐらいの厚さにブッタ切る。

繊細は性分に合わないからだ。

002 レバーとニラいため

レシピは P.339

中国の町をうろつくと、大道で、豚の舌、豚の肝臓、豚の心臓などのきれいに煮込んだものを、注文すれば、すぐに取り出して、トントントントン、切ってくれる。

饅頭と一緒に食べるのもおいしいし、酒のサカナにも、大そうよい。子供までが、道端で買って、紙にくるんでもらい、歩き歩き食べている姿をよく見かけたものだ。

むかしは、豚のアブラでテラテラに光るボロ服をまとったオヤジさんが、ハエのたかる、その豚のモツを、丸太のマナ板の上で切ってくれたものだが、解放後はやっぱり清潔整頓。マナ板も白くササクレが見えるまでに磨きあげ、駅のプラットホームで、白衣をまとった売子が、大鍋の中からコトコト煮えているモツの類を取り出して、切って、紙にくるんでくれる。

日本でいったら、駅弁だが、私など、少し余分に買って、こっそり、夜の酒のサカナにしたものだ。

さて、これから二、三回、豚の舌だの、豚のモツだの、さまざまの内臓を、いろいろに食べる工夫をしてみよう。悪食だなどと思ったら大間違いだ。これらのものを、りこうに処理し、おいしく食べるのが、人間の知恵というものである。

日本人は、清楚で、潔癖な料理をつくることに一生懸命なあまり、随分と、大切でおいしい部分を棄ててしまうムダな食べ方に、なれ過ぎた。

ひとつには、長いこと殺生が禁じられた時代のために、鳥獣のほんとうの食べ方がすっかり忘れられてしまったのである。

日本人は、いわばササミのところばかりを食べて、肝腎の、おいしい部分を、ほとんど棄ててしまう気味がある。

そこで、本題に入る前に、まず、あなたたちの、今日までの偏見や、先入観を棄ててもらいたい。

つい先日、私のところに、五つ六つのお嬢さんを連れたお母さんがやってきた。私は豚のモツや、鶏のモツのいろいろな煮込みを出したのだが、そのお嬢さんは、大喜びで、モツの煮込みを食べるから、かえって、お母さんが、アッケにとられる始末であった。

偏見や先入観は、たいていその母が、知らず知らずにその子供達にうえこんでしまっているものである。

さて、豚の舌や、豚の心臓、肝臓は、全部つながっているものだから、なるべく、肉屋に出かけたら、

「タン（舌）ハツ（心臓）のつながっているものを下さい」

といって買ってくるのが、よいだろう。私はレバーのところまで、一緒につながったものを買ってくるが、レバーは大きいし、家庭で、とても一頭分は処理しきれないから、タンハツと、レバーを一ひら買ってくることにしよう。

まず手っ取り早い料理をひとつ。

豚のレバー二〇〇グラムばかりを食べよい大きさにザクザク切って、十分ぐらい水につける。血抜きをするわけだ。その肝臓の水を切り、お茶碗かドンブリに入れて、ニンニクとショウガを少しばかりおろし込み、お醬油を少々、お酒を少々ふりかけて、二十分ばかりほったらかす。下味をつけるわけだ。

さて、中華鍋の中にラードを強く熱し、レバーに片栗粉をふりかけて指でまぜ、煙をあげる中華鍋の中に放り込む。レバーの表面が焼けて、火が通った頃、ザクザク切ったニラを放り込んで一緒にまぜる。ニラがシンナリしかかった頃、醬油を大さじ一杯、鍋の中に入れる。醬油がからみついた時に火をとめる。

強い火で手早くやるほど、おいしいはずだ。

003

前菜用レバー

レシピはP.339

こないだは豚のレバーの手っ取り早いいため方を紹介した。

そこらのラーメン屋で、ニラレバーと呼んでいるところのものだ。さて、きょうは前菜用の本格的なレバー料理を稽古しよう。

豚のレバーは一頭分だとあまり多過ぎるから、四〇〇〜五〇〇グラム。しかし、けっしてバラバラに切ったものを買わないで、少なくとも、一塊を丸のまま買ってくる。

（そのレバーがたっぷりひたるぐらいの）深鍋に水を張り、その水をグラグラに煮立たせる。熱湯の中に一つかみの塩を入れ、この塩湯の中にレバーを丸ごと放り込んで、五分間ばかりゆでる。

血抜きをするのである。

沸騰してから五、六分で取り出すが、取り出してもまだ血がにじみ出すはずだ。

さて、同じ鍋でもよいが、別の鍋でもよいが、鍋の中にたっぷりレバーがひたるくらいの水を入れ、醬油や塩で味をつける。その味加減はお吸物よりからく、煮物より甘いていどがよいだろう。少々ザラメを入れてもよい。ニンニク一片、ショウガ一片。どちらも押しつぶして、鍋の中に入れる。

ニンジンのシッポや皮、ネギの青いところ、タマネギなど、屑野菜をなんでも放り込む。

この液の中に血抜きしたレバーを移して、今度はトロ火で（少なくとも中火で）四、五十分コトコトと煮るのである。三十分ぐらいたったころ、ゴマ油を大さじ一杯か、二杯、加えた方がよい。

そのままさまして、完全に冷えたころ、レバーを取り出し、薄切りにして、皿の上に、花のようにならべてゆく。

そのまま食べるのだが、味がうすいと思ったら、醤油をかけ、薬味がほしいと思ったら、針ショウガなどとてもよく合うはずだ。

残りは切らずに、元の煮汁にもどし、冷蔵庫の中へしまっておけば、一週間ぐらいはだいじょうぶのはずである。

004 タンハツ鍋

レシピは P.340

前回は豚のレバーの煮込み料理を書いておいたが、出来はどんなものであったろう。ネギや、ニンジンや、タマネギの屑を放り込んで、コトコト煮たあげくに、よくさまして、薄く切り、皿にならべたら、あんなに手軽な前菜はない。酒のサカナにも、お惣菜にもよろしく、うちの子供など、始終つまみ食って、オヤツの代わりにしているようだ。

味は好みの醤油加減でよろしいが、出来上がりに近いころ、上質のゴマ油を少したらすのがおいしく、もっと中国風の匂いをつけてみたかったら、五香か、大ウイキョウをほんの少し、入れて煮るとよい。五香も大ウイキョウも、デパートの中華料理の材料をあつかっているところに売っている。

豚のレバーの煮込みと、まったく同様にして、牛のレバーも、鶏のレバーも、おいしく食べられるのは、もちろんのことである。

さて、今回はタンハツ鍋のつくり方を紹介しておこう。

いつかも申し上げた通り、豚でも、牛でも舌の先から、腸の末端に至るまでことごとくの内臓が一本につながっているものだ。これらのモツを、気味悪がったり、馬鹿にしたり、粗末にしたりしてはいけない。ちょっと、手をかけると、これほど安くて、おいしい部分は、ないくらいのものだ。一家五、六人がタラフク食べるに充分な、タン（舌）とノドボトケの軟骨の部分、食道、ハツ（心臓）とつながって、おそらく、三百円前後ぐらいで買えるはずである。

肉屋の帰り道に、ちょっと豆腐屋によってオカラを十円だけ買っておこう。

さて買ってきたタンハツをボウルに取り、そのタンハツの上にオカラをかける。オカラと一緒に塩と酢を、思い切りたくさんふりかける。

タンハツをよくよく揉んで、磨いて、ヨゴレと悪臭を取るのである。この時に、舌の部分と、ノドボトケの部分と、食道の部分と、心臓の部分を、包丁で切り離しておくとよい。

ひとつだけ面倒だが、食道の部分は菜箸か何かで裏返して、食道の中のヌラヌラをよく磨き取っておかねばならぬ。肉の全部をオカラと塩と酢でよく揉み洗ったら、今度は水をかけて洗い流し、これで、下準備はできた。

鍋を二つ用意して、舌と、ノドボトケと、食道を一緒に入れ、心臓だけ別に煮る方が、ハツの臭気を全体にうつさないですむ。

大体四十分ぐらい水煮するだけだが、多少塩を加えて煮てもよい。

煮え上がったかどうかは舌の部分を真ん中から切ってみて、おいしく食べられたら、それで結構だ。この時舌の表面の白い膜は、指先や包丁でこそぎ取る。もう、このまま薄く切って皿にならべ、酢醤油やカラシや、ニンニクや、トウガラシ油などで食べたら、素晴らしくおいしいはずだ。

しかし、今日はひとつタンハツ鍋をつくってみよう。スキヤキ鍋にまず、スープを張って、今しがた煮上げたタンハツを薄く切って入れる。

好みではニンニクも入れ、醤油やお酒を加えて、お吸物の味より、ちょっとから目にし、ガスに火を入れる。グツグツ煮立ってきたころ、ワケギや、キャベツのザクザク切りを山盛りいっぱい加えて、モツと一緒につつくわけだ。私の一家など、牛のスキヤキより、豚のタンハツ鍋の方を好むのである。

005

コハダずし

レシピは
P.341

あまりにモツ料理ばかりでは、ホルモン屋と間違えられそうだから、ひとまず前回で打ち切りにしておこう。

今回から二回、オカラを主体にした料理をつくってみるが、モツを磨いた時に、オカラを十円買ったはずである。実は、十円のオカラというのは、モツ磨きばかりには多過ぎるので、はじめからその半分はとっておき、ほかの料理にふり向けた方がよい。

こう書くと、オカラを半分、冷蔵庫の中にしまい込んで、次の料理の時まで保存されると困るから注意しておくが、オカラそのものは非常に腐敗が早いから、買ってきたら、手早く処理しておかねばならぬ。

それには、まず油でよくいためるのがよい。

ラードでも、天プラ油でもよろしいが、ラードは冷えると固まるから、オカラの時は、できたらサラダ油でいためることにしよう。中華鍋で、先にサラダ油を入れ、弱い火で気長に、ゆっくりといためよう。オカラのカタマリをほぐし、全体にまんべんなく火が通るように、ていねいにいためてゆくがよい。

サラサラになるくらいいためても、中に具をまぜ合わせると、またしっとりとしめるから、時間をかけていためておくと、おいしくもなり、くさりにくくもなる。

さて、いため終わるころ、少量の砂糖と、塩で、好みの味をつけておく。具を入れる時に、また味が濃くなるはずだから、なるべく、味はひかえ目にしておく方がよい。それに砂糖の甘味を乱用すると、自然の甘味を消すことになる。

ところで、オカラの具を何にしよう。私のところでは、シイタケ、ニンジン、タケノコ、オアゲなどを使うことが多い。ほかに青みとして、ミツバか、インゲンか、ネギなどを加えると、色どりも歯ざわりもよく、おいしくなる。キクラゲやシラタキを、加えるならば、贅沢なお惣菜になるだろう。シイタケや、キクラゲは水にもどし、全部をほとんど同じ太さの細いせん切りにしよう。

煮干しのダシでも、カツブシのダシでもよいから、なるべく淡口醤油で、できるだけ色のつかないように味をつけ、手鍋の中で、全部を、ほとんどいためるようにして煮る。ニンジンの歯ざわりなどはハッキリ残しておくがよい。ミツバやネギなどは、最後の一瞬に火を通すだけだ。

まだダシ汁が残っているなら、ダシ汁を加え、全部の具を中華鍋のオカラの中に入れて、もう一度、中火でいため直す。これで出来上がりだが、好みでは、イリゴマや、麻の実などを加えるのも面白い。

さて、コハダのオカラずしだ。

自分でやれればこれにこしたことはないが、できなかったら、魚屋からコハダを腹ビラキか背ビラキにしてもらって買って帰る。そのコハダの内と外に、充分塩をして三、四時間ほったらかす。三、四時間目に、今度は酢で表面の塩を洗いおとし、新しい酢の中に三十分間ばかり、コハダをつける。塩でしめる三、四時間が五、六時間になったって、酢でしめる三十分が一時間になったって、ビクビクすることはない。ただ、それ以上時間を短くすると、くさりやすいだけだ。

さっきのオカラの煮しめに少量の酢を加えて、もう一度火を通すか、よくまぜ合わせ、しっかり手でにぎって、コハダのお腹の中に、たっぷり包みこむのである。

オカラがあまったら、コハダの上にかぶせておいて、皿にならべる時に、きれいにとりのぞけばよい。

006

大正コロッケ

今から五十年ばかりむかし、大正コロッケというすこぶる珍妙な食べ物があった。手押しの屋台車で、町から町を流し売って歩いていたものだが、左様、一個一銭か一銭五厘ぐらいのものだったろう。三銭か五銭払うと、小さく切った古新聞紙の上に、その大正コロッケを二つ三つならべ、角切りのキャベツを添え、カラシとソースを、思い切りよくぶっかけてくれたものだ。

今の値段だったら、十円二、三枚というところだろう。パサパサした口ざわりで、私達は洋食を食べているような満足感を味わったものである。

私は子供心にも、その大正コロッケが、どのようにしてつくられるか、その秘法をジッと観察していたのだから、幼にして、料理の天才であったわけだ。けっして、上等の料理ではない。大正コロッケのような下の下の底辺料理の研究家であった。

そこでその、大正コロッケを、家に帰り、自分の手でつくってみたのだが、屋台車の大正コロッケよりも、はるかに、おいしく、上等のものができた。爾来三十年、私は大正コロッケなどつくることをすっかり忘れていたが、わが家の子供達が、ようやく小学校、中学校に入るに及び、

「ウチの坊っちゃん、嬢ちゃん達よ。チチは小さい時に、自分で大正コロッケというものを、つくって食べていたんだぞ。今日、そのつくり方を教えてあげるから、これから、自分達で、つくることを覚えなさい」

そういって、そのつくり方の秘伝を伝授した。大成功であった。子供達は、大正コロッケが大そうに好きなの

レシピは
P.342

である。

　そこで、調子に乗って、私はみなさんに、その秘伝を公開するのだが、むかしの大正コロッケより、少しばかり上等につくってみよう。

　オカラ料理の変種だから、まずオカラが要るが、十円では多すぎる。半分でオカラの煮しめをつくり、残りのオカラ半分で充分だ。

　ホトトギスの時節はトビウオの盛期だから、安かったらトビウオを一尾買ってくる。トビウオが高かったら、もちろんアジでも、イシモチでも結構だ。

　そのトビウオなり、アジなり、イシモチなりの肉を包丁でこそぎ取り、スリ鉢で、よくつきほぐす。魚肉のスリ身ができるわけである。その魚肉のスリ身の中に五円分のオカラを入れる。よくまぜ合わせ、ネギのザク切りと、乾したサクラエビを適当にまぜ合わせれば、それでよい。

　そのまま、小判の形に沢山のコロッケをつくり、天プラ油で揚げるだけだが、一つ重大な注意が必要だ。

　そのまま揚げると、油の中でバラバラにくずれてしまう。そこで、そのツナギにメリケン粉と卵をまぜ合わせるわけだが、卵は一個、メリケン粉は適宜、小さな塊を油の中に落として、くずれない限度にするのがよいだろう。ネギと、サクラエビのほかに、キクラゲとか、麻の実などを加えたら、オツなものである。

　さて、大正コロッケの秘伝を公開したついでに、日南（宮崎県）のオビ天の製造の秘法も、公開しておこう。

　やっぱり、トビウオの肉をこそぎ取り、スリ鉢で、よく突き、すりつぶして、魚肉のスリ身をつくる。トビウオは一尾でも二尾でもよいが、魚肉とほぼ等量の豆腐を、なるべく、水を切って加え、よくまぜ合わせる。

　さて、塩をほんの一つまみ、砂糖を少し多い目に入れるのが、オビの流儀だが、私は砂糖をあまり好まないから、加減をする。

　小判の形につくって、天プラ油で揚げればそれで終りである。

007

バーソー

レシピは
P.343

もう随分とむかしのことだが、熱海の仕事部屋で原稿を書いていた私のところに、ひょっこりと、邱永漢君が陣中見舞にやってきてくれた。邱君はご存知の通り、食通の大家だし、私は朝夕の食事の単調にうんざりしていた矢先だから、

「ひとつ、台湾の、一番簡単で、面倒の要らない料理を教えてくださいよ」

と頼んでみたことがある。何しろ、私は旅先のことだし、持っているものは、深鍋ひとつだけの有様であったから、邱君は、その私の手持ちの鍋や皿の類を眺めまわしたあげくに、

「いいでしょう。やってみましょう」

と、きさくに引き受けてくれた。

そこで二人で町に出て、豚のバラ肉の塊を三〇〇グラムばかり、ネギの束を二束三束買いこんだ。あとはシイタケと、卵ぐらいのものだったろう。

邱君は、そのネギの根っ子だけを取りのぞき、ザブザブと水洗いして、長いまま全部、鍋の中に入れた。切りも何もしない。その上に少しばかり水を入れ、今度は豚バラの塊を、丸のまま、放り込んだ。そこへ大量の醬油を入れて、ガスに点火した。もしかしたら、カンざましの酒を少し加えたかもわからない。それで終わりであった。トロ火で、二、三時間も煮込んだろうか。その間、邱君は見向きもしなければ、かきまわしもしない。まったく簡単きわまりない料理であった。やがて、ゆで卵の皮をむいて三つ四つ放り込み、シイタケを放り込み、

「味がしみたら、それで出来上がりですよ」

やがて、邱君のやる通り、そのとろけたネギをメシに

かけて食べてみたら、なるほどうまい。肉の方は箇便東《トン》坡肉《ポーロー》といったところである。ゆで卵もシイタケも大いによろしい。いわば、手入らずの、台湾おでんだ。

　コンニャクだって、豆腐だって、よろしいだろう。ネギをドンドン補給して始終火にかけていたら、一カ月だって、腐らないはずだ。

　みなさんも、この手入らずの台湾おでんをやってみるのがよろしいけれども、あまりに芸が無いというのなら、よろしい。

　おなじく台湾の「バーソー」のつくり方を指南しよう。豚バラ三〇〇グラムを二度びきに挽肉にかけて、ネギをやっぱり、三束か四束か買ってくる。豚バラはねばるから挽肉にはできないよ、などと肉屋がいっても、よく頼んで挽肉にしてもらう。

　さて、大量のネギを薬味のように、ザル一杯ぐらい切っておく。サラダ油を少し多目のつもりで中華鍋に入れ、はじめに叩いてきざんだニンニクとショウガをいためる。そこへ、ザル一杯のネギを加えて、弱い火で一時間ばかり、丁寧にいためてゆくのである。

　いためるにつれてネギはアメ色になり、その量も、ザルいっぱいのネギが手のひら一杯ぐらいになり、ネトネトとろけるようになり、その形もほとんどなくなってしまう。そこへ肉を入れ、ザブザブとひたるぐらいの醤油を入れ、少しばかり酒を入れ、よく煮つめるのである。

　出来上がったものはご飯にかけてよろしく、ジャジャメンの肉みそ同様によろしく、熱湯をかければ即席ラーメンのスープによろしく、酒のサカナによろしく、何にでも転化できる。腐りにくいし、いため直せば、一カ月でも大丈夫のはずだ。

　さて、あと一品。豚の挽肉を三〇〇グラム買う。タマネギ三分の一個をみじん切りにして手早くいため、挽肉を加えて、強火でいためる。醤油を少々、酒少々を一緒にコップに入れておいて、肉の上に一挙にかけ、肉をよくほぐす。汁気がなくなった頃、カレー粉をふり、全体にまぶしつけながらいため終わると、出来上がりだ。これまた、ゴハンのふりかけ、酒のサカナにすてきである。

008

ドジョウのみそ汁と丸鍋

レシピはP.344

六月十九日は桜桃忌である。

鬱陶しい梅雨と湿気。サクランボは果物屋の店先に光っているが、お世辞にも、いい時候だなどといえたものじゃない。太宰治でなくったって、ドブ泥の水の中にはまり込んでしまいたくなる。

こんな時期には、よく、その太宰治と二人、荻窪の屋台のウナギ屋に出かけていったものだ。ウナギ屋などというと聞えがよいが、ウナギのカバヤキを食わせるような上等な店ではない。

ウナギの頭と、ウナギの肝に、タレをつけて、焼いて、酒のサカナにしてくれる。焼酎と酒の店である。それでも、そのウナギは、天然ウナギの頭であったわけだろう。いつだったか、私がそのウナギの頭にガブリと噛りついてみると、大きなウナギ針に噛みあたった。

太宰は、手を叩いて、喜んで、「檀君。それが人生の余徳というもんだ」そんな愉快な思い出がある。あれ以来私はウナギの頭と、ウナギの肝を、ことさらに、酒のサカナとして珍重する習性になった。

さて、梅雨のあとさきは体力消尽。一年でも一番バテる時期だから、ウナギの頭とか、ウナギの肝とか、大いに食うがよろしい。しかし、ウナギの頭と肝ばかりを見つけて歩くのは大変だから、もっと手に入れやすくて、しごく簡単な、ドジョウとウナギの料理を、二回ばかりにわたって、紹介しよう。

しごく簡単な料理などといったって、バカにしてはいけない。私は、東京の、庶民的な一番立派な料理だと信じている。

駒形の越後屋とか、高橋の伊せ喜とか、浅草の飯田屋とか、東京のドジョウ料理は、日本の代表的な庶民のご馳走であり、私がその秘伝を伝授しようというのである。

講釈はこのくらいにして、町のドジョウ屋から、丸ドジョウを（もちろん生きているものだ）買っていらっしゃい。小さ目のドジョウで結構だ。四、五人家族でドジョウ四〇〇グラム（一〇〇グラム六十五円）もあれば、充分だろう。ほかに、ゴボウ一本、ネギ一束、ショウガ少々用意したらよい。

そのドジョウをしばらくバケツの水におよがせておいてから、深い鍋に移す。たっぷりと水を入れ、ダシコブを少し、ショウガを一かけら、押しつぶして入れ、カンザマシの酒でもあれば入れておこう。さて、鍋の蓋を閉め、鍋の底に火を入れる。カマユデにするわけだが、可哀想だなどと、つまらぬオセンチはよしたほうがいい。人間は牛を食い、豚を食い、鶏を食い、魚を食い、ありとあらゆるものを食って、頭脳と体力を太らせてきたのである。

沸騰してきたら、火をトロ火にして、ドジョウの皮膚のヌラがくずれないようにそっと煮る。さあ、三十分か四十分煮たら、ドジョウの全体の三分の二ばかりをドンブリにすくい取る。煮汁もコップ二杯ぐらい一緒にすくい取っておくと具合がよい。「ドジョウの丸鍋」の分をのけておくわけだ。

深鍋の残りの三分の一のドジョウはそのまま、みそ汁に仕立てあげるのである。みそを丁寧に汁でといて、鍋の中に静かに流し込む。よく水にさらしたササガキのゴボウを鍋に加えて、もう一煮すれば、出来上がりだ。極上のドジョウ汁が出来上がったはずである。

今度はスキヤキ鍋を出して、卓上のガスコンロの上にのせる。その鍋の中にダシ汁を張る。ドジョウの煮汁に適当な醬油とみりんを足すだけでもよろしいし、カツブシでダシを取り、少し別の味に変えてみるのも面白い。ダシ汁は、お吸物の味よりやや濃い目ぐらいのつもりにしておいて、味がうすかったら、食べる時に醬油を足す。

さっき、のけておいた三分の二のドジョウをみんなならべ、火を入れる。その上に薬味用に切った大量のネギをのせて煮ながら食べる。ドジョウの丸鍋の出来上がりだ。

009

柳川鍋、ウナギの酢の物

レシピは
P.345

前回は、「ドジョウ汁」と「ドジョウの丸鍋」のつくり方を披露した。手っ取り早くて、おいしいはずだが、どうも、丸のドジョウは閉口だとおっしゃる方達のために、今回は「柳川鍋」のつくり方を指南することにしよう。

「柳川鍋」というから、きっと九州の柳川でよく食べるドジョウ鍋のことだろうと想像されるかもしれないが、残念ながら、柳川に柳川鍋のしきたりはない。実は私がその柳川の出身だから間違いはない。「柳川鍋」のおこりは、江戸に「柳川屋」というドジョウ屋があったからとも、また柳川の蒲池でできる土鍋を柳川と呼んで、その鍋で開きドジョウの卵とじにしたものを売り出したから「柳川鍋」と呼ぶようになったのだろうともいわれている。

いずれにせよ、土鍋で、開きドジョウを卵とじにすると、いつまでも、グツグツと土鍋の熱が去らず、卵の半煮えのうまみと、ドジョウのうまみと、新ゴボウの香りが、混然とまじり合って、あんなに結構な食べものはない。

さて、開きドジョウを三〇〇グラムばかり（一〇〇グラム百円ぐらい）買ってこよう。夏場はドジョウはみんな子持ちだから、子の方もついでに貰って帰る。細めの新ゴボウを一本、ほかに鶏卵二個あれば、材料は充分である。

まずゴボウを薄くササガキに切って、酢水にさらしておく。次に開きドジョウをザルにでもならべて、熱湯をくぐらせる。私はドジョウ汁の大鍋の中にザルにならべた開きドジョウをくぐらせたが、一度お湯を通しておく方が、ドジョウの臭気も少なくなり、鍋にならべる時の姿がよくなる。

柳川鍋をつくる時はなるべく土鍋がほしいが、無かったらスキヤキ鍋ででも代用して、何としてでもつくってみるのが一番大切だ。鍋を用意したら、さらしたゴボウを底に敷く。その上に開きドジョウを放射状にならべるのだが、頭をまん中にするか、シッポをまん中にするか、私も大いに迷ったものだ。どうだっていいのである。しかし、ドジョウのオモテを上側に向けた方が、見た目がよさそうだ。この上からダシをかけ、適当に、砂糖だの、醬油だの、みりんだの、お酒だのを加えるわけだが、自分の好みで、どうにでもなさい。何度もやってみるうちにいい味になるだろう。

ここで火を入れ、落とし蓋をする。グツグツ煮えてきて、ゴボウがシンナリした頃、落とし蓋をとって、といた卵を流し込み、七分通り卵が煮えた頃、火をとめる。柳川鍋の出来上がりだ。

今度はひとつ、「ウナギの酢のもの」の手っ取り早いつくり方を伝授しよう。ウナギは高いから、素焼きのウナギを魚屋さんから、一串だけ買ってこよう。みっともないなどと、冗談じゃない。私はいつでも一串買ってくるのである。

その一串の素焼きのウナギを串から抜き、小口から、せん切りにする。せん切りにしたウナギを金網で、遠火で、焼き直して、二杯酢の中に、投げ入れるのである。

別にキュウリだの、ミョウガタケだのを、せん切りにしたり、ササガキにしたりして、水にさらす。青ジソのせん切りや、錦糸卵もつくっておくがよい。

お皿に、そのキュウリや、ミョウガタケや、青ジソなどをカッコよく盛りならべ錦糸卵を散らす。その上にせん切りのウナギをかぶせて二杯酢をかけたら出来上がりだ。

梅雨時には、まったく結構な酢のものである。

010 シソの葉ずし、メハリずし

レシピは P.346

今がちょうどシソの葉の出さかりだから、シソの葉の塩漬けをつくっておこう。

野菜屋の店先に梅干し用のシソをたくさんならべているし、青ジソの葉は、ちゃんと揃えて重ねて売っているから、赤いシソの葉でも、青いシソの葉でもどっちでもよろしい。今から塩漬けにしておくと、大変重宝するものだ。

シソの葉を丁寧に重ねて塩漬けにしたものを、シソの千枚漬けといっている。

ほんとうなら梅干しを漬けなさいといいたいところだが、梅干しと聞いただけでちぢみあがり、もう私の料理教室から逃げ出してしまう奥様がいそうだから、「シソの葉の千枚漬け」と、私の方で用心して手加減をしておいたのだ。

ふつうのシソの葉だと、よく洗い、枝からモギ取って揃えねばならず、それがめんどうなミセス達は、青ジソの葉を買うがよい。青ジソだと一くくり十五円ぐらいで、さあ、十枚かそこいら、きれいに重ねて揃えて売っているだろう。

思い切って十くくり買ってみよう。一枚一枚洗うのがほんとうだろうが、よろしい、一くくり、ヘタのところを握ってザブ洗いすればよい。

ザブ洗いした青ジソの葉一くくりずつを、ちょっと麻糸でとじておく方があとあと便利である。さて鍋に塩水をたぎらせておく。その熱湯にシソの葉を一瞬くぐらせるのである。

アク抜きをするわけだが、できるだけ水気を切って、卓上漬物器の中にシソの葉を重ねる。一くくりごとに、塩を多目にふりかけ、押しをかける。

一晩のうちに水があがるはずだ。その水を思い切りよく棄てて、水気を切る。これで大体アク抜きができたはずだ。

ちょっと面倒に感じたお方に、アク抜きの原理を説明しておこう。本当なら、ていねいに塩モミして、よくよくしぼらなければならないところだが、シソの葉っぱをこわしてしまわないように、簡便法を考えたまでだ。

さて、もう一度よく塩をしてそのまま押しをかけ、保存するのもよろしいし、梅酢にひたして、押しをかけるのもよろしいが、檀料理教室は、そのまま醬油をぶっかけなさいといっておこう。葉っぱ全体に醬油がかぶる程度にして、しっかり押しをかける。

一カ月目ぐらいから食べられるが、三カ月ぐらいからの方がおいしいはずだ。一、二カ月目から押しをとり、フタ物の中にしまって、冷蔵庫にでも保存するのがよいだろう。そのシソの葉を何に使うか。何に使ってもよろしい。香り高い年間の漬物だ。

例えば、オニギリをつくる。早速シソの葉の千枚漬けをとり出して巻きつけると、匂いのいい即席のおすしが出来上がるだろう。

シソの葉の千枚漬けのすしだけでは淋しいというのなら、よろしい、紀の国のタカナの「メハリずし」の秘法を伝授しよう。デパートか漬物屋で「タカナ」を買ってくる。丁寧にひろげる。その適当なところに適当な大きさのゴハンをつつんで、しっかり巻く。大きく巻いたメハリずしは、そのまま丸嚙りすると「目を見張る」から「目張りずし」というのだという説もあるが、タカナの破れ目からゴハンのこぼれ出すのを防ぐためにちぎれたタカナで目張りをするので、メハリずしというのかもわからない。

そこであまり「目張らぬ」ように、包丁で切ってならべて食べることにしよう。

011

サケのヒズ漬け、三平汁

レシピは
P.347

都会の魚屋とか、乾物屋の店先で、なにが不当に、粗末なあつかいを受けているかというと、それはサケの頭である。

新巻ザケの、綺麗な頭を、一尾分三十円かそこいらで売っていて、時には、二尾分の頭を、三十円一皿で分けてくれることだってある。

サケはどこもかしこもおいしい魚だが、ことさら、その頭のところは、おいしい軟骨で埋まっているようなものだから、私など、塩ザケの頭が、店先にならんでいたら、親のカタキにでもめぐりあったように、三つでも、四つでも買ってくる。

最も廉価な、地上の仕合わせが、たちどころに実現するからだ。

サケの頭の軟骨のところを、「ヒズ」といっている。「ヒズ」の多い部分を、そのまま皮ごと薄く切り、酢をかけたら、たちまちおいしい「ヒズ」のナマスができるからだ。

酒のサカナに、「ヒズ」のナマスほどおいしいものはない。

生のままより、一塩してあるサケの頭の「ヒズ」がよろしく、これを薄く切って、酢にひたせばそれで出来上がりだ。

もっと手をかけたい人は、透明な軟骨の部分だけをえらび出して酢漬けにし、ニンジンや、ダイコンの紅白のナマスと一緒に、まぜ合わせる向きもあるが、私は、皮ごと一緒に切った「ヒズの酢漬け」の方が好きである。

さて、サケの頭を三つも買うと、いくら「ヒズ漬け」をつくったって、まだ頭のあっちこっちがたくさん残る。

　そこで、サケの頭をつかった「三平汁」でもつくって、梅雨バテを防いでみたらどうだろう。

　サケの頭は、塩加減の多少によって、はじめに塩出しをしておく方がよい。

　その塩出しをしたサケの頭を、なるべく大き目にブツ切りにして、鍋の中に入れる。コンブも加えて鍋を煮立たせ、今頃の野菜は何でも、かんでも、ブチ込んでみるつもりがよいだろう。

　まずタマネギは大きく輪切りにして投げ入れる。ジャガイモも丸ごとか、二つ切り。ダイコン、ニンジン、ネギ、カブ。そこで、スリ鉢の中にみそと酒の粕を入れ、これを鍋の汁をすくって、丁寧にときほぐす。

　よくすりまぜたら、鍋の中に流し込むのだが、サケの塩があるから、あまりカラくならないようにみそ加減を注意しよう。

　あとは、豆腐とか、キャベツとか、思い通りに放り込んで、ロシア人の「ボルシチ」なみの意気込みになるのも面白いだろう。

　サケの頭の、あっちこっちが、汁の中にとろけるようであり、新ジャガの味、タマネギの味、夏キャベツのバサバサした口当たり。私の一家は、サケの頭を見つけ出してくるたびに、一年中「三平汁」を楽しむのである。

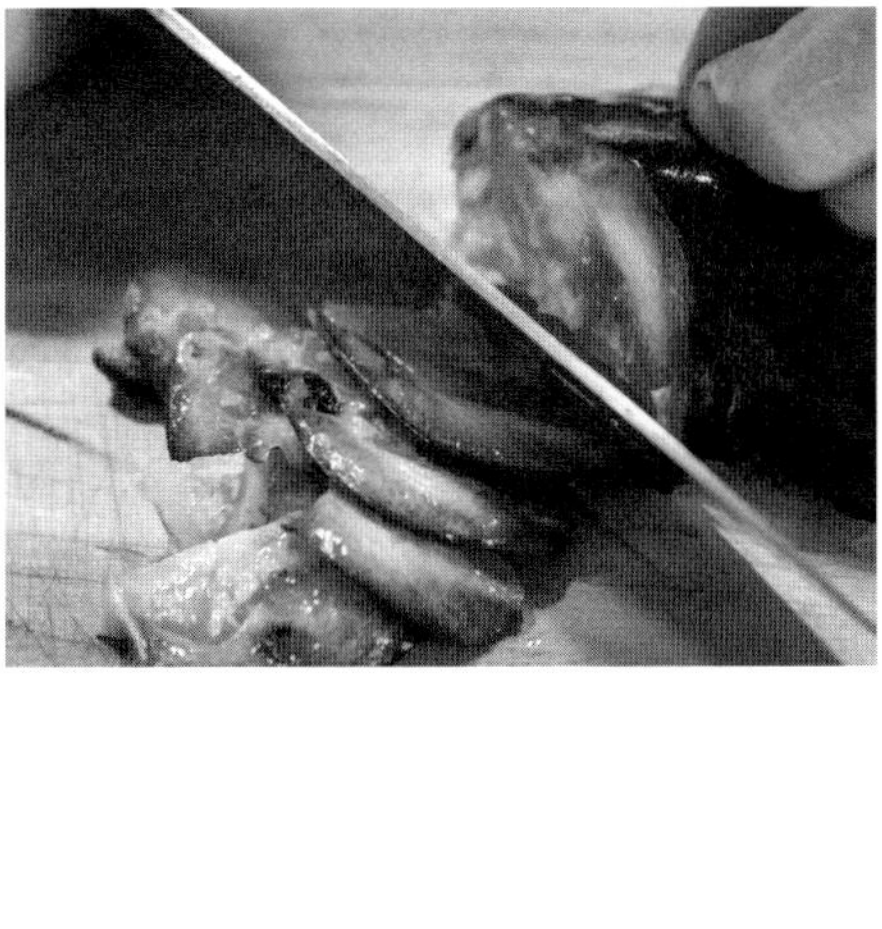

012 柿の葉ずし

レシピは P.348

柿の葉っぱの色どりの美しいうちに、柿の葉ずしをつくってみよう。はしりの新巻ザケを一本貰ったりしたら、毎日毎日塩焼きばかりつくらないで、時には酒の粕汁で煮込んだり、時には、それこそ柿の葉ずしを仕込んで友人達に配ってみたり、やってみるがよい。

この柿の葉ずしのつくり方は、谷崎潤一郎氏が「陰翳礼讃」という随筆の中で、吉野の山の中に伝わっていた、柿の葉ずしの作り方を丁寧に書いておられて、その通りに、私も何度もやってみたが、サケの肉がまるですき透るような色どりになり、塩カラ味が抜けて、柿の葉の色と一緒に、メデタイ、サケのすしになるから、今回は谷崎潤一郎氏が書いておられる通りに取り次いでおくことにしよう。

白米一升を少しかために炊く。ちょうど釜がふいてきた時に酒一合を加えるのである。

ご飯がむれ終わったら、完全に冷たくなるまでさましたあとで手に薄く塩をつけながら、そのご飯をちょっと小さめのオニギリにしっかりとかたくにぎる。この時、なるべく、手に水気をつけないようにして、塩ばかりでにぎるのが秘訣だと谷崎さんは書いておられる。

さて、新巻ザケを刺身のように薄く切り、このサケの肉片をオニギリの上にのせながら、柿の葉の中に包み込むわけである。柿の葉も、サケの肉も、よく水気をふきとっておいて、柿の葉の表の側を内側にして巻き込むのである。

こうして包み終わったすしを、飯びつとか、すし桶とか、何でもよろしい、丁寧にならべていって、隙間のないようにすしをつめ、その上から押し蓋をして、漬物石ぐらいの重しをのせておく。

前夜漬けたら、その翌朝あたりから食べることができて、その日一日が一番おいしく、二、三日ぐらいは食べられる。

食べる時に、ちょっと夕デの葉で酢をふりかけるのである。

谷崎潤一郎氏は、あらまし、こんなふうに書かれておられるが、私も一年に二、三度は必ずといっていいほどつくってみる。

水気を絶対になくすることと、ご飯を完全にさますことが秘訣であって、出来上がると塩ザケが、まるでナマのように半透明に生き返ってくるのである。


さて、ついでのことにもう一つ塩サバでつくる柿の葉ずしを紹介しておこう。

初めに、すしご飯を少し甘めにつくっておく。これは普通のすしご飯で、酢と砂糖でご飯に味をつけるわけであるが、塩サバを薄く切り、すしメシのオニギリの上にその塩サバの肉片をのせて、同じように、柿の葉の中に包み込む。

やっぱり、飯びつとか、すし桶とか、樽の中につめ合わせて、少しばかりのお酒を霧吹きのようにかけ、しっかり押し蓋をし、重しをし、二日、三日目頃が食べ頃である。

どちらも、おなじ柿の葉ずしであり、全くおなじ料理なのであるが、好みによって、すしメシにしたり、酒メシにしたり、塩ザケにしたり、塩サバにしたりするわけである。

どちらも、夏の食べ物で、これを食べると、中気にならないという言い伝えがあるそうだ。

013 ヒヤッ汁

レシピは
P.349

鬱陶しい梅雨が明ける頃になってくると、鹿児島や宮崎のあたりでは、家ごとに、お家自慢の「ヒヤッ汁《ちる》」がつくられる。

簡単にいってしまうなら、麦メシを炊いて、その熱い麦メシをお椀に盛り、その上から、濃いめのダシでドロドロにといたみその汁をつめたく冷やして、その熱い麦メシの上にかけながら、これをトロロのあんばいにゾロゾロとすすり込むようにして食べる。

薬味に、ネギだの、青ジソだの、サンショウの葉っぱだの、ミョウガだの、ショウガだの、キュウリだの、ノリだの、時にはコンニャクのせん切りだのを、きざんでのっけて食べると、何かこう、鬱陶しい梅雨が晴れわたって、暑い夏を迎える勇気がコンコンと湧いてくるような、痛快な真夏の味がするから、ひとつ「ヒヤッ汁」のつくり方ぐらい覚えこんで、気息エンエンの亭主を大いにはげましてあげなさい。

鹿児島や宮崎のあたりは、ホトトギスが啼くトビウオの盛期であり、そのトビウオの干物に熱湯をかけて、こまかにほぐし、さらに酒につけたものを、この「ヒヤッ汁」に添えるならわしのようである。

四国の宇和島にも、ちょうどおなじような料理があって、正直に「サツマ汁」といっているから、九州南端の「ヒヤッ汁」が、やっぱり、この料理の元祖ということになるだろう。

さて、はじめに小アジを五〇〇グラム買って、魚屋にゼイゴとハラワタだけを抜いてもらう。昨日、私が買った時は、小アジは一〇〇グラム十七円であったから、ゴマや、青ジソや、ネギも加えて、材料費百五十円もあれば充分のはずだ。

ガスレンジの両脇に煉瓦を置き、少し遠火のつもりで、金網をのせる。ガスの炎のすぐ上に鉄板の魚焼きを敷いておくと、金網の上までガスの直火がとどかないから、アジがほどよくコンガリと素焼きにできるようだ。

この時、ついでに、菓子箱の蓋か何か、ほどよい杉板を見つけて、みそを全面にぬりつけ、片一方につっかい棒をつけながら、一緒にみそも丁寧にあぶっておくがよい。

そこで、スリ鉢を取り出して、煎りたての白ゴマをまずよくする。

そろそろ、アジが焼けた頃だろう。アジは頭と皮と骨をはずしてお鍋に入れ、その綺麗な身だけをスリ鉢に入れてゆく。さあ、全部終わった。頭と皮と骨を入れたお鍋には水をたっぷり入れて、中火で煮る。濃いめのダシをつくるわけである。

アジの身を入れたスリ鉢の方は、スリコギでトントンつき、アジの身をよくよくほぐし、ほぐし終わったら、丁寧に遠火であぶったみそも、残らずそのスリ鉢の中に加えなさい。

みそとアジとゴマの割合はどうするかって？　どうだっていい。アジとみそを半々にし、ゴマを一割ぐらいのつもりでやってみてごらんなさい。

全体をよくすったら、スリ鉢の底全面に、そのアジゴマみそをくっつけ、ひろげて、もう一度、スリ鉢ごと逆様にしながら、金網の上であぶる。

あとは、アジの頭と骨と皮からとったダシで、ドロドロのトロロ汁ぐらいにのばしてゆくだけだが、ダシを入れる前にあぶったアジゴマみそを少しばかりのけておくと、別の料理の時に重宝する（これは次項）。

出来上がった「ヒヤッ汁」は冷蔵庫でよくさましておこう。

さて麦と米を半々ぐらいにして麦ご飯を炊きあげ、その熱いご飯をお椀に盛る。

ネギだの、青ジソだの、ノリだの、サンショウだの、コンニャクのせん切りだの、思いつくままの薬味を、その麦ご飯の上にのせ、その上から「ヒヤッ汁」をかけてすするようにして食べる。

014

アジゴマみそのデンガク

レシピはP.350

暑い時には、暑い国の料理がよろしく、寒い時には、寒い国の料理がよろしいものだ。

先回紹介した「ヒヤッ汁」は薩摩や日向のお惣菜であり、暑い夏の盛りに、元来は、大麦だけを炊いて、その熱い麦メシの上に、冷たい「ヒヤッ汁」をかけて食べるところが、熱気の中に涼をそえる、愉快なところである。

さて、その折「アジゴマみそ」を、少しばかり、残しておきなさい、といったはずだ。足りないと思ったら、少し余分につくっておけばよいので、アジを五〇〇グラム使うところを、七〇〇グラムぐらいきばっておいて、二〇〇~三〇〇グラム分の「アジゴマみそ」を別にしておくと、たちどころに、種類の違った料理に転化することができて、大変重宝するのである。

「アジゴマみそ」のつくり方を、もう一度簡単に復習しておくと、まず煎りたてのゴマをスリ鉢でよくつぶす。そこへ、素焼きのアジの身をほぐしこんで、よくすり、よくほぐす。

これにあぶったみそを加えてもう一度よくスリ鉢でするだけのことだが、このみそをよくよくあぶることが味と香りをひきたてる肝腎なことだ。

鹿児島や宮崎では、みそを団子のように丸めて串にさしてあぶったり、金網の上であぶったりしているし、宇和島ではみそをスリ鉢の底全体にベッタリなすりつけてそのスリ鉢を火の上に逆様に置いてあぶる。

幸田露伴先生は、短冊掛けの杉板にみそをなすりつけて、火にあぶるのが一番よろしいと痛快なことをいっておられるが、おそらく先生の短冊掛けなら、神代杉とか屋久杉とか千年の杉の香がしみついて、みそはたぐい稀な香気を発するだろう。

風雅な話はこれくらいにしておくが、要するに、みそにあまり焦げ目をつけないように注意しながら、丁寧にあぶり、中まで火気を通すことが肝要である。そのみそをゴマやアジと一緒にしてまたよくすり、出来上がったアジゴマみそを、団子に丸めるなり、板にぬりつけるなり、スリ鉢の底になすりつけるなりして、もう一度丁寧にあぶる。これは大切なことだ。

アジの生ぐささを消し、みそとゴマとアジの香ばしい渾然一体のアジゴマみそを仕上げるのである。

「ヒヤッ汁」をつくる前に、あらかじめ、のけておくアジゴマみそは団子に丸め、串にさして、別にしておくがよい。

使う度に、もう一度丁寧にあぶれるからだ。

このよくあぶったアジゴマみそをデンガクのみそ代わりに使うと大変おいしいのである。つまり、フロフキダイコンとか、サトイモとか、豆腐とか、コンニャクとかを水煮して、よく水分を拭い去ったものに、このアジゴマみそを添えると、素敵な酒のサカナがたちどころに出来上がる。

つまり「ヒヤッ汁」をつくる副産物として、もう一品、しゃれたデンガクがうまれたわけだ。これは大分のあたりでよくやる料理だが、名前を何といったか忘れてしまったから、アジゴマみそのデンガクとでも覚えておきなさい。

もう一品。そのアジゴマみそで即座につくれる料理は「酢みそ和え」だ。アジゴマみそに砂糖をほんの一つまみ加え、カラシ粉を入れ、酢をたらし、かきまわしさえすれば、素敵な「酢みそ」になること請け合いだから、イカでも、コンニャクでも、生シイタケでも、ネギでも、何でもよろしい。塩を落として水煮したものに、この酢にといた「アジゴマみそ酢」をまぶしつけて、青ジソの葉とか、サンショウの葉とかちょっと散らせば、亭主はびっくりして、うわずってしまうかもわからない。

015 ユナマス

暑い時には、暑い国の料理を！　ということで、「ヒヤッ汁」だの、アジゴマみそのデンガクなどを指南したが、もう一回、日向や、大隅、薩摩あたりに伝わる、「ユナマス」のつくり方を紹介して、しばらく、南日本からお別れということにしよう。

ユナマスという呼び名もゆかしいし、夏の日、冬の日、いずれにもよろしい、南国の、素朴なお惣菜である。

先回も、先々回も、アジをそのまま素焼きして、ゴマや、みそとすり合わせたが、今回は素焼きしたアジの身を、そのままほぐして使う料理だから、「ヒヤッ汁」をつくったり、アジゴマみその「デンガク」をつくったりする時に、少し余分にアジを素焼きしておいて、その肉のところを、ほぐして、のけておくと、一挙に、「ヒヤッ汁」と「デンガク」と「酢みそ和え」と「ユナマス」ができるわけである。

さて、ダイコン半本ぐらいの皮をむいて、せん切りにする。せん切りにするというより、せんにおろす道具を使って、「ザクザク」と手早く、大マカにやるがよい。むかしから割竹のはじっこのところに刃がついたおろし器があったし、今はアクリル製のさまざまな形に切れるおろし器があるから、何でも使って、大マカなせんにおろせばよいのである。

実は日向のあたりに、むかしから「ゴロゴロオロシ」という愉快な、不恰好なおろし器があって、これでやると、「ユナマス」にはもってこいに、太かったり、細かったり、つぶれていたり、シャキシャキしたりする千変

レシピは P.351

万化の形に、ダイコンが切れるのだが、いまごろ「ゴロゴロオロシ」なんか、手に入れる方がむずかしい。

そこで、私は近代の大型おろし金で、せんにおろしたり、薄切りにおろしたり、ただのダイコンおろしにおろしたりして、一挙にダイコンをおろしあげ、これに、色どりとして、ニンジンを一本ばかり、おなじように、おろし込み、これで用意ができた。

土鍋の大きいのが一番よいが、なかったら中華鍋を火にかけ、サラダ油を少しばかり入れる。さあ、大さじ三杯ぐらいのつもりがよいだろう。

鍋が熱したら、豆腐を半丁、手でもみほぐしながら油いためする。続いて、せん切りにおろしたダイコン、ニンジンを一挙に入れ、一緒にいためてゆくのである。

この時、火力を強くして一挙にいためる方がよい。弱いダラダラ火では、おいしく出来上がらないから、注意が肝腎だ。

さて、ダイコン、ニンジンに火が通ったと思ったら、少しばかり、ダシ汁を入れる。塩と淡口醬油を入れて、味加減をととのえるのだが、普通の醬油では、せっかくのダイコンやニンジンの白と赤がよごれてしまうから、なるべく塩だけか、淡口醬油にしよう。

もう一度たぎってきたところへ、素焼きのアジの身のほぐしたものを、残らず入れる。かきまわす。最後に、ワケギか、ネギのブツ切りにしたものを投げ入れて、青みを添え(九州のネギは青い)、酢をたらしこむ。

ネギの青みのまだなまなましいころ、ゴマ油を小さじ一杯ぐらいたらしこんで、火をとめる。

これで出来上がりだ。白と、赤と、青の、色どり美しく、ナマスらしい酸っぱさが口にひろがれば結構で、ゴマ油は、アジのなまぐさい臭気消しだと思っておくがよい。

出来上がりに、ユズの皮のみじん切りをほんの一つまみ加えるなら、もっと素晴らしいだろう。

016 カレーライス（西欧式）

レシピはP.352

暑い時には、暑い国の料理がよろしい、と私は繰り返しいったつもりだ。

そこで、真っ先に思い出すのは、インドやジャワのカレー料理である。

みなさんが、カレーライスと呼んで、日本中の誰にも彼にも親しまれているあのドロリとしたカレーライスは、ラーメンと同様、日本独自の発達を遂げた、日本式カレーであって、私も大そう好きだ。

どこかの町に出かけていって、その町の食堂に腰をおろしながら、ラードでまんべんなくまぶしつくしたような、カレーライスを食べるのは、旅の楽しみの一つでさえある。

大雑把にいうと、カレーライスには二種類あって、一つは、インド式のカレー料理であり、もう一つは西欧式のカレー料理である。

と、いうより、西欧人が、インドのカレー料理を、インド式につくるより、西欧式につくった方が、簡単でもあり、手馴れてもおり、口にも合うと、そう思って西欧式に、つくり変えてしまったのが、西欧式のカレー料理で、私達が日頃食べ馴れているカレーライスは、その西欧式の流れを汲むものだろう。

そこで一番簡単で、おいしい、その西欧式カレーライスのつくり方をまず紹介してから、インド式カレー料理に移ることにしよう。

インドでは、ルーをつくって、カレー汁にトロミをつけることをしない。ギーという乳製油とか、植物油とか、椰子の実の汁とかを、たんねんにいためて、トロミをつけるのだが、西欧式だと、メリケン粉で、ルーをつくって、カレー汁のトロミをつけるわけである。

私がはじめに紹介するのは、西欧式の、一番手っ取り早い、カレーライスだ。

まず、タマネギを大量に油いためする。左様、五人前ならタマネギ五個ぐらいの意気込みで、まず二つ割りにし、それを薄くスライスしてゆく。

ザル一杯の薄切りタマネギが出来上がるだろう。これを、なるべく分厚いフライパンか、中華鍋か、大鍋で、サラダ油半分、バター半分ぐらいの油で、丁寧にいためるのである。

もちろん、嫌でさえなかったら、ニンニクをスライスして、一緒にいためる方が、ずっとおいしい。

丁寧にいためるといったのは、時間をかけるということで、トロ火で、なるべくゆっくりいためる方がよい。鍋さえ厚かったらあまりこげつくことがないから、テレビでも見ながら、時折まぜてやるだけで、一時間あまりいためる方がよいだろう。

もとのタマネギの四分の一ぐらいの量になり、狐色に色づいて、ほとんど汁気がなくなった頃、メリケン粉を茶碗に半杯ぐらい加える。一緒によくいため合わせたあげくに、カレー粉も加えて、スープか水かで、たんねんにときのばす。

さて、別のフライパンで、好みの肉をいためよう。豚の小間切れでも、三枚肉でも、牛肉のブツ切りでも、鶏でも、何でもよろしい。

強火で、サラダ油とバターで、手早くいため、その中にジャガイモや、ニンジンや、シイタケなど好みの具のサイの目に切ったものを加えながら、しばらくいためる。

よく火が通った頃、肉とジャガイモとニンジンやシイタケなどを、もとのタマネギの大鍋に移し、ゆっくりとトロ火で煮る。

この時、できたら、月桂樹の葉っぱだの、パセリの芯だの、クローブだの、タイムだの、好みの香料をゆわえて入れる方がよい。さらにチャツネを加えるのがよろしいが、無かったら、ジャムとトマトピューレを入れてみてご覧なさい。

塩で味をつけ、ウスターソースで味を足し、出来上がった頃、もう一度カレー粉を追加するがよい。

017

カレーライス（インド式）

レシピはP.353

ひとつ、今夏はサフランの香気を充分にもりあわせたインド式のカレーをつくって、残暑の耐えがたさを、一ぺんに吹きとばそう。

カレーの料理は、みんな特有の黄色い色を呈しているが、あれは、カレーをつくるときの香辛料の中に、サフランとかターメリッグとか、真っ黄色い香草を混入するからだ。

サフランはサフランの花柱を陰乾しにしてつくった真っ黄色の香りの高い薬草だが、血のめぐりがよくなるといわれ、胃腸によろしく、また素敵な鎮静の作用をもっている。

しかし、小さな花の花芯のあたりだけを集めて乾すのだから、値段も高い。

そこで、普通のカレー粉には、サフランなど入れておらず、ターメリッグという、ヒネショウガのような黄色い根茎を使うのである。

インドでは、さまざまの香辛料を、自分の好みによせ集めて、石ウスでつき、これをカレーの中に入れるわけだが、そんな手間ヒマの持ち合わせがないわれわれは、カレー粉という便利な調合された香辛料を使うわけだ。

ただ、少しばかり贅沢のつもりで、サフランだけは、生粋のものを使ってみよう。サフランは薬屋とか、漢方薬屋とか、デパートの香辛料の部に、一ビン四百円ぐらいで売っている。一ビンといったって、ほんのわずかで、五、六人前のカレーをつくるのなら、一ビンの三分の一ぐらいは使わなくてはならぬ。

はじめにサフランを包丁で細かくきざみ、コップの中に入れて、熱湯をそそぎかけておく。発色をよくするためだ。

きょうの材料は水炊き用の鶏のブツ切りを主な材料ということにして、鶏のブツ切り六〇〇グラムぐらいを買っておこう(一〇〇グラム五十円見当)。

まず最初に、タマネギをほんのわずか薄切りにして、ニンニクやショウガの薄切りと一緒に、サラダ油とバターで、黒い焦げ目がつくぐらいにいため、油をしためて紙の上にのせておく。これはあとでカレーの色をよくするためと、香気を加えるためだ。

インドカレーは、メリケン粉のつなぎを使わず、主としてギーという乳製の脂でいためながら、少しずつ少しずつ、トロミを出してゆくわけだが、サラダ油とバターを半々ぐらいに使ったら、わが家のカレーは、上等の部にはいるだろう。

中華鍋の中で鶏六〇〇グラムを、少し多い目のサラダ油とバターで、いためよう。この時もちろんニンニクも一緒にいためたほうがおいしいはずだ。

さて、鶏の表面に焦げ目がついたころ、荒くブツブツに切ったタマネギ三個分ぐらいを加える。ジャガイモやニンジンも入れたかったら、ほかのフライパンで、別にいためておくほうが無難である。

鶏とタマネギがほどよくいため終わったら、コップの熱湯につけておいたサフランを残らず鶏とタマネギの上にかける。よくまぜ合わせながら、カレー粉も加えよう。

少しスープかトマトジュースを足して、鶏とタマネギが焦げつかぬていど、つまりヒタヒタよりちょっと少な目の汁加減にしておく。このとき、トウガラシをまるのまま二本、ソッと脇のほうに入れておき、できたら、カラシの実とか、粒コショウの実とかを粗くひいて加えておくほうがよい。

一番はじめに、半焦がしに、いためておいたタマネギを指先でもんで散らし、トマトピューレとか、チャツネとか、なければ、ジャムなどを入れて、甘味と酸っぱみを加え、塩加減をする。ここで別にいためたジャガイモやニンジンなども一緒にしよう。

こうして、鶏の骨ばなれがよくなった頃が出来上がりだ。仕上がりにもう一度カレー粉を足すと、なおさらよい。

018 カレーライス（チャツネのつくり方）

レシピは
P.354

カレーライスほど、日本人の生活にしみついてしまった食べ物はないくらいだから、やっぱり誰でも、自分の家に、自分の家の流儀のカレーライスの味と、つくり方ぐらい、確立しておいてほしいものである。

ルーを使う西欧風でも、ルーを使わないインド風でも何でもよろしい。とに角、タマネギをサラダ油とバターで根気よくいため、トマトピューレや、トマトジュース、ジャムかチャツネをほんの少し入れるだけで、とてもおいしくなるはずだ。

さらに、サフランや、トウガラシや、粒コショウや、カラシの実など、ちょっとつぶして加えてみるだけでも、大変スガスガしい味やにおいに変わるものである。

さて、チャツネといったから、ちょっと説明しておくと、インド料理の薬味につけ合わせる、ジャムのようなものである。

インドでは、日本のカレーライスのように、ラッキョウとか、ベニショウガとか、福神漬とかを薬味にするのではなくて、チャツネを薬味に使うばかりでなく、カレー汁の中にチャツネを入れて、味をひきたたせる。

インドでは、主としてマンゴーなどでチャツネをつくるのだが、日本でチャツネらしいものをつくろうと思ったら、すっぱいハタンキョウ（プラム）だの、モモの青いのだの、未熟なリンゴだのを代用するといい。

今だったら、青リンゴが出回っているようだから青リンゴで結構だし、国光や、紅玉が安く出回ってくるころに、一年分のチャツネをつくっておくと重宝するものだ。

チャツネだなどと、大変むずかしいものをつくるように思うかも知れないが、こんな簡単なものはない。

まずニンニクとショウガを押しつぶして、薄く切る。中華鍋の中にサラダ油を大さじ二、三杯入れ、点火してそのニンニク、ショウガを丁寧にいためたあげく、二、三個のリンゴをスライスして一緒に加え、トロ火で煮つめてゆくだけだ。

その中に赤いトウガラシを丸ごと二、三本入れておく。だんだん煮つまってきたころ、レモンの汁をしぼり込み、ザラメを入れ、少量の乾しブドウなども入れ、塩をほんの少々と、コップ一杯ばかりの酢を加える。

これらを煮つめてピリリとからく、甘くて、すっぱい、ジャムみたいなものが出来上がったら、それでよいのである。

はじめてつくるから、味が心配だなどとビクビクすることはない。

煮つまって、ねっとり、ジャム状になったら、これをさまして、ガラス瓶の中にでも入れておけば、一年中、少しずつ、少しずつ、カレー汁の中に加えて、ほんとうに重宝するものだ。

つくったとたんより、一、二ヵ月経ってからの方がおいしいのである。

私は、サラダ油でいためる簡便法にしたが、この方ができそこないが少ないからだ。しかし油を使わず、トロトロと、ジャムづくりのあんばいに、トロ火で煮つめた方が、丁寧に仕上がるかもわからない。

ついでに書き添えておくと、インドでは、レモンの酸味の代わりに、ライムという、もっと肉質の多い、特殊なにおいの、蜜柑の類を、しぼり入れる。

019 ピクルス

そろそろ秋のはじめのころになってくると、ロシア人達は、キュウリのロシア漬けに大童になるのがきまりである。

日本のように年がら年中、ビニールハウスのキュウリだの、トマトだのが、野菜屋の店頭に出回っていると、季節の感覚を失ってしまいそうだ。

たとえば、二十五、六年むかし、私がくらしていた寛城子のロシア人部落では、今ごろの季節になってくると、越年用のロシア漬けや、トマトの煮込みで、まったくお祭りのような騒ぎであった。

私はバウスというロシア人夫婦の台所を間借りしていたのだが、このロシア漬けを漬け込む時だけは、自分の家だけではやらない。部落の家族何軒かが、合同して、キュウリを買い、塩を買い、ニンニクを買い、ウクローブ（香料）を買い、トウガラシを買い、石油缶を買い、といった有様で、バウスの家の前に集まって、そのブドウ棚の下でワイワイ騒ぎながらロシア漬けを漬け込むわけだ。

この石油缶の中に漬け込んだロシア漬けをハンダで密閉して、一年分の漬け物にするわけである。

いってみればすっぱいピクルスだが、サンドイッチにはさみ込んでよろしく、サラダに添えて素敵だし、マヨネーズの中にきざみ込んで結構、カレーライスの薬味代わりに大変よろしい、というふうに、日本の漬け物とは、また打って変わった匂いのたのしさがある。

ロシア人がつくる通りの「アグレッシイ」では、湿度

レシピは P.354

と温度の高い日本では不向きだから、少しく方法を変えて、すっぱいピクルスをつくってみよう。

私はまずキュウリや、セロリの芯や、ニンジンを、少しから目の塩漬けにする。この時、ウイキョウの米粒のような実を少し一緒に漬け込んでおくともっとよい。

ほかにホウロウびきの鍋か何かで、塩水を沸騰させ、その塩湯の中に、ほんの一つまみのザラメを入れ、それからニンニク、トウガラシ、月桂樹の葉っぱ一、二枚、ウイキョウの粒を少々、もしあったら、ウクローブ（ディルのこと）の繖《さん》房花序（カサの骨のような形の花）の乾いたものを放り込み、パセリの茎だの、セロリの芯だのを一緒に煮る。漬け汁の匂いを高くするためだ。

最後に酢をコップ一杯ばかり足し、これらの煮込みをよくさまして、適当な大瓶の中に移す。できたらその大瓶も、よく煮て消毒しておいた方が、カビの出方が遅い。

さて大瓶の中に、二、三日塩漬けにしておいたキュウリや、セロリや、ニンジンを移し入れて、さっき、塩汁と一緒に煮込んだ香辛料のうち、赤いトウガラシと、ディルの花茎だけを、拾って投げ入れるのである。

何のためでもない。こうして漬け込んだロシア漬けの瓶の中身が、水中花のように美しいからだ。

ディルや、ウイキョウはデパートの香辛料の部で売っている。ディルの花茎は手に入らないかも知れないが、ディルの種を塩汁の中に煮込んでもよいし、そのディルの種を土に撒いておくと、翌年、嫌というほど、大きなディルが生え出してきて、花を咲かせるものだ。その花をかげ乾しにしとくのである。

なるべくウイキョウや、ディルの匂いはほしいが、なかったら、月桂樹の葉っぱとニンニクだけでも、やってみるがよい。漬け汁がカビはじめたら、そのカビをすくって捨て、もう一度、汁だけ煮なおすわけである。

020 鶏の手羽先料理

レシピは P.355

牛肉や豚肉がバカバカしいほどの高値を呼んでいる時に、鶏肉だけが、まったく、私達の救いのように、安い。

ことさら、手羽先といったら、一〇〇グラム、せいぜい三十円か、三十五円ぐらいのものだろう。楊貴妃が大そう好きだったという、その手羽先のところが格別に安いのだから、嬉しくなるではないか。

そこで、大いに、鶏の手羽先の料理を研究して、鶏の手羽先のところを食おう。

まず、一番手っ取り早い、手羽先の食べ方といったら、醤油とお酒を半々に割って、そのタレの中に五分か、十分かひたし、てり焼きにすることだ。

この時、いつも私がやるように、ガスレンジの両側に、煉瓦を二つならべ、その上に大きな金網を載せ、網焼きをするのがよいだろう。ガスの焔の上に鉄の薄板でつくった魚焼きを置いておくと、ジカ火が遮られて、ジンワリと、うまく焼けるものである。

この簡単な網焼きの手羽先が大そうおいしいけれども、もうちょっと、西洋風に食べたいというのだったら、よろしい、これまた至極簡単な、西洋風の手羽先料理を伝授しよう。

まず、手羽先をほどよく塩コショウして、五分か十分ばかり、放置する。

次にピッタリと蓋のしまる鍋を用意して、その鍋の中に、手羽先を移す。さて、その手羽先の半分ぐらいのところまで水を入れる。つまり、手羽先のカサが一〇センチあったら、五センチぐらいのところまで、水を入れるわけだ。

ニンニクを叩きつぶして一塊。ほかにニンジンだの、タマネギの切れっぱしだのを、いい加減入れる。

次に香草のブーケ（束）を入れるのだが、月桂樹の葉と、クローブと、タイムと、エストラゴンでもあれば大したものだけれども、なに、月桂樹の葉一枚だけだってよい。

さて、バターを一さじ。できたら、ブドウ酒とか、お酒とか、少しばかりきばって入れておこう。そのまま点火して、トロ火で、焦げつかせないように煮つめるだけで出来上がりだ。

時間にして大体三、四十分というところだろう。あまり早目に焦げついてきたら、火が強すぎたか、水が足りなかったせいで、ほんのちょっと、水を足せばよい。

水気がなくなったところが、出来上がりで、あとはサラダでも添えながら、温かいうちに、手で摑みながら、たらふく、手羽先を食べてみるがよい。

最後に、今度は、中華風の手羽先の前菜をつくってみよう。

手羽先の素敵な前菜ができるばかりでなく、一緒に中華風のスープがとれるから、ラーメンのスープにしたり、ホウレンソウの卵とじのスープにしたり、一石二鳥の活用ができる。

まず手羽先をタップリの水の中に入れ、コトコトと、弱火で、四十分ばかり水煮をする。そのスープの中には例によって、ニンニクの塊をつぶしたもの、ネギの切り棄てる青い部分、ニンジンの切れっぱしなど、入れておこう。
四、五十分火を入れたら、穴あき金杓子で、手羽先だけを、そっとすくいあげ、水を切って、よくさます。よくさまさないと、次の操作のときに、煮くずれる危険があるからだ。
さて手羽先がよく冷えた頃、中華鍋に油を大さじ三杯ばかり入れ、強火にかける。煙があがる頃、手羽先を、一挙に放り込んで、表面に焦げ目がつくくらいまで、よくまぜる。

そこで、まわりの鉄鍋のフチからたらし込むようにして醬油をさし、酒をさし、手羽先に色目をつける。この時、五香があれば、ほんの少量、ふりかけておく方がよいが、無ければ、ペパーだけだって、結構である。

最後に、ゴマ油を少量ふりかけて、匂いを足せば、それで出来上がりだ。

021

干ダラとトウガンのあんかけ

レシピは P.356

夏の終わりのころになってくると、九州の田舎では、きまって棒ダラとトウガンを食べさせられたものだ。だから、私など、初秋の風が吹きはじめると、いやでも、タラとトウガンの匂いを思い出す。思い出すだけではない。それを食べてみないと、残暑がなぎはらえないような不思議な気さえする。

そこで、一、二回、田舎の流儀の干《ひ》ダラの料理を紹介してみよう。もう、今時の人達は、干ダラとトウガンなど、見たことも、食べてみたことも、ないかも知れぬ。

そのむかし、田舎の農家では、中元の贈り物といったら、きまって棒ダラであった。例えば、私の家は田舎の小地主だから、夏のはじめには、あちこちの小作人から、山のように棒ダラを貰ったものだ。

夏の終わりの季節になると、その棒ダラでトウガンを煮込んだものを、ほとんど毎日食べさせられるわけである。すると、あのタラの匂いと、トウガンの匂いと、こもごも響き合うような不思議な味がして、しみじみと夏の終わりが、感じられたものだ。

そこで早速、家の近所の乾物屋に出かけ、棒ダラを捜しまわってみたが、残念なことに、あのネジれゆがんだ、岩のようにかたい棒ダラは見当たらず、開いて平らにした干ダラしかなかった。

棒ダラをやわらかくもどすことほど、愉快な思い出はない。それを木槌で叩いたあげく、水につけ、日向に出してはふやけさせ、また水にもどし、これを繰り返して、ほどよいかたさのタラに、もどすわけである。

開いた干ダラは、それほどの楽しい手数を必要とせず、一度ゆでこぼして、せいぜい、一晩、水につけておくだけで、充分だ。あとは、好みの太さに、手で裂くだけのことである。

ただし皮の部分は、手裂きができないから、包丁か鋏で、細片に切っておこう。皮を捨ててはいけません。もっともおいしいところのひとつです。

さて、そのほどよくちぎったタラを、コンブと一緒に、静かにトロトロと水炊きすれば、もう出来上がったようなものだ。

途中で、コンブを出し、塩とお酒で味をつける。

タラの味が、ようやく、まわりの汁の中ににじみ出したころ、ジャガイモの皮をむいて、タラと一緒に、静かに煮よう。そこで、トウガンの皮をむく。

適当の大きさにトウガンを切ってから、トウガンの種の周辺を取り出して、捨てて、タラやジャガイモと一緒に、コトコトとゆっくり煮る。

トウガンは、次第に半透明の色に煮えあがってゆくから、トウガンが、ちょうどうまく煮えあがったところで、水トキした片栗粉を用意、汁全体にトロミをつける。

塩が足りなかったら塩を足し、それでも味がものないような気がしたら、淡口醤油を少し加えて、あとは化学調味料を入れる。

ここで火をとめて、ショウガのしぼり汁を流しこみ、もう一度、ゆっくりまぜる。

これで出来上がりだが、皿につぎわける時におろしショウガを添え、ユズの皮でも添えたら、まったく結構な、日本の初秋の味になるだろう。

022 イモ棒

レシピは P.356

干ダラとトウガンの料理など、もう今日の若者達は、口にしないかもわからない。それはそれで結構だが、日本の、ある時代の、質素で、奥行の深い、味わいの一つだから、時には、棒ダラを木槌で叩き、米のトギ汁でほとびさせ（ふやかす）たり、太陽の熱にあててあたためたりしながら、岩よりかたいような棒ダラをもどし、トウガンだとか、ジャガイモだとか、タマネギだとか、また時には、キュウリだとかと一緒に、トロトロに煮上げたら、随分とよろこんでくれる老人達がいるかもわからない。

いや、つい最近まで、日本の庶民が愛好した伝統のお惣菜だから、秋のはじめに、一度ぐらい干ダラやトウガンの料理をこころみてみるのもいいだろう。

棒ダラを使った料理で、今でも一番名高いのは「イモ棒」だろう。京都の丸山公園の「イモ棒」といったら、京都に案内されるものが一度は味わわされるものの一つである。

丸山公園の「イモ棒」や、八瀬《やせ》の「イモ棒」は、私達が学生の頃、貧乏書生でも食べられる質素な食べ物であったが、この頃では、お座敷料理に変わり、値段ももう、学生が食べるにしては、ちょっと無理のようである。そこで簡単につくれる「イモ棒」を紹介するから、京都めぐりをしてきたような気分になるがよい。

京都の「イモ棒」に限らず、棒ダラとサトイモの料理はどこにもあって、九州の久留米では、棒ダラと長崎イモとを一緒に煮合わせたものだ。長崎イモというのは、皮をむいたイモの肌が赤く、ひょっとしたら、京都のエビイモと同一種類のものかもわからない。

しかし、私達の「イモ棒」は、エビイモだの、長崎イモだの、そんな贅沢はいっていられないから、ちょうどただいま出回りはじめたセレベスイモでやってみようではないか。

まず棒ダラのほうは、前の晩あたり、金槌か何かでよく叩いておき、米のトギ汁と一緒に煮て、そのまま煮びたしにしておこう。翌日もどっていたら結構だが、もどっていなかったら、水につけてみたり、太陽熱にあててみたりして、よくもどし、適当に、ほぐしてゆく。開いた干ダラだったら、そんな手数もなく一昼夜で充分にもどるから、適当に裂いて、ほぐしておくのである。

この時、細いセンイにほぐしたところや、少々太めに裂いたところなどあるほうが、かえっておいしいし、皮もけっして棄てず、鋏で細く切るがよい。

さて、カツブシとコンブで、ダシを取る。せっかくの棒ダラを煮込むのに、カツブシでダシを取るのは邪道にも思われるが、トウガンと棒ダラの煮込みの味は、コンブだけの味の方がよろしいけれども、「イモ棒」の時は、味が少しこんがらかっている方が、私にはおいしく思われる。そこで、カツブシとコンブか、煮干しとコンブでダシを取り、醬油と酒、またはみりんを加え、花見砂糖で、少々アマ味をつけることにする。

さあ、味加減はおでんのつもり。いくらか砂糖のアマ味をきかせた方が、「イモ棒」に関する限りはよろしいかもわからない。

セレベスイモは皮をむき、あまり大きいものは縦に二つ割りにして、ひとたらしの酢を加え、一度煮る。ようやく箸が通る頃、セレベスイモを取り出して、ほぐした棒ダラと一緒に、ダシ汁の中で、コトコトコトコト、トロ火で、気長に煮込んでゆけば、それで、出来上がりである。

023

獅子頭

檀料理教室は、いつも貧寒で佗しい料理ばかりだといわれそうだから、ここいらで、ひとつ豪勢で痛快な料理に、移っていくことにしよう。

ことさら食欲の秋である。少々材料費はかさんでも今までの料理が、タダみたいな材料ばかりを使ったから、何とかうめ合わせがつくだろう。

その第一番目の料理は中国の獅子頭《ししがしら》といこう。

獅子頭は、中国のあちこちで作られているが、例えば香港のレストランなどに入り込んでいくと、「飲茶《ヤムチャ》」というしきたりがあって、かわいい少年少女たちが、首から出前箱のようなものをさげていて、湯気の昇るセイロが入っていたり、大皿が入れられていたりして、その中にシュウマイだの、この獅子頭だのが売られているわけだ。

客は少年少女が運んでくる出前箱の蓋を開けてみて、好みのものを貰い受けるというしきたりだ。

香港に限らない。獅子頭は中国のあっちこっちでよくつくられるご馳走だ。

そこで今日は、獅子頭を中心にした、いってみれば四川風の煮込みおでんをつくってみよう。

まず豚の挽肉を六〇〇グラム買ってくる。本当は豚のバラ肉を六〇〇グラム買ってきて、トントントントン包丁で叩き切り、挽肉よりもっとねばりのある肉のデンブに仕立てあげる方がずっとおいしいが、挽肉だって悪いことはない。その肉の中にシイタケ、キクラゲ等を少々、ネギ二、三本をあらみじんに切ったものや、ニンニク、

レシピは
P.357

ショウガなどを一緒にまぜ合わせて、包丁で、丹念に叩きまぜるのである。そこへ、よく水切りをした豆腐か、ゆであげた豆腐を一丁ではちょっと多すぎるかも知れないから、一丁の三分の二ばかり加えて、スリ鉢かドンブリにでも移し入れもう一度よくこね合わせる。この時、好みでは砂糖、酢、醬油を少しずつ入れて、最後にゴマ油を大さじ一杯入れる。

さて、これを天プラ油で揚げるわけだから、バラバラにくずれないように、全体のつなぎとして、片栗粉を少々、できたら卵でも落とし込んでもう一度よく練り合わせておこう。

この肉のデンブを適当な大きさの団子に丸める。まずまあ、家族の数に合わせて、一人二個ずつぐらいの割合に丸めるのがよかろうが、あんまり丁寧に丸めないことだ。多少のデコボコがある方が、かえっておいしいし、獅子頭の名前にもふさわしい。

そこで中華鍋に天プラ油を張って、その肉団子を表面がキツネ色になるまで揚げる。

別に大鍋を用意しておこう。たっぷり水を張り（豚骨のスープの方がもっとよろしいが）砂糖少量、醬油を少し多目に入れて、日本のおでんよりはもっと濃い目の味と色をつけておく。香料として大ウイキョウ（八角粒）だの、サンショウの実だのを放り込んで、例によってネギや、ニンニクや、ショウガを入れる。

この大鍋の中に油揚げした肉団子を入れて、一、二時間、コトコト煮れば出来上がりだが、他におでんのあんばいに、セレベスイモや八ツ頭のゆで上げたものや、ゆで卵の殻をむいたもの、コンニャクだの、シイタケだの、丸ごと、豪快に一緒に煮込むと、こんなにおいしいものはない。

私はよくバラ肉のカタマリを五〇〇グラムばかり一緒に煮込んで、手数のかからない東坡肉のつもりになる。

024
ローストビーフ

レシピは
P.358

今日はひとつオーブンを使った、贅沢なご馳走をつくってみることにしよう。ローストビーフだ。

ローストビーフは、イギリスが途方もなく、おいしい。ロンドンの「サボイ」だの、「シンプソン」だので、ローストビーフを注文すると、表面がチリチリと薄皮がはっていてそこからウエルダンの肉の部分、ミデアムの中焼けの部分、まん中のあたりは、まるでアカネ色の夜明けの空のように美しい生焼けのしたたるような肉になり、牛肉のおいしさが満喫できるのである。

まあ、それほどおいしいローストビーフはできなくても、一年に一度ぐらい、贅沢なローストビーフをつくって、大いに胆っ玉をふとくしよう。

牛肉の、ヒレか、ランプか、それができなかったら、せめてモモ肉の上等を、六〇〇グラムばかり、きばって買ってくる。

その肉を丸のまま、塩、コショウをふりかけて、もしあったら、ブドウ酒の中にしばらくの間、つけておく。

さて、フライパンの上にバターを敷き、強い火で肉の塊の表面を心持ち焦げるぐらいにいためるのである。

ここで肉を取り出して、丁寧に、紐を巻いてくくりつける。肉をしまらせるためである。

別に、タマネギと、ニンジンと、セロリをザクザク薄切りにして、小鍋一杯ぐらい用意する。できたら、この時、ニンニクも一塊ぐらい、薄切りにして一緒にまぜる。肉を取り出したフライパンの中に、肉汁とバターが、キャラメルの色になっているから、そのフライパンをもう一度熱して、野菜類をしばらくいためる。

このいため野菜の上に、紐でくくった肉の塊を、のせるのである。野菜の一部を少しすくって、肉の塊の上にもかぶせておく。天火の中で、肉があまり、焦げないようにするためだ。

そのままフライパンごと天火の中に入れればよろしいが、小さい天火で、入り切らなかったら、フライパンから、耐熱ガラスの皿にでも、移し入れて、天火の中に放り込むようにする。

ジュージューと、肉塊が焼けてゆくだろう。

時折のぞいて、下の野菜や、肉汁を肉塊にかけてみたり、肉塊を回転させてみたり、バターを足してみたり、ブドウ酒や酒をちょっとふりかけてみたり、いろいろ世話を焼く方が、面白くもあり、おいしくもある。

さてとがった串を肉塊のまん中にさしてみて、まだいくぶん黄色めの汁がにじみ出るころ、肉を取り出してしまうがよい。

まん中まで焼けてしまったら、肉のおいしさが半減するからだ。

肉塊はそのまま取り出して、よくさます。

フライパンの中には、ほどよく、色づいたキャラメル状の野菜が残っているだろう。この焦げ野菜の中にトマトジュースとかトマトピューレとか、パセリの茎だとか、月桂樹の葉だとか、クローブだとか、セージだとか、香草の類を加え、塩、コショウ、醬油、ウスターソース等を自分の好みの通りに、加えたりまぜたりして、煮つめてゆくのである。すると素晴らしいグレービーソースが出来上がる。醬油の量や、ソースの量など、勝手放題にやってゆくうちに、自分の家のグレービーソースの味が、きまってくるのである。このソースをフキンで漉して、ソース入れに移す。

さて、ローストビーフを思いのままに切り、クレソンやトマトなどとならべ合わせて、手づくりのソースをかけたら、デラックスな大ご馳走だ。

025

キリタンポ鍋

秋深くなってきた折柄、手作りのキリタンポをくふうして焼いて、キリタンポの鍋をつくることにしよう。

もともとは秋田のいなかの炉端で焼きあげるお米のカマボコだが、なに、その気にさえなれば、東京のガスの上でだって、キリタンポくらい焼きあげられるし、鶏つかって、キリタンポ鍋ぐらいできる。もっともいまごろは、東北一帯の地方から北海道にかけて、マイタケの季節であり、このマイタケなしには、キリタンポの味が半減するなどという人もいるかも知れないが、贅沢はいっていられない。養殖のエノキダケが出まわっているから、エノキダケでもつかって、東京のキリタンポを楽しもう。

まず、肝腎のキリタンポをつくるわけだが、お米一升を炊くなら、そのうち一合だけモチ米をまぜる。つまりウルチ九合、モチ米一合という割合だ。五合炊くなら、五勺はモチ米ということになるが、できたら、お米は新米がおいしいにきまっている。

少しばかりかために炊いて、そのゴハンを熱いうちに、スリ鉢に取り、スリコギでトントン突くのである。

この仕事は坊やをおだてててやらせるのが一番たのしい、造作もない仕事だが、あんまり突き過ぎて、完全なお餅になってしまわないほうがよい。餅と米粒が半々ぐらいの感じである。この半つき餅をカマボコの形に杉の棒に巻きつけるわけだが、杉の棒でなくったって、竹の棒でも、栗の棒でもどこからか、棒切れを拾ってくるがよい。この棒に、半つき餅を巻きつけて塩水をふくませたフキンの上でトントン叩くと、かっこうよく仕上がるものだ。

レシピはP.359

さて、この半つき餅を巻きつけたカマボコを、ガスの両側に煉瓦を立てて、遠火であぶれば出来上がりだ。きれいな焦げ目がついて、シンまで焼けているほうがおいしい。

私は、天火の中で一挙に焼いてしまうけれども、ときおり、棒から、お餅がこぼれ落ちることがある。均分に、丁寧に巻きつけておいて、丁寧に焼くことがたいせつである。

キリタンポがよく冷えたころ、棒からはずし、五センチ幅ぐらいに包丁でブツ切りにする。うまく切れなかったら、手でひねり切っても結構だ。

別に鶏ガラで、ダシをつくっておこう。この鶏ガラのスープを、土鍋に取り、お吸物よりもうちょっと濃厚な汁をつくる。つまり醬油をややきつく、みりんだの、お砂糖だのをたして、お吸物より、少しばかり甘カラいダシにするわけだ。

これで用意は出来上がりだ。

大皿に、鶏のモモ肉を適宜な大きさに切ってならべ、ササガキゴボウだの、シラタキだの、焼き豆腐だの、ハクサイだの、セリだの、それから、例のマイタケだが、マイタケなど東京にないから、エノキダケでも、シイタケでも、何でも結構、秋らしく、やっぱりキノコもそろえて、鍋の具を大皿に綺麗にならべる。そこで家族を呼び集めて、

「さあ、キリタンポにしよう」

土鍋のダシがたぎったころ、シラタキや焼き豆腐や、鶏の肉を入れる。

そのあとに次々と野菜を入れて、最後にエノキダケを入れるころ、キリタンポを投げ込んでゆく。キリタンポはすぐに煮くずれるから、終わりに入れるほうがよいのである。

そのキリタンポに鶏のうまみがにじみこんで、つくづくとおいしい秋の鍋料理である。

026

ボルシチ

私の知っているロシア人は、ボルシチをつくるのに実に鷹揚なものであって、台所のカマドの上にデカいアルミのバケツを乗せ、そのバケツの中でボルシチを煮込むわけである。

肉は牛肉の足一本を投げ入れるように見えたが、今考えてみると足一本分の牛スネであったわけだろう。

今回は、多少、品よく日本人の口に合わせながら、ボルシチの作り方を説明するけれども、ボルシチはけっしてあわててはいけない。ロシア人はたっぷり一日かけるのである。

はじめに、ビーツ（赤カブ）だけは別に用意しておこう。晩秋から冬の頃になってくると、野菜屋の店先で、よくビーツを見かけるものだ。手に入らなかったらデパートなどでそろえることにするが、ビーツは酢漬けにすると、かなり長期の保存に耐えるから、ボルシチの都度あわててビーツを買わないで、いつも酢漬けのビーツを用意しておくがよい。

最初にビーツの皮をむく。皮をむいたビーツを一センチ厚さぐらいの輪切りにして、塩ゆでにする。細串が楽に通るころ、そのビーツを取り出して貯蔵の瓶にでもうつし、酢をかけるだけのことである。酢は真赤に染まり、ビーツは、二、三カ月の貯蔵にも充分耐える。これはボルシチの酢味と、うまみと、色を助けるたいせつなものだ。

さて、ボルシチ作りの本作業にとりかかろう。牛のイチボとか、もも肉とか、バラ肉とかが良いにきまっているが、まあ、長時間の煮込みだから、牛スネで結構だ。

五人前五〇〇グラムばかり用意しておこう。それをコトコトと、朝から水煮するのである。牛骨とか、豚骨な

レシピは
P360

ども手に入ったら一緒に放り込んで煮込むのもよい。

さて、そのスープの味を濃厚にするために、ニンジンの葉っぱのつけ根とか、ニンニク、ネギの青いところとか、タマネギの丸ごと一個にクローブ（丁子）二本ぐらいを突きさして、投げ込んでおくことにしよう。肉や野菜のアクが出たらすくって捨て、そのつど水を足す。朝の八時から煮込みはじめたとすると、夕方五時ごろには牛スネはとけるほどやわらかくなるだろう。そのまま切ったらくずれるから、肉だけ取り出してさましておくのである。

スープの方はこすなり、くず野菜を取り出すなりして、なるべく澄ませる。このときにザラメを一つまみ、わずかなブドウ酒か酒、充分な塩で味をととのえる。

その中に月桂樹の葉っぱ二枚、パセリの芯、セイジなど、香料のブーケを入れておこう。ロシア人はたいていウクローブ（ロシアの香料）のかさのように開いた花のところを投げ入れる。皿につぎ分けるときにも、花がさのところを、わざと一カ所摘みとって投げ込んだりする。

さて、そのスープの中に、煮えにくい野菜から順番に投げ入れていくわけだが、なるべく大ぶりに仕立て上げたいものだ。たとえばバレイショは皮をむいて丸ごと、タマネギは分厚く輪切りにして放り込み、トマトも表面を焼いて皮をむき、大胆な輪切りにして一緒に煮込む。ボルシチ全体の色どりを、トマトとビーツの赤で、ほんのりとモミジの色に染めるのがよい。このころ、一にぎりの白米を投げ入れておこう。多少のトロミをつけ、米のうまみをそえるためだ。

最後に輪切りにしたニンジンを入れ、キャベツを一枚一枚むしり入れて、冷えた肉塊を筒切りにして投げ入れる。このころ、マッシュルームがなかったら、シメジでも、エノキダケでもよいから投げ入れて、出来上がりだ。好みによっては湯通ししたベーコンを加えたらよいだろう。

深いスープ皿に盛り合わせて、サワークリームを別に添えて出す。サワークリームが簡単に手に入らないならば、生クリームを買ってきて、クエン酸を加えまぜておけば自然と固まるものだ。

027

サフランご飯

真夏の暑いころ、一度サフランを使ったカレーライスをつくったから、サフランはもう馴染みのものだろう。サフランの花芯の髄からつくった真黄色いにおいの高い香料だから、値段の方もずいぶん張る。

高貴薬なのである。血のめぐりによろしく、胃腸にもよろしく、心悸をしずめる鎮静剤の役目も果たすのである。だから、微量のサフランを買っても、三、四百円ぐらいはする。デパートの香辛料の部で売っているが、なければ、薬屋にいって買い求めればよい。

左様、五、六人前のサフラン飯で、サフラン二百円見当ぐらいは使ってもらいたいところである。

その高価なサフランを、丁寧に小さくきざむ。包丁で切るのもよろしいが、鋭利な鋏で紙の上に細分するのもよいだろう。

そのきざみサフランを、コップに入れて、熱湯少量をそそぎかける。しだいに発色し、鬱金《うこん》の色を呈するだろう。

サフランはそのままにしておいて、お米を三合ばかり用意しよう。よく水洗いし、グラグラ沸騰する大量の熱湯の中で四、五分煮る。煮上げた米をザルの上にあける。大きな中華鍋か、フライパンの中で、その四、五分水煮したお米を、バターかサラダ油で丁寧にいためるのである。

このとき、ピラフのあんばいに、タマネギのみじん切りをいためておいて、その上にお米を加えるのもよいだろう。

少量の塩と、化学調味料を入れて、ようやく発色して

レシピは
P.361

きたサフランのひたし湯をかけ、お米全体が真黄色になるまでよくいためる。

別に豚の背脂を、一〇〇グラムばかり用意しておこう。肉屋に豚の背脂といって注文すると、高くても一〇〇グラム四、五十円のはずだ。

キャベツを一個買っておく。そのキャベツをバラバラにはずしていって、一個分全部を次々に塩熱湯にくぐらせながら、シンナリとさせる。

さあ、なるべく大きな、蓋つきの大鍋を用意しよう。なかったら、中華鍋や、フライパンの大きなものを使って、上からきっちりと蓋さえかぶせられれば、それでよい。


まず、鍋の底にまんべんなく、細く切った豚の背脂を敷く。その上に一個分のキャベツ全部をひろげてゆくのである。キャベツの真ん中あたりを中心に、サフランのお米を盛り上げよう。

つまり、背脂を敷いた上にキャベツをひろげ、そのキャベツ全面の八分通りぐらいにひろげるつもりで、サフラン米を盛り上げるわけである。

上からきっちりと蓋をして、なるべく弱い火で、焦げつかないように蒸し煮にしてゆくわけだ。あとは背脂がとろけ、キャベツの水分が蒸発して、サフランご飯がほどよく煮え上がるのを待つばかりである。

さあ、時間にしてどのくらいになるか。火加減や、鍋の厚さによってさまざま違っていようが、あらまし三十分ぐらいのところだろうか。

火をとめてしばらくそのまま蒸らす。

好みではマッシュルームをレモン水の中でよく洗い、サフランご飯の煮上がる十分前ぐらいに、そのサフランご飯の中へまぜこんでおくのもよいだろう。その際、バターを少しばかりアチコチに散らしておく。

ご飯がよく蒸れ上がったと思ったら、豪華な西洋皿に盛り上げて、いただくときは全体をまぜ合わせながら、小皿にとり分けて食べる。

028 オニオンスープ

レシピは
P.361

フランスのあちこちの町々の食堂で、オニオンスープをすする時ほどたのしいことはない。さあ、値段にしていくらになるか、多分百五十円かそこいらだが、タマネギのいためつくされたような歯ざわり。スープの匂い。チーズのドロドロ。そのチーズをスプーンですくって、口まで運んでゆくと、まるでとりもちのように長く糸を引くたのしさなど……。

オニオンスープは日本人の食生活の中に、もう少ししみつかせたい食べものの一つである。

オニオンスープはタマネギとチーズとスープさえあれば、たちどころにできる食べものであり、オニオンスープをつくるためにだけでも、私は日本人に天火の普及をすすめてみたいものである。

日本の食生活に、一番ないがしろにされているのは、天火の使用だろう。これほど便利でこれほどおいしく、これほど不思議なさまざまなご馳走をつくりうる簡単な道具を、どうして日本人がなおざりにするのか、わからない。

簡単にいってしまえば、オニオンスープというのは、タマネギをよくいためて、茶碗に入れ、その茶碗にスープをみたし、そのスープの中にパンとチーズを入れ、これを天火で焼き上げるだけのことだ。

などといってしまっても、みんな信じないだろうから、これを細かにもったいぶって申し上げるならば、まず、分厚いフライパンだとか、中華鍋だとかで、薄切りにしたタマネギを、バターとサラダ油を半々にして、トロ火で、一時間ぐらいいためなさいと申し上げておく。さあ、タマネギの量だが、一人に一個ずつぐらいのいきごみでよいだろう。つまり五人前にして五個のタマネギを薄くスライスして丹念にいためるわけである。

タマネギはだんだん色づき蒸発してはじめの四分の一ぐらいになるだろう。その色も半透明から薄茶色、やがて狐色に変わっていくだろう。そこらあたりで火をとめる。そのタマネギを、なるべく天火用のしっかりした茶碗に移し、自分のところで自慢のスープを入れるがよい。面倒くさかったら、固形スープでダシをとったって、本人の食べることだ、私は一向にかまわない。


ただ、しっかりした上質のパンがほしいものだ。そのパンがカサカサになってしまっていたって、切れはじであったって、一向にかまわないが、フランスパンのこしの強いパンであってほしい。

そのパンを両面とも焦げ目がつくくらいによく焼いて、あげくの果てに、チーズを重ねて、蒸し焼きにしてみよう。できたら天火の中に入れるがよい。


さて、茶碗のスープの中にチーズとパンを入れる。

ここでチーズの話にうつるが、みなさまの使っているのはプロセスチーズが主で、そのプロセスチーズは引きも何もない。だからオニオンスープはどうしてもナチユラルチーズを使わなければならない。

ナチユラルチーズというのは、プロセスチーズとかその他万般の加工されたチーズのもとであって、チーズの中に気泡ができている奴だ。

そのナチュラルチーズをチーズおろしでおろして、スープの五分の一ぐらいの量を茶碗の中に入れる。

さて、これをオーブンの中に入れれば出来上がりだ。

もちろん、好みによっては、ニンニクとか、香料のブーケとか、スープを煮出す時に入れておくがよろしいし、あるいは、タマネギとニンニクの薄切りを、バターやサラダ油で、ほとんど黒変するまでいためておいて、それをもんでスープの中に足す方が色もしっかりしてくるし、匂いもかんばしいかもしれない。

029 アナゴ丼

レシピはP.362

アナゴという魚はけっして高級魚ではない。一〇〇グラムいったいいくらぐらいのところか、くわしくたしかめたこともないが、私のところの、五、六人家族で、お腹いっぱい、アナゴ丼をつくって食べて、その材料のアナゴが、せいぜい三、四百円といったところだろう。

アナゴもまた安くて、美味な魚の一つである。

しかし、アナゴをおいしく、やわらかく、香ばしく、仕立て上げることはむずかしくて、とても、素人では、寿司屋さんのあんばいに、材料を厳選し、うまく調理することは覚束ない。

私達は、たとえば神戸の「青辰」さんのように、一本えらびにえらびぬくことなど、到底できっこない。

冷凍ものだろうが、何だろうが、魚屋の店先にならべられているアナゴが、もし頭でもくっついていたら、めっけものの方で……、そういう素人の、まことに素人向きな料理をつくって、当たりはずれのないように、私はここに檀流アナゴ丼の秘伝（？）を公開しよう。

今も申し上げた通り、アナゴは開いてあっても、なるべく頭つきのアナゴを買って来る。

その頭や、シッポの先の方を切りはなし、全体をウナギの蒲焼きの時みたいに、二、三片に切る。ここで素焼きをするわけだが、いつもの通り、ガスレンジの両端に煉瓦を置き、火の真上には鉄板を敷いて、直火をさえぎるようにしながら、素焼きにするにこしたことはない。

さて、頭やシッポの方が焼けてきたら、これを手鍋に入れ、醬油、みりん、酒などで、ダシをつくる。醬油や、みりんや、酒などの割合は、どうだって好みのままでよいので、色つや美しく、少しは甘く仕立て上げたかったら、みりんをふやしてみればよい。サッパリとしたかったら、みりんや酒をへらせばよい。

煮つまってきたタレを刷毛でぬりつけながら、アナゴの切身を、コンガリと、蒲焼きのふうにあぶりあげる。

そこでドンブリを用意しよう。

ドンブリの底にご飯を少し敷き、そのご飯を刷毛でならしながら、一、二片の焼き上げたアナゴをならべる。その上に、またご飯をのせて、刷毛でよくご飯をならし、平らにし、今度は、二、三片のアナゴをならべて、その上にもう一度、薄くご飯を敷く。

つまり、ご飯の間に、サンドイッチされた二重のアナゴがならんでいるわけだ。

この時に、ご飯をあまり押えつけるとまずい。タレの刷毛で、チョボチョボと押えたら、タレを塗りつけたりするような具合にやるのがよい。


一番上辺には、ご飯がのっているから、直接、アナゴは見えない。

さて、このドンブリを蒸し器にならべて、しばらく蒸すのである。あまり長く時間をかけると、アナゴがふやけるし、ほどよい時間が大切だ。さあー、十分か、せいぜい十五分。

蒸し上がったドンブリの上に、錦糸卵を散らし、その上に、好みでは、もみノリでもふりかけたらどうだろう。

私は、アナゴの頭でよくダシのとれたタレを薄め、サ サガキゴボウを一瞬煮しめ、これを錦糸卵の上にのせて、食べるのが好きだ。ゴボウの匂いと、アナゴの匂いが、からみ合うところが、おいしいのである。

030

魚のみそ漬け

レシピはP.362

今頃は、鯛チリだの、鱈チリだの、ハタハタのショッツルだの、鍋物を大いに楽しんで、さて、その魚肉があまり、魚肉の保存に心を痛めることがある。

そんな時は躊躇なく、みそ漬けをつくりなさいと申し上げてみたい。

いや、別段、あまりもののお魚でなくたって、魚屋の店先で、綺麗なアマダイだのマナガツオだのを見つけた時など、みそ漬けに仕立て上げると、こんなにおいしいものはない。

みそ漬けは、われわれ日本人の嗜好に、もっとも密着したご馳走の一つだから、あまりからくない一夜漬けのみそ漬けを漬け込んでその美味しさを、たのしむがよい。

普通、みそをつくる時に、みその柱といって、ショウガだの、ダイコンだの、ナスだの、キュウリだのを漬け込む、からいみそ漬けがあるが、そういうみそ漬けとは嗜好を変えて、魚肉の類を、一晩、せいぜい二晩ぐらい漬け込んで、みそ汁の実にしたり、焼魚にしたり、酒のサカナにしたりする即席のみそ漬けだ。

例えば、今日、マナガツオを魚屋の店先で見かけたとする。一尾百五十円見当か。これを家族四、五人でみそ漬けにしようと思ったら、ハラワタだけを抜いてもらって、一尾丸ごと家に持って帰ることにしよう。

さて、よく汚れを洗って、包丁を入れる。家族の数に合わせて、適当に切り分けるわけだ。

マナガツオなどは、二枚や三枚におろさないで、そのまま適宜の大きさに骨を通して斜め切りにするのがよいだろう。

次に塩やみその味がよくしみるよう、かたい皮の表面に、骨切りよりも浅く、細い切れ目を入れるのがよいだろう。

全体に薄く塩をして、ザルの上に三、四時間、放ったらかしておく。皿やドンブリの中に入れておいてもよいが、塩によって脱水された水気がたまって、ベタついたり、におったりしやすいものだから、なるべく、ザルの上にならべておこう。

さて、みそ漬けにするみその床だが、自分の日頃使い馴れているみそに、酒や、みりんを加えて、みそ全体をベタベタにといておくほうが、あつかいもよろしいし、よく味もしみ、それにみそからさが少なくなるだろう。
三、四時間、塩した魚肉を、ここで、そのみその床に移しかえるのである。魚肉全体によくみそをまぶしつけ、前の夜から漬けるならば、その翌朝あたりが一番おいしいかも知れぬ。
ただ、焼く時に、みそを丁寧にこそげ落として、あぶらないと、みそが真黒に焦げやすいものだ。場合によってはフキンでみそをふきとっておくのもよいが、焼いた時にみそや、酒や、みりんの照りが魚肉の表面を、美しい焦げ茶の色におおうところがおいしさを倍加させるゆえんである。

もちろん、サンショウの葉だの、ユズの皮だのを添えるのが、なお一層、みそ漬けの味をひきたたせる。

031

クラムチャウダー

アメリカ合衆国には、素朴で、手軽で、おいしい料理が、さまざまある。このクラムチャウダーなども、アメリカの簡素で、おいしい料理の、傑作の一つだろう。

私は、からっ風の寒い日に、ニューヨークのセントラル・ステーションの地下街で食べたクラムチャウダーのぬくもりを、今だって、忘れない。

だから、寒くなってくると、一週間に一度ぐらいは、クラムチャウダーをつくって食べるし、オヤジのつくるさまざまの料理の中でも、子供達は、このクラムチャウダーが一番お気に入りのようだ。

小さなハマグリがあったら、きばって二皿買ってこよう。ハマグリがなかったら、アサリで結構で……、いや、はじめっから、アサリ二皿ときめておいた方がよさそうだ。

まず鍋にコップ三杯ばかりの水を沸騰させておこう。アサリをその鍋の中に放り込んで、貝が殻を開いたとたん、ガスの火をとめる。これだけはぬかりなくやっていただきたいもので、長煮は禁物である。貝の温度がさめて、手であつかえるようになってきたら、貝の身を殻からはずし、もちろん、殻は鍋の外に捨てる。貝の身は、そのまま貝の煮汁の中に残して、穴アキの金杓子か何かでゆすぶりながら、よく砂をおとして皿の中に移す。この時、貝の身を好みでは適当にきざんでおくのもよい。

さてフライパンか、スープの手鍋で、お湯で塩抜きしたベーコン三、四枚なり豚の背脂なりを小さくきざんで、みじん切りにしたタマネギやパセリと一緒に、サラダ油

レシピは P.363

とバターで色づかぬ程度にいためよう（ここのところで、トマトの皮をむき、細断して一緒にいためておくのもよい）。タマネギの量は、アサリ二皿に、中くらいのタマネギ半分ぐらいで結構だ。その上にメリケン粉を大さじ二杯ばかり足して、しばらくいためる。

ここへ、アサリの煮汁を注ぎ入れながら丁寧にとくわけだが、アサリの煮汁の底にたまった砂やオリを、一緒に入れないように、注意しさえすればよい。

別に、ジャガイモを二つ三つ、皮をむいて、サイの目に切る。このサイの目に切ったジャガイモをグラグラたぎった塩湯の中で、四、五分ゆがいて、ザルの上に取り出しておこう。

アサリの煮汁でよくといたベーコン（あるいは豚の背脂）、タマネギ、パセリ、メリケン粉の白色ルーのモトを、スープの鍋に移し（はじめからスープの鍋でいためているのなら、もちろん、そのままだ）、牛乳を一本ばかり足し、弱い火にかけながら、丁寧にまぜる。

ポタージュ風に、トロリと仕上がるまで、さらに牛乳を足して、ここで塩加減をする。トマトをいためてない人はトマトピューレを少々加えて、匂いと酸味を足すのがよいだろう。

好みでは、タイムの葉か、タイムの粉末を少々入れ、細かく薄切りしたセロリを入れ、ジャガイモを入れ、沸騰してきたらアサリを入れて、これで出来上がりだ。

アメリカでは、クラッカーなどをむしりつぶし、早目に入れて、ツナギにしているが、一度日本でこころみてみたところ、変に油くさくて、駄目であった。だから、丁寧に、バターでメリケン粉をいためることにしたわけだが、出来上がりには、チーズクラッカーでも散らすがよい。

032

からしレンコン

レシピは
P.364

これから年末まで、しばらくの間おせち料理といこう。といっても、身勝手な檀流のおせち料理であって、作法や、礼式にかなうものではない。これをつくっておいて、切って出せば、即座に酒のサカナになり、正月のお惣菜になるといったたぐいのものである。

まず第一番にからしレンコンをつくってみよう。からしレンコンというのは、熊本の郷土料理であって、熊本の方言にモッコスという言葉がある。頑固一テツな熊本カタギの気性とその男性をいうわけであって、モッコスどもが、甚だ愛好するのが、このからしレンコンである。

簡単にいってみれば、ハスの穴の中に、からしの辛味のピリリときいたみそをつめ合わせて、これを天プラに揚げる。そのレンコンを、随時小口から切って食べるわけである。レンコンはあまり大き目のものより、中ぐらいか、すんなりと紡錘状になったものの方が処理しやすいようだ。

まずレンコンを、五分ばかり熱湯でゆがく。この時、多少の塩と酢を入れ、カリカリとした歯ざわりを残すように、ゆですぎないようにしよう。

この、半ゆがきのレンコンの節のところをおとし、両側の穴が完全にトンネルのようにあいている必要がある。さて、別にみそを用意し、そのみその中に大量のからしを入れる。からしはといておく必要はなくて、からしの粉のまま、できるだけ沢山みそとまぜ合わせるだけである。好みでは適宜の砂糖を加えるのもよろしいだろう。

オカラをみその半量ばかり用意して、フライパンか鍋でよくカラ煎りし、今しがたのみその中にまぜ合わせる。

これはみそのカラ味をやわらかくし、かたがた、ハスの穴の中にみそのとまりをよくするから、けっして忘れないでもらいたい。

このからしみそをレンコンの穴の中につめるのが、きわめて愉快な事業だが、読者はいったい、どうするものだと思いますか？　クリームの絞り出し器ででも入れる？

そうではない。マナ板の上にみその山をつくり、レンコンを垂直に握って、そのからしみその上でトントンと叩くだけである。すると、からしみそはレンコンの下の穴から上部に抜けていって、一瞬のうちに、上側の穴からあふれ出すのである。

これでレンコンの穴の中にからしみそが充填されたわけであるが、一晩ザルの上か何かにおいて、そのからしみそが充分安定するのを待とう。というのは、みそから水が流れ出してきたり、ハスの肌がヌメヌメしすぎて、衣がつきにくかったり、やっぱり、一晩か、一昼夜か、ハスとからしみそが、ある程度乾き、なじみ、安定するのを待つわけである。

さて、これを天プラに揚げる衣だが、熊本では、マメ粉を使うようだ。

東京で私は、ウグイス粉と、メリケン粉を半々ぐらいにまぜ合わせ、色と匂いをよくするために、少量のサフランを湯どきして加えるならわしだ。

衣をつける時や、油に投げ込む時に、手がベタベタになりやすいし、からしレンコンの肌の衣が、破れるから、衣をつけたあと、レンコンに竹串をつきさして、操作する。

色よく、揚げあがったら出来上がりだ。よくさめてから随時小口切りにして食べる。

033

牛タンの塩漬け

レシピは
P.365

旧来のおせち料理に、牛や豚を主な材料にした料理は少なかったが、日本人の食物に対する趣味嗜好が、大幅に変わったのだ。

私のところでも、牛豚を素材にした保存料理を必ず一、二品は用意して、若い来客達に備えている。

もちろん、ハムや、ソーセージの類を買い入れておけば結構だが、一年に一度ぐらい、自家製の、おいしい特別料理を用意しておいて、みんなで楽しみたいものである。

そこで、牛の舌の塩漬けだが、物事を面倒臭く考えることはない。牛の舌をくさらせないために塩漬けにするだけのことだと思って貰いたい。ただ、その塩漬けの牛の舌を、色よく、匂いよく、おいしく、なるべく長持ちするように工夫するだけの話である。

牛タンの「ソーミュール」だなどというと、マジメなご婦人方ほど、びっくりして、やれ月桂樹の葉が何枚かだの、タイムが無かったらどうしよう、だのあわてふためくが、牛の舌を塩漬けにするのが眼目で、それを、いくらか、マシな味や匂いや色にしたいということだ。

まず牛タンを一本買ってくる。一本いくらぐらいになるか、大小によっていろいろちがいもあろうが、大ザッパに一本千円から、千二百円ぐらいなものだろう。なるべく表面の皮がくっついている方がよい。

これを漬け込む塩であるが、普通のあら塩で結構であって、アラジオって何だろうなどとあわてないで下さい。塩です、塩。普通のお塩を買ってきたらよい。ほかに、「硝石」を用意してほしい。「硝石」または「硝酸カリウム」といって、薬屋でわけて貰えばよろしいのだが、あまり多量に使ってはいけません。塩一キロについて、せいぜい四〇グラムどまりの割合だと思って下さい。硝石は「牛タン」の色を美しく保ちますが、例の食品添加物の一つで、許可はされているけれど、あまり多用しない方がいいだろう。

そこで牛タン一本に、大体小さじ一杯ぐらいのつもりで、その硝石をタンにスリつける。つづいて、五〇〇グラムぐらいの塩をふりかける。さて、硝石と塩をかぶった牛の舌を、錐や、千枚通しで、丁寧に何度も何度もつつくのである。牛タンの肉質の中に、塩や硝石をしみこませるわけだ。これを漬物桶にでも移し、月桂樹の葉一枚、タイム少々を加え、上から蓋をし、重しをすればそれでよいが、場合によっては、塩と硝石を鍋の水で煮る。塩と硝石の割合は、いつでも硝石を塩の二十分の一ぐらいだと考えておいて貰いたい。その鍋の水の中に月桂樹の葉や、タイムや、粒コショウなどを入れた方が匂いはよろしく、ザラメを少量加えておくのも結構だ。この液を充分に沸騰させてから、よくさまし、さっきの牛タンの上にたっぷりかける。

こうして、牛タンの塩漬けをつくるのだが、夏場だったら五、六日。今頃だったら一週間から十日ぐらい、なるべく冷たいところに置いて、塩をしませる。

さて、漬かり頃を見はからって、この塩蔵の牛タンを取り出し、よく洗い、ニンニクや、月桂樹の葉や、タイム、セージなどを加えて、二、三時間、トロトロ煮ると、色美しい「牛タン」が出来上がる。

さまして、皮をそぎ落とし、小口から切って、そのままおいしい前菜だが、あぶっても、焼いても、シチューに入れても、結構だ。

034

ダイコン餅

例年、お正月になると、邱永漢君から「ダイコン餅」をいただくならわしだ。これを薄く切って、フライパンの中で油であぶって焼くと、まったくおいしい。

手軽で、おいしいし、保存がきく料理だから、年の暮れにつくっておいて、おせち料理の一品に加えておくのがよろしい。

上新粉でつくった、蒸し餅であって、広東の点心のひとつなのである。

まず上新粉を三袋ばかり買ってこよう。普通の袋で、一袋一六〇グラムぐらいだから、三袋で四八〇グラムということになるが、はかり売りだったら、五〇〇グラム買ってくる。

ほかに、ダイコンを用意する。普通のダイコンの大きさだとして大ザッパにその五分の一ぐらい皮をむき、ザクザクと短冊の形に切り、これをひたひたのお湯で煮るのである。

充分やわらかくなるように煮上げたダイコンを穴アキ杓子ですくってスリ鉢の中に移し、スリコギでつぶす。つぶし終わったら、ダイコンの煮汁を入れ、上新粉を全部入れ、手でこね合わせるわけだが、この時のかたさは、耳タブの手ざわりぐらいに思ってもらいたい。

ダイコンの煮汁が足りなかったら、お湯を足せばよい。

最後にダイコンとほとんど同じくらいの量の豚の背脂をサイの目に切って、湯ビキをしておき、今しがたこね合わせた上新粉の中にまぜ合わせる。そこで、少量の塩と、ペパーを加え、ごく上質のゴマ油も大さじ一杯ばかり、まぜ合わせておくならわしだ。

さて、よくこね合わせたものを、適当なドンブリに移

レシピは
P.366

して、蒸し器で、一時間足らず、蒸し上げれば出来上がりである。

ただし、すぐには食べられない。

よくさましてから、カキ餅の形にやや部厚く切って、フライパンの中で、油で両面をコンガリと焼いて食べるのである。

フライパンの中で焼く時にはラードでも、天プラ油でも、ゴマ油でも、サラダ油でも、バターでも、何でも結構で、いろいろやってみるがよいだろう。

このように、豚の背脂と、ダイコンだけ……。薄い塩味とペパーの匂い……。わずかなゴマ油だけのダイコン餅を、フライパンの中で狐色にコンガリと焦がし、トウガラシ油をたらしこんだ醤油をつけながら食べるのが、サッパリとしておいしいし、あきもこないし、わたしは一番好きだが、もっといろいろの味の変化をつけたかったら、シイタケを加えるのもよろしいし、乾しエビや貝柱などをよくもどしておいて、その汁ごと加えるのもよろしいだろう。


「ラプチョン」といっているが、中図式の豚の腸ヅメを買ってきて、薄く斜め切りにして一緒に練り合わせたら、これは、随分の豪華餅になろう。

なあに、思い思いのものをブチ込めばいいので、ギンナンだの豚肉だの、何だって、上等である。

035

博多じめ

俗に博多じめと呼ばれている料理がある。どんなものか、簡単にいってしまえば、魚の刺身の肉を、塩や酢でしめて、これをコンブの間に何重にもはさみ、重しをかけたものだ。

一日か二日でコンブのネバリとうまみが、お魚の刺身にからみついて、私は大そうに好きなものの一つである。酒のサカナによろしく、正月のご馳走によろしい。

筑前博多で、このような料理をつくるしきたりがあるから、博多じめとでも呼ぶのかと思われそうだが、そうではない。

魚の白身の肉と、コンブが、折り重なって、これを切った断面が、さながら、博多帯じめの「ケンジョウ」に似ているから、博多じめと呼ぶのだと思う。

さて、つくり方はしごく簡単で、誰でもつくれるのだから、こっそり仕込んでおいて、時に亭主をびっくりさせるがよい。高級な味わいのご馳走である。

魚はやっぱり、白身の、クセのない魚がよろしいように思う。つまり、タイだとか、ヒラメだとか、ひょっとしたら、アワビだの、エビだのも、おいしいかも知れないが、私はまだ、アワビやエビは、ためしたことがない。

コンブはなるべく幅の広い、ネバリの強いコンブをきばって買っておくことにしよう。

魚は、ほんとうは一尾の全貌を買って、さまざまに処理する方が、おいしくもあり、経済でもあり、いろんな味わいを楽しめるわけだが、博多じめをつくる目的だけだったら、お刺身につくる前の短冊を買ってくるのがよろしいわけだ。

その短冊の厚みが、どのくらいあるか知らないが、あ

レシピは P.367

まり厚かったら、よく切れる包丁で二枚にはがしてしまうがよい。

このお刺身用の短冊の両面に塩をする。さあ、塩加減は、好みや、保存の長短によって、色々変わるわけだ。

塩をした魚の短冊を、四、五時間、ザルの上にでものっけておこう。なるべく、水気を切りたいためである。

さて、四、五時間が経過したら、酢でしめる。酢でしめるのは三十分ぐらいが適当だと思う。この酢の中に好みでは砂糖の甘味を入れるのもよかろうが、私は嫌いである。

さて、コンブの上に、酢でしめた魚肉の板状のものをのっけ、その上にまたコンブをのっけ、また魚肉をのっけ、次々とサンドイッチにして、マナ板の間にはさみ、上から、重しをすればそれでよい。

食べごろは、翌日、翌々日あたりが一番だろう。

食べ方はさまざまあって、コンブごと細い短冊に切って（つまりケンジョウの縞目を見せ）よろしく、魚肉だけ取り出して、ソギ切りにして食べるのもおいしい。

私はといえば、はじめっから、魚肉をソギ切りにして、塩をし、酢でしめ、コンブの間にはさむから、ケンジョウの模様にならない。

しかし、コンブの味のしみぐあいが早いのである。

036

タイ茶漬け

レシピは
P.367

この頃めっきり口にすることがなくなったものに、タイの茶漬けがある。

私の少年の頃は、博多あたりでは、正月から花見の頃にかけて、何かといえば、タイの茶漬けが出され、ちょっとしたご馳走といえば、スキヤキか、タイの茶漬けにきまっていたようなものだ。今日では新鮮なマダイなど、そう私達の口に入らなくなって、どこか高級料亭へでも直送されているのだろう。そうして、私達は、アフリカ沖合だの、ニュージーランド沖合だのの、スナッピー（現地のタイ）の冷凍モノか何かを、うやうやしく、拝まされている次第だろう。

だから、タイの茶漬けなど、この頃日本ではめったに食べたことがなくて、かえって、ニュージーランドに出かけた時など、フッと思い出しては、釣り上げたスナッピーでタイの茶漬けをつくってみるといった有様である。

まあ、正月にあまりもののタイの刺身でもあったら、タイ茶漬けの味を忘れないように、こっそりつくってみるのもよろしいいし、無理にタイでなくったって、ヒラメだって、何だって、白身の魚の刺身のあまりがあったら、タイ茶漬けの真似事をやらかしてみるとおいしいものだ。いやいや、冷凍モノのアジとかサバを、解凍直後に茶漬けにしてみるのも、はなはだ乙なものである。

私の流儀は、至極簡単であって、こんな簡単な茶漬けぐらい、わざわざ習わなくって結構だといわれる方が嬉しいので、手早く、簡単で、素朴なもののおいしさを学ぶことを心がけたいものである。

まず、洗いゴマを煎る。匂いが立ち、はじきはじめた直後に、スリ鉢に取って、よくする。油がにじんでくるくらい、丁寧にすった方が、タイ茶漬けにはよろしいようで、別に粗く揉むか、叩くかした叩きゴマを、茶漬けの出来上がりにほんの少々散らすと、もっと風味がよくなるかも知れぬ。

つまり、丁寧にすったゴマは、タイの刺身にからみつかせ、粗く揉んだゴマは、出来上がりの茶漬けの上に薬味として散らすわけだ。

さて、スリ鉢に白ゴマを油がにじむぐらいよくすって、卵一個を割りこむ。そこへ生の醬油をブッかける。さあ、醬油とゴマの割合だが、醬油一合に、ゴマ二、三勺ぐらいのつもりでよいかも知れぬ。つまり、ゴマを醬油の二割か三割ぐらいのつもりで使ってみたらよい。このゴマ醬油の中にタイの刺身をひたすのだが、魚肉の方に、あらかじめ、ほんの少量の酒をふりかけておくのがよい。

もう一度、順序正しく説明を繰り返してみよう。

魚肉はやや薄く、ソギ気味の刺身にし、少量の酒をふりかけておく。その間に白ゴマを煎り、油がにじむぐらい丁寧にスリ鉢ですって、卵を割りこむ。ゴマの量の三倍ぐらいの生醬油をかけ、よくまぜる。このゴマ醬油の中に、魚肉の刺身を投げ入れるわけだ。ゴマ醬油の中にひたす時間は適宜でよろしい。

さて、これを小皿に盛り分け、粗く揉んだゴマと、ノリなどを、上からふりかける。食べる人は、ご飯の上に小皿の魚肉をのせ、ワサビを加えて、熱い茶をかけ、魚肉の半煮えの味を喜ぶ次第である。

037 アンコウ鍋

レシピはP.368

そろそろ、魚屋の店先にアンコウが出まわってくる時期である。アンコウ鍋といったら、水戸が本場であって、アンコウそのものは日本海沿岸の各地にもひろく見かけるが、水戸のアンコウ鍋ほどの、素晴らしい料理の完成を見せていない。

まったく、水戸のアンコウ料理は、日本の庶民料理の傑作のひとつだといっても、けっしていい過ぎではないだろう。

あのグロで、珍妙な怪魚が、あきのこない、素敵な鍋物のサカナに変わるのだから、人間の食べる知恵の働きに、驚き入るのである。

ほんとうなら、アンコウは築地の魚河岸あたりで、丸ごと一尾買いなさいといってみたいところである。そのアンコウを、庭の木にでもつるして、アンコウのつるし切りをやってみたら、あんなに愉快なことはない。アンコウはグニャグニャしていて、マナ板の上に乗りにくいけれども、つるし切りにすると、そのアンコウの豊富な水分が幸いして、痛快なほどよく切れる。ことさらアンコウは、口の歯のあたりをのぞくほかは、俗に、アンコウの七つ道具といって、皮でも、モツでも、ことごとく棄てるところがないから、ズバリズバリと切って、切りまくれば、それでよろしい。

ゴルフだの、スキーだのやるよりは、よっぽど面白いスポーツだから、私などアンコウのつるし切りをやって、大いに気を晴らすならわしだ。

しかし、奥様方誰もにアンコウを一尾買ってきて、つるし切りをやりなさいとすすめるわけにもゆかぬ。築地の魚河岸まで出かけることも大変だし、一尾買ってきたら、どんなに小さなアンコウだって、三、四人の家庭では量が多過ぎよう。

そこで仕方がない。魚屋の店先でアンコウを六〇〇グラムとか、せいぜい一キロとか買ってくるわけだ。なるべくキモが多く、皮や、鰭《ひれ》のようなところが多い方がおいしいので、白身ばかりだと、せいぜいみそ汁ぐらいにしかならぬ。

キモの量が多かったら、あらかじめ塩をして、蒸したり、煮たりしておいて、かたくしまらせておくのがよろしいけれど、どうせ、五、六〇〇グラムのアンコウ買いでは、雀の涙ほどのキモしか、つけてくれやしない。

さて、アンコウ鍋によく合う野菜類は、ワケギ、ネギ、ササガキゴボウ、タケノコ、シイタケ、何でもよろしいが、ことさら、ウドや、ミツバや、ギンナンなどが、よろしいようだ。

ウドを短冊に切っておいて、酢水にひたし、アクを抜いておこう。

そのほか、豆腐、シラタキの類は、どうしても欠かすことができぬ。そこで、スキヤキ鍋か何か、適当な鍋に水を張り、コンブを入れて、ガスに点火し、ダシを取る。次に淡口醤油を注ぎ入れ、お吸物より、幾分濃い目の味加減にしたあげく、酒だの、みりんだのを、自分の好みの量だけ加えよう。

左様、アンコウ鍋は、多少、甘味が加わっても、まずくなかろうから、どうしても砂糖を入れたい人は、砂糖を足しても構わない。

アンコウの肉片は、一度熱湯をくぐらせて、霜ふりにしておこう。

みんな、鍋の周囲に集まって、アンコウや、野菜や、豆腐をグツグツ煮ながら食べてゆくと、アンコウの肉片や、皮や、軟骨や、モツや、キモの味わいが、周囲の野菜とからみ合って、あんなに仕合わせな鍋料理はないものだ。

038

羊の肉のシャブシャブ

レシピは
P.369

　この頃、成吉思汗《ジンギスカン》鍋の大バヤリである。

　成吉思汗鍋というのは、羊の肉だの、タマネギだの、ピーマンだのを、鉄の網や鍋で焼いて、それに適当のタレかツユをつけながら食べるのだから、まあ、アメリカの「バーベキュー」、中国の「烤羊肉《カオヤンロー》」、朝鮮の「プルコキ」の集大成（集小成？）されたものだと思ってよいだろう。

　これからしばらく、成吉思汗鍋の源流の方をたどりながら、さまざまの肉鍋を研究してみよう。

　まずまあ、成吉思汗鍋の直接の本家の方は中国だろう。中国の「涮羊肉《サオヤンロー》」が日本流になまって、シャブシャブになり、「烤羊肉」が日本流になまって成吉恩汗鍋になったと考えてもさしつかえない。

　さて、その中国の「涮羊肉」や「烤羊肉」はどこから伝わったものか、といえばおそらく、シルクロードの少数民族の羊肉の食べ方を、中国流に集大成したものといえるだろう。

　蒙古のあたりに出かけていって、たとえば「ハサック」のゲル（テント、包）の中をのぞき込んでみ給え。テントのまん中に大鍋がかけてあり、この鍋の中に、羊が巨大な塊のまま、グツグツと煮られているのを見るだろう。

　煮えあがった羊を、皿に取り、塩とニンニクとターナと呼ぶ薬草をまぶしながら食べるのが正真正銘の成吉思汗鍋だろう。

　しかし、羊を骨付きのまま、大きな塊で丸煮をするなどというのは、壮大ではあるが、都会向きじゃないから、中国人は、これを改良して「火鍋子《ホーコーズ》」の中で煮る鍋料理に変えた。それが「涮羊肉」である。

「火鍋子」というのは、まん中に煙突のついている鍋で、木炭を入れて鍋物をつくるのに重宝するから、ぜひひとつ備えつけていただきたいものだ。朝鮮の「神仙炉《シンセンロ》」という料理もこの「火鍋子」でつくる。こないだデパートを回ったら、「火鍋子」はガス用のものでも何でも、豊富に出揃っているようだ。

　そこで「火鍋子」を用意して、檀流の羊のシャブシャブをつくってもらうことにするが、「火鍋子」がないから、やめたなどとおっしゃるな。なかったらスキヤキ鍋でも、土鍋でも結構なのである。

　さて中国の「涮羊肉」のタレ乃至ツユは、醬油と酢とゴマ油が中心であって、これに好みのままの薬味をゴマンと入れる。ニンニクの細い若芽のすりつぶしたものだの、クルミの薬味だの、薬味だけでも十皿のあまりを越える。

私は至極カンタンな檀流調合タレを公開しよう。

まずゴマや、クルミや、落花生の実をスリ鉢で丁寧にする。そこへニンニク、ショウガをおろし込み、今度はリンゴ一個をおろし込み、タップリと醬油を入れ、お酒を適宜……。この中に、好みではタバスコだの、トウガラシ油だのをまぜ合わせ、しばらく火にかけて煮つめたあげく、ゴマ油を思い切って入れる。これがタレの元だ。

ほかに、モミジおろしと薬味のネギをつくり、取り皿に、さっきのタレを中心にモミジおろしと、薬味のネギを加え、酢醬油をたらす。

　さて、火鍋子にスープ（または水）を張り、羊肉のシャブシャブをつくりながら、取り皿にとって食べれば、これが「涮羊肉」である。

　火鍋子の中には、ハクサイだの、タケノコだの、ネギだの、生シイタケだの、豆腐だの、ハルサメだの、好みのタネを加えて、鍋を豊かにするのがよいだろう。

039

ジンギスカン鍋

レシピは
P.370

この前は「羊の肉のシャブシャブ」の秘法を公開しておいたが、どんなものだったろう。

ほんとうは、羊の肉を冷凍の塊のまま一キロばかり買ってきて、これを冷蔵庫の中で解凍し、解けてしまう寸前に、肉の各部分をほぐすのがよい。

というのは、羊肉の冷凍モノは、肉の各部分をくっつけ合わせて圧縮冷凍してあるから、これをボンソー（機械鋸）で一様に切ってしまうと、脂が多過ぎたり、肉の筋目に直角に切れなかったり、嚙み切れないほどかたい筋のところがくっついていたり、感心できにくい。

そこで、冷蔵庫の中でゆっくり解凍したあげく、肉の各部分をほぐしわけ、きたないアブラの部分や、筋はなるべく、のぞき去り、肉の塊を、たんねんに、筋目に直角に切り揃えてゆくと、おいしさが、格段と違ってくる。

「シャブシャブ」の場合だけではない。例の成吉思汗鍋と称する、「烤羊肉《カオヤンロー》」の真似事でも「朝鮮風の焼肉」の場合でも、ちょっと手を加えると、それだけ、おいしくなることは請け合いである。

羊肉は、ステーキにしたら牛には及ばないかも知れないけれども、中国風の「火鍋子《ホーコーズ》」でシャブシャブにし、さまざまのタレと、日本のチリ鍋風の薬味を合成すると、いくらでも食べられる。安くておいしい肉である。

ただ、上質のゴマ油を、絶対に調味に欠かさないようにするのが肝腎である。

中国だって、朝鮮だって、肉を食べる時にはゴマ油は欠かせないが、ことさら、羊肉の料理のタレには、ゴマ油を多用する方がずっと、おいしい。

さて、今回は焼いて食べる羊肉の方を研究してみよう。

中ソ国境の近くにウイグル族という少数民族がいて、このウイグルは、羊の肉を焼いて食べる。太いロストルのような鉄弓の上で羊肉片を焼き、ニンニクと、塩と、ペトルーシカという香草をきざんで、まぶしつけて食べる。

この流儀も、シルクロード全般にひろがっていて、例の剣に刺してあぶり焼くシャシュリークがそうである。アルメニアの界隈では、大きな剣であぶり焼いた肉塊を、ニンニクと、塩と、ペトルーシカやウクローブや、ラーハンと呼ぶ香草と一緒に食べる。

中国の「烤羊肉」は太いロストルの上で、薪《まき》を燃やしながら羊肉をあぶり焼き、芫茜《ユアンシー》(ペトルーシカと同一)という香草をまぶしながら、例の千変万化の薬味の類をタレの中に調合しながら、焼き上がった羊肉を食べる。

日本の家庭でなら、やっぱり成吉思汗鍋とか、義経鍋とか、朝鮮鍋とかいってデパートで市販しているものを、どれか一つ用意しておくがよいだろう。

私は「義経鍋」というのが、「烤羊肉」と「涮羊肉《サオヤンロー》」の両道に使えるばかりか、ソウルの焼肉屋で食べたようにスープにひたしひたし食べられるから、愛用している。

鍋など金網だって、スキヤキ鍋だってよろしい。

羊の肉を焼き、先回公開しておいたタレと一緒に、モミジおろし、ネギの薬味など日本チリの薬味の類も加味しながら、酢、醤油、ゴマ油などをふりかけふりかけ、食べるのがおいしい。

そのつけ合わせには、タマネギだの、ピーマンだの、モヤシだのを一緒に焼くのがよろしかろう。

040

朝鮮風焼肉

朝鮮風の焼肉を手はじめに、二、三回、韓国料理の研究をこころみてみることにしよう。朝鮮料理などと、バカにしている人達は、韓国人が、実に、さまざまの肉の素材を、充分に完全に、食べることに、驚かされるはずだ。安くて、おいしくて、味わいの深い料理である。

俗にハモニカといって、肋骨の骨付きバラ肉をあぶって食べる「カルビクイ」や、また煮込む「カルビチム」の味……。肉の赤い部分と、白い部分（主として内臓だが）をたくみに取りまぜながら、食べる「プルコキ」の味……。正直な話、私の家でも十日に一度は、さまざまの肉や内臓を朝鮮風に煮たり、焼いたり、「ミノ」だの、「センマイ」だの、「タン」だの、「レバー」だの、「ハツ」だの、を子供達も大喜びで満喫するならわしだ。その肉類に添える、一番単純な三色の野菜……。つまり、ゼンマイ、モヤシ、ホウレンソウなどのナムルが、また肉類の口なおしに、きわめて単純だが、よく合う。

しかし、朝鮮料理を単純だなどとバカにされては困る。ついこないだも、私はソウルや慶州のあたりの料亭を食べ歩いたが、例えば山菜などというものは、韓国人の方が、よほど上手な食べ方を知っている。

その証拠に、といったらおかしいかも知れないが、三十年もむかし、私が長春の郊外をうろついていたところ、その原野に新芽をふき出した所謂、山菜の類をたんねんに摘みとっているのは、きまって朝鮮の少女達であった。

むしろ日本人など、山菜については、きわめて鈍感だとしか思いようがない結論に達したものだ。

さて、さまざまの焼肉の朝鮮風醍醐味は、ゆっくり回

レシピは
P.370

を追って説明することにして、今回は一番手っ取り早く、所謂、羊の成吉思汗鍋は、朝鮮風にやると、どうなるか、というところでやってみよう。

まず白い洗いゴマを一袋、丁寧に煎る。そのゴマを切りゴマにするか、叩きゴマにするか、乃至は、スリ鉢の中で、半分ぐらいの粗ずりにする。

そのゴマをドンブリの中に入れ、淡口醬油をコップ三分の一ぐらい入れる。普通の醬油でもよろしいが、少し色がつき過ぎるからその時は塩を入れて、酒でのばせばよい。淡口醬油の場合も、もちろん、倍ぐらいのお酒で割っておく方がおいしい。

さて、ニンニクと、ワケギ（普通のネギでももちろん構いません）をタタキつぶしながら、一緒に切りきざんでゆく。ニンニクとネギを、なるべくベトベトにしながら、小口切りにするわけだ。

このニンニク、ネギを、ゴマ醬油の中に入れる。この液の中に、ペパーをふり込み、トウガラシを入れるわけだが、手っ取り早く、タバスコを二、三滴たらし込むのも悪くない。最後に上質のゴマ油を、小さじ二杯ぐらい入れてよくかきまわして貰いたい。

この液の中に羊肉をひたし込んで、一、二時間漬けたあげく、食卓の上で網焼きにしたり、成吉思汗鍋で、焼いてみたりするわけだ。

041
牛豚のモツ焼き

さまざまの肉片を、朝鮮流に、焼いて食べるのは、大変楽しいことだ。

濛々と煙を立てながら、網で焼いてよろしく、成吉思汗鍋であぶってよろしく、その肉も一〇〇グラム二百円だの、三百円だの、バカ高い肉を使うより、一〇〇グラム百円前後の牛肉だの、牛のタン（舌）だの、ハツ（心臓）だの、ミノ（胃袋）だの、センマイ（胃の付属物）だの、豚のタンだの、ハツだの、ガツ（胃袋）だの、レバーだの、マメ（腎臓）だの、子袋だのを、焼いて食べると、何となしに、野蛮な飲食の快味がひろがって、人間に生まれた仕合わせがつくづくと感じられるから、嬉しいではないか。

そこで、その根本になるタレのつくり方を覚えよう。

まずゴマが要る。丁寧に煎って、これを叩きゴマなり、スリゴマなりに、半つぶしにつぶして、ドンブリの中に用意しておく。

次にネギ（またはワケギ）とニンニクをまぜ合わせて、よくつぶし切りにする。叩いたり切ったり、ネバリが出るくらいやっておくがよいだろう。

ほかにピーマンでもあったら、ピーマンも芯を抜いて小口切りにして一緒にする。これをまた一まとめにドンブリの中に入れておくがよい。

さて、このほかに必要なものは、トウガラシと、お酒少々と醤油と、上等のゴマ油だ。

用意の肉を、皿かドンブリに入れ、ゴマをふりかけ、ニンニクネギを散らし、トウガラシの種を抜いて小口切

レシピはP.371

りにしたものを入れ、そこへ醬油と、少量の酒と、ゴマ油を大さじ二、三杯ふりかけて、よくかきまぜると、これで準備は終わりである。

ただ、赤い肉片の方には、普通の醬油を使い、白い肉片（ミノとか、子袋とか）には、塩と淡口醬油を使った方が、色が美しい。

また、少しこるなら、モロミとか、中国の「芝麻辣醬《チマラージャン》」を入れる方がやや複雑な味になる。

私はといえば、タバスコを四、五滴たらし込んで、「どうだ？　うまいだろう？」とすましておく。

ところで、砂糖だが、スキヤキに馴れた人達は、赤肉に限り、少量の砂糖を入れるのもよろしいだろうが、タンや子袋のような白いものには、砂糖の乱用はつつしんだ方がよい。

牛タンや、豚のタンは、そのまま小口切りに切っていって、例のタレの中にひたしてよろしいが、例えば、レバーのようなものは十分ばかり水にさらして、血抜きをしてから、タレの中に漬け込む。またモツ類を洗うのには一般には塩と酢にオカラを加えて揉み洗うと、臭いが少なくなる。

ことさら、マメの時には、二つに割って、白い脂のようなところをこそぎ取ったあげく、よくよく水洗いして、タレの中に漬け込まなくては臭いが抜けない。タレに漬け込む時間は一、二時間が適当だと思うが、時々まぜ合わせて、よくタレが肉片にしみるようにするがよい。

さて、ツケ汁の方だが、ゴマとゴマ油を合わせ、つぶしたニンニクをきざみ入れ、醬油に酢をたらしこんで、例のタバスコを入れてみるのが面白い。あとは、濛々と、あぶって、焼いて、食べるだけである。

042

ナムル

朝鮮では、冬期の野菜がとぼしいし、それに牛豚の肉や内臓を過食するから、そのとぼしい野菜の調理に熱心である。

日本人も、もちろん、野菜を色どり美しく、また、清潔にあんばいすることに、きわめてたくみな国民であるけれど、ひょっとしたら、山菜などに対する関心や、執心は、朝鮮人のほうが強いかもしれない、と書いたことがある。

それというのも、いつだったか、長春の近郊の春の野っ原をうろついていて、そこでセリを摘む人も、山菜を摘み集める人も、ことごとく朝鮮の婦女子であり、日本の婦女子を絶えて見かけなかったからだ。

去年の春、韓国に出かけたときにも、何の山菜であったか、おひたしの透明な色の美しさと、おいしさに、びっくりしたことがある。

さて、今回は、朝鮮料理の食堂などで見かける三色の野菜をつくる稽古をしてみよう。「ナムル」と呼んでいるものだ。

朝鮮風に、肉や内臓を焼いて食べるなら、また朝鮮風に「ナムル」をつくって野菜の補給をしなかったら、片手落ちだろう。

普通、たいていの朝鮮食堂で見かけるように、ゼンマイとホウレンソウとモヤシ（アズキのもの、ダイズのもの）の三色の「ナムル」である。

これもまた、ゴマと、ゴマ油と、ネギとニンニク、トウガラシ、それに塩、醤油、もしあればモロミぐらいの調味料で、おいしい朝鮮風のお惣菜ができる。

レシピは
P.372

ネギとニンニクは、例の通り、包丁の平でトントンたたいてから細かにみじん切りにしよう。

ゴマは、切りゴマであれ、叩きゴマであれ、スリゴマであれ、半つぶしぐらいがよいだろう。

モヤシを二、三分塩ゆでにして、水を切る。人によっては、モヤシをそのまま、から煎りにする人もあり、中国風に少量の油を熱しその中に塩を入れ、モヤシをいためる人もある。が、一度塩ゆでにしたほうが、日本人の口にあうだろう。


ホウレンソウもまったく同様にゆでてよいが、少量の灰汁を加えたほうが色どりはあざやかだ。ホウレンソウの場合、そろえて小口切りにするときに、日本のおひたしをつくるときより、やや短めに切ったほうがよいだろう。

モヤシとホウレンソウを別々のドンブリに入れ、まず、ゴマを思い切りたくさん入れる。つづいて、ニンニクとネギのみじん切り……。トウガラシは自分の好みのままでよい。

さて、ここからモヤシとホウレンソウの味つけをちょっとばかり変えて味をととのえるほうが、おいしくもあり、変化もあるので、わざわざ、この一回を書き加えるのだが、モヤシにはわずかな酢をたらし、塩を入れ、醤油も淡口醤油にしたほうが、色どりを白く仕立て上げられるばかりか、おいしいから不思議である。

ホウレンソウのほうは、多少の砂糖を加えてもよく、醤油は普通の色の濃い醤油を用いたほうが、よろしいようだ。酢はいらぬし、モロミも幾分、モヤシより多めに入れるほうがおいしく思われる。

最後に、モヤシにもホウレンソウにも、上質のゴマ油を入れて、丁寧に、繰り返し、繰り返し、まぜ合わせるのが肝要だ。

ゼンマイの煮方は、次回に公開しよう。

043

野菜料理三種

レシピは
P.372

先回はモヤシやホウレンソウの「ナムル」をやってみたが、もちろん、アズキモヤシよりも、ダイズモヤシの方が濃厚な味つけを必要とするので、ゴマも、ゴマ油も、ニンニクも、ネギも、トウガラシも、コショウも、モロミも、塩も、淡口醤油も、いくらか、多い目に調理するのがよいだろう。

いや、場合によっては牛肉の細かにきざみ叩いた挽肉を、油いためして、その上にダイズモヤシを加えるのもよい。

さて、今回はゼンマイの「ナムル」。即ち「コビナムル」をつくってみよう。

よくもどしたゼンマイを、しばらく熱湯で煮て、その臭みを取り、なお一層やわらかくもどす。

水洗いを充分にした上で、根ッ子のあたりのかたい部分を切り棄ててのぞき去り、適当の大きさに切り揃えておこう。

牛の挽肉を少しばかり、ニンニクと一緒に包丁でよく叩き、よくきざみ、中華鍋に大さじ二、三杯の油を敷いて、強火でいためる。そこへ今度はゼンマイを放り込んで、充分いため終わった頃、適宜の酒をふりかける。つづいて、砂糖、醤油を入れるのだが、ゼンマイに関する限り、やっぱり多少の砂糖の甘味がほしいものだ。醤油はゼンマイの色をよくするために、淡口醤油ではない通常の醤油を使った方がよいだろう。

充分味がしみるまで、静かに煮る。

さて、煮上がりに近い頃、トウガラシを好みのままに入れ、さらにスリゴマ、きざみネギ、ペパーをふりかけ、最後に上質のゴマ油をたらし込んで、よくまぜ合わせながら火をとめる。

これで出来上がりだ。羊の肉でも、牛豚のタン、ハツでも、朝鮮風に焼いて大いに食べる時に、せめて、このゼンマイ、ホウレンソウ、モヤシの三色のナムルぐらいは添えたいものである。

ところで、朝鮮人は、山菜を処理することが大変上手だと言った。澄んで、透明な液の中に浮べた上手なオヒタシをつくるのである。

そこで一つ、真似事の、透明なオヒタシをミツバでつくってみよう。

もし根ミツバでもあれば、その根の方は、朝鮮のキキョウのナムルの真似事だってできるではないか。ミツバをよく洗い、切り揃えて、やや深目の皿の中にならべておこう。別に鍋の中に、種子を抜いたトウガラシ、ニンニクを入れた塩水（ややカラ目）を沸騰させ、ニンニクの味がついたと思う頃、皿のミツバの上にそっとかける。すかさず、酢をたらし込み、ゴマ油をたらす。ミツバの温度を下げてその色や型をくずさないためだが、それでも時間が経てば、いつのまにか変色するから、なるべく、食べる時間につくる。

ニンニクやトウガラシを煮出す面倒をはぶきたかったら、塩湯をぶっかけて、そこへタバスコを二、三滴たらす簡便法がよいだろう。きざみゴマや、コショウは好みのままでよい。

ついでに、朝鮮風のニラ卵をつくってみよう。フライパンに少し多目のサラダ油を敷き、塩を入れ、強火で一瞬、ニラをいためる。ニラがシンナリなりかかったと思う頃、卵を二、三個、よくかきまぜながら流し込み、半熟よりやや煮え加減で火をとめる。焼き過ぎないのがコツだ。

このニラ卵をアミの塩辛で食べるところが朝鮮風であり、素敵なお惣菜だから、馴れるまで二、三度つくってみるがよい。ニラも卵も焼き過ぎないのと、味をうすくするのがコツである。

044

豚の足と耳

レシピは
P.373

日本人は大変清潔で美しい色どりの料理をつくったり、食べたりすることに、妙を得ているが、その潔癖のあまり、鳥獣肉の、ヒレ肉だとか、ロースだとか、ラムプだとかはよく食べるが、肝腎（形容ではない）のところを棄てたがり、舌だの、足だの、シッポだのになると、これを恐れおののく風がある。

万が一、子供が食べようとする気配でもあると、そのママは眉をしかめて、悪逆道に落ちこんだ餓鬼を叱るようにののしるのである。

これでは、おいしいものをみすみす棄てて、栄養の豊富で消化のよろしい部分を、その子供の人生から封じてしまうことになる。悪食とか、美食とかあるものか……。

牛豚のロースが善で、その舌が悪だなどと何を血迷ったらいえることだろう。

だから、私は大いに、肝腎のところを食べる工夫について語ってきたはずだ。朝鮮料理も、その肝腎のところを、大変上手に食べることに妙を得ているから、前回まで、朝鮮料理を語ってきたが、今回は、豚の足と耳の料理をやってみよう。

日本では豚の足など恐れおののくが、中国では妊産婦や、産後の婦人が、乳の出がよろしいからというので、ダイコンと豚の足の煮込みを大いに喜ぶのである。

またフランスには、有名なビストロ（食堂）でピエ・ド・コション（豚の足）という店があり、映画見物の帰り道など、ご婦人も、豚の足を召しあがるし、たしかドーデは、「豚の足はクリの匂いがする」とか何とか書いて、喜んでいたようだ。

さて、豚の足や、豚の耳を買ってきて、まだ毛がくっついているものだったら、剃刀を使って丁寧にその毛を剃りおとす。残った毛は軽く焼いて取り除くがよいだろう。

その豚の足や、耳を、丸ごと、塩と酢でよく揉み洗う。それでも気がすまない人は洗剤でも使って洗うがよろしかろうが、私は、塩と酢とオカラを使って、たんねんに揉み洗う。

豚の足も豚の耳も、私は一度下煮することにしているのは、その脂肪があまりに強すぎるからだ。脂っこいのが嫌いな人は何遍も下煮して、その脂っこさを棄てるがよい。

普通三、四十分も水で煮て、その水をこぼせばよいが、豚の耳の方は、煮え過ぎるから二、三十分でゆでこぼす。

ここで、豚の足の中国風の方は、縦半分にまっ二つに割ることにしよう。

お吸物より濃い目の味のつもりで醬油を入れ、ニンニク、ショウガ、ネギを入れ、八角粒（大ウイキョウ）を一かけらか、五香をほんのわずか入れて、コトコトと静かに三、四十分煮る。味がしみ、豚足が箸で自由に裂けるようになった頃、ゴマ油を二、三滴たらして出来上がりだ。

豚の耳もゆでこぼしたあとに同様に味をつけて煮てもよろしいが、味をつけないで煮るのも面白い。つまり、味無しで煮上がった豚の耳をせん切りにして、酢醬油で食べる。この時も酢醬油に、ゴマ油を一たらしするのが、おいしくするコツだ。

フランス風は、一度ゆでこぼした豚の足を、もう一ぺん丁寧に水煮する。この時、タマネギ、ニンジン、ニンニク、クローブ、月桂樹の葉等のブーケ（束ねたもの）を入れ、といたメリケン粉を流し込んでコトコト煮ると、白く仕上がる。

045

麻婆豆腐

レシピは
P.374

今日は一つ変わった豆腐の料理をやってみよう。

中国の四川省から伝わった辛いトウガラシの豆腐料理である。その名前を「麻婆豆腐」というけれども、麻婆とは、ソバカスだか、ジャンカ（天然痘のあとのアバタ）だか、のできたお婆さんのことをいうのだろう。

麻疹というのは、もともと、ハシカとか、黒豆痘とか、天然痘なんかのことをいうのだから、ジャンカ婆さんとでもいうのか、アバタ婆アとでもいうのか……。とに角、変わった料理の名前である。

挽肉や花椒《ホアシヨ》（サンショウの実の殻）で、アバタの模様になるからだろう。

ところで、私は中国の本当の流儀ばかりではやらない。パプリカとか、カエンヌとかを大いに駆使して、色あざやかに、洋風に仕立て上げてみるのである。そこで、その秘伝をお教えするのだから、邪道だなどといわれては困る。近代の味覚に合わせ、麻婆豆腐を拡大改良したものだと思っていただきたい。

まず、豆腐二丁は、厚みを二枚にそいで、マナ板の間にはさむ。マナ板を多少傾けておいた方がマナ板の重しで水気が切れてよいだろう。

さて、その間に、秘密の油を調合しておこう。ラードを使うなら、ラードを弱火でとき（サラダ油とかゴマ油とかなら、そのままでよろしいが）油の中にパプリカの赤を大量に振り込んでおくのである。すると、鮮やかな色と匂いが加わるはずだ。そこでタバスコを二、三滴おとして、トロ火にかけ、むらなく静かにかきまわすがよい。

この油に、できたら、モロミ（甘くないもの）だとか、豆豉《トウチ》（モロミの乾燥したような豆粒大のもの）だとか、カニ漬けだとか、腐乳《フニュウ》（豆腐を腐らせたもの）だとか、何でもよろしい、ありあわせのアンチョビーの類をちょっと加えた方が味が複雑になる。この時一緒に、淡口醤油で味つけもすましておく。

別に豚の挽肉少々（一〇〇～一五〇グラム）を用意して、ニンニク一片を丁寧にみじん切りにしながら、肉とまぜ合わせて叩く。この挽肉にたっぷり酒をしみつかせておくがよい。

さて、用意しておいた油を熱し、ニンニクと豚の挽肉をまずいためる。豚肉が変色したら、トウガラシの種子を抜いて小口切りにしたものを、自分の好みに合った辛さだけ入れる。

次に、水どきした片栗粉少々を放り込んで、全体に弱いとろみをつけ、先刻マナ板で水気を切っておいた豆腐を二センチ角ぐらいのサイの目に切って、一挙に放り込んで、よくまぜ合わせる。手早くまぜ合わせて、むらなく全体の豆腐に味をしみつかせるのが大切だ。

さて、出来上がりに近い頃、サンショウの実の殻（花椒）を指先でもんで、ちらし、数滴のゴマ油をたらしこんで、ひとまぜしたら出来上がりである。

もちろん、黒いサンショウの実を粗くつぶして加えてもよろしいが、少しくど過ぎるから、実のまわりの殻をもみほぐしながら入れる方がよい。

046

朝鮮雑炊と心平ガユ

レシピは
P.375

むかし、朝鮮の町々を歩いていると、酒幕（宿屋）だか、食堂だか知らないが、家の一隅に、巨大な鍋がおかれてあり、いや、鍋というよりも、石油缶だかドラム缶だかが据えられていて、そこの中に、牛の頭だとか、アバラ骨だとか、足だとか、胃袋だとか、腸だとかが、浮かんだり沈んだりしながら、グツグツと煮えていたものだ。

きっと今だって、そうだろう。

日本人はコンブとカツブシを使って、一瞬に清潔なスープを仕立て上げることに妙を得ているが、獣類の、各部分を使って、悠長なスープを炊き込むことを知らない。

獣類を捕獲、摂取することが少なかったせいだろう。

しかし、もう、世間なみの食品に馴れてきたのであるから、牛骨だの、豚骨だの、その胃袋だの、腸だのを使って、スープを煮込んでみることぐらい、やってみるがよい。

毎日、たんねんにトロ火で煮ていれば、一週間でも、十日でも、腐るものではなくて、インスタントのスープより、はるかにおいしくて、実のあるスープがたのしめるのである。

例えばコゲメシのあまりが残っている。

これはしめたもので、わざわざコゲメシをつくって、雑炊に炊きこむ人もあるぐらいのものだから、一つ朝鮮風の雑炊をつくってみよう。

例の通り、牛豚のタン、ハツ、胃袋、腸、何でもよろしい。ただ、塩、酢、オカラ等でたんねんに揉み洗い、各部分を一度、臭気抜きのつもりで、二、三十分でも煮こぼしてから、大鍋に入れる方がよろしかろう。ニンニクとショウガとネギを加えて、塩味をし、たっぷりの水を入れて、二時間でも三時間でも、トロ火で煮る。

たんねんに、アクや脂をすくっておき、さて、別の小鍋に必要なだけのスープを取る。

味加減はどうだろう。塩を加減してみて、少量の淡口醬油をたらし、例のコゲメシを入れて、短冊に切ったダイコンをまぜる。ダイコンが煮え、コゲメシがほどよくほどけたころ、大量のモヤシを放り込み、食べてみたいと思う、タンだの、ハツだの、胃袋だの、腸だのを元の大鍋から取り出して、小口切りにし、雑炊の中に入れる。

ほどよく、みんな煮上がった時期を見はからって、せん切りのネギを加え、ペパーをふり、ゴマ油をたらし込んで、よくかきまぜる。

大変においしい雑炊が出来上がること請け合いであり、わが家の子供達なぞ、日本流のみそ雑炊より、よっぽどこの方が好きである。

つまり、長時間炊き込んでおいた内臓と、スープがあれば、それを小鍋にすくいとって、ダイコンでも、ニンジンでも、ハクサイでも、ニラでも、加えながら、一瞬のうちに朝鮮風の雑炊が出来上がるわけである。

大量のモヤシを加えるのが一番よろしく、ゴマ油だけは、上質のものを使いたい。


ついでのことだから、草野心平氏流のゴマ油カユを指南しておこう。コップ一杯のお米を大鍋の中に入れる。洗うことも何もない。ただコップ一杯の米である。次にコップ一杯のゴマ油を入れる。続いてコップ十五杯の水を加える。そのまま、二時間ばかりトロ火で炊きあげて、ほんの少々の塩味を加えれば、これまた、おいしい心平ガユになること請け合いだ。心平ガユではあるが、出来そこないの心配(しんぺえ)はけっしてない。

047 鯨鍋

ダイコン一本二百円だの、キャベツ一個百二十円だの、バカバカしい時節になったものだ。もう、こんなバカバカしい時節には、何も食ってやらないぞ、などとヤケを起こしてはいけない。

どんな日照り続きでも、どんな飢餓でも、生きて、食ってゆかねばならないし……、われらの直系の先祖達が、生きて、食ってきたからこそ、今日の私達の知力と体力が維持され、育成されてきたのである。

どれどれ、野菜屋の店頭をまわってみるとするか……。なるほど、たいていの野菜類がバカ値を示している中にミズナ（水菜）とアサツキだけが、比較的に値段が安い。ミズナはちょっと小ぶりだが、一株五十円である。

ミズナは京都の壬生《みぶ》のあたりが名産地であったから、ミブナ（壬生菜）といったりキョウナ（京菜）といったのが、いつのまにか、ミズナに訛ってしまったのだろう。

では、今日は平年並みの値段以下の壬生菜を使って、上方風の鯨鍋をやってみることにしよう。壬生菜一株五十円、鯨を百五十円も買ったら、三、四人でおいしく、たらふく、食べられる鯨鍋ができるはずである。

その鯨も、尾の身でなくっちゃなんて、つまらぬ気取ったことをいわぬがよろしい。魚屋の店頭にある、赤い、冷凍の鯨で結構なのである。

まず、スキヤキ鍋に適当の水を張って、ダシコブをひたしておこう。

コンブがしっとりと湿る頃、醬油（淡口の方が色がつかず、壬生菜の青味と白味が美しく見えるはずだ）を入れて、お吸物よりもう少しカラ目にする。

あまり醬油カラくしてしまうと、全然駄目だからなる

レシピは P.376

べく薄味にするがよい。もしあったら、燗ざましのお酒を適宜入れて、ガスに点火する。

京大阪のあたりは、まったくこれだけで、壬生菜を大量に入れ、煮立って壬生菜がしっとりとしてきた頃、その上に薄く切った鯨をならべ鯨が煮える瞬間食べればよい。

私はといえば、朝鮮や中国にいかれ過ぎているから、ダシ汁の中に、まず、ニンニクだのショウガだのを押しつぶし、みじん切りにしたものを入れて、その上にたっぷりと壬生菜を敷く。

壬生菜は、一〇センチ近く大ぶりに切って入れる方がよろしいようだ。

ガスに点火するだろう。壬生菜がグツグツと煮えてくる。その上に薄切りにした鯨を放り込んでゆくのである。

鯨はけっして煮え過ぎてはいけない。半煮の状態のつもりで食べる気持ちになってもらいたい。

すると、壬生菜のアクというか、ニガ味というかが、鯨にからみついて、質素な食べ物ながら、つくづくとうまい鍋になるから不思議である。

間違っても、この鯨鍋だけは、砂糖を入れない方がよい。

048 チャンポンと皿うどん

レシピはP.377

長崎に一度出かけていったものには、「チャンポン」と「皿うどん」ほどなつかしい食べものはあるまい。ことさら少年期を九州で過ごしたものは、チャンポンなしには腹のどこかに、スキマができているようなものだ。具にして中に入っている、土地で「ダゴムキ」とよぶ奇妙な貝……。モヤシ……。イカ……。そうかと思うとカマボコ……。ゆで卵……。豚……。タマネギ……。タケノコ……。キャベツ……等々と何でもござれで、それこそチャンポンに合成されて、デカイドンブリいっぱい山盛りにあふれそうである。

死んだ坂口安吾が、長崎に出掛けていって、その「チャンポン」のドンブリの巨大さに驚かされ、あれはまるで洗面器だよといっていたが、まったくそう感じられても不思議はない。

その「チャンポン」のつくり方を指南するから、モヤシなど思いっきり沢山入れて、大いに長崎気分を味わうことにしよう。

まず、スープをつくっておくことが肝要だ。トリガラでも、豚骨でもよいから、ニンニク、ショウガ、ネギなどを一緒にぶち込んで、気長に煮ておこう。

スープは塩味にしておいて、それで物足りないような気がしたら淡口醬油を足す程度がよい。

メンは蒸ラーメンの玉を買ってきておく。この蒸ラーメンは、中華鍋の中でラードでたんねんにいためて、なるべく冷えないように、天火でもあれば、天火の中にしまっておこう。

「皿うどん」やチャンポンの具は煮過ぎたり、焼き過ぎたりすると、おいしくないから、面倒でも、中に入れる具を別々にいためる方がよい。

例えば、真っ先に、モヤシをいためておこう。中華鍋の中にラードをはり、適宜の塩をふりこんでおいて、強火でラードが熱したら、一挙にモヤシをいためる。あとでもう一度煮るから少しいため足りないぐらいがよい。いためたモヤシは皿にとって、なるべく冷やさないようにしておく。

さて、二、三人の小人数の家庭だったら、あとのものは、次々に加えながらラードと塩でいためてゆけるだろう。その順番だが、

一、豚バラ（適宜に切り）、ニンニク、ショウガ。

二、タマネギのザク切り。

三、タケノコ、ネギ、シイタケ等。

四、キャベツのザク切り。

ここまでをなるべく猛烈な強火でいためて、シンナリしかかる寸前に、さっきいためたモヤシを加える。

最後にイカのブツ切りと、アサリのムキ身を入れるのだが、イカも貝もいため過ぎるとかたくなり、まずくなるから、注意が肝腎だ。

イカをいため終わったら、少量のスープを入れる。私は別に片栗粉の水ときお椀一杯を用意しておいて、ここの中にアサリのムキ身を入れ、最後に一挙に放り込んで、アサリを煮、全体にトロミをつけるのがきまりである。淡口醬油で味をととのえる。

上質のゴマ油をたらし込み、タバスコや、コショウをふりかけ、さっき用意しておいた蒸ラーメンを西洋皿にひろげて、具をかければ「皿うどん」だ。

ドンブリに入れて具をかけ、スープをたっぷり加えれば「チャンポン」だ。

049 パエリヤ

レシピはP.378

スペインの町々に「パエリヤ」という料理がある。ごくありふれた、お米の料理で、まあ、いってみれば「ピラフ」の変種だが、必ずサフランの黄色い色と、独特の香気がからみついているところが面白い。

そのパエリヤも、バルセロナとか、バレンシアとか、地方地方によって、中に入れる具が違っており、鶏だけを入れる地方だとか、ムール貝を入れる地方だとか、エビを入れる地方だとか、魚のカラ揚げも加える地方だとか、いろいろ、さまざまに変わっている。

そこで、ひとつ、何もかもゴタまぜにした、豪快なパエリヤをつくってみるが、これは、バルセロナの一軒の店で食べた流儀をまねしてみたものだ。

もちろん、ムール貝はなかなか手にはいらないから、アサリを使うことにしよう。

まず、タマネギをみじん切りにして、ニンニクを少量、きざみ込んでおく。

タマネギの量は、さよう、五、六合の米で中ぐらいのタマネギ半分か、三分の一ぐらいで結構だろう。

そのタマネギのみじん切りを、大きなフライパンか中華鍋の中で、バターかサラダ油で、暫くいためる。オリーブ油を使ったほうがスペインらしいかもしれないが、そんなことはどうだってよろしい。そこへ、あらかじめ水につけておいたお米の、水をザルでよく切って、一挙に鍋の中に入れる。五分かそこいらいためたら、別に少量の熱湯にひたしておいたサフランをそのお米にかけて、全体がムラなく、黄色く発色するように丁寧にまぜ合わせる。サフランは薬屋で二百円の袋を買ってきたら、その半量ぐらいがよいだろう（五、六合のお米として）。

このお米をご飯に炊くわけだが、お米と同量の水を入れると覚えておいたほうがいちばん手っ取り早い。そうして、鶏の骨付き腿肉を一本買い、ブツ切りにして、このお米と一緒に炊き込んでおこう。

その際、ご飯に塩味をつけておきたいが、しょっぱくなりすぎると、あとで修正がきかないから、なるべく薄味のつもりで、塩味を控えめにするがよい。わずかのお酒でも加えておくと、おいしく炊き上がるかもしれぬ。


さて、中にまぜ合わせる具であるが、何をぶち込んでもよろしいと思っていただきたい。

さっきも申し上げた通り、何でも入っている地方があり、入っていない地方があり、千差万別だからだ。

私は雑多なもののまぜ合わせが好きだから、生シイタケ、冷凍エビ、カラ揚げしておいた魚、アサリ等々と、何もかも入れる。

そのアサリも、殻ごと入れるから、いやはや、出来上がりのパエリヤは、それこそ満艦飾のもようを呈するのである。

まず、中華鍋の中に、サラダ油か、オリーブ油か、バターをひいて熱する。

エビは殻ごと、背わただけを抜いて、少量のニンニクと一緒にいためて、エビが赤く色づいてきたころ、生シイタケを加え、つづいてよく砂抜きしたアサリを、殻ごと入れて、その殻のフタが開くまでいためる。フタがあいたら全体にほどよく塩加減して、先刻炊き上げておいた鶏ご飯を一挙に入れよくまぜ合わせる。魚のカラ揚げは、このころ加えたほうが割れないですむだろう。これで出来上がりだ。


洋皿に移し、パセリのみじん切りを散らし、ペパーをふりかけながら食べるのだが、少量なら酒のサカナにもよろしいだろう。

050

ブイヤベース

レシピは
P.379

フランスの海浜にブイヤベースという料理がある。油でカラ揚げしたパンの上に、サフランとオリーブの匂いの、混然としたスープをかけ、その中に魚介類をとり合わせて食べる料理だが、四方を海でめぐらした日本人も、時にはブイヤベースの真似事ぐらいやらかして、これを鍋物料理に取り入れてみたって悪くないだろう。

全体を土鍋で仕上げ、土鍋の中から、ほしいままに自分の皿鉢にすくい取ったら、こんな仕合わせなご馳走はない。

ただ、あまり高級な魚介類を使い過ぎると、やりそこなった時にバカバカしいから、なるべく安直に出回っている魚や、貝や、エビなどを使った方が無難だろう。

何度も稽古し、自信ができたら、タイでも、伊勢エビでも、惜しげもなく使って、豪華ケンランに仕上げるがいい。

私は、ただ今よく出回っている、イシモチと、カナガシラ（ホウボウの方がよろしかろうが）と、アナゴと、エビは冷凍モノ、ほかに小さなハマグリを使ってみた。

小さなハマグリが無かったら、アサリでも結構だろう。大きなハマグリだって一向に差支えないが、フトコロの方が大丈夫な方だけやるがよい。

まずタマネギを一個、長ネギを一、二本薄くスライスして、オリーブ油で、スープ鍋の中で丁寧にいためよう。サラダ油でも構わないが、やっぱり南仏の海浜を夢想するヨスガに、ちょっときばってみたのである。

さてその中に水一升ばかり入れる。

この時、米を一にぎり入れておくと、スープにわずかなネバリができて、私は好きだ。酒か、白ブドウ酒をきばって、コップ一杯ぐらい入れてみる。セロリの芯だの、パセリの茎だの、できたら、タイム、月桂樹の葉、クローブなど香料の束を投げ込んで、アナゴの頭とか、イシモチのアラだとかを、煮出してみよう。もちろん、ニンニクは押しつぶして、二、三塊。トマト一個もバラバラに切って入れる。ペパーを適宜、サフランを一つまみ、小さく切って、これも投げ入れ、沸騰しはじめてから、二十分か、三十分、中火で煮るのだが、塩加減はなるべく淡くしておくがよい。

さて別に、ハマグリはよく洗い、冷凍エビは殻ごと、二つぐらいに切っておく。

モツを抜いた魚は、全部筒切りして、薄く塩をする。三十分かそこいらでも塩をしといた方が、日本人には口当たりがよく思われる。

そこで、土鍋の、下の方に固身の魚、上の方にくずれ易い魚、エビ、ハマグリを敷きつめ、さっき、煮込んだブイヨン（スープ）を、よくこして、全体が沈むぐらいにそのブイヨンをそそぎ入れる。

土鍋の下に点火する。

オリーブ油を、大さじ三杯ぐらい入れ、強い火で十分か十五分、ハマグリの殻がまったく開くまで、煮上げれば出来上がりだ。

私は、あらかじめ塩加減しないで、ここでちょっぴり、ショッツルを入れて、味をととのえる。

パンのカラ揚げをスープ皿に敷き、好みの魚をスープごとすくって、パセリを散らして食べる。

051

具入り肉チマキ

レシピは P.380

そろそろ五月五日の端午の節句だから、一つ中国風の肉チマキでもつくってみよう。台湾や、香港や、広東あたりで、店先に沢山ぶら下げて売っている具入り肉チマキである。

五月五日に、端午の節句を祭るのは、もともと、中国から始まったならわしだ。屈原《くつげん》という詩人が世を憤って、汨羅《べきら》に身を投じたから、その姉さんが、弟の死を悲しんで、命日の五月五日の度毎に、チマキを川に投げ供えることから始まったともいっている。私は一度、その汨羅に出かけていったことがあるが、湘江《しょうこう》の支流で、川の水が底の底まで澄み透った美しい流れであった。

さて、具入り肉チマキであるが、モチ米を一升なら二十ぐらいのチマキができるから、竹の皮を二十枚、鶏屋さんかどこかで手に入れておく必要がある。

これだけは、竹の皮でないと不向きで、もし手に入らなかったら魚河岸に行きなさいと私がいったら、読む人は怒り出すだろうか。年に一度の具入り肉チマキだ。そのくらいの奮闘をしていただきたいものである。

ほかに、鶏モツ四〇〇グラム、豚バラ四〇〇グラム、シイタケ、ギンナン、できたら生グリなどもほしいものだ。ユリの根もたいへんよく合うし、キクラゲなどもよいだろう。

まず、一升の米をよく洗って一晩水にひたしておく。つくりはじめる一時間ぐらい前に、大ザルにあけて、モチ米の水を切る。

その間に、豚バラをほどよく切ってドンブリに入れ、同じく鶏のモツをきれいに掃除し（洗うのではない。脂だの、血の塊だの、無用のところを除くわけだ）、一緒に加える。このドンブリの中にニンニク、ショウガなどをすりおろし、酒と塩（または淡口醬油）で下味しておこう。この下味をしみつかせるのは、三十分か一時間ぐらいのつもりがよろしく、つけ汁もあとで一緒にモチ米の中に入れるから、そのつもりになっていてほしい。

水を切ったモチ米は、すし桶とか、おヒツなどに入れる。なければ、洗面器でもなんでも活用するがよい。

シイタケだの、ギンナンだの、生グリだの、ユリの根だのは、肉と一緒にまぜ合わせておいてもよいが、一つ一つのチマキの中になるべく均等に加えたいなら、別にドンブリにあけておいてもよろしいだろう。

そこで、モチ米の中にさっき下味しておいた肉やモツを、つけ汁ごと全部一緒に放り込んでよくかきまわす。

全体の味が少し淡いと思ったら、ここで塩加減をするが、なるべく鹹《から》すぎないようにしたい。

さて、ここでサフランをほんの一つまみ、熱湯にひたしておいて、モチ米の中に一緒にまぜ合わせるといい色になってくるだろう。ゴマ油も少しばかり入れる。

この具入りモチ米を、竹の皮の中に、なるべく三角のおにぎり型に包み込んで縛りたいのだが……、どうだってよい。こぼれぬように仕上げれば上出来だ。それぞれの具を、包み込むときに一つ一つ入れてゆけば、平均に分配されることになる。私は、そのまま圧力鍋で煮るのだが、圧力鍋のない方は、私がむかしやった通り、ぴったり蓋のしまる大鍋に水を張って煮つめてゆき、全体がやわらかくなるまで蒸し煮するのである。その時間は三、四時間ぐらいかかるかもしれぬ。

冷えたら、その都度、蒸して食べるのだが、酢醬油にゴマ油をたらして食べるのが、よろしいだろう。

052 タケノコの竹林焼き

タケノコの季節になってきた。私などタケノコの季節になってくると、そのタケノコを追って、東奔西走したくなってくる。

さすがに京都はタケノコの本場だけあって、その竹林の管理、覆土、更新など、まったく行き届いたものである。京都のタケノコが少々値段が高くても、まことにやむを得ないという気持ちになる。またそのタケノコの料理が、京都界隈は、タケノコも地肌の色を残していて、まわりに灰ワカメをあしらい、木ノ芽の色と匂いが効いていて、まったく日本料理の好季節は、今である。

しかし、私は、そんな高級なタケノコを追い求めるのではない。ただ、どこぞの竹林の中に分け入って、そのタケノコを、現場で焼いてたらふく食べてみたいだけの一心である。

私の経験では、川の流れの近い、砂と赤土のほどよく入り混ったあたりのタケノコが、例外なくおいしいような気持ちがする。

京都のタケノコはもちろんおいしいだろうが、私の少年時代を過ごした久留米の高良内界隈から福島のあたりまでのタケノコも、これに劣らず、おいしい。

ためしに、昨年は、知辺をたよって、その高良内のタケノコを、現場で掘り、現場で焼いて食べたが、まったく、タケノコの仕合わせが身裡にあふれこぼれるような感じがしたものだ。

何によらず、新鮮なものはおいしいが、タケノコと、トウモロコシだけは、掘ッタ、食ッタ……、モイダ、食ッタ……、でなくては、たちまちガタガタ落ちの味になる。

ここに一つ、最も野蛮なタケノコの料理を紹介してお

レシピは
P.381

くが、この野蛮な料理ほど贅沢なものはないのであって、竹林の中で、掘り取った瞬間のタケノコでしか、うまくない。手に持ってゆくものは、タケノコを掘る鍬と、ドライバー一本と、ダイコン一本（ニンジンでもよい）、醬油と、酒と、マッチである。

まずほどよいタケノコを二、三本掘り取るだろう。

そのタケノコの竹の皮はつけたまま……、切り口のあたりだけ泥を綺麗に拭き取って、切り口の真ん中のあたりから、ドライバーをつっこみ、タケノコの節を抜くのである。若いタケノコは、内部が一様につまっていて、節も、中空もないが、そのやわらかいタケノコの芯をドライバーでくり抜くわけだ。くり抜く際にこぼれ散るタケノコの芯の破片だってもったいないから、なるべくビニールの上で、穴をあけよう。

穴の大きさは、親指二本分ぐらいが適当だろう、あまり大きくなくてよい。その穴の中に生醬油を流し込むのである。醬油が入ったら、ダイコン（ニンジン）を栓の代わりに削ってつめる。

そこらの枯葉、枯木をよせ集めて、あらかじめ焚火を焚いておき、そのタケノコを半分灰の中につっ込むようにして焼くだけだ。

なるべく根元の方を上にしておくがよいだろう。醬油がもりこぼれないためと、根元のまわりによく炎を集めるように管理することができるからだ。

さて、少々贅沢にやる気ならタケノコの根元に酒をかけるとよい。焼けた頃合を見はからって、出して、切って、食べる……。

醬油の代わりに、ヒシオかモロミを入れておくのもよいだろう。

今年は、まだどこの竹林からも招待がないものだから、天火の中で、欲求不満の真似事をやってみた。耐熱ガラスのコップの中にタケノコを逆様に立ててやってみたのだが、何せ、そのタケノコの方が、掘ッタ、食ッタではないのだから、竹林の中のようにはいかぬ。

掘った直後のタケノコは、糠や米のトギ汁でのアク抜きも要らないが、やっぱり、都会の家庭では、充分にアクを抜き、カツブシ、コンブのダシと、淡口醬油で、タケノコの肌の色を残しながら、若竹煮に煮るのがよい。ワカメは煮上げるちょっと前でないとドロドロに濁るだろう。

053

イカのスペイン風、中華風

レシピは P.382

例えば、バルセロナでも、マドリッドでも、イカ、タコの料理は、スペインの至るところに多い。「プルピートス」といっているが、「プルピートス」とは、イカ、タコの総称をいうのか、それともイカ、タコの料理をいうのか、私はくわしいことはあまり知らない。

それでも、たしか、マドリッドの、プラザ・マイヨールか何かに、「プルピート」という店があり、イカ料理を専門に食べさせていたが、バルセロナでも、実にさまざまの「プルピートス」にありついた。ちょうど小指の先ぐらいのタコの墨煮だとか、大きなイカの墨煮だとか、スペイン人は、イカ、タコの墨煮に妙を得ているようだ。

実に簡単で、実においしいものだから、日本人も大いにマネをして、大いにつくり、食べてみるがよい。

どんな種類のイカでも結構……。ヤリイカ、スルメイカ、モンゴウ、ホタルイカ、手当たり次第実験してみるのがよろしいだろう。

まず、魚屋からイカの全貌を貰ってくる。キモとか墨とかを抜かれてしまったら、私の「プルピートス」はできないから、「そのまま」と念を押して買って帰るがよい。

棄てるのは、イカの船（軟骨）とか、イカのトンビだけで、あとは肝も墨も一緒にブツブツとブッタ切ればよいのである。

モツも、キモも、墨もゴタまぜにして、よくまぜ合わせ、いわば、イカの塩辛のモトみたいなものをつくるのである。

薄塩をする。少し、生ブドウ酒や酒などを加えれば、もっとおいしいにきまっている。ほんの一つまみ、サフランを入れてもよいが、なに、塩コショウとお酒だけで結構だろう。

この下味をつけたイカを十五分くらい放置した方がよろしいようだ。

フライパンにオリーブ油を敷く。サラダ油でもよろしいが、ニンニク一かけらを押しつぶして落とし、トウガラシを丸のまま一本入れるのを、私はバルセロナで確認したから、その通りやって貰いたい。

さて、猛烈な強火にし、煙が上る頃一挙にイカを放り込んで、バターを加え、かきまぜれば終わりである。

ニンニク、トウガラシは取り出して棄ててよい。スペイン人は、墨のドロドロをパンにつけながら食べていた。

さて、次に香港で食べたイカの「ハーユ（エビ油）」いためである。この「ハーユ」いための時は、なるべく、白いイカが美しい。足は別に煮るようにして、その胴体だけを、綺麗に皮をむいて使いたい。

皮をむいて、三センチ幅、五センチくらいの長さの短冊に切り、その一端を閉じたまま、縦に四、五片に切り裂く。つまり、ノレンの形に仏手に切るのである。

しばらく、酒と、ハーユと、ニンニク、ショウガで、下味をつけておく。

フライパンか中華鍋に油を敷き、強火で一瞬にいためあげく、水トキの片栗粉でトロミをつければ出来上がりだ。

どちらの料理も、ダラダラと煮て、イカをかたくしてしまったらまずい。なお、「ハーユ」は中華材料店に売っているはずだ。

054

「カキ油」いため二料理

レシピは
P.383

広東や香港の辺りに、菜心という野菜がある。いや、おそらくカラシ菜ならカラシ菜という野菜があって、その若い芽立ちか、タケノコのようなところを、菜心というのだと思うが、たしか、漢口のあたりでは菜台といっていた。

その菜心の「カキ油」いためという料理がある。大変おいしく、私はあちこち食べてまわったが、日本でやるのなら、グリーンアスパラが最適だろう。

少し贅沢だが、牛肉と一緒にいためれば、大変結構なご馳走になる。

まず牛肉に下味をつけておこう。

牛肉は、どうせ細長く切って使うのだから、上等の肉の切れっ端でよい。私は、ビフテキの肉を買ったりする時に、そのはじっこの方のあまり肉を、肉屋から分けてもらってきておくならわしだ。

その肉片を細長く、短冊というか……、グリーンアスパラと同じ太さ、同じ長さぐらいに切り揃えて、ニンニク、ショウガ、酒、醤油（少なく）等で、下味をつけておく。時間にして、二、三十分がよいだろう。

次にグリーンアスパラを三つぐらいに切り揃え、中華鍋にラードを熱して、ほんのわずかばかりの塩を入れ、アスパラガスの根っ子の方を先にいため、頃合を見はからって、アスパラの頭の方も加え、いため終わる。

油に塩を加えるのは緑色を残したいためで、あまり塩を多くすると、あとに「カキ油」の塩味が加わるから、からくなり過ぎる。

グリーンアスパラは、充分な歯ざわりを残しておきたいものだ。

さて、アスパラは一たん皿にでも取っておいて、下味をつけた肉に片栗粉をまぶし、今度は強い火で肉をいためる。いため終わる寸前に、さっきのグリーンアスパラを加え、「カキ油」をたらし込み、小さじ一杯のゴマ油を落として、出来上がりだ。

万一、焦げつくような感じがしたら、わずかな油を加えるとよい。熱いうちに食べるのが一番である。


さて、次に豚の小腸を少しばかり買って来よう。

豚の腸は、塩と酢でよく揉み洗って、一、二時間水煮をする。こんなことを苦にするのはよくないことで、大鍋にたっぷり水を張り、その中に、豚の腸を入れ、トロ火で煮るだけのことだから、何の手間も要らないではないか。

やわらかくなった小腸は、もう一度よくよく水洗いして、水分を拭い去り、下味をつけるわけだが、小腸を五センチぐらいに切り、例によって、ニンニク、ショウガをつぶしきざみ、少量の酒と、醤油をふりかけて、一時間ばかり、ひたしておくわけだ。

今度は豚モツの料理に添える野菜を用意しよう。ホウレンソウを一束(無ければ、コマツナだって何だってよい)よく洗って、長いまま、根っ子だけ取り去って、揃えておく。

中華鍋に油(ラード)を敷き、強火に熱して、塩を一つまみ入れる。続いて、ホウレンソウを投げ入れて、いためあげ、いため終わる少し前に、熱湯をかけて、ホウレンソウのアクを抜くようにしながら、その熱湯を棄てる。

このホウレンソウの水気を切って洋皿の周囲に円形にならべる。

豚の小腸に片栗粉をまぶしつけ、ラードを熱して、いため終わるころ、「カキ油」を加えれば、出来上がりだ。ホウレンソウの円の中に、豚モツを置いて、モツとホウレンソウを一緒につまみ取るようにして食べる。

「カキ油」は中華材料店で売っている。

055 トンコツ

レシピはP.384

今回は、鹿児島の「トンコツ」をつくってみよう。

鹿児島は長いこと日本の最南端の独立王国であったから、琉球や、南海諸島や、中国の料理がまぎれ込んでいて、簡素で、豪快な庶民料理が数々ある。

「トンコツ」もまた、そのひとつであって、見栄を張らず、質実、剛健の、おいしい食べ物のひとつだろう。

黒豚の骨付きバラ肉を材料にして煮込んだ、いってみれば、みそ炊きのおでんだが、焼酎と、黒砂糖を使うところが、面白く、また鹿児島らしい味わいになるのである。

しかし、アバラ骨のついたバラ肉など、今ごろではちょっと手に入れにくいから、豚のバラ肉を塊のまま四、五〇〇グラム買ってきて、ブツブツと大きく切ったらよいだろう。皮がついているものなら、なるべく、皮をつけたままがよい。しばらく、あちこちのデパートで、「スペアリブ」といって、アバラ骨のまわりに肉のちょっぴりついたものを安く売っていて、これが理想的な「トンコツ」の材料だったが、この頃、あんまり見かけなくなった。

おそらく、朝鮮料理の店か何かにそっくりひきとられて、「ハモニカ」として、売り出されているのだろう。仕方がない。みなさんは骨のない「トンコツ」で我慢をしてもらうが、私は、骨付きのバラ肉を用意して貰った。

まず、ニンニク一塊とタマネギ四分の一をみじんに切り、中華鍋に敷いた油で丁寧にいためよう。そこで火を強くして、骨付きバラ肉を、少し焦げ目がつくまで、いためてゆく。

いため終わったら、一挙に鍋一杯ぐらいの水を加え、今度は中火でゆっくりと煮る。

ここで、よくアクをすくい、黒砂糖を少々、焼酎をコップ半杯ぐらい加えて、たんねんに、一時間ぐらい、煮込むわけである。

肉がとろけるようにやわらかくなってきたら、みそを入れる。みそは、みそ汁の時の倍ぐらい入れても、黒砂糖や焼酎の甘味があるから、からくならないはずだ。

この中に、おでんのように、自分の好みのものを何でも入れて煮込んでゆくわけだが、あまり水っぽくなるものはよくないだろう。

コンニャク、豆腐、サトイモなど、なるべく大ぶりに切って、コトコトとトロ火で煮込むがよい。

アクを抜いたゴボウをブツブツ大きめに切って一緒に煮込むのもよろしく、長ネギを長いまま煮込むのもよろしく、またゆで卵だの、タケノコだの、シイタケだのを煮込めば、これは贅沢なご馳走になる。

時間を見はからって、カブを煮込むのもおいしく、今はサンショウの葉の匂いの高い時だから、大いに活用するがよい。コショウはもちろん、また「花椒」といっているサンショウの実のまわりの殻など、もみ入れて、鍋の中に一緒に煮込んでおくと、よい匂いだ。

好みでは、食べる少し前の時間に、鍋の中へゴマ油をたらし込むとまた素敵である。

056

ツユク

昨年韓国のあちこちを旅して回った時に、「ツユク」という大変おいしい豚の前菜を食べた。

いってみればハムのような肉の薄切りを綺麗に皿にならべて、これをアミの塩辛を添えながら食べるのである。

酒のサカナに大変よろしく、これなら、自分でもつくれそうだと思っておそるおそる聞いてみたら、案内と通訳をしてくれた尹女史が、あちこちたしかめてまわってくれたばかりか、それを懇切丁寧に紙に書き認めてくれ、私はそれをもらって帰ったのである。

だから、その尹さんの処方箋を、そのまま書き写せばよろしいわけだが、せっかくスクラップに貼っておいたその記念の書付けを、友人に訊かれるままに、スクラップからはがし、リコピーしてみんなに頒けた。

あげくの果ては、その尹さんの本文をどこかにしまい忘れてしまったから、原文を紹介できないのが残念だ。

しかし、私は何度もつくっている。次第に檀流になっていようが、構ったことはない。

まず豚のロースか、肩ロースを塊のまま買ってきて、なるべく恰好よく、長方形か、方形に切り、面を取ろう。切り落としたハシタの方は、ほかの料理に使えばよい。

さて、その量だが、はじめは五〇〇グラムぐらいつくってみるのがよろしいだろう。

その豚肉の塊を、豚肉のチョッキリ入るぐらいの小さい鍋に入れて、なるべくスキ間のないようにしたい。ヒタヒタに水を入れる。この水を沢山入れることは禁物であって、煮汁を多くすると、スープは取れるかもしれないが、せっかくの豚の方がまずくなる。

ニンニク、ショウガ、ネギ一本をまるごと入れて、少

レシピはP.384

し酒を加え、中火で四、五十分煮る。

豚肉の真芯まで、完全に火が通りさえすればよいので、煮過ぎては、いけない。

なるべく、水は足さない方がよいが、火の加減で、あまり煮つまった時にはほんの少量の水を加えよう。

さて、煮上がった豚肉を、そのままさまし、手に取れるぐらいの温度になってきた時に、取り出して、綺麗な布巾で全体をつつむ。

これをドンブリとか、ボウルとかに入れて中蓋をのせ、その上から重しをするわけだが、下にお皿をでも逆様に敷いておくがよい。

というのは豚の水分を少なくして、肉をしまらせるために重しをするのである。

私はいつも、卓上漬物器の底に皿を裏返して敷き、その上に布巾でくるんだ肉をのせて、重しをかけるのだが、あまり、ギュウギュウに締めることはない。

重しをかけたドンブリなり、卓上漬物器なりは、そのまま冷蔵庫に入れる。

食べ頃はその翌日あたりが一番のようだが、四、五日は大丈夫だ。

必要の時には取り出してハムのようにスライスして皿の上にならべ、アミの塩辛を横に置き、この塩辛をまぶしつけながら食べる。これが「ツユク」だ。オツなものである。

057

梅酢和え、蒸しナス

レシピは
P.385

梅雨の時期ほど鬱陶しいものはない。

しかし、その梅雨の時期には、ミョウガタケだの、青ジソだの、ラッキョウだの、ハジカミ（新ショウガ）だの、ニンニクだの、さまざまの匂いのものが萌えたって、これをほどよくあしらいながら、酢のものや、漬物などを漬け込むと、一瞬の匂いや、歯ざわりが、梅雨の鬱陶しさを、なぎはらってくれるようにすら感じられる。

この頃、絶えてどこの家庭でも、食べなくなってしまったものに、梅酢の、即席漬けがある。

例えば、キュウリでも、ウリでも、スイカの食べ残しの中皮の部分だの、ミョウガタケ、キャベツ、セロリ、何でも、梅酢の中に一瞬漬け込むだけで、食欲不振の梅雨から夏にかけて、最適な日本式サラダが出来上がるのである。

私の少年の頃、九州の田舎では、どこの家でも梅雨期から夏にかけて、必ずこの梅酢漬けが、毎日のように食膳に供されたものだ。

思うに、家庭で梅干しを漬けることがなくなり、梅酢をどこの家にも手持ちしないから、この素晴らしい日本的サラダが絶滅に瀕しかかったのであろう。

さて、順序は逆になるが、梅の出まわる頃、梅干しの漬け方をとくと研究することにして、今回はその梅干しの梅酢を手持ちしていると想定して、一つ二つ、梅酢漬けをやってみよう。

むずかしいことも何もない。例えばウリだったらウリをまっ二つに割り、種子を抜き、その窪みのところに塩を一盛り、一、二時間乾したあげく、卓上漬物器ででも、押しをかけておこう。さて、適宜に切って、梅酢をかけて食べるわけだ。

キュウリなら、キュウリの皮をところどころ縦にむいて（つまり縞目をつける）、分厚くブツ切りにし、一瞬塩をして、もうそのまま梅酢をまぶすだけでよい。

ハジカミだったら、丁寧に洗い、塩熱湯をくぐらせてから、コップにでも梅酢を入れておいて、ハジカミの根のところを漬け込んだら、結構な口なおしになるだろう。

私が、梅雨期いつもつくる梅酢漬けは、キャベツと、ミョウガタケと、キュウリを合わせた日本式サラダである。

キャベツは一瞬熱湯をくぐらせて、ザクザク切り、キュウリは塩もみ、ミョウガタケはそのまま斜めに切って、全部をサラダボウルの中でまぜ合わせ、梅酢をかける。そこで青ジソをきざみ入れたら、こんなにスガスガしい梅雨時のサラダはないといってもよいほどだ。

もちろん、セロリを加えてもよろしく、セロリはまたハジカミのようにコップの中へ梅酢を入れて、そこへ漬け込み、口なおしにするのが普通である。

さて、今一つ、今度は朝鮮風、乃至中国風の、ナスの前菜をつくってみよう。

むずかしいことはない。ナスを芯まで煮えるように蒸しさえすればよい。その蒸しナスのヘタの方に包丁で切れ目を入れて、指先で縦に裂く。その縦裂きのナスを西洋皿に放射状にならべ、まん中に、煎りゴマを叩きゴマか半ずりのゴマにして盛り、ゴマ油と、酢醤油をかけながら食べる。好みではその酢醤油の中に、ニンニクをおろし込んでみるのもよいだろう。

058 梅干しとラッキョウ①

レシピはP.386

梅雨の時期には、梅雨のどまん中から生えだしてきたようなさまざまの野菜を食べるのが、愉快でもあり、おいしくもあり、その時期の匂いを存分に楽しむこともできると、先回は申し上げた。

その一番手っ取り早い食べ方は、季節の野菜の梅酢和えだ、と申し添えたはずである。梅雨の季節に生え出してくる匂い高い野菜を、卓上漬物器か何かで一晩塩漬けにして、翌る日の朝、梅酢にひたし、青ジソでもきざんでふりかけて食べたら、まったく、梅雨時も愉快だな……、とそんなサッパリした気持ちになってくる。

ところが、残念なことに、この頃家庭で、梅干しを漬けるような暇な女性が無くなってきてしまって肝腎の梅干しをつくらないから、梅酢も無く、梅酢和えなどつくりようが無い。

そこで、私は、忙しいご婦人方にも、断乎として、梅干しを漬けなさいと申し上げる。断乎として、ラッキョウをお漬けなさいと申し上げる。

時期は今だ。

梅干しだの、ラッキョウだの、何だか、むずかしい、七めんどうくさい、神々しい、神がかりでなくっちゃとてもできっこない、というようなことをもったいぶって申し述べる先生方のいうことを、一切聞くな。檀のいうことを聞け。

梅干しだって、ラッキョウだって、塩に漬ければ、それで出来上がる。嘘じゃない。

塩に漬けるだけだ。もったいぶったことは何もない。

ガラス瓶を一つきばって、そこの中に漬け込み、床の間に置き、その出来上がりの梅干しだの、ラッキョウだのを、毎日チラチラと生花のつもりで眺めて見るのは、愉快なことではないか。その梅干しだの、ラッキョウだのの味の変化を、時々舐めてみたり、味わってみたりするのは、なおさら痛快なことではないか。

さて、善は急げ。

まず千円きばって、梅の実を四キロばかり買って来よう。梅干しに漬ける梅は、少々黄色くなっている方がよいかもしれないが、なに、青くたって構わない。

ただ、その梅のアクを抜けばよいわけで、一晩バケツの中で、水にひたしておこう。

さて、翌る日、バケツの梅をよく洗って、ザルに取り出す。梅のヘタなど、できたら丁寧に取りのぞく方がよろしかろう。

梅がまだ濡れているうちに、もとのバケツに返し、塩一・二キロばかりふりかけてまぜ合わせる。押し蓋をし、重しをするのだが、塩がしみるにつれて、うんと重い重しにしたらよい。

はじめからシソの葉と合わせてもよろしいけれど、まず梅を確実に漬け込んでおいて、シソはまた出盛りに買おう。その用意のためにいっておくけれど、四キロの梅には、赤いシソの葉一キロぐらいほしいところである。

ラッキョウは泥ラッキョウを、いまのうちに四キロばかり買ってきて（一キロ七十円見当）、そして漬け込みさえすれば、ふつうの家族なら一年食べられるだろう。泥ラッキョウは大ざっぱに洗い、塩を六〇〇グラムくらい入れてよくまぶし、軽い重しをする。水が上がらなかったら、少量の水を入れればよい。

あとから丁寧に漬けなおすが、これは次回に説明する。

059 梅干しとラッキョウ②

レシピはP.386

先回申し上げた通り、梅でもラッキョウでも、塩をかければ、脱水作用がはじまり、約一週間で水があがる。あがらなければ少し水を足してやればよい。

漬け込んだ梅やラッキョウは、塩蔵されたわけで、保存に耐えることになる。

塩を多くすれば、かびたり腐敗したりすることが少ないわけで、はじめて梅を漬けたり、ラッキョウを漬けたりする時には塩を多目にする方が無難である。

かびたり、腐敗させたりしないですむということだ。

しかし、梅干しの漬け上手の人や、ラッキョウの漬け上手の人は、あまり塩からくすることを嫌い、かびたり、腐ったりする直前の、スレスレのところで、うまく、つくり上げることが自慢だから、秘法秘伝ということになる。

私の方法は、多少しょっぱくても、漬けるのは漬けないのに勝る……。その漬け方も、大いに手数をはぶいて簡単にやらかせ、というわけだから、梅、ラッキョウの漬け込み入門には、私の方法が一番よろしく、あとは楽しみながら、だんだんと深入りして、さまざまにやってみるがよいだろう。

さて、そろそろラッキョウの水があがったでしょう。この塩ラッキョウは、大体一、二年の保存に耐えるはずだから、その都度取り出して整理しながら、甘酢ラッキョウに漬け込んでみたり、梅酢ラッキョウに漬け込んでみたり、ベッコウ漬けに漬け込んでみたり、一年中飽きることがない。

つまり、塩漬けラッキョウを取り出し、一皮むき、両端を切り揃え、これに酢をかけ、氷砂糖を入れるだけで甘酢ラッキョウになる。

ただしだ。塩漬けラッキョウの塩が効きすぎているかもしれないから、ラッキョウを二、三時間水に漬けて塩抜きし、別にお鍋の中に適当の塩水をつくり、酢を足し、トウガラシを入れ、一度沸騰させて、この液をさまして漬け込むのがよいかもわからない。氷砂糖は好きな量だけ入れて、静かにその甘酢がラッキョウに浸みつくのを待つわけだが、さあ、二十日目頃から、おいしいはずだ。

私のオフクロは、たぎらせた塩酢の熱い液体にラッキョウをくぐらせる流儀だが、この方法が歯ざわりがよいといっている。

梅酢に漬け込めばラッキョウの梅酢漬けだし、お醤油を少したらして漬け込めば、ベッコウ色になるからベッコウ漬けという次第である。

さて、梅の塩酢の上がり具合はどんなものだろう。

そろそろ赤いシソが出回ってきた頃だ。シソを思い切り多く買ってきて、葉を取り、よく水洗いしよう。このシソの葉をよく塩もみにして、黒いアク汁をしぼり取る。アクが残ると、味も色も、よくないのである。

よくアクを抜き取ったシソの葉を、梅の塩漬けの液の中に加えると、忽ち美しいアカネ色の梅酢の発色を見るだろう。この梅酢をつくるだけでも、梅干しをつけることの仕合わせは感じられる。

さて、土用に入った頃の晴れ間を見て、梅とシソを梅酢の中から取り出して、昼は日乾し、夜はまた梅酢の中にもどす。

快晴の日に、これを三日ばかり繰り返すと、梅の実の皮も、肉果もやわらかく、しみじみとした梅干しが出来上がるのである。

この後、梅酢を別の瓶に取り去ってしまうのが好きな地方と、いつまでも梅酢につけておく地方と、いろいろある。

060

インロウ漬け

今からシロウリのよく出回る時期だし、タデだの、ミョウガだの、青ジソだの、若ショウガだの、青トウガラシ等、匂いの高い、蔬菜類の豊富な時期だから、ひとつ、「印籠《いんろう》漬《づけ》」という古典的な漬物の漬け方を紹介しておこう。「インロウ漬け」だなどと、名前はモノモノしいが、なにももったいのついた漬物でも、むずかしい漬物でも、なんでもない。

ただ、季節の匂いと歯ざわりを、存分にとり合わせながら漬け込むだけのことだ。

名前にビクついたり、オソレをなしたり、材料のナニが足りない、カニが足りないなどと、戸惑うことはないのである。

あるものだけで結構だ。あるものだけをシロウリの胴体の中に詰め合わせて、塩をし、重しをかけて、小口から切って食べる。愉快である。夏の食欲増進に大いによろしい。

そこでシロウリを二、三本買って来よう。ついでに、青ジソを一くくり。シシトウを少々。ミョウガタケでもあったらこんな仕合わせなことはない。若ショウガはちょうど出盛っているはずだから、これも買って帰る。穂タデはちょっと無理だろうが、こんなものは、無ければはぶく。

まずシロウリの両端を二センチばかり切り落とす。両端を切り落としたシロウリを、長さにもよるが、半分ぐらいの筒切りに切る。シロウリの種子のところをくり抜いて、トンネルを通すわけである。

むずかしいことでも何でもない。なるべく細長いスプーン（カクテル用のものなら一番だが……）を使いながら、シロウリの種子のまわりのヌラヌラの部分を掘り出してしまうだけである。

レシピは
P.387

そのシロウリの外にも中にも、薄く塩をしよう。

青ジソは塩で揉んで、ちょっとアクを抜き、この青ジソの中に、ミョウガタケだの、若ショウガだの、青トウガラシだの、穂タデだのを塩をしながら、くるみ込んで、さし込んでゆくだけだ。少し長目にさし込んでおいて、漬かってから切り揃える方がよい。

穴があまりに太過ぎたら、ナスの白い肉の部分をほどよく切り取って、しばらく水にさらし、塩をして、青ジソの中に一緒にくるみ込むとよい。

というのは、熊谷の界隈に、「インロウ漬け」のやかましい先生がいて、シロナスがなかったらシロウリの「インロウ漬け」は絶対できないようなことをおっしゃるのである。シロナスというのは白くて青いナスで、なるほど、「インロウ漬け」に一緒に漬け込む時に、ウリの穴が太過ぎたら、その場ふさぎに便利だが、シロナスを探す方がよっぽどむずかしい。

だから、私はナスの皮をむき、白い肉の部分をアク抜きして、こっそり包み込み、シロナスを使ってますよとシラを切るならわしだ。

無いものは、無くてすませるに限る。

タデだってあればタデ特有のカラ味がつくが、無ければシロウリと、青ジソと、ミョウガタケだけでも実に充分なものだ。

卓上漬物器で充分に重しをすると二日、三日目頃、素敵なはずだ。小口切りにして食べる。

さてついでに、切り干しダイコンのハリハリ漬けをやってみよう。地方によって、「五分漬け」とか、「アチャラ漬け」とか、さまざまに呼ぶが、五分ぐらいの長さに切るから、五分漬けだ。細いせん切りの切り干しダイコンでもよいが、太い方がよろしく、鋏でそれこそ五分(二センチ)ぐらいに切ってゆこう。

切り終わったらドンブリに入れ、一瞬たぎる熱湯をくぐらせる。そのあとで、コンブや、種子ぬきのトウガラシと一緒に瓶につめ、半々ぐらいの酢と淡口醤油をひたひたにそそぐ。コショウとサンショウを振り込んでおいて、二日目ぐらいから食べられる。

061

ソーメン

鬱陶しい梅雨が明けて、夏の日にソーメンというのは、まったく嬉しいものである。

山あいの湧き清水にゆでさらしたソーメンなどをご馳走になると、ああ、こんなにうまいものがあったのかと、まわりの木立の蔭や、苔の匂いと一緒に、ほんとうに生き返るような心地がするものだ。夏のソーメンは有難い。

何も湧き清水でなくったって、いつでも、電気冷蔵庫の氷が使える私達は、その氷とソーメンをドンブリに浮べて、その気にさえなれば、いつだって深山幽谷に遊んでいるつもりになれるだろう。

ただ、ソーメンをスメ（ツユ）に浮べてすすりこむだけでは、口にはおいしいにちがいないけれども、夏バテするにきまっている。

そこで、ソーメンをすする時にも、少しく奮闘して、さまざまの薬味を、ソーメンのまわりにならべながら、さすがはわが家のソーメンだと、亭主をびっくりさせてみることにしよう。

薬味のサラシネギは誰でもつくる。ゴマを煎って、叩きゴマか、半ずりのゴマにしておくならば、薬味は二品ということになるだろう。

いや、シイタケを二つばかりきばって、よくもどし、そのモドシ汁ごと、ソーメンのツユの中に入れて煮ておいて、やがてそのシイタケをせんに切るならば、ソーメンの薬味は、遂に三品ということになる。

もう一品、鶏の挽肉を一〇〇グラムきばって、ソーメンのツユを煮上げたついでに、そのツユを少しく手鍋に取り、挽肉を入れ、炒りつけるようにして一煮立てして、すくい取るならば、薬味は遂に四品となる。

レシピは
P.388

ただ今、鶏の挽肉をすくいあげたが、そのあとに濃厚なダシが残るだろう。そこでナスをせんに切り、水によくさらして、充分にアクを抜いてから、その濃厚なダシで、煮付けるならば、薬味は堂々五品になる。

手順さえよろしくやれば、十分か十五分の奮闘ですむことだ。

あと一品、お子様にも喜ばれるように、サラダ油かゴマ油を使って、炒り卵をつくっておこう。すると薬味の皿数は六品になる。事のついでだ。ダイコンおろしをおろしておくなら、薬味がとうとう七品ということになった。

何だっていいのである。ソーメンをすする時にも、さまざまの副菜を用意して、ソーメンのツユに浮べたら、たのしくもあり、ゆたかな感じになり、夏バテを防げるということだ。

ただ今列記した薬味の類は、また煮ソバの薬味にもってこいだ。

煮ソバというのは、ソバの蒸してない生のままのものを買ってきて、スキヤキ鍋や、土鍋に湯をたぎらせ、ソバをまるごとぶちこんで、煮えあがった頃、鍋物をつつくあんばいに、箸でソバツユに取って食べる。その時の薬味に絶好だから、覚えておくがよい。申し忘れたが、ソーメンのツユには、おろしショウガの薬味が真っ先にほしい。

ツユの味つけは次回に伝授しよう。

062

釜揚げうどん

ソーメンをサラサラすすり込むのは、夏の日の日本の愉快と仕合わせだといった。

ただし、ソーメンをサラサラすすり込むだけでは、ノド元は涼しかろうが、夏バテがやってくるに相違なく、自分の体がソーメンのようになるだろう。だから、通人ぶることはやめて、さまざまの、種のモノや、薬味の類を多量に加えながら食べる方がよろしかろうと申し上げた。

さて、そのソーメンをすすり込む時のツケ汁だが、関東流のソバツユより、関西流のコンブとカツブシを使用し淡口醤油で味つけをした方がソーメンや、うどんにはよろしいように思う。

そのツケ汁の簡単なつくり方を申し上げれば、まずダシコブを水の中につけて置いて、火を入れ、煮立ってく

レシピは
P.389

る少し前に、削ったカツブシを加え、好みの酒やみりんを加え、淡口醤油で味をつけて、沸騰まもなく火をとめ、カツブシやコンブをとりのぞく。

少し贅沢だと思ったら、二番ダシを取って、ほかの煮物に活用すればよい。九州ではソーメンには煮干しのダシを使うことが多いから、もちろん、煮干し結構である。

ただ関東流の本ガエシとダシ汁を合わせる流儀より、うどん、ソーメンの類は、関西流に色淡く、カツブシの匂いを残した方がよろしいように思う。

前回、さまざまの種のものや薬味を添えたソーメンをおすすめしたから、今回はひとつ、大いに簡単な「釜揚げうどん」をつくっていただくことにしよう。

そのうどんのツケ汁はただ今申し上げた通りのものでよろしい。少し大き目の受け皿（グラスの受け皿でも何でもよろしいが）にたっぷりツケ汁を入れ、おろしショウガ、ダイコンおろし、ワケギの薬味を加える。ネギより、ワケギの青みが関西調のツケ汁には合うだろう。

さて、このツケ汁の中に、天プラの揚玉を入れた変り種の、釜揚げうどんである。

揚玉をつくるのが面倒くさいから、天プラ屋から買って来ようとおっしゃる方は、どうぞ買っていらっしゃい。

しかし、揚玉ぐらい、手製の、サラサラした、粒の小さいものを、工夫してつくってみたらどうだろう。

小さい手鍋に、サラダ油を張ろう。ゴマ油のサラダ油など売っているから、そのゴマ油のサラダ油を、きばって使ってみるのも面白い。

別に、ドンブリの中に、うどん粉を少しサラサラするくらい薄目に水でとき、これを、お茶の茶筌ですくっては、煮立った手鍋の油の中に散らすのである。茶筌でなくて、竹のササラでももちろん結構だ。

するとみじんの揚玉ができる。

揚玉は、皿の上に紙を敷いてならべる。腰のつよい生うどんを買ってきて鍋の中でゆがき、そのゆで汁ごと大きなドンブリに盛ってきて、熱いうどんを受け皿のツケ汁につけながら食べるわけだ。そのツケ汁に揚玉を好みの量だけ加えると、大変おいしい。

063 ブタヒレの一口揚げ

レシピは
P.390

お互いに、人生を十二分に生き抜きたい同士だから、夏バテなどしてはいられない。

そこで、ひとつ、梅雨明けを祝って、少しばかりきばった材料を使い、サラリと口にとろけるようなご馳走をつくってみることにしよう。


牛にもヒレがあるように、もちろん豚にもヒレがある。豚のヒレ一本は、重さにして、多分四〇〇か五〇〇グラムぐらいだろうが、一本、思い切りよく買ってこよう。おそらく、一〇〇グラム、百二、三十円ぐらいの見当だから、一本、五、六百円ぐらいの値段になるはずだ。

豚のヒレ肉は、やわらかくて、ちょっと、いじくりまわしても、こわれ易い。そこで、用心深く、よく切れる包丁を使って、まず、指の幅ぐらいの、輪切りにし、それから適宜、太い部分は四つに割ったり、二つに割ったり、なるべく恰好よく、やや長方形の角切りにしておこう。

ニンニク、ショウガを少しおろし込み、塩、コショウして、ちょっと酒をふくませる。下味をつけておくわけだ。


さて、別に卵の白身を一個分ドンブリの中にでも用意して(足りなくなったら、また一個分足せばよい)、泡立てたあげく、片栗粉を加える。

その片栗粉はどのぐらいの量にするかなどと、私は考えたことがないので、揚げてみる時の状態に合わせる。足りなければ足すことにして、少し少な目だと思ってもらったらよいだろう。

ただ、泡立った卵白の中に、片栗粉を放り込んでおいて、しばらく時間を置いてからまぜ合わせると、むらなく、よく、まざり合うようだ。

この、片栗粉と、卵白をとき合わせたものを衣にして、さっき下味した豚のヒレ肉を油で揚げるだけのことだが、ふだん、みなさんが天プラを揚げる時より、心持ち、油の温度を低目にすると思って貰った方が、衣の揚がり具合が、美しく、むらなく仕上がるだろう。

豚の肉は、よく煮、よく焼かなくてはならないものだと私達はいい聞かされているけれども、ヒレの部分は、すぐに火が通るから、肉がまだやわらかく、衣に焦げ目がつかないうちに、油から取り上げて貰いたいものである。

油は、天プラ油でも、ラードでも、サラダ油でもよいだろう。

食べる時には粉サンショウと食卓塩をまぜ合わせたものを付けるのが一番よろしいようだ。

さて、材料は豚のヒレ肉に限らない。同様に、魚の白身の肉を同じ衣で揚げてもよろしいし、また、エビを揚げてもよろしい。

いや、豚のヒレ、魚の白身、エビと、三通りをつくるなら、デラックスなご馳走になろう。

ところで、衣は卵白と片栗粉をまぜ合わせるとだけいっておいたが、もう少し歯ざわりをサラサラさせたかったら卵白の中に白玉粉をまぜ合わせるのもよい。モチ米を粉末精製したのが白玉粉だ。というのは、魚肉はどうしても水分が多くなるから卵白と白玉粉の方がかえってよろしいようにも感じられる。

いずれにせよ、衣にする卵白と、片栗粉と、白玉粉との振分けをどっちを重くするか、いろいろとやってみるに限るのだが、フワフワさせるのには、卵白、トロロ、片栗粉がよろしく、少しくパリパリさせるのには、卵白、白玉粉がよろしいようだ。

064

シャシュリークと川マスのアルミ箔包み焼き

レシピはP.391

親しい男女、親しい友人達と、打ち連れて、海や野山に遊び、その波打際や、湧き出す泉のほとりで、野蛮な料理を煮たり、焼いたり、それをまた手摑みで食べたり、飲んだりすることほど、愉快な心身の解放がまたとあるだろうか。

それこそ、自分の活力がもう一度たしかめ直されるような気がしてきて、新しい知恵や勇気がコンコンと湧き出してくるような心地さえされるものだ。

私は、何の取柄もない男だが、その一点では、ひょっとしたら、大家ということになるかも知れぬ。

例えば、アムールの川岸で「コイコク」もつくったし、バイカル湖畔では、野花に埋れながら、素敵な川マスも焼いた。ポルガだの、セバン湖だのでいろいろにこころみたシャシュリーク（羊の剣焼）だの「ウーハー」（魚のスープ）だのといわなくとも、黄河畔だって、揚子江岸だって、いやいや、オーストラリアだの、ニュージーランドの無人島の中だのと、その土地のことを思い出すと、そこで煮たり焼いたりして食い且つ飲んだ野外宴遊の愉快を思い出すわけだ。

そこで、山や海や川のほとりでつくる野趣満喫の料理を一、二回こころみてみることにしよう。

私達が出かけていったところは、東京都下奥多摩の神代橋の下であった。多摩川の清流が奔っており、わずか二、三〇メートルの崖っぷちには、おあつらえ向きに、天然の湧水が噴き出していて、手にすくって飲むと、はらわたまで洗われそうなスガスガしさである。

同行は十二人。神代橋に到着したのが、そろそろ昼近い頃だったから、みんなそろそろ腹がへっており、シャシュリークにせよ、鶏の「穴焼き」にせよ、その十二人のうらめしげな目や口から、せき立てられながら、煮たり焼いたりするほどバカバカしいことはない。

そこで、車の足を一度「御岳ソバ」まで延ばし、ソバでみんなの腹の下ごしらえをしておいて、ゆっくりと私の仕事に取りかかろうと思ったら、悪いことに「御岳ソバ」は「本日休業」だ。

嫌でも、私の野外料理をいそがせる魂胆らしい。

沿岸で、まず、川マス釣りをやった。ほんとうは、沈着に多摩川のアユを釣り上げて、そのアユを焼いて食うべきところだが、同行は弱卒ばかりで、この人達にアユ釣りをまかせながら、釣れ上がるのを待っていたら、みんな餓死してしまうのがオチである。

そこで、養魚場の川マスを六、七本釣っておいたのは、まことにやむを得ぬ自衛のためであった。

さて、川原へ急げ。

まったくおあつらえ向きに、川原が岬のように流れの中につき出している地点だから、カマドにもってこいの大石がゴロゴロしている。おまけに、流木がいっぱいだ。

私は念のために、二つ、石油コンロを持参してきていたが、これは、現地で即席のカマドをつくるにこしたことはない。

私の予定では、野外料理は、

一、シャシュリーク（羊、鶏、モツ等）

二、マスの洋風蒸し煮

三、鶏の「穴焼き」

余力でもあれば、釣堀屋で買ったコイで「コイコク」をつくるつもりであった。

まず私の前後にカマドを二つ、つくる。

一つは大石を三つならべて、日本形式のカマドである。

一つは「穴焼き用のカマド」を掘った。南方の島々の土人達が穴の中に石を敷き、火をたいて、そのオキ火の上に、タロイモの葉にくるんだ鶏を入れ、上からまたオキ火や石をかぶせ、蒸し焼きにする流儀をマネてみたいと思ったからだ。

さて、まず第一は、シャシュリークである。羊肉と、ピーマンと、タマネギと三つ交互にはさんで串刺しにするつもりだったのに、タマネギを持ってくるのを忘れてしまった。

今日はシャシュリークをタレにつけて焼いたが、みんなメイメイの皿をあてがうのが面倒なためである。タレの基調は、朝鮮風の漬け汁にチリーソースと、タバスコと、モロミをまぜ合わせて焼いてみたがみんなうまいうまいといっている。

アルメニアでは、このシャシュリークに、たいていペトルーシカと、ウクローブと、ラーハンという香草を、青いまま添えてくれるが、なに、粉サンショウで結構だろう。

マスのアルミ箔包み焼きは、塩、コショウして、バターと酒とパプリカを入れてみた。イキのいいマスだと、フランスでは赤ブドウ酒で青く煮るのだが、そんな、手数はかけていられない。

065 鶏の「穴焼き」

レシピは P.392

野外料理をやるからには、一度は鶏の「穴焼き」をこころみてみたいと、むかしから思い込んでいた。今回はその絶好の機会である。

日本でも、あちこちに、浜焼きだとか、石焼きだとか、似たような野外料理があるにはあるけれど、まだ、その、穴を掘って、オキ火と石の間に肉塊を埋め、その上から、またオキ火や石を積んで、蒸し焼きにする例を聞いたことがない。

そこで、わが檀流野外料理は、今回これを実証実験してみたいと大張り切りで、丸鶏を二羽用意しておいた。

ただ、残念なことに、この「穴焼き」のことをくわしく書き記した書物を、どこかにしまい忘れてしまっていて、今日は、おぼろげな記憶をたどって実験してみるほかにはないのである。

ことさら、その「穴焼き」をこころみる人間が、どこの島に住んでおり、何という種族であったか、たしかめようがなく、ここに紹介できないのが無念この上もないことだ。

そのせいもあって、丸鶏は二羽用意しておいたのだが、いざ穴を掘ってしまってから、二羽を焼きそこなうのは惜しいなと、だんだん気が小さくなり、だんだんケチ臭くなって、一羽だけを実験に供することにしたのは、何とも情けない話である。

何はともあれ、丸鶏は、多摩川の流れで、腹の中まで丁寧に洗い清めた。

次に、全身に塩、コショウをして、ニンニクをなすりつけ、腹腔の中には、長ネギと叩きつぶしたニンニクを入れ、少しばかりもったいないが、たっぷり酒をしませておいた。

さて、肝腎の「穴」である。

なにしろ、手がかりの書物を持ってくることができなかったから、ああでもない、こうでもないと、砂地に掘った穴は、直径半メートルぐらいもあったろうか。くずれやすい砂地だから、いくら掘っても、まわりから砂が落ちかかって、深さはやっと三、四〇センチといったところであったろう。

しかし、石だけは豊富だから、まずはこぶしぐらいの大きさの石を何段にも敷きつめて、その上に、流木を積み上げドンドン燃やした。

オキ火をつくり、石を熱するためである。

鶏はたしか、タロイモの葉っぱでぐるぐる巻くと書かれてあったように思ったが、そんなうまい具合の葉っぱは無く、わが家の長男の太郎が、

「じゃ、オレ、朴《ほう》の葉っぱでも取ってくるよ」

と山の方に向ったが、いつまで待っても帰ってこない。

そこで、やむを得ず、アルミ箔でつくられた皿を鶏のあっちこっちにかぶせたりあてがったりしながら、そのオキ火と焼け石の穴に、丸鶏を入れようとした間際になって、太郎が、抱え切れぬほどの朴の葉を持って帰ってきた。

手当たり次第に朴の葉をかぶせたり、巻いたりしたが、その上から紐をかけるような余裕はない。早速焼け石とオキ火の間にうずめ、その上にまた焼け石とオキ火を積み、何となくまだ心細かったから、上で流木の焚火をした。

時間にして、一時間は焼いたろう。

さて、頃はよし、と掘り出して見て、自分ながら、びっくりした。日頃、天火で焼いたら、鶏の皮に焦げ目がつく。この穴焼きの丸鶏は、皮も肉も、神々しいほどのふっくらとした焼けざまで、全体にアブラがにじみわたり、こころみに、裂いてみたら、芯まで、焼けていた。

そこで、ニンニク、酢醤油、カラシ、ゴマ油、タバスコなどをつけながら、食ってみたら……、これは、うまい！

066 サバ、イワシの煮付け

レシピは P.393

檀流クッキングは、どうも朝鮮、中国、ロシアあたりのアブラ物料理ばかりで、日本流の煮物などは、一向になさらないようですね……と、先日、あるテレビ局のアナウンサーから、そんなことをいわれた。

その日はオフクロと同道しておったせいか、日本式の方は、みんなお母さまか、奥様でしょう、と重ねていわれて、

「まあね……」

と笑っておいたものの、私だって日本人だ。一日のお惣菜の大半は、日本式の煮物、和え物、等であることは、わざわざいうまでもない。

ことさら、ヒジキ、オカラ等は卓上に欠かしたことがなく、また、イワシ、アジ、サバ等の煮付けの類は、常時冷蔵庫の中にあって、これを取り出しては、副菜にし、酒のサカナにするならわしだ。

ただ、そんな日常のオカズの類を一々、貴重な紙面をかりて、書くまでのことはなかろうと思っていただけのことである。

この二、三日、黒潮にのってイワシの大漁だという話だ。

イワシは、ヒシコイワシだって、マイワシだって、私は大の好物だから、いつも卓上に置いているようなものであるが、よそ様とちょっと変わった煮方だと思えるところは、まったく、何の手もかけない。買ったままのイワシを、そのまま、ザルでゆすいで、鍋に入れる。つまり、ハラワタを抜かないで、全貌のまま、煮るのである。

ただ、鍋の底に、つぶし切りにしたショウガと、ダシコンブを敷いておいて、淡口醬油と梅干しを二粒三粒たんねんにソギ切りにしたもので味をつける。酒を少々とコップ半分ぐらいのお茶を注ぎ入れ、醬油の味を薄めながら、中蓋をして煮るが、どうしてお茶を加えるんだか、私はその原因をシカとは知らない。知らないままに、その方が、おいしく、私の口に合うことだけを知っている。

イワシを煮る時は、淡口醬油と梅干しの塩味を、お茶や、酒で薄めながら、色どり淡く煮上げるが、サバの時は反対だ。

色濃く、照りをつけながら、煮上げるのである。

サバの時は、いくら私でも、腹のモツと頭を棄てて、筒切りにする。鍋の底に、ダシコンブを敷き、つぶし切りにしたショウガを入れるのは同様だが、そのコンブの上に、筒切りのサバをならべて、その上から調合した醬油をかける。

調合した醬油などと、奇ッ怪ないい回しで申し訳ないけれども、酒とみりんを合わせたものを、コップ一杯ぐらい……、醤油をその半分ぐらい……、あらかじめまぜ合わせておいて、その調合したみりん、酒、醤油の全体の半分を、筒切りのサバにかけて、中蓋をして煮る。

煮つまりかけた時に、また残りの、みりん、酒、醤油を足す。こうして、だんだんに煮つめると、照りよく、うまく、煮上がるわけである。

067

小魚の姿ずし

レシピは
P.393

やれ、バカンスだ、やれ、レジャーだと、日本国中の人々が海山に出かけてゆくようになったのは、まことに結構なことである。

その土地に出かけてゆき、その土地の特色のある食べ物を食べるのは、旅の仕合わせのひとつであるが、しかし、そうそうたやすくローカルな食べものをズラリとならべた食堂など、あろうはずがない。

そこで、海に出かけたら、その海近い魚屋や市場、山に行ったら、山麓の八百屋や市場をのぞき回って新鮮な、豊富に出回っている魚介類なり、山の物なりを買って帰るがよろしいだろう。

高価な大きな魚など買うのはいけない。

日本海に出かけたら、サバだの、キスだの、ごくありふれた魚がよろしい。太平洋岸だったら、アジだの、イワシだの、コハダだの、カマスだの、ごくありふれた小魚を買い、背びらきか、腹びらきに開いて貰って、塩して持って帰るのが一番だ。

「アイスボックス」ももちろんよろしいが、生で持ち帰るより、塩して、「アイスボックス」の中に入れて持ち帰れば、家に帰ったとたん、その魚類を酢でしめ直して、あとはすしメシを炊くばかり。見事な、小魚の姿ずしが出来上がるのである。

左様……。

アジでも、イワシでも、カマスでも、キスでも、小魚は、四、五時間塩したあとに、酢で洗い（または水で洗い）、新しい酢の中に一時間ばかりひたしておくと、ちょうどよく魚がしまる。

その酢の中に、コンブを敷いておくのもよろしいし、好みでは、砂糖を少々加えておくのもよいだろう。

海辺で見た新鮮な小魚が、塩と酢でしまって、黒光りをするのを見るのは嬉しいものである。

そこで、すしメシをつくり、そのすしメシをほどよく握って、その上に、アジだの、キスだの、イワシだの、コハダだの、カマスだの、酢によくしまった小魚どもを、表面の酢をよく拭い取って、姿ずしに仕立上げる。魚の肌に少々ヒネリゴマでも散らし、上からコンブをかぶせ、軽い重しをして、二、三時間。

取り出して頰張ってみると、まったく、今しがたまで遊んでいた海の色や匂いがそのまま感じられてくるような新鮮なすしに仕立て上がっているはずだ。

翌日一日楽しむことができる。

姿ずしだから、もちろん頭を残して二つに割り、仕立て上げるのもよろしいが、わずらわしかったら切り棄ててもよいだろう。

イワシは魚屋が一々開いてくれないかも知れないから、包丁を使うより、自分の指先で、現場で、開いて骨をはずして、塩をして持ち帰るようになさい。

蛇足ながら、わが家のすしメシは、米一升に、酢一合の割。その酢の中に、かくし味程度の砂糖を入れている。炊き上げたメシに扇風機の風をあてながら、その酢をまぜ合わせるわけである。

068 トウガンの丸蒸しスープ

レシピは P.394

夏の終わりの頃、八百屋の店先に、愉快な恰好を見せながら、並んでいるのは、トウガまたはトウガン（冬瓜）と呼ぶ奴だ。

みなさんは「トウガンが粉ふいたよう」という俗諺をご存知だろうか？　トウガンが粉を吹いておいしそうだ……、だから何でも、よく熟れておいしそうなことの譬《たと》えです……、などとテレビ、クイズで答えたらたちまちダウンです。格別の不美人が、お白粉までぬりたくっているおかしさをいうのである。トウガンの恰好を見ていると、この俗諺の面白さがつくづくわかるから、一度ためしてみてご覧なさい。

さて、夏の終わり、私達の子供の頃は、毎日毎日のようにトウガンを食べさせられたものだ。干ダラやジャガイモなどと一緒に、片栗粉でトロミをつけた薄味のトウガンは、何となくしみじみと夏の終わりを味わうような心地がした。

近頃のカッコイイ少年少女達はおそらくもう見向きもすまい。

しかし、トウガンのとろけたような歯ざわりと匂いは、スープや、肉とからみ合って、絶妙の味わいを呈するものだから、みなさんも、一年に一度ぐらい、トウガンのご馳走をつくってみるがよい。有名な広東料理であって、なに、その気になれば、誰だって造作なくつくれるものだ。

まずトウガンを一個買って来よう。カッコなんかどうだって構わないが、ただ底の坐りのよいのがよろしい。値段は一個せいぜい高くて百円どまりのはずだ。最初に上の方（蔓のついていた方）を平らに切って落とす。あとで蓋にするから、棄てない方がよろしい。切り方は、なるべく、上の方から、大きなスプーンか、いや、自分の手が入れられるぐらいに切るのがよろしい。

そこから、スプーンや手をさし込んで、内部のタネやワタの部分を、丁寧に取り除かなければならないからだ。その時トウガンの壁や底に穴をあけてしまったら、おしまいだから、気をつけよう。

トウガンの皮をむいてしまう人もいるが、われら素人は破れない用心と、手間をはぶくために、皮はそのまま、大鍋に湯をたぎらせて、その中でトウガンを煮る。煮過ぎないように注意しながら七分煮くらいのところでお湯から取り出し、逆様に水を切っておく。それは、トウガンの青臭い匂いを消し、後の蒸し時間を少なくするためだが、これもまた面倒だと思う人は檀流にやってのけなさい。

私は、トウガンの中をよく洗うだけで、はじめっから、スープを入れて蒸す。

さて、スープだ。

スープは別鍋に、牛スネあたりで贅沢なスープをつくっておくのもよろしいが、なに、インスタントの固形スープで味をつけても構わない。ただ、トウガンの中に入るスープの三倍以上、たっぷりつくっておくがよい。

そのスープの中に、入れる具は、豚でも、鶏でも、エビ（芝エビ、小エビ）でもよいが、酒やニンニク、ショウガ等で下味し、片栗粉をまぶし、いっぺん熱湯を通しておいたものを使うがよい。

あとはハムのせん切りとか、シイタケとか、タケノコとか、その鍋のスープの中に入れ、スープの味をととのえ終わったら、少し大き目のドンブリを出してトウガンを安置する。トウガンのまわりにスープを注ぎ、トウガンの中にもスープを入れるのだが、トウガンの中に入れる分（つまり鍋の残りのスープ）は、水トキの片栗粉で、トロミをつけておく方がよいようだ。そこで、トウガンが半透明の色になるまで蒸す。蒸し終わったらドンブリのまま客に出して、スプーンでトウガンの壁を削り取りながら、スープと一緒に食べる。スープが無くなれば、鍋のスープをいくらでも足す。万歳である。

069 鶏の白蒸し

そろそろ秋の好季節になってきた。檀流クッキングは、みみっちいゲテモノばかりつくるのかといわれては無念だから、ここいらで、ひとつ秋のパーティ向きの素敵な前菜をつくってみることにしよう。

曰く、白切鶏《パイチェジー》だ。よく、中国料理屋の前菜で、クラゲだの、アワビの蒸し物だなどと一緒に、白く仕立て上がった鶏のブツ切りにお目にかかることがあるだろう。鶏だったり、時には家鴨《あひる》のこともあったりするが、ふっくらと、したたるような、うるおいと味があって、前菜には欠かせないものだ。

家庭で、鶏一羽はちょっと多過ぎるかも知れないけれども、兄妹や、親しい友人でも集まる時に、この白切鶏を大皿に切ってならべたら、愉快さが倍加するだろう。

だから、多過ぎると思ったら、鶏を縦半分に切って分けてもらいなさい。

むずかしい料理でも何でもないから、早速実行してみることが肝腎だ。

さて、丸鶏一羽、家で丸焼きにするとか何とかいって買ってこよう。まず、丁寧に水洗いをする。表面もだが、腹腔の中に何度も水を通して、念入りに掃除をする。瓶洗いのハケを通したりする人もあるが、まさかそんな事をしなくともよく水を流せばよいだろう。

さて大鍋にたっぷりと水を張って、丸ごと、鶏を沈め、下から火を入れる。水がだんだんと温まり、お湯になってきて、鶏の皮膚が次第に白く色が変わってくるだろう。時間にして、左様、五分か十分足らずのはずだ。

レシピは P.395

ここで素早く鶏を取り出して、もう一度水ですすいで洗う。

ここで鶏を大ドンブリか、耐熱ガラスまたは金属製のボウルに移し、鶏の上にニンニク、ショウガをすりおろして、その上から酒をたっぷりかける。また、ネギも大まかに切って、鶏の上にのっけておくがよい。

中国料理の下味をつけるのには、ニンニク、ショウガ、ネギは欠かせないものだから、忘れないでほしいが、私は、鶏の腹腔の中にも、この三ツ揃をさし込んでおくならわしだ。


たっぷりの酒とはどのくらいの量だと聞かれそうだが、私ははかったことはない。大まかに、鶏にあびせかけて終わりである。

この鶏を容器ごと、一時間足らず、蒸し器にかけるわけだけれども、鶏に味がしみつくかどうか、気の揉める人は、スープか、水を、ドンブリの中に少しばかり入れてみたら気がすむだろう。


さて、一時間前後……。

鶏の内部まで蒸し終わったと思ったら、容器ごと鶏を取り出し、お腹のネギもひきぬいて、鶏の全体に、上質のゴマ油を刷毛で、まんべんなく、塗りつけるのである。筆でもよい。筆だったら、腹腔の中にも、ゴマ油を塗りつけることができるだろう。

あらかじめ、鶏ガラか何かで、薄い、無塩のスープをたっぷりつくっておいて、よーく冷やしておく。蒸しあげて今一度油を塗った鶏を、このスープの中に沈め、少なくとも二、三時間以上は漬け込んでおきたいものだ。

食べる時に、鶏を取り出し、出刃包丁で、皮ごと骨付きのまま、ブツブツ切って、皿にならべる。

070

東坡肉《トンポーロー》

長崎のシッポク料理の中に、「豚の角煮」というのがあるだろう。豚のバラ肉が、飴色に、とろけるように、煮えていて、箸で思うままに、ちぎることができ、口の中で、とけてしまいそうなうまみである。

ほとんど、同じような豚バラの角煮が、琉球にもあって、これは「ラフテ」と呼んでいる。

もとはといえば、中国の「東坡肉」の料理法が、各地に伝わったものだ。

まったくの話、「東坡肉」は、豚肉のご馳走のなかの王様のようなもので、一生に一度ぐらい、手間ヒマをかけ放題、日曜料理に「東坡肉」をつくってみてご覧なさいと、いってみたい。

いくらできそこなったって、焼豚の代用としてラーメンに入れるによろしく、また、ちょうど出回りはじめたセレベスイモと一緒に、蒸しておいしく、けっしてすたりは無いから、今度の日曜日は、「東坡肉」つくりで、一日を棒に振ってみるがよろしいだろう。

ついでながらいっておくが、「東坡肉」と呼ばれるいわれは、宋代の大詩人である蘇東坡が大変に愛好した料理だからである。蘇東坡という豪傑詩人は、宋の朝廷から大事にされたり、流されたり、また大事にされたり、流されたり、海南島なんかで配所の月を眺めていた自由人だが、この先生は、食べることに大変熱心であって、河豚《ふぐ》なんかも、好んで食っていたらしい。

「東坡肉」も今日まで、この先生の名を冠している豚バラの、はなはだ手のこんだ、ご馳走だ。

レシピは
P.396

このくらいおどかしておけば、つくるつくらないは、みなさまの勝手である。

さて、豚のバラ肉（三枚肉）を塊のまま、一キロばかり買って来よう。できそこないが心配なら、五百でも、六百でも、好きな通りでよろしい。

その豚バラの大きさと、ほとんど同じくらいの鍋の中に、豚バラの脂身を上にして、キッチリ入れ、ニンニク一つ、タマネギ一つ、皮をむいて、丸のまま、一緒に鍋に入れる。この上から水をさし、ガスに火を入れるのだが、水の量はヒタヒタぐらいがよい。水が多いと豚肉が、浮かんだり、沈んだり、横揺れしたりして肉が煮くずれてしまうわけだ。

できたら酒も加えながら、トロ火で、二時間、たっぷりと煮る。水が足りなくなってきたら、もちろん、ヒタヒタになるまで足す。

とろけるように煮えた豚肉を、鍋のスープの中から取り出して、今度は脂身を下にドンブリに移し、ニンニク、ショウガ、醬油の中に漬けるのだが、よくさましてからでないと、くずれるだろう。

さて、冷蔵庫の中ででも冷やしたあげく、少量のラードをフライパンに敷いて、バラ肉の脂身の方を静かに焼く。これは脂身に美しい焦げ目と、醬油味をつけたいからで、邱永漢君は、この時、ラードをたっぷり張って、カラ揚げするように焼く。

綺麗な焦げ目がついたら、取り出して、適宜の大きさに切るのだが、波多野須美女史は、大胆不敵、豚バラの筋にそって、はじからはじまで切り通して、ご馳走してくれたことがある。

適宜に切った肉片は、やっぱり脂身を下にして、ドンブリかボウルにならべ、その上にネギをのせ、漬け汁にした醬油を加え、水アメを加え、ニンニク、ショウガを置き、ほんのかくし味のつもりでみそも足し、さっきの煮汁少々を加え、丁寧に蒸しあげれば、終わりである。

蒸す時間は一時間以上——一日蒸したって構いはしない。

071 イモの豚肉はさみ蒸し

レシピは P.397

先回は日曜一日を棒に振ってしまうような、痛快（？）な東坡肉の煮方、焼き方、蒸し方、を指南したつもりだが、うまく出来上がったろうか。

何しろ、手に触れればすぐにくずれるようにつくり上げるのだから、煮終わってから焼きに移る時、焼き上げてから切る時、など、いちいち冷蔵庫で、さまし、固めないとうまく処理できないのである。

例えば、最初の下煮をする時に、タマネギ一個丸ごと入れるといったのだが、私はいつもタマネギ一個を縦割りにして、バラ肉の塊が揺れ動かないように、肉と鍋のスキ間のところに、そのタマネギをさし込むことにしている。

また、ちょっと説明不足になっていたが、肉塊を食べ頃の大きさに切る時期は、蒸しにかかる直前だ。甘味料は水アメとしておいたけれども、砂糖プラス水アメとしておいた方がよいかも知れぬ。

さて、その説明の中に、もし、東坡肉ができそこなったって、ラーメンの焼豚代用にもってこいだし、ただ今出盛りのセレベスイモなどと一緒に蒸し上げると、とてもおいしいイモ豚蒸しができると書いておいた。

そこで東坡肉をつくるついでのご馳走……といったらおこられるかもしれないが、東坡肉では、とてもまかないきれない場合など、イモに肉をはさんで蒸し上げる、素敵なご馳走を紹介しよう。

これは、邱永漢家でよくもてなしてくれる料理であり（だから多分広東料理）その流儀に従ったものと思ってもらいたい。

イモはサトイモでもよかろうが、サトイモでは小さすぎるから、やっぱり今から出盛ってくるセレベスイモとか、ヤツガシラとかが、一番よろしい。

そのセレベスイモなり、ヤツガシラなりの皮をむき、芯まで箸が通るように丁寧に白煮して、ザルにあけておく。


さて、バラ肉の方だが、東坡肉をつくる手順で、まず、五、六百グラムのバラ肉の塊を、脂身を上にして、小さい鍋にきっちり入れ、ヒタヒタに水をさす。油を加え、タマネギ一個を縦割りにして、肉塊が揺れ動かないように、鍋と肉の左右のスキ間につっこんでおこう。ニンニク一粒、八角粒(大ウイキョウ)一片を加えておいた方が、中国料理らしい匂いと味に近づくかもわからない。

コトコトと二時間ばかり煮る。

この肉塊を、今度は、スープの中から取り出して、脂身の方を下に、ドンブリにうつし、ニンニク、ショウガをすりおろし、醬油と酒(またはみりん)をかけ、そのままよくさます。

さめた肉塊の脂身の側を、ラードを敷いた中華鍋の中で、色よく焦がし、美しい焦げ目をつくりたいのである。つまり醬油と酒のしみた脂身を、ラードで焦がし、綺麗なキャラメルの色をつけたいわけである。

前回でも書いたように、邱永漢君は、この段階の時、タップリとした油の中で肉の全貌をカラ揚げにする。

さて、ボールの中にイモを入れ、そのイモを縦割りに三つ四つばかりに割り、その間々に、スライスしたバラ肉をはさんでゆく。つまり、油で焦げ目をつけたバラ肉を、ベーコンのようにスライスして、このイモの縦割りしたものの間々に、サンドイッチしてゆくわけだ。

ここで、みそとか、モロミとか、肉をひたした醬油とかを、イモの上にくっつけたり、かけたり、その上にネギをのっけ、肉の煮汁や酒をふりかけ、たっぷりと蒸すのである。つまり、イモにはさんだ東坡肉ができるわけだ。

072

オクラのおろし和え

季節季節の、さまざまな、魚介や、野菜の類に、めぐり会えることほど仕合わせなことはない。

夏が来る……。ウリ、キュウリ、ナス、トマト等々、もう食いあきたなどという人がいたら、それはオゴリというものだ。

その、キュウリ、一本あったら、と思って、山から、山を伝い歩いた、中国の秋の一日のことを思い出す。もちろん、戦時中のことであるが、野菜に餓え、山から山を伝い歩いて、山中の廃屋の一軒にたどりつき、そこの庭のなかに、オクラの株が二本あり、その一本の株に、オクラの実、一つ、縮れゆがんで、残っているのを見つけたときの喜びといったら、無かった。

それは、油いためにして、汁にして食ったが、そのオクラ一片の秋の日から後は、秋の終わりに、山家の籬《まがき》に

レシピは
P.398

はい伝っている豆の晩成を、辛うじて食っただけだ。紫紺の色の、九州では南京豆といっている、ツルサヤ豆だ。東京で、オランダサヤといっている豆の一種であり、ちがうところは、紫の色が濃いばかりである。

余談が多過ぎた。オクラは、私の幼年の頃……（つまり五十年のむかしから）もう、日本に移植されてあり、ハタケレン（畑蓮）、ハタケレンといって、珍重したものである。

オクラを食べる時には、そのネバリが一番有難い。トロロと同じような、口中のヌルヌルを、青い野菜として、口にできるのが嬉しいわけである。

だから、そのまま、みそ汁に入れるのもよろしいし、カレー料理……何でもよろしいが、オクラの実を、サッと塩煮して……、さあ、時間にしたら、熱湯の中で二、三分か……、そのオクラの実をハシから、小口切りにしていって、これを大量のダイコンおろしの中にまぜ合わせるのが随分とおいしいものだ。

ただし、そのダイコンおろしにまぶしつけたオクラは、必ず、しばらく、冷蔵庫で冷やすのが、よろしい。

冷蔵庫から取り出して、もう一度まぜ直し、レモン酢、ユズの酢、ダイダイ酢など、とお醬油をかけていただくのが、最高によろしい。トロトロのねばりが、ダイコンにまでうつるのである。

けれども、冷蔵庫の中に、長時間放置すると、オクラの色が褪めてしまうから、用心が肝要だ。

オクラの、ダイコンおろし和えの中に、まぜ合わせて、おいしいものは、シラスボシ、とか、芝エビのユデムキ等だろう。

私は、オクラが出始める頃から、ほとんど毎日、オクラのダイコンおろし和えを、愛好している。シラスボシや、チリメンジャコ等を加えるのもおいしいけれども、やっぱり芝エビの塩煮のムキ身が、色も姿も美しい。

ハマグリのユデムキか、アサリのユデムキとか、何を加えても、手軽で、複雑な味のお惣菜になるだろう。

しかし、繰り返すように、芝エビのムキ身をまぜ合わせるのが一番、美しい。

073

キンピラゴボウ

レシピは
P.398

日本的な、質素な食べ物の中で、何が一番なつかしいものかといったら、それはキンピラゴボウとヒジキだろう。

少なくとも、私はそうだ。

何はなくとも、ワカメと豆腐のみそ汁があり、キンピラゴボウとヒジキがあり、アジの干物でもあったら、もう朝はそれで充分に満足のようなものだ。

ゴボウの源流の方は中国であるに相違ないのに、その ご本家様の中国では、あまり日常の食べ物としては活用されておらず、薬用ぐらいの食品に変わってしまっているのが現状だ。

今日、ゴボウ愛用の国は、日本が第一といっても、けっして過言ではないだろう。

いつだったか、ニューヨークの、チャイナタウンで、ゴボウを見つけだし、鬼の首でも取ったようにあわてて買い占めてきて、タタキゴボウだの、キンピラゴボウだの、つくってみようとしたところ、まるで豆腐のようにフワフワとしたキンピラゴボウになってしまって、いたくガッカリしたことがある。

やっぱり、何といっても、ゴボウはあの歯ざわりと、匂いである。

新ゴボウの出さかる頃、細目のゴボウを買ってきて、一瞬サッとゆがき上げ、包丁のヒラや、スリコギで軽く、ひと叩きして、酢をかけ、ゴマを散らし、なるべく白く仕上げるように淡口醬油で和えるゴボウの味など、あんなに嬉しいものはない。

かと思うと、アナゴのタレで、黒く煮上げたゴボウもまた、何ともいえずおいしいものだ。

さて、檀流のキンピラゴボウだが、私は、キンピラゴボウは白く仕立上げるのが好きである。

ゴボウを細くせん切りにして、よく水にさらし、ニンジンもせん切りにして、ゴボウ四、ニンジン一ぐらいの割合にまぜ合わせる。

ダシ代わりの肉は、豚の挽肉でも、あまりものの煮魚をほぐしたものでも、何でもよろしい。

中華鍋に油を熱し（ラードでよいが、私はサラダ油）、猛烈な火勢で、その肉を瞬間いためる。続いて、ゴボウ、ニンジンを一挙に放り込んで、一緒にいためるわけだが、少し油を多い目にした方がよろしいようだ。

次に砂糖を入れる。酒をたらす。塩を入れる。酢を入れる。淡口醬油を少々加えて、味をととのえれば終わりだが、手早くしよう。

愚図愚図ダラダラと、ゴボウの歯ざわりや、匂いを失ってしまったら、せっかくのキンピラゴボウは台なしになる。

出来上がりに近く、上質のゴマ油をたらし、白いペパーをふりかけ、タタキゴマを散らせばそれで、よろしい。

ちなみに、私は、種子抜きのトウガラシを薄く小口切りにして、ゴボウ、ニンジンをいためる時に、ちょっと辛味をきかせるならわしだ。

074

ビーフステーキ

レシピはP.399

　そろそろ、秋もたけなわになってきた。檀流クッキングは、毎度毎度、キンピラゴボウ、オカラの煎り煮のたぐいばかりだなどといわれたら、無念だから、ここいらで、ひとつ血のしたたるようなビフテキとゆこう。

　しかし、血のしたたるようなというのは、肉の焼け具合の状態をいうので、レストランでは生焼き（レヤー）にしますか、中焼き（ミデウム）にしますか、よく焼けた（ウエルダン）にしますか、と、焼き具合を訊かれるから、生焼き（レヤー）を申し込めば、血のしたたるような肉になる。

　さて、ビフテキは何といっても肉で、その肉の部分が、自分の体質や嗜好に一番合っているところを選ぶべきである。

　中年以上の人達には、脂肪が少なくてやわらかいヒレの部分がよろしかろうし、この部分を焼いたものをテンダロインステーキといっている。ヒレが無い時にはランプのところがよいだろう。若者は、脂の乗ったロースのところが一番よかろうし、これをサーロインステーキといっているが、なに、多少かたくても、腿肉などの噛みごたえのある部分が、味もしっかりしていて、かえって喜ばれるものである。

　さて、どこでもよろしい。自分の体質と、嗜好と、フトコロ具合に合わせた肉を買ってきて、ちょっと肉の状態をたしかめてみよう。あまり新しいものは、何となくバサつく感じで、なれていない。

　そこで、大切にくるみ込み、冷蔵庫の中で、一、二日様子を見よう。例えば、南氷洋の鯨でも、獲れた瞬間の肉はまずいから、大肉塊を、零度前後の気温の中に、一週間から十日ぐらい、馴らすのである。しかし、この際、外気にあたって硬化した部分は、惜しげもなく切って棄てるのだが、われわれの食膳に供える牛肉は、そんなもったいないことなどできるワケがない。空気にふれぬようによく包み、あまりバサつく肉は、タマネギ、ニンジン、セロリなどのきざんだ部分と一緒に、ブドウ酒とサラダ油を半分ぐらいにして、一日、二日、漬け込んでみたりする。

いよいよ食べ頃と見きわめて（いや、そんな心の余裕など無い方が本当だ）肉片をマナ板の上にのせる。

その肉片の上に、まず、ニンニクの切り口をあてて、こすりつけ、淡く塩をまぶしつけ、半挽きのコショウを、肉片に押しつけるようにすり込んで、二、三分……、心悸の鎮まるのを待つ……。

よく使い慣れたフライパンに、サラダ油とバターを半々ぐらい入れて、点火する。サラダ油だけでよさそうなものだと思うだろうが、美しい焦げ目は、バターを敷かなくてはうまくゆかぬ。

強火である。コショウをしっかりとまぶしつけた側をはじめにフライパンの底にあてて、ジューッ、と焼きはじめる。箸を使って、わずかに一、二度動かしてみるのはよいが、あまり忙しく動かし過ぎたり、裏返してみたりは、よくない。

スライスしたレモンを一個フライパンに投げ込む。そのレモンを半焼けにし、肉に見事な焦げ目がついたのを見とどけるのと同時に、肉片を裏返し、レモンを肉の上にのっけよう。

火加減を中火に変え、好みの焼き加減に仕上げて、これで出来上がりだ。はじめに焦げ目をつけた側を表にして皿に出し、バターと半焼けのレモンを一緒にして、その焦げ目の上にのせ、クレソンなどを添えて、パクつくわけである。

075

ビフテキの脇皿

ビフテキは、焼き上げた肉の傍に、何といっても、クレソンの青を添えるのが一番だ。

そのクレソンの葉先の方を指でちぎって、パリパリ噛むと、獣肉の脂肪がその都度口中で洗われる心地で、ビフテキの濃厚な味わいがまた倍加する。

また、肉と一緒に、タマネギのせん切りをカラリといためたものや、マッシュルームのバターいためを、のっけたりもするようだ。

それだけでは、まだ晩餐の充実感が足りないとおっしゃる向きには、よろしい。贅沢のしついでだ。脇皿に盛り合わせる、ジャガイモと、ニンジンの、サラダでもつくってみよう。

ニンジンは適宜に切って（私はただ小口切りにするだけだが、紡錘状にくりぬく方が恰好はよろしかろう）、ペパーをふりかけ、ブドウ酒とバターで、やわらかく、煮つまるまで煮込む。

ブドウ酒が無かったら、もちろんお酒でよろしいし、その酒の量はと聞かれれば困るのだが、さあ、ニンジンの倍ぐらいもかけてみたらよろしかろう。塩味が足りなかったら、あとで塩を足してもよいが、バターの塩味もあるからあまりしょっぱくしないがよい。

ニンジンは煮つまってしまう寸前に火をとめて、さましておく。

さて、今度はジャガイモだが、ジャガイモの皮をむき、一センチぐらいの厚さに切って、しばらく水の中にひたしておく。しばらく水の中にひたしたジャガイモでない

レシピは
P.399

とすぐに煮くずれるから、これだけは必ず実行してもらいたいものだ。

水にひたしたジャガイモを取り出して、グラグラたぎった塩湯の中に入れ、よくゆがき上げるのだが、煮くずれる寸前ぐらいに、ジャガイモを熱湯から取り上げるのがおいしいのである。

というのは、そのジャガイモに、まず酒（ブドウ酒）をふりかけ、つづいてソース・ビネグレット（フレンチドレッシング・ソースのことだ）をふりかけると、ソースの中の酢で、ほとんど煮くずれかけたジャガイモの肉が、もう一度しまるのである。だから、少しかた目に煮上げてしまうと、ビネガー（酢）の効いたソースをかければかたくなり過ぎるきらいがある。

すぐさま冷蔵庫で冷やし、このニンジンの酒煮と、ジャガイモのソース・ビネグレット和えを、双方まぜ合わせると、大変おいしく香りの高い脇皿が出来上がるから一度やってご覧になるがよい。

ところで、今はマツタケの盛りである。ついでのことに、少々いかれたマツタケでも買ってきて、ニンジンやジャガイモと寄せ合わせてみよう。

マツタケはなるべく傘の開いてないものを選び、根元に包丁の切れ目を入れ、丸のままアルミ箔の上に載せる。バターを一さじ、ブドウ酒を一さじ、軽く塩、コショウして、よくアルミ箔の中にくるみ込み、金網の上で、蒸し焼きにするのである。

こうして焼き上げたマツタケを、今しがたまぜ合わせたニンジン、ジャガイモの脇に添えたなら、もう贅沢はきわまったようなものだ。ビフテキの脇皿にもってこいである。あとは、レタスの葉の上に、キャベツやセロリや、タマネギをさらし、トマトをのっけたサラダでもあれば、果報がつきるだろう。

076

豚マメと豚キモのスペイン風料理

レシピは
P.400

いつだったか、牛や豚の肝臓（キモ）や腎臓（マメ）の中国流の食べ方や、つくり方を紹介してみたことがある。

何によらず〝肝腎〟のところを食べるのは、愉快なことだ。ヨーロッパの人達も、牛や豚や羊の、肝腎のところを、さまざまにして食べている。

どうも、日本人は、獣類のキモやマメの食べ方に不熱心で、この頃こそ、ようやく、肝臓を食べる人も出てきたが、腎臓ときたら、そんな悪食は……などと、手をあげてしまう人の方が多い。

そのくせ、中華料理店で、マメが入っているお料理など、気がつかないで食べてしまい、このイカは、歯ざわりがよろしくっておいしいなどといっている。

今日はひとつ、スペインのバルセロナで食べた、豚マメや、豚のキモの料理のつくり方を指南しよう。

バルセロナの裏路地に「カラコーレス」という飲食店があって、大変繁昌している。店の名前の「カラコーレス」というのは、「エスカルゴ」とおんなじで、「カタツムリ」ということだ。だから、もちろん、「カタツムリ」もつくっているが、スペインの質素で、豪快な海山の料理を、何でもやっている。安くて、おいしくて、愉快な店である。

この店の調理場は、店のどまん中にあり、そのさかんな煮炊きの模様が四方から、手に取るようにわかるから、私は随分と通ったものだ。

だから、今日の肝臓と腎臓の料理は、この「カラコーレス」で見たり食ったりしたご馳走のマネゴトだと思ってもらいたい。

豚のキモはブツ切りにして、水にさらせば血抜きが簡単にできるけれども、豚マメはちょっと、臭味抜きがむずかしいから、私の説明する通り念入りにやってみてもらいたい。

豚のマメを平たく、まん中から半分に縦割りするのである。豚のマメをマナ板の上に置き、名の通り豆が二つに分かれるように、豚のマメを切るのである。

二つに縦割りすると、脂肪や尿腺が白く見えてくるだろう。この白い部分を、よく切れるナイフや、出刃包丁で、丁寧に、そぎ取ってゆく。あらましのところがそぎ取れたらそれでよいので、あまり神経質に、その白いところをそぎ落としてゆくと、豚マメは無くなってしまった……ということになる。

この豚マメを五分か、十分、水にさらそう。なるべく流水にさらすがよい。

さて、豚のマメも、キモも、しばらく水にさらしたら、水気を取り、それぞれのドンブリに入れて、ニンニク、ショウガ、ブドウ酒、塩、コショウで、下味をつけておこう。

ほかに、タマネギのみじん切りと、セロリ少々をみじんにし、中華鍋かフライパンを強火で熱し、サラダ油を張って、まずタマネギをいためる。つづいて、セロリを入れる。バターを入れる。

今度は豚マメの下味したものの中に、少量のメリケン粉を加えて、指先でまぜ、一挙に鍋の中に放り込む。

猛烈な火でいためつけながら牛乳を入れて、全体をまぜ合わせたら終わりである。最後にブランデーでも入れて、点火すれば、もっと香りがよくなるし、もう一度塩コショウを加減するがよいだろう。豚のレバーも同じことである。

077 ショッツル鍋

レシピは P.401

そろそろ、鍋物の好季節がやってきた。

秋のモミジの色づく頃に、土地土地の様々の流儀の鍋をつつく時、まったく日本人に生まれた仕合わせをしみじみと感じるものだ。


フグチリよし、タイチリよし、沖スキよし、北海道の石狩鍋よろしく、九州のキビナゴ鍋よろしく、水戸のアンコウ鍋も結構だ。

新潟のスケソウダラの鍋もだんだんとおいしくなってくる頃だが、今回はひとつ、ショッツル鍋とゆこう。

ショッツル鍋というのは、秋田のショッツルで鍋の汁をつくった、味わいの深い鍋物である。

ショッツルはおそらく塩ッ汁の転訛《てんか》であるに相違なく、主としてハタハタを塩して、アンチョビー化した、いわば、魚の醬油である。

秋田では、ハタハタの大漁の頃、そのハタハタに塩をまぶして、自家製のショッツルをつくっていたものらしい。そのショッツルを自分の口に合うような塩からさに薄めて、ホタテガイの貝の鍋に入れ、さまざまの魚や、野菜を煮込みながら鍋物にしてつつくわけである。しみじみとおいしいものだ。


もう随分のむかしだが、秋田のI旅館で、ハタハタの雄と雌、つがいの魚を、ショッツル鍋にして馳走になったが、ハタハタと、ショッツル鍋をあんなにおいしく思ったことはない。

まったく、食べ物に対する土地土地の人間の知恵に感じ入ったものだ。

ショッツルは、素朴な、有り合わせの材料を使いながら、あきのこない、しみじみとおいしい鍋物に変えるから、不思議である。

さて、そのショッツルの液は、この頃たいていのデパートで売っている。

ショッツル鍋をつくるのには、このショッツルの原液がなくてははじまらないが、これを煮る鍋そのものは、必ずしもホタテガイの貝鍋でなくったって、土鍋でも、アルミの鍋だって、構うことはない。

さて、その鍋の中に適当な水を張り、コンブを敷いて、火にかける。煮立ってきたら、ショッツルを入れ、もしできたら少しばかりの酒も加えて、全体の塩加減を、お吸物よりちょっとカラめぐらいのつもりでととのえる。

これがショッツル鍋であって、この鍋の中に、思い思いの魚や、野菜類を放り込み、煮えてくるはしから、ついて食べるのである。

ショッツル鍋にはどんな魚が向くかといえば、まず第一はハタハタだ。もちろんタイだって、オコゼだって、キンメダイだって、タラだって、結構にきまっているが、私はしばしば鶏のモツをブチ込みながら、ショッツル気分を満喫するならわしだ。

野菜の方も、豆腐、シラタキ、タケノコ、ハクサイ、シュンギク、ミツバ、ネギ、セリ、サトイモ、何でもよろしいが、ソギゴボウを少々入れると香りが高い。

また、シイタケだの、エノキダケだの、マイタケだの、キノコの類があったら、こんな仕合わせなことはない。

取り皿の方に、ダイコンおろしやユズの皮をそぎ入れておいたら、なおさら贅沢というものだ。

078 タイチリ

先回は、秋田のショッツル鍋をやったから、今回はタイチリをやってみよう。もっとも、タイチリなど、タイそのものがバカバカしいような高値を呼んでいるから、スケソウダラでも、オコゼでも、キンメダイでも、チリのできそうな魚なら、何でも使おう。

何といっても、魚と野菜が直接にひびき合い、私達の口から体全体を、芯からあたためてくれるものは、チリ鍋に限る。

秋から冬にかけては、鍋物が一番だ。野菜がおいしく、その野菜にからみつく魚の味わいが、チリ鍋の中で渾然一体となるのである。

鍋物を煮るのには、やっぱり、土鍋が一番よろしい。

充分の水を張り、ダシコンブを敷いておいて、ガスに点火する。

レシピは
P.402

チリにはまず充分な薬味を用意しておくのが肝腎だから、少しばかり、薬味の研究をしておこう。

チリには、モミジおろしだけは絶対に欠かせない。そのモミジおろしをつくるのには、まずなるべくキメの細かいダイコンをえらび、そのダイコンの皮をむき、適当のところからダイコン切りにして、切り口の断面のまん中あたりに、箸で穴をあける。その穴の中に、種子を抜き取った赤トウガラシを箸でつつきながらさし込むのだが、トウガラシが乾き過ぎていると破れやすく、そんな時には、トウガラシをしばらく塩熱湯の中にひたしておけば、シンナリする。

ダイコンの切り口の中にうまく赤トウガラシを押し込んだなら、そのトウガラシがはみださないように、包丁で、ダイコンと切り口を揃えておこう。この断面を、目の細かなおろし金に当てながら、円を描くように丁寧におろしてゆくと、綺麗な、色美しいモミジおろしができる。

次はネギの薬味だが、根深もよろしく、ワケギもよろしいけれども、九州では、コウトウネギ(香頭葱)を愛用して、フグチリでも、タイチリでも、コウトウネギがなくてははじまらないようなものだ。

コウトウネギとは、薬味のネギという意味だが、九州では、アサツキによく似た、香りの高い、格別細いネギが、愛用されるのである。

しかし、深谷の根深なら結構だ。薄く、そぐように切って、冷水の中で、サラすことにしよう。

取り皿にそのネギとモミジおろしの薬味を入れ、あとはダイダイとかユズとかレモンを使った酢醤油を入れて、チリの煮え上がるのを待つばかりである。

チリの魚は、食べる三、四十分前に薄く塩をしておいたほうが、肉のしまりがよく、おいしいものだ。

シラタキ、豆腐、ネギ、ハクサイ、ミツバ、シュンギク、何でもよろしいけれども、やっぱり、シイタケや、キノコ、タケノコなどが加わると楽しさが倍加する。もちろん、薬味に、ユズの皮一ソギだけは、ほしいものだ。

079

ヨーグルト

檀流クッキングは、どうも、酒のサカナばかりが多い……、とおっしゃる向きに、今回は一つ、美容と健康を主にした飲物のつくり方をお教えしよう。

美容と健康の飲物のつくり方などと大ゲサなことではないが、自家製ヨーグルトのすすめである。

どのくらい体によろしいものか、私は、科学的または医学的な根拠などまったく知らないが、自分でつくって、自分で飲んでみて、少なくとも、便通だけは、至極よろしいような感じがする。

牛乳を自家製ヨーグルトに変えて、飲むだけで、にわかに霊験あらたかな効能などあろうとも思わないが、しかし、つくって楽しく、飲んでおいしく、続けて、何となく胃腸の調子がよろしいように思えたら、こんな仕合わせなことはないではないか。

その製法は至って簡単である。

毎朝配達されてくる牛乳の中に、まず米の麹《こうじ》を二、三粒入れる。ビオフェルミン（乳酸菌製剤）の粉末を、ほんの茶さじ三分の一ぐらい入れる。エビオス（乾燥ビール酵母製剤）の粉末をこれまた茶さじ三分の一ぐらい入れる。

この三つのものを、牛乳の中に入れたら、お箸でよくかきまわして、大体一昼夜ばかり放置すると、次第に凝縮してきて、自家製ヨーグルトが出来上がるのである。

もちろん、夏と、冬とでは、できる速度が違い、夏は雑菌が混入するのか、得てして、不味のものができやすいが、春や、秋や、冬は、ヨーグルトに変わる時間は、多少遅れても、大変おいしいヨーグルトが出来上がることは確実だ。

レシピは
P.402

さて、瓶の上に密栓をすると、ヨーグルトになりにくいから、瓶の上は、ゴミをよけるだけのフランネルでもかぶせてもらいたい。

横から瓶の中味をのぞくだけで、ヨーグルトの出来具合はわかるから、あらまし、凝縮しかかったと思ったら、冷蔵庫に入れて、しばらく冷やすのが、おいしいようだ。

ところで、瓶の中の牛乳が、ヨーグルト化して、たとえ分離してしまっていても驚くにはあたらない。よくかきまわせば、おいしくいただけるのである。

もっとおいしく飲むのには、少しばかり、蜂蜜を入れ、全体をミキサーにかけると、たちまち、均質のヨーグルトが出来上がる。

自慢をするわけではないけれども、市販しているヨーグルトよりは、自家製ヨーグルトの方が、何層倍もおいしく、また趣味が深いものである。

これはけっして、私の発明ではなくて、実は、私の高等学校の頃の、独逸語の教授であった佐藤通次先生から習った処方である。

先生は別に専売の特許を取ろうなどという考えはなく、大いに流布して、みんなの愛飲をすすめておられるから、ひとつ自家製ヨーグルトをつくり、これが、美容と健康にどのくらいよろしいかは、自分で実験することにして、愉快に、面白く、またおいしく、ヨーグルトを飲んでみるがよい。

080 ヒジキと納豆汁

ナメコの出盛りの頃に、納豆汁をつくって食べるほど愉快で仕合わせなことはない。

まったく、納豆汁やヒジキなど、日本的食品の究極のものだろう。さて、この原稿を書いているところは、ポルトガルはリスボン市の、ディプロマチコというホテルであって、今しがたも、フルファマというリスボンの一番古い町に出かけ、豚の耳だの、鶏の足だの、牛のアバラ骨だの、ゴタまぜに煮こまれた料理を食べて、おそれ入って、帰ってきたところである。

そこで反射的に、出発前にとり置きの写真を思い出し、ヒジキと納豆汁に思いを走らせたわけだ。

もし、乾燥させたヒジキなら、水にもどして、二、三時間……。あまり長く水につけ過ぎると色も悪くなり、歯ざわりも悪くなる。ヒジキの黒いツヤと歯ざわりを大切にしながら処理しよう。

さて、ヒジキにまぜ合わせる具はニンジンのせん切りが赤くて美しいが、油揚げだとか、その他、昨夜の魚の煮付けたあまりものでも、豚の切れっぱしでも、何でもよろしかろう。

処理するのは、中華鍋がよい。ラードでも植物油でもよろしいが、強火にして、まずヒジキをいためる。あとはニンジンだの、お揚げのせん切りだのを加え、砂糖とみりんを入れるのだが、ヒジキだけは、少々味をくどくした方がよいようだ。砂糖とみりんをからめつけてしまってから、醤油を入れる。

醤油の煮つまってくるのを待って、私は、粉ザンショウやペパーを加えるならわしだが、やっぱり、火をとめる寸前に、上質のゴマ油をたらし込んで、海藻の臭味を、

レシピは
P.403

ゴマの匂いでやわらげるようにしよう。

今頃日本の山の中は、ナメコの盛りだろう。あのヌルヌルと口にねばるキノコの粒々の大きさ加減……、口ざわり……。まったく、ナメコほど、日本の風土をしみじみと思い出させる食べ物は無い。

何はなくとも、ナメコ汁さえあれば、仕合わせみたいなものである。

そのナメコを、私は納豆汁のドロドロの中でするのが格別に好きだ。

ナメコも煮過ぎたらまずいし、納豆汁も煮えてしまったら、ただの呉汁《ごじる》になってしまうから、ナメコの納豆汁は、煮立った……、食べた……、でなくてはならない。間髪を入れるスキを与えたら、納豆も、ナメコも、駄目になってしまうわけだ。

よくダシを取ったみそ汁を仕立てておいて、まず豆腐をソッと入れる。煮立つ寸前にナメコを加え、最後に、スリ鉢ですり合わせた納豆を入れる。

煮立とうとするまぎわに火をとめるのがよろしいはずだ。

納豆は、スリ鉢ですって、ダシ汁を加えてとくが、私は面倒だから、ミキサーにかけるならわしである。

081
酢カブ

レシピは
P.404

　カブの酢漬けなどといおうものなら、なーんだ、そんなもの、誰だってできると叱られそうだ。

　しかし、お正月のお酒や、雑煮の胸焼けの合間に、スッキリと白く、歯ぎれよろしいカブの酢漬けをいただくのはうれしいもので、これを上手につくるのは、そんなにやさしいことではない。

　十日ぐらい前からポルトガルにやってきて、ポルトガル人に、何が一番喜ばれたかというとカブの酢漬けであった。

　彼らは、みんな喜んで、食べ、そのつくり方をききたがったが、コンブは別としても、カブや、ニンジンや、トウガラシ（ポルトガルでトウガラシのことをピリピリといっている）はみんなポルトガルにもあるのである。

　それを塩と酢で漬け込むだけのことを、大変に珍しがった。

　ポルトガルのカブは、ちょっと漬かりが遅いような気がしたけれども、二、三日目に、まったく素敵な歯ざわりになり、味になり、私もまた気をよくしたものだ。

　話はさておき、カブの皮をむいて、輪切りにしよう。輪切りにしたカブを、あらかじめ塩もみしておく方が、塩の下味が効いて、よろしいようだ。

　塩もみしたカブをドンブリに入れ、いろどりをつけるつもりで、ニンジンの輪切りを加えておくがよい。恰好よく、花の形にでも切ったニンジンの方が正月らしいかも知れぬ。

　さて、別に塩水を鍋に入れ、沸騰させる。沸騰してきたら、好みの甘さに、砂糖を加えるのだが、味の方はあとからどんな加減にでもできるから、あまり甘ったるくしておかない方がよいだろう。

次に酢を入れる。ちょっと一なめして、塩と酢と甘さの加減の均衡をためしてみよう。

よしと思ったら、そのたぎっている汁を、一気にカブとニンジンの上にかけていって、たっぷり、全体がひたるようにしたい。

ここで、コンブを細いせん切りにしながら、カブとニンジンの上に散らしてゆくのだが、鋏で細くせんに切ることなど、子供に手伝わせてみるのが、料理と味の実習訓練になるだろう。

トウガラシの種子を丁寧に抜きとって、そのトウガラシも薄い輪切りにしながら、酢カブの中に入れてゆこう。もし、トウガラシが乾いてパサパサになっていると、種子も抜きにくいし、破れ易いから、あまり乾いているトウガラシなら、塩と酢を煮込む時にその汁の中で一緒にしばらく煮込むとよいが、汁そのものをカラくしすぎないように、トウガラシは、丸ごと入れ、あまり長く煮込まないほうがよい。

シンナリしたらすぐに取り出し、種子を抜き、薄い輪切りにして、カブの上に散らしていくわけだ。

さて、前後にユズの皮を薄くそいで、ほんの三、四ひらでもよろしいから、加えてみたいものである。

ユズの香が立つばかりではない。色どりが美しい。ユズが無かったら、レモンの皮をそぎ入れても、よろしいではないか。

二日、三日目あたりが、漬かり頃だろう。

082

伊達巻

やっぱり、日本の正月のおせちには、黒豆と伊達巻が無くては、はじまらないようなものだ。

お正月の重箱の中に、伊達巻がズラリとならんでいると、しみじみ、正月がやってきたという感じがする。色もいい。姿もいい。

しかしながら、近年、歳末に勢揃いして売られている伊達巻ほど、味も内容も堕落してしまったものはほかにないような気がするほどで、第一、甘過ぎる、黄色過ぎる。まったく恰好だけの、浅はかな伊達巻に変わってしまったものだ。

せめて、伊達巻だけぐらいは、家々の主婦が、心をこめて、焼きあげて、正月を待ちたいものである。

さて、伊達巻の材料に用いる魚は何がよいか……。くわしく研究したこともないが、かまぼこやちくわの原料に向く魚の類なら、何だっていいだろう。

だから、エソだの、トビウオだの、イシモチだの、イカだの、いや、なるべく安く出回る魚を、さまざまにまぜ合わせてみるのも面白かろう。

とにかく、自分で、おじけずに、つくってみることだ。

私のところはといえば、例年、十二月の終わり頃に、九州でグチといっているイシモチが、どこから運ばれるのか、大変安いので、イシモチを使うのが、しきたりみたいになった。

イシモチという魚は、頭の中に、まったく石とそっくりの骨があるから、イシモチというらしい。伊達巻に焼き上げるとサッパリとしておいしいものだ。

さて、そのイシモチを、丁寧に三枚におろす。

レシピは P.405

骨や頭は、ゆっくりと素焼きして、コンブと一緒にゆっくりとトロ火で煮ながら、ダシも取りたいところである。

三枚におろした皮付きの肉の片身を、マナ板の上に皮を下にして置き、上から出刃包丁の背で、トントンと叩く。つまり肉ばなれをよくし、魚肉をほぐすわけだ。

こうして、魚の身がよくほぐれたと思う頃、包丁の刃を斜めにしながら、魚肉を、その皮から、こそぎ取るのである。

うまく、いったかどうか。

こそぎ取った魚肉を、もうしばらく、叩いては練ってみよう。上質のかまぼこをつくる職人など、マナ板の上で、魚肉を練りに練り上げるようだ。

さて、練り上げた魚肉をスリ鉢にでも移し、卵を割り込むのだが、魚肉と卵の割合は、いろいろ研究してみるがよい。

砂糖の加減も、自分の好みに入れてみるのが面白かろう。

スリ鉢の中で魚肉と、卵を、よくまぜ合わせてから、全体をダシでとくのだが、さっき、イシモチの頭や骨や皮でとったダシを使うのが無駄がなくてよいだろう。

しかし、カツブシとコンブのダシにお酒でもたらし込んでダシをつくるなら、これはまた上等だ。塩と淡口醤油を使って味をととのえる。

あとは、卵焼きのように厚く丁寧に焼き上げるだけで、焼き上がりをフキンで巻き上げたあげく、その上から、ちょっとお皿の重しでもしておけば、それでよい。使う度に、切るのである。

083

ザワーブラーテン

レシピは
P.406

ザワーブラーテンは、ドイツの家庭料理である。これが、おせち料理になるかどうか知らないが、牛肉を酸っぱく、焼いて、煮上げた料理であり、冷蔵庫から取り出して、切って、ならべれば、即座に冷肉の皿が出来上がるのだから、近代のおせち料理には、ハムや、牛舌の塩漬けなどと一緒に、若者達から喜ばれる食品になることは請け合いである。

ドイツの女性から習った通りにつくってみるが、酸っぱい肉の味をあまり知らない私達にとって、ちょっと、味加減がむずかしいかもわからない。

牛肉はヒレやランプなら、もちろん上等だろうが、腿肉でも結構だ。なるべく長方形の方が、あとでスライスして食卓に供するのに具合がよい。

さて、牛肉の塊の上に月桂樹の葉一、二枚、クローブの粒二、三粒、ニンニク一つと、タマネギを一個薄切りにして散らし、その上から、酢と水を半々ぐらいのつもりでヒタヒタにかける。

このまま二日冷蔵庫の中に放置するのだが、間で一回、肉塊を裏返しにしておくのがよいだろう。

二昼夜の後に、肉塊を取り出して、ふきんで表面をよく拭う。ここでやや強目に塩、コショウをするのである。

フライパンを強く熱して、バターか、マーガリンを敷こう。肉塊の全面を手早く焼いて、少し焼き過ぎたぐらいの褐色の焦げ目を肉の表面につける。

ここで、肉塊を漬けておいた漬け汁を一緒にして、フライパンから、スープ鍋に移し、いつもヒタヒタぐらいのつもりで、一時間半から、二時間ぐらい、肉塊をトロ火で煮込む。

漬け汁が少なくなってきたら、その分だけ水を足して、いつも、肉の全体に漬け汁がかぶっているようにしたい。まもなく、アクや泡が昇ってくるだろう。もちろん、丁寧にすくい取る。

こうして、肉が充分にやわらかくなったら、それで、出来上がりである。

冷蔵庫に入れておいて、必要な時に、その都度取り出し、スライスして皿にならべるのだが、ホワイトソースや生クリームを添えるのがよろしい、と私の指南役であるシャルロッテ嬢はいっていた。

私はといえば、漬け汁を煮つめ、少しばかりトマト汁を足したりしてソースにしてみたところ、これの方がよろしいとシャルロッテ嬢は笑ったものの、お世辞半分かもわからない。

肉片は大皿にならべて、まわりに、ニンジンの煮込みや、ピクルスや、マッシュドポテトをならべてみた。

ドイツ人はザワーブラーテンが大変好物らしく、あちこちでご馳走になるのに、日本人は、まだ、よく、この味を知らぬ。

そこで、正月のおせち料理に、みなさんも、ひとつ、自己流に大いに調理研究して、日本的ザワーブラーテンをつくり出してもらいたい。

084

蒸しアワビ

レシピは
P.407

一年に一度のお正月が間近である。

ひとつきばってアワビの蒸し煮など、どんなものだろう。生のアワビが手に入る方なら、その生のアワビで、蒸し煮をつくるのが一番にきまっているが、なに、冷凍のアワビを買ってきて、丁寧に蒸し煮にすれば、随分おいしいアワビのおせち料理ができるのだから、手間ヒマを惜しまず、正月のご馳走ぐらいは、自分の家でつくることにしたいものだ。

念のために、生のアワビが手に入ったと仮定して、生のアワビから講釈しよう。

殻のついた生のアワビを仔細に見ると、一方に、黒くよごれたような穴が見えるはずだ。

肛門だ肛門だと漁師はいっているけれども、果たして何であるか私は知らないが、お箸の先で、その黒くよごれた穴を二、三度つつく。

するとアワビは死ぬのである。

ここで、アワビの殻から、その肉塊をはずすのだが、貝柱の帯が強くて、容易のことではははずれない。

ドイツ製の貝の「肉はずし」がよろしいけれども、無かったら、ナイフでも、おろし金の握りのところでも、よろしいだろう。

なるべくアワビのキモをつぶさないように、丁寧にはずす。

さて、キモのところだけは、丁寧に、別の皿に移し、アワビの肉の本体に一つかみの粗塩をぶちかけて、タワシでゴシゴシ、アワビのよごれを全部洗い落としてしま

うのである。

夏の料理によく出る水貝は、このヨゴレを落とした貝を、即座に縦横に切って、冷たい氷の水の中に落としこむだけだ。

まさか、お正月に、水貝などと冷え冷えするような料理はできないから、これを酒蒸しにして、その都度、切って、出せるご馳走をつくりたい。

冷凍のアワビを買ってきたら、冷蔵庫の中で解凍して、よく塩洗いし、ここで生アワビと同じ状態になるわけだ。

アワビが格別においしいのは、そのコハク酸によるのだそうだが、五島の福江島だったか、土地のオバさんは、冷たい氷水を張ったドンブリの中に綺麗に洗った生アワビを漬け、木槌で叩いて、その水を白濁させ、

「このアワビ汁が一番うまいんじゃ」

などと私をおどかしたが、いくらアワビの豊富なところだって、あんなバカな真似をするもんじゃない。

アワビは、生のアワビでも、冷凍のアワビでも、丁寧に洗い、これを丸ごとドンブリに入れて、ニンニクを一カケラ、ショウガを一カケラ、ネギの白いところをアワビの長さに一、二本切ってのせ、わずかに塩をふりかけ、わずかに淡口醤油をたらし、その上から、酒をふりかけて、蒸し器にかけ、たんねんに三、四時間蒸し上げるのが一番よろしい。

ようやく、丁寧に蒸し上がったら、そのままさまして冷蔵庫に入れ、正月の皿に、一ひら、一ひら、菊の花片のようにたんねんに切ってならべて、食べる。しみじみおいしいものである。

モツも同様に蒸すのがよいが、蒸す時に、皿を別にしなければならぬ。

085

干ダラのコロッケ

ポルトガルにやってきて、あちこちおよばれに出かけてゆく。

例えば誕生祝だとか、何だとか……。するとまったく例外無しに、「コジドー」と「バステーシュ・ド・バッカロウ」というご馳走が出される。

「コジドー」というのは「煮る」ということで、煮物は何でも「コジドー」のはずだが、しかし客を呼んで「コジドー」といったら、大体様式がきまっている。

いってみれば、九州の「ガメ煮」のあんばいのゴタ煮だが、材料が豪快だ。先日アンナ・マリア嬢につくってもらった時には、牛肉七五〇グラム。鶏半身。豚耳、豚足、各一。ファリネラ・ソーセージ一本。肉のチョリソ（ソーセージ）一本。血のチョリソ一本。ニンジン。キャベツ。カブ。カブの葉っぱ。ジャガイモ。トマトということになる。これを一、二時間、ゴタ煮するのだが、材料が日本向きでないから残念ながら割愛して、「バステーシュ・ド・バッカロウ」を紹介してみよう。

「バステーシュ・ド・バッカロウ」は、干ダラとジャガイモとタマネギを卵でつなぎ、パセリを散らしながら揚げ物にした至極簡単な料理であって、これなら、はなはだ日本人向きだ。

ことさら「馬鹿野郎のバステーシュ」と聞えるから、みなさんも、せいぜい馬鹿野郎（干ダラ）を活用して、愉快なポルトガル料理をつくってみるがよい。子供のおやつによろしく、また酒のサカナに面白い。

干ダラは日本の干ダラ（真ダラ）とぜんぜん同一のも

レシピは
P.407

のだと思ってもよろしいだろう。かたくコチコチに乾しあげたものを、ポルトガルの食糧品屋なら、どこでも売っていて必要なだけデカイ包丁で叩き切ってくれる。日本だったら、さしずめ、干ダラ一本買ってきて、三、四回に分けて使えばよいはずだ。

さて、干ダラ二〇〇グラムばかりをよく水洗いして、水の中に二、三時間から、一、二昼夜ぐらいつける。塩抜きと一緒に、よくもどすのである。

パセリを五、六本。これは葉だけきざむ。タマネギ大きめのを半分だけ、みじんにきざむ。ジャガイモ二、三個の皮をむき、ゆであげてマッシュドポテトにしよう。

水からタラを取り出して肉がバラバラにほぐれるように鍋で煮る。大体四十分ぐらいかかるはずだ。そのあとで、小骨まで、なるべく一本も残さぬように骨抜きをする。

充分に水を切り、これをポルトガルなら、どこの家にだってあるパサフィッテ（スリコギ器）の中ですりつぶすのだが、日本だったら、スリ鉢が一番だ。

よくすり、よく骨を抜いたら、マッシュドポテトを加えてこね合わせる。そのマッシユドポテトの量は、タラのスリ身の半分かそこいらがよろしいようだ。

鶏卵一個を、黄身と白身に分け、まず黄身だけスリ鉢のタラとジャガイモの中にまぜる。

白身はよくかきまわして、あとで加えねばならぬ、と村娘達はやかましいことであった。

ここで、みじん切りのタマネギとパセリも加え、塩、コショウをするのだが、塩味はまだ残っているはずだから、ペパーだけの方が安全だ。

さて、スプーン二本を左右の手に持ち、こね合わせたスリ身をすくって、約五、六センチ長さの、三面の、稜を持った紡錘状の団子をつくる。これが、娘達の自慢であって、日本の自称大家もシャペウ（シャッポ）を脱いだ。

植物油でむらなく揚げれば、終わりである。

086

杏仁豆腐

レシピは
P408

むかし、私が子供の頃、ノドを悪くすると、お医者さんが、きまって、何か気の遠くなるような、不思議な匂いのする飲み薬をくれたものだ。

なつかしい匂いである。

それが杏仁水《きょうにん》であった。

杏仁というのはアンズの種であって（ハタンキョウかも知れぬ）むかしからノド薬に使っていたし、匂いがよいから中国でも、欧米でも、好んで、お菓子やデザートの材料や香料にする。

中国の「杏仁霜」（アンズの種子の粉末）がそうだし、アーモンド・エッセンスは杏仁の匂いをエッセンスにしたものだ。

そこで、その杏仁の匂いなつかしい、「杏仁豆腐」をつくってみることにしよう。

「杏仁豆腐」というのは、アンズの種子の粉末を、牛乳や寒天で固めたものであるが、杏仁を買ってきて、それを家庭でキメの細かな粉末にすることがむずかしい。

まして中国で売っている「杏仁霜」をいちいち手に入れることは大変だ。

そこでアーモンド・エッセンスを使って、杏仁の匂いをきかせた寒天牛乳をつくるのだが、王馬先生ほどの大家でも、やっぱりアーモンド・エッセンスを使って、手っ取り早く、杏仁豆腐をつくっていらっしゃるのだから、みなさんも、安心して、私の処方に従っていただくがよいだろう。

材料は、牛乳二、三本。粉末寒天。あとは砂糖と季節の果物や、果物の缶詰があればよい。

そうして、肝腎のアーモンド・エッセンスは、どこのデパートだって売っているはずだ。

また、少しばかり練習が積んだならコーンスターチを加えると、口当たりがよくなるものだ。

さて、粉寒天一袋は、その処方に従って、牛乳二本なら二本、牛乳二本半なら二本半使いながら、よくときまぜてから弱火にかける。

この時、好みの量の砂糖を入れるけれども、砂糖の分だけ牛乳をへらす心持ちにならないと、寒天が固まりにくくなるから、用心が肝要だ。

しかし、二、三遍失敗してみないと、ここの調子はわからない。はじめに少量の水で寒天をといて、火にかけ、牛乳を二、三本加え、砂糖を加える。それでよろしいのだけれども固まり方が砂糖の量や、夏冬の寒暑によって微妙に変化するから、大いに研究してほしい。私など十遍ぐらいは失敗した。

失敗したって、温めてとき直せば、やり直しがきくんだから、本当は、はじめに五通りぐらいつくって研究してみるのがよいのである。

この時に、コーンスターチを茶さじ一杯ぐらい加えると、舌ざわりが、まことによろしくなるけれども、固まりの判断が、むずかしくなる。セッカチ・ママはコーンスターチなど使わぬ方がよいだろう。

寒天牛乳はよくかきまぜて、沸騰したら、とめる。とめたところで、アーモンド・エッセンスを一、二滴たらしこみ、あとは、バットかボウルの中にでも流し込んで、冷蔵庫で冷やすだけだ。寒天牛乳の厚さは二、三センチどまりにするのがよいだろう。

ほかに、砂糖湯をよくさましておいて、杏仁豆腐が固まったら、縦横十文字思うさまに切り、その砂糖水の中に流し込めば出来上がりだ。

この中に、パイナップルの缶詰でも、ミカンの缶詰でも、いやいや、生のミカン、イチゴ、バナナ等何でも季節の果物を、色どり美しく入れれば、上等のデザートになるだろう。

087

焼餅《シャオピン》

レシピは
P.408

異国の……、旅先の……、小さい飲食店で、その店売出しのお菓子だの、料理だのを、つつきながら、ぼんやりとその料理のつくり方に見とれているのは、楽しいことです。

ことさら、中国の田舎の町々では、例えば蓮子湯《レンズタン》（ハスの実のお汁粉）をつくるのにも、その全部の経過を、店先でやっていて、しばらく見守っていれば、そのつくり方の全貌がよくわかる。

今回は「焼餅」をつくってみるが、これもまた、私が、中国の町々をうろついていた時に、そのつくり方を見おぼえた、愉快な、思い出深い、食べ物である。

「焼餅」は北支の石門の町を歩いていた時に、空襲になったから、一軒の店の中に退避してやがて、その店でつくりはじめられた「焼餅」のつくり方の面白さに、一日中見とれていたものだ。日本に帰り、オフクロと二人でつくってみたら、造作もなく同じ味のものが出来上がるし、終戦直後、何一つ、菓子らしいようなものが無かった時に、これをつくっては、食べた。

子供のオヤツによろしいし、ビールのおつまみにもなる。前口上が長過ぎたが、むずかしい料理でも何でもない。誰でもできる簡単な食べ物である。

まず小麦粉に、水を加えながら、ちょうどうどんをつくる時ぐらいのつもりでこね合わせる。小麦粉は強力粉がよろしいと思うのだが、うどんを練ったこともないという人達は、どうぞ、一生に一度ぐらい、自分で手づくりのうどんをつくり、そのついでに「焼餅」も焼いてみるがよい。

小麦粉を、水を加えながら、こね合わせて、ちょうど自分の耳タブの手ざわりぐらいに、練るのである。麺棒をつかって、ひろげてみたり、のばしてみたり、旦那様が帰って来ない間の鬱さばらしに、半日、小麦粉をこねまわしてみるのも愉快ではないか。もしかすると、その意味で「焼き餅」という名がついたのかもわからない。

ここで、ほんのわずかの、お砂糖と、塩を加える。

さて、よくこね合わせた小麦粉を、麺棒を使って、できるだけ広く、ひろげてみよう。

その、ひろげ、のばした、ネリ小麦粉の表面全体に、ごく上質の、ゴマ油を塗るのである。

小さな刷毛をつかって塗るのもよろしいし、ガーゼや、布のハギレをつかって、ゴマ油を塗るのもよろしいだろう。

よくひろげたコネ団子の表面にゴマ油を薄く、まんべんなく塗りつけたら、そのひろげたコネ団子の全体を、どちらからでもよろしいから、巻き上げてゆくのである。

面倒なことは何もない。そのまま、ころがすように棒状に巻き上げるだけのことであって、一本の長い棒が出来上がればそれでよい。

さて、その一本の長い棒を、鋏でも、包丁でもよいから、五センチぐらいの長さにブツブツと切ってゆく。

よろしいか。丸太のような形の、ネリ団子が沢山出来上がるわけだろう。

そのネリ団子を、今度はマナ板や机の上に、縦に立てる。というと、曲芸でもやっているように聞えようが、五センチぐらいの長さに切ったネリ団子を、ただ縦にして、お皿のお尻（裏っ側）でも何でもよろしい、押しつぶすのである。

つまり、円筒形に巻き上げたネリ団子をブツ切りにして、そのブツ切りにした丸太を縦に押しつぶすだけのことだ。

すると、円形のコネ団子ができるだろう。

その表面に、まんべんなくゴマを散らして、くっつけてみよう。いや、まん中のあたり、梅干しの細片を、飾りのヘソにして、はめ込むのも、面白い。

最後に、フライパンで、その両面を丁寧に焼き上げれば終わりである。

088

モチ米団子

先回は「焼餅《シャオビン》」を紹介したが、どんなものだったろう。北支の田舎町でつくられている、ほんの子供だましのような口なぐさみの食べ物だが、誰でも、いつでも、つくれるし、香ばしく、私は珍重して、今でもつくり、ビールのつまみなどに好んで食べる。ことさら、横にひろげてゴマ油を塗り、巻き取って縦につぶすのだから、上手に焼きあげると、ちょうどパイのように、層をなして焼餅が剝落《はくらく》し、口ざわりが素敵である。

さて、今回もまた、漢口の花楼街というところで、そのつくり方をぼんやりと見覚えて、日本に帰り、オフクロと二人、乏しい戦後の食糧難の時期に、ひっそりとつくってみては、喜んだ点心である。

その名前は「糯米《ノーミ》の何とか……」といったと思うが、今正確には思い出せない。東京にいれば、邱永漢君にでも聞いてみたいところだけれど、ただ今スペインを移動中だから、かんべんしてもらって、「モチ米団子」とでもいっておこう。

名前などどうでもよろしい。一口にいえば、肉の団子と、アズキアンの団子を、まわりにモチ米をまぶしつけて、蒸しあげたものだ。

ほとんどといっていいように、肉団子とアズキの団子の二通りをつくって、皿に盛って出してくれるならわしのようだから、みなさんも、面倒でも、同時に二通りつくってみて、食べてみた上で、今度は肉団子だけとか、今度はアンコ団子だけとか、練習を積むのがよろしいだろう。

もちろん、子供は大喜び、モノグサ亭主だって、ビックリ仰天するような、おいしく、見慣れぬ点心が出来上がること請け合いである。

レシピは
P.409

まずはじめに、モチ米を買ってくる。

そのモチ米を一晩水にひたすのだが、モチ米は肉団子や、アンコ団子のまわりにまぶしつけるだけのものだから、あまり沢山は要らないはずだ。しかし、あまったら、ご飯の中にまぜて炊いて、赤飯にでもすればよいだろう。

さて、半キロなら半キロのモチ米を一晩水にひたしたら、ザルにあけてよく水を切る。次に肉のアンとアズキのアンをつくるわけだが、肉のアンは、ひとまず、あなた達がつくりなれたギョウザのアンや、シュウマイのアンづくりのつもりで、やっていただいたらよろしいだろう。

タマネギをみじんに切り、豚の挽肉とよくこね合わせ、ニンニク、ショウガの好みの人はニンニク、ショウガを加え、シイタケやキクラゲの好みの人はシイタケやキクラゲをみじんにして入れるのもよろしいわけだ。

あまり欲張って野菜を加えると肉の団子が固まりにくいから、そんな心配がおありの方は少しばかり、片栗粉でも加えておけば、モチ米のつきもよくなるだろう。塩加減のほかに少量の酢、かくし味程度の砂糖など、さまざまに入れて、実験してみるがよい。ただ、けっして忘れないようにしてもらいたいことは、最後に上質のゴマ油を少量たらし込むことである。

この肉団子を丸めて、モチ米の上にころがし、モチ米をよくまぶしつけて、蒸しあげるだけである。

セイロは中国式のセイロが一番都合がよいが、なに、みなさまお手持ちの蒸し鍋でも、何でもよろしい。ただ水ハケをよくし（皿にのせたら水がたまるから、スノコのようなものがよい）下に必ず、フキンを敷いておくことだ。

アズキアンのつくり方は、みなさまの方が得意だろう。即席アンでも何でもよろしいけれども、一度そのアンコを、ゴマ油で練り直してから、モチ米をまぶしつけた方が、おいしいだろう。

肉アンのモチ米団子と、アズキアンのモチ米団子を、少し形を変えてつくっておくと、見ても愉快だし、食べる時に重宝する。

蒸し時間は、一時間ぐらいだったように思うが、少々つまんで試食してみるのが一番だ。

089

牛スネのスープと肉デンプ

レシピは
P.409

食べ物を長い時間かかって処理することが、日本人は大変不得手のようだ。何も日本人に限ったことはないのかもしれないので、アメリカ人だって、欧州人だって、この頃は、簡便第一のインスタント物にとって代わられ、ワザワザ、五時間も、八時間もなどという、長時間の処理など、する方がバカかも知れぬ。

しかし、長い時間をかけなかったら、箸にも棒にもかからない、おいしい食べ物の数々があることも事実であって、例えばオックステール（牛尾）など、煮込んでほんとうにやわらかくするには、どうしても、六時間から八時間ぐらいはかかるだろう。

牛のシッポの煮込みは、いずれゆっくり申し上げるとして、今回は、簡単で、おいしい、スープの煮込み方を書いてみよう。

簡単でおいしいことは事実だが、時間は何時間もかかる。イヤ、毎日毎日火入れをしながら、今日はラーメンのツユ、明日はカレーライスのダシ、といったあんばいに使うわけだ。

むかしは練炭火鉢というのがあって、こういう長時間の煮物には重宝したが、なに、ガスの火を細くして、トロ火にすれば、別段、手間ヒマがかかるわけではないだろう。時間が長くかかるといって、けっして面倒なわけではなく、ただ、スープが蒸発してしまって、焦げついたり、ガスの火が消えてしまっているのを知らなかったりすることを注意しさえすればよいのである。

さて、牛スネの肉を思い切りよく、五〇〇グラムとか一キロとか、塊のまま、買って来よう。

牛スネの肉が一〇〇グラム六十円か、八十円か、ちょっと忘れたが、あとあと、カレーに煮込んだり、肉デンブに炒りあげたりして、最後の一スネまで噛るなら、大して高価なものにも当たらないだろう。

牛スネの塊を、大きなスープ鍋の中に入れる。水をタップリと張って、ニンニクの塊を五、六粒、ショウガを一、二個、あとはネギの青いところでも五、六本投げ込むだけでよい。

また好みではタマネギを丸ごと二、三個、ニンジンを一、二本入れてもよいが、タマネギを多くするとスープの甘さが増大してくるから、サッパリとしたスープを好む向きには、タマネギは乱用しないで、カレーにしたり、シチューにしたりする時に、タマネギを入れるがよいだろう。

スープに茶褐色の色を加えたい場合は、はじめに、肉の塊の表面を、ネギやタマネギのみじん切りと一緒に、油で焦げ目がつくくらいいためつけておけば、ウイスキーのような焦げ茶色のスープをつくることができる。

さて、煮立ってくる。アクとアブクがスープの表面を蔽うから、金さじで、丁寧にそのアクとアブクをすくい取りながら、コップ一杯ずつぐらいの水を足す。もちろん、酒やウイスキーの飲みあましなどがあったら、入れておこう。

ここいらで、ガスの火をトロ火にしてコトコトと日がな一日、気長にスープを煮るのである。時々、蒸発しただけの水を足す。もっとも濃縮スープがほしいなら、そのまま、煮つめる。

ご覧なさい。澄み通った、おいしいスープが出来上がったろう。そのスープの上澄みをすくって、タマネギのみじん切りを煮込むだけでも、ジャガイモやニンジンやダイコンのサイの目切りを煮込むだけでも、申し分なくおいしい。

ラーメンのツユならなおさらだ。よく煮えた肉塊をそっとすくい取って、カレーライスの肉にし、ラーメンの焼肉代わりにし、シチューの実にし、つまるところ、コンビーフのつもりで、何にだって活用できる。

私は、といえば、この肉を、植物油でよく炒りつけながら丁寧にほぐし、ニンニクだの、ショウガだの、五香だのを加えながら、醤油味の肉デンブにする。パラパラになるぐらい炒りつけるのがおいしくて、もし、電子レンジがある人は、仕上げを電子レンジにまかせる方が賢明だ。最後にゴマ油など加えると、素敵なフリカケが出来上がる。

090

牛の尻尾のシチュー

レシピは
P.410

例えば、渋谷の小川軒に私が出掛けていったとする。

すると、主人は、ためらいなく、

「ダンシチューですか」

と笑って、訊いてくれるだろう。ダンシチューというのは、牛の舌と牛のシッポのシチューである。この地上の食べ物で、何が一番好きかといわれたら、ひょっとしたら、私は牛の舌と、牛のシッポだと、答えるかも知れぬ。

舌もシッポも絶えず、屈伸の運動をしているから、それでおいしいのではないかと、おそるおそる考えてみることもあるくらいだ。

そういえば、オーストラリアに、カンガルーのシッポのスープというのがあった。カンガルーのシッポのスープは、何となく砂漠風を思わせるような索漠とした味であったことをおぼえている。

それにくらべると、牛のシッポは、実にこってりとした味わいだ。スープによろしく、シチューによろしく、中国風の煮込みによろしく、日本風に醬油で炊きこんでも、実においしい。

ただ、その煮込みに、莫大な時間を要することを覚悟してもらわなければならぬ。

日本の自分の家にいる時は、いつも圧力鍋で炊いていたから、正確に水炊きして、何時間で煮え上がるか忘れていたが、今度はヨーロッパで、圧力鍋の手持ちが無く、水から炊き上げて、ちょうど八時間目に、ほどよいやわらかさになることを、思い知らされた。

だから、牛のシッポの料理は、まずはじめに、八時間の下煮を必要とするから、その覚悟で、やっていただきたいものだ。

日本では、牛のシッポはたいてい、七、八センチの筒切りになって、デパートで売っているが、例えば、ポルトガルの田舎では、長い棒のままで売っている。

よく切れる包丁で、切り揃えるのだと思ったら大間違いで、あれは関節のところから切ると、野菜包丁だって、簡単に切れるので、関節から関節まで大体七、八センチの長さに、きまっているのである。

さて、その、牛のシッポだが、今日はひとつ、醬油煮にしてみよう。

なーに、醬油煮だって、シチューだって、その元は同じことで、どっちみち八時間は、水煮しなければならない。ほんとうの調理は、その八時間の水煮の後のことである。

まず、牛のシッポの関節を手探りして、切り揃えてみよう。切り揃えるのではなく、関節に包丁をあてさえすれば、ほとんど同じ長さの筒状に切り揃うのである。

さて、ニンニクを二片ばかり、ショウガを一個、叩きつぶし、タマネギ半個をスライスして、大きなフライパンか、中華鍋の中で、ラードか、サラダ油でいためよう。

この時は、猛烈な火勢がよろしいので、牛のシッポの表面に焦げ目をつけるようにしてもらいたい。

シッポをいため終わったら、大量の水を加えて、今度は深い大鍋に移し、コトコトと中火で、八時間煮るのである。

もちろん、気の短い人は、圧力鍋を使用して、四十分で、すませるのがよいだろう。

しかし、シッポのおいしいスープを、とるつもりなら、コトコトコトコト八時間水煮しながら、泡やアクをすくったり、水を足してみたり、スープの味わいをたしかめてみたりするのが面白いだろう。

塩を入れ、月桂樹の葉だの、クローブだの、パセリの茎だのを加えれば、たちまちおいしいスープである。

八時間後に、二ツ三ツ、牛のシッポを取り上げて、醤油と、みりんと、ネギで、味濃く煮上げれば、もう立派なお惣菜になるだろう。

091

スペイン酢ダコ

レシピは P.410

スペインの町々をうろついている時に、何がうれしいかといって、裏町の居酒屋や、安食堂のカウンターの上にズラリと酒のサカナが整列していることだ。

例えば、ここはマドリードだが、昨晩入りこんで行った安食堂のカウンターの上は、右から、イワシの酢漬け。マーシュロムの油漬け。ムール貝のニンニク、トウガラシ焼き。さては、タニシのような小貝の塩ゆで。パエリヤ。イカのフライ。アサリのサフラン煮。ウナギの子の油いため。待て、待て。その左の方にあるのは何だ？

左様。スペイン風酢ダコである。

こないだも、サン・セバスチャンの有名な海産物酒場の店先に入りこんでいって、この酢ダコを見つけ、試食してみると、これはいける。早速、酒を飲みながら、分解し、推理し、研究し、宿の部屋に帰りついて、宿の娘、イザベラ嬢を呼んでスペイン風タコの酢和えの料理法を質問に及んでみたところ、食べたことはあるがつくったことはないという情けない答えである。

そこを、もう一押し。誰かによくつくり方を聞いてきてくれと頼んでみたところ、夕方、ニッコリ笑ってやってきて、あんなもの、造作はないと自信ありげだ。

そこで、彼女がいうがままの材料を買い集めて、ころみにつくり上げさせてみたところ、これはいける。

同行の関合画伯は、

「いや、オレはやっぱり、日本流の酢ダコをつくる」

などと、ご丁寧に日本式酢ダコをつくり上げてみたものの、自分でも、その日本式は一口二口でやめて、

「いやー、これはどうも、スペイン式酢ダコの方が一段上だね」

と、とうとうカブトをぬいで、スペイン酢ダコに乗り換えてしまう節操のなさであった。

さて、材料は日本の真ダコが一番よろしいだろう。サン・セバスチャンで買ったタコは日本でいう水ダコの種類のように思えたが、それでも、結構おいしかった。

真ダコの足を二、三本、サッと塩ゆでにしよう。塩ユガキにしたタコの足を、なるべく小さいサイの目に切る。次に、タマネギを半個ばかり、これも小さい乱切りか、サイの目に切って、タコと一緒にまぜ合わせる。トマトも種子を抜き、皮をむいて、なるべく小さく、乱切りにする。

ニンジンは入っている店と入っていない店とあったが、レモンはどこの店も、小さく切り込んでいたし、その皮をみじんにしてちょっと落としておく方がよろしいだろう。

ニンニクは例外なしに、どこの店のものにも、かなりの量、切り込んであった。

軽く塩、コショウをする。酢をかける。その倍量ぐらいのサラダ油(落花生油)をかけたあげくに、ほんの二、三滴のオリーブ油をたらしたい。少量のマヨネーズソー

スを加えるのもよいだろう。

というのは、

「ああ、やっぱりオリーブの匂いがいいんだね」

と日本式酢ダコをあきらめた関合画伯もため息をもらすような声をあげていた。

サン・セバスチャンのスペイン酢ダコには、鶏卵の黄身を細かに砕いてふりかけていたから、私も、ニンニクつぶしを使って、イザベラに、ゆで卵の黄身をかけさせた。

最後に、絶対に欠かせないのは、パセリである。パセリの葉を、大マカにきざんでふりかけてほしい。

或る店のスペイン酢ダコにかけられていたパセリは、パセリはパセリの一種でも、コァントロス（コリアンダー）だったと思う。匂いがツンと鼻の中に漂った。

092 スペイン風と松江の煎り貝

レシピは P.411

スペインの町々をうろつき回っていると、マドリードでも、バルセロナでも、セビリアでも、一杯飲屋や、海のもの専門の食堂が、どこにもある。

呑み助ばかりが入りこんでいるのかと思うと、そうではなく、女学生らしい女の子や、ＢＧなどが映画の帰り道に入りこんで、立食い、立飲みをやっているわけだ。

そんな店で、よく見かけるのが、アサリや藻貝（アカガイに似た小さな貝）の、サフラン煮だ。サフラン煮というより、サフラン鍋といった方がよいかも知れぬ。

日本では、アサリといったら、みそ汁か、お吸物か、みそヌタの種にきまっているようなものだが、時にはスペイン風のサフラン鍋に仕立ててみたらどうだろう。

ところで、このスペイン風アサリ鍋とほとんど同一の料理が、日本にもあることをご存知ないだろう。松江の煎り貝である。

サフランを使用する以外は、まったく、スペインの煎り貝と同じ料理だと申し上げてもよいぐらいのものである。

もっとも、松江で使う貝はアサリではなく、アカガイ、アカガイといっているが、九州の有明海でいくらでも獲れるミクロガイのことである。

今日はそこで、松江流儀の煎り貝と、スペイン流儀の煎り貝を、一挙にやってお目にかけてみよう。

スペインの店で、客に供する時は、質素な土鍋で、グツグツ煮立たせながら運んでくるが、なに、松江の煎り貝も、スペインの煎り貝も、大きな中華鍋で一挙にいため上げ、お皿に出せばそれでよい。


本日は藻貝でやってみたが、別に藻貝でなくてはならないと気取ったわけではない。私が今いるポルトガル市場では、たまたま藻貝しか見つからなかっただけのことだ。

さて、松江流儀の煎り貝からはじめよう。

アサリの砂を丁寧に吐かせておく。

中華鍋を猛烈な火勢で熱し、アサリを投げ込む。酒をかける。醬油をかける。

アサリが一斉に口をあけてきた。ひとまぜして、出来上がりだ。酒と醬油が、煎りついたようになって、とてもおいしい。

なーんだ。そんな簡単な料理かとおっしゃるかも知れぬ。しかし簡単で、悪いわけはないだろう。

やってご覧なさい。こんな簡単で、こんなにおいしい料理があるのかと感心するはずだ。

はじめにゴマ油で、煎りつければ、若向きになるかもわからない。

次にスペイン風をやってみよう。

違うところは、サフランの香気と色どりが加わるだけである。

アサリをよく砂抜きしておく。

サフランを白ブドウ酒で一度煮立たせておき、色どりと香気をとかし込んでおこう。

大鍋を熱する。よろしいか。猛烈な火勢……。サラダ油を敷こう。ニンニク一片と、トウガラシ。これはスペイン料理にはつきものである。続けざまに貝を全部入れる。塩、コショウ。サフランのとけ込んだ白ブドウ酒をぶっかける。

貝が次々に口を開く。出来上がりだ。

貝が口を開いた直後にひとまぜして、素早く取り上げるのがよろしい。

今回はちょっと気取って、塩ザカナ(スズキ)のサイの目切りを加えてみたが、これは、マドリードの居酒屋で、味わった通りである。

093 ビーフシチュー ①

レシピは P.412

しばらくの間、さまざまのシチューをつくってみることにしよう。例えば、ただ今私がうろつき回っているポルトガルにも、ギザードという、シチュー類似の料理がある。

しかし、私が今回つくってみる牛肉の煮込みは、赤ブドウ酒を贅沢に使った、シチューの王様みたいなものだと思っていただきたい。

ところで、ポルトガルの片田舎では、セロリがなかなか手に入らず、セロリ抜きになったが、はじめの肉の漬け込みには、ニンジン、タマネギ、セロリを使う方が、よろしいだろう。ところで、この原稿を送りかかっている最中に、ポルトガルはカルナバル（謝肉祭）騒ぎ……。そのままパリに来てしまったが、パリの、さまざまの野菜や肉類は、まったく、繊細で、贅沢なものだ。

ただし、東京なみの物価高で、早く、ポルトガルに、逃げ帰りたくなった。

さて、話を本筋にもどそう。牛肉はイチボだとか、何だかとかがよろしいらしいけれど、そんな贅沢はいっていられない。牛バラの塊でも買えたら上等で、豪州あたりからの輸入の肉が安く手に入る時に、豪快につくってごらんになるとよい。幸いポルトガルは上等の肉でも一キロ五百円見当だから、私などうわずってしまって、肉を二キロ買ったり、三キロ買ったりする。

まず、ニンニクを一片二片叩きつぶす。次に肉の大きさにもよるがタマネギを一つ二つ厚くスライスする。ニンジンとセロリは、タマネギの半分ぐらいのつもりで、薄く小口切りにしよう。

これらの野菜類をドンブリの中に入れてまぜ合わせ、肉は好みの大きさに角切りにし、丁寧に塩、コショウして野菜のまん中に入れる。ここで惜しげもなく赤ブドウ酒をブチかけて、肉自体に、まんべんなく野菜と酒の味を浸みつかせるのである。

時々ひっくりかえして上下を換えてみるがよい。そのまま、一晩くらい漬け込んでおく。ポルトガルはブドウ酒が安いから結構だが、日本の甲州のブドウ酒だってお酒よりは安いはずだ。それを、一月に一度、料理屋に行ったつもりで、思い切りよくブチかけてみるのである。

さて、その翌る日のお昼頃、肉片を丁寧に取り出して、表面を拭う。もったいないような話だが、あとで焼く時に、肉の表面に、ほどよく焦げ目と、皮膜をつくりたいからだ。

お鍋でも、フライパンでも何でもよろしい。猛烈な火を入れ、ラードか、サラダ油か、バターを敷く。肉片を一挙に投げ込んで、表面が狐色になるまで、炒りつけよう。
肉にほどよい焦げ目がついた時に肉だけ取り出してしまう。今度は、さっき、肉を漬け込んでおいたブドウ酒の中の野菜類をしぼるようにして取り出して肉の焼汁の中で丁寧にいためつけるのである。この時、トマトとか、ピーマンとか、もしあったら一緒にきざみ加えていためつけた方が複雑な味になるかも知れぬ。

野菜の類がだんだんと狐色から、褐色のキャラメル状に変わってきたろう。よろしい。火をとめて、少しさめるのを待ったあげく、清潔なフキンにくるみ込み、シチュー鍋の中に、野菜の汁を、ことごとく絞り取るのである。
ドンブリから、肉や野菜の漬かっていたブドウ酒を全部入れる。もちろんのこと肉も加える。水でも、スープでもよろしい。たっぷり肉の上にかぶせ、コトコト弱火で、せめて二、三時間ぐらい気長に煮込もう。

094

ビーフシチュー②

レシピは
P.412

肉の上に浮かんでくるアクや、アブクは、時折すくい取って、煮つまってしまわないように、そのつど点検しておこう。

フキンで絞り取ってしまった野菜のカスだが、もったいないと思う方は、醤油や、ウスターソース等で炒りつけておくと、ゴハンにかけてよろしく、酒のサカナによろしい。もちろんのこと私は棄てるワケがなく、はじめはミキサーにかけて、シチューの中に加えていたが、少し泥臭い味になり過ぎるから、別の料理に転化することにした。

カレー粉いためなども面白いかもわからない。

さて、二、三時間煮つめてゆくと、肉はかなりやわらかく、肉汁の色合も、だんだんと落ち着いた艶を見せてきただろう。

ここいらで、中味に入れる、タマネギを仕立て上げておくことにするが、タマネギの皮をむき、思い切った厚さにまるごと輪切りにしたがよい。

ラードを熱して、その部厚いタマネギをいためつけるのだが、大きなタマネギの輪にカッコイイ焦げ目をつけたいものだ。

別に褐色のルーをつくる。というと、おそれをなす人があるかも知れないけれども、バターをフライパンに入れて、メリケン粉を炒りつけてゆき、ちょうど狐色になった頃に、スープをかけ、シャモジで丁寧にとかしてゆくだけのことだ。

ただしこれは私も大のニガ手で、ブツブツができやすく、

「ちょっと一杯やりたくなった。オッカン（お母さんの柳川方言）しばらく代わってくれ」

と退避してしまうならわしだ。

ポルトガルでは、そうはゆかぬから、オデツと呼ぶお手伝い様に、一切シャモジときを、まかせている。

蛇足ながらこのオデツ（またはオデデ）、買物に走らせると道で喋り呆け、犬だけ先に帰ってくる始末だから、私のつくったポルトガル都々逸によれば、

オデデ来るかと門辺に待てど
オデデ来ねえで犬が来る

さて、うまくシャモジときの出来上がった褐色のルーをシチュー鍋の中にとき入れて、まんべんなく、よくまぜ合わせる。

ここで月桂樹の葉とか、クローブとか、セージとか、パセリの茎だとか、あとで取り出せるように、紐でしば

って投げ込んでおこう。

塩味をつける。塩だけでは単純だから、ウスターソースとか、トマトピューレとか、いやいや、醤油なども少々入れてみるのが面白いし、甘味と酸っぱみがほしい向きは、こっそりと、ジャムを入れて、わが家の自慢料理のカクシ味にしてみるのも面白かろう。

私はといえば、苦味と艶がほしいから、キャラメルをつくって、加えるならわしだ。

さっき、焦げ目をつけたタマネギを全部加える。ニンジンも、カッコよく切って入れるとよい。

シチュー鍋ごと天火の中に入れ、シチューの表面に、焦げ目がつく度に、まぜ合わせ、まぜ合わせてゆくと、一、二時間後に素晴らしい艶のあるシチューが完成してゆく。

最後に、マッシュルームを加えて煮上げると出来上がりだが、ほかに、ジャガイモだの、絹サヤエンドウだの、スパゲティだの、塩煮をしておいて、一緒に食べると素敵である。


時間と手間がかかり過ぎると思われる方も、ご主人の出張の日なぞ一日つぶして、生涯に一度の大ご馳走をつくれば、出張から帰ってきたご主人が肝をつぶすかもわからない。

檀流クッキング

檀一雄

第2部（1972年3月～1973年6月）

095

アイリッシュ・シチュー

レシピは
P.413

しばらくヨーロッパに出かけていたので、下手な料理の話など書かずにすんでいたのだが、久しぶりに日本に帰ってきたら、また続けろ、ということになった。

そうときまれば、少しはホラぐらい吹いておいた方がよさそうだ。

今度の旅で、私は少なくも四、五カ国の料理を紹介することができるだろう。例によって、安く、おいしく、実質的な庶民の食べ物を主にするが、時には、大いにキバッた高級料理もやってみようではないか。日本にはまだまったく紹介されていないような、不思議な料理になることもあるだろう。

その手はじめに、今日は「アイリッシュ・シチュー」ということにしてみたい。

日本のみなさんも、羊肉には大分馴れた。ジンギスカン鍋やシャブシャブが、「烤羊肉《カオヤンロー》」や「涮羊肉《サオヤンロー》」の、日本普及を行なったからだ。

羊の肉をバカにしてはいけない。羊の首から肩にかけては、ヨーロッパでは高いばかりか、随分と高級な料理の材料なのである。それも、海浜の、初夏の、羊の肉など、みんな大いに珍重する。

昨年の六月だったか、サンタ・クルス浜で、羊の首を手に入れてつくったアイリッシュ・シチューなど、地上でこんなにおいしいものがあるか、と自分でも驚いたほどであった。

しかし、牛なら四、五百円で手に入るが、この羊の首は一キロたしか、八、九百円もした。

そんな贅沢な羊の肉は、今の東京ではちょっと無理だが、輸入の「マトン」や「ラム」なら、安く簡単に手に入るから、ぜひとも、アイリッシュ・シチューをつくってみるがよい。

アイリッシュ・シチューは、なまじ、ニンニクや、月桂樹の葉っぱなど、使わない方がいい。サッパリと、ジャガイモ、ニンジン、タマネギ、カブだけの匂いと味をしみつかせるのがよろしいようだ。つなぎのメリケン粉も何も要らない。

まず「マトン」でも「ラム」でも一キロ買って、大雑把に切る。

その「羊肉」を四、五十分コトコトと水炊きにする。今度はカブとニンジンと馬鈴薯を、同じ形のサイの目に切り、カブと、ニンジンは、コップ半杯ずつ、馬鈴薯は、コップ一杯、ほかにタマネギを一個スライスして、煮えている羊の肉の中に一緒に加える。この時、煮えている汁の量が、中の具にまんべんなくヒタヒタとかぶる程度がよろしい。

こうして、また、四、五十分間煮よう。

さて、最後に薄くスライスした馬鈴薯をまたコップ一杯加え、さらに、四、五十分煮込み、塩、コショウで、ほどよく味をつけたら、出来上がりである。
四、五十分、四、五十分が、三度重なるから、二時間ほど煮込むわけだ。カブがとろけるようになり、スライスした馬鈴薯が、半分とけて、つなぎのようになる。きざみパセリをかけながら、スープ皿で食べよう。

096 タタキゴボウ

レシピはP.413

ゴボウ料理は、ひょっとしたら、日本のそとでは、なかなか、見ることも、味わうこともできにくい食品の一つであるかもわからない。

その元祖は中国であるにしても、今日の中国では、せいぜい薬用に供しているぐらいのもので、日本のように日常のお惣菜の中に多用することは、まず、あるまい。

例えば、ニューヨークの南京街で、二、三度ゴボウを見かけたことがあるから、中国人の手によって特殊な匂いつけか、味つけかに用いることはありそうだ。

しかし、そのゴボウを買ってみたところ、腰のない、フワフワのゴボウで、日本式栽培のゴボウとは、少しばかり趣が違っていた。

中国大陸で直接に料理の中に使用されているのを味わったことはまだないが、しかし、何しろ広い大国のことだ。どこかの地域で、ゴボウ料理が特殊な発達を遂げていないと断言はできにくい。

いや「キンピラゴボウ」など、その中国のゴボウ料理の一部が伝承され、発達したものだと考えてよいかもわからない。

「キンピラゴボウ」をおいしく歯ざわりよく仕上げるには、水によくさらしたせん切りゴボウを、油で炒りつけておいて、砂糖、塩、醬油、酢で味つけする。あとは叩きゴマを散らすぐらいのことだから、中国料理の日本版だといった方が、当っているだろう。

よく水にさらしたソギゴボウは、ショッツル鍋や、アンコウ鍋などにも好適であって、その特殊な匂いと歯ざわりは、はなはだ日本的……、東洋的……、な野菜であり、西洋人には、一番理解しにくい味のひとつかもわからない。

しかし、例えば「ドジョウ汁」に、「ゴボウ」が入っていなかったら、「ドジョウ汁」の味わいは、たちまち半減してしまうようなものだ。

「ゴボウ」の処理がむずかしいのは、そのアクの強さであるから、ソギゴボウでも、せん切りゴボウでも、ほんのわずかな酢をたらし込んだ水によくさらした上で、用いるがよいだろう。

さて、「タタキゴボウ」だが、なるべく、「新ゴボウ」の、またなるべく、細目の、綺麗な「ゴボウ」をえらんでくるがよい。

その外皮を長いままこそぎおとし、しばらく酢水にさらしておく。

大きな鍋に、水を沸騰させておいて、少しばかり酢を加える。

水から取りあげた長いままのゴボウを、そのグラグラ沸騰している鍋の中に放り込む。一瞬煮る。決して煮過ぎないようにしたいものだ。


ゴボウを取り出し、マナ板の上にのせ、包丁の平や、スリコギなどでトントンと叩く。

ゴボウの繊維を砕いて歯ざわりと、味のしみをよくするわけだ。四、五センチの長さに切り揃える。

皿にならべて、煎りゴマを揉み散らし、酢と醤油をかけたら出来上がりだ。

097

餃子

もう、三十五年ばかりむかし、フラリと満州（今の中国東北地区）に出かけていったことがある。

その時、大連で新聞記者をしていた坪井（坪井与氏・元東映専務）が、私が着くなり、

「おい、檀。豚マン食おうか？　豚マン……」

といった。豚マンというのはいったい何だろうと、私はいぶかりながら、生まれてはじめて、坪井のいう「豚マンジュウ」に舌つづみを打ったのだが、これが、今日、私達に馴染みの「ギョーザ」であり、餃子《チャオズ》であった。

だから、当時の日本人は大連で、餃子のことを「豚マン」といっていたわけだ。その「ギョーザ」が主として満州からの引揚者によってひろめられ、この二、三十年の間に日本中を席巻してしまうなどと、いったい誰が想像しただろう。

さて、ギョーザの衣を自分でつくりたかったら、メリケン粉に多少の塩とラードを入れ、たんねんに練るがよいだろう。

長春の南広場に、とてもおいしい餃子屋があって、ここでは、どういうわけか、乾しうどんを水でほどき、これを丁寧に練っていた。

私は店先で、白乾児《パイカル》（焼酎）を飲みながら、どうして、メリケン粉に乾しうどんを入れるのか、不思議でならなかったが、ひょっとしたら、土地のウドン粉に、何割かの乾しうどんを入れるのが、ちょうどよい「チャオズ」のひきをつくるのかもわからない。

つまり、強力粉と薄力粉の割合を加減していたのであ

レシピは
P.414

ろう。

しかし、今日の日本では、餃子の衣なら、いくらでも売っているのだから、店先で買ってきた餃子の衣が手っ取り早くてよい。

ただ、肉だけは挽肉を使わずに、豚バラを買ってきて、たんねんに包丁で叩きつぶすことをすすめたい。

豚バラにニラや、タマネギを加え、ハクサイの漬け物を加え、ニンニク、ショウガを加えて、包丁で丁寧にきざみ叩くのだが、シイタケや、キクラゲなど入れたら、もっと贅沢だ。


さて、ほんのわずかのお砂糖と、酢と、塩、醬油などであんばいして、よく練り、最後に必ず、上等のゴマ油をたらし込むことを忘れないようにしよう。

これを適当に餃子の皮の中につつみ込み、衣のはじっこをちょっと水に濡らして閉じ込めば、これで、準備は出来上がりだ。

沸騰するお湯の中に入れて、浮き上がったところをニンニク酢醬油にゴマ油をたらし、あるいは「ラー油」「ラージャン」等を加えながら食べたら「水餃子」だ。スープの中に浮かせて食べてもよいだろう。

「焼きギョーザ」は、フライパンの上に、くっつけ合わせるようにしてならべ、焼き上がるちょっと前に少しばかりの水をかけ、蓋をして、大皿にあける時に焼け目の方を上にする。すると、ほどよくくっつき合って、綺麗に焼き上がるものだ。

ひとつ、秘伝を申し上げるならば、南広場のおいしい餃子の中には「乾しナマコ」のもどしたものがきざみ入れてあった。

乾しナマコのもどし方とその料理は、次回に解説することにしよう。

098 タルタルステーキ

レシピは P.415

もう十四、五年むかしのことになるだろうか。

高英男君とパリにいた。よく飲んだものだ。

彼は作曲家の所に私を連れて行ってくれたり、金曜市場に買出しについて行ってくれたり、あちこち、安宿を探してくれたり、さまざまパリの楽しみを教えてくれたが、別して、エスカルゴ（カタツムリ）とか、タルタルステーキとかを食べに行った日々のことだけは忘れない。

私はパリに行く度に、そのエスカルゴの店がどこであったか、タルタルステーキ屋がどこであったか、あちこちモンマルトルの界隈を探しまわるのだが、その名前も記憶しておらず、その店には、ついに二度と行けずじまいである。

しかし、そのタルタルステーキの味は、私の舌の上にシカと残っており、これを復元することが、私のタルタルステーキに対する謝恩であろうと覚悟したものだ。

タルタルステーキとは、文字通り、ダッタン人のステーキであって、これは東洋からヨーロッパに、招来された食品に相違ない。

私達が馬刺というものを食べるだろう。馬肉の刺身である。

馬肉の刺身というのは、それが馬肉のヒレであったりすれば、クセが無くて、甘くて、刺身の中では、最上のものといえるかもわからぬ。

考えるに、グリコーゲンが多いのだろう。だから、馬刺はそのまま切って、ショウガ醤油で食べるだけでも、ニンニク酢醤油で食べるだけでも、ワサビ醤油で食べてもおいしいものだが、まさか、わが家の賓客に、「馬刺を召し上がれ」というわけにはいかぬ。

そこで、「これはパリのタルタルステーキでございます」と、パリ風を吹かせながら、差し出してみると、高級な奥様方もペロリと馬刺を召し上がるから、その流儀を私流に申し上げてみよう。

馬肉は名古屋のデパートならどこでも売っているし、大阪でも大変手に入りやすいが、東京は官僚主義の勿体ママ達が多いから、

「まあ、サクラ?」

などと驚かれる。

そのサクラ肉を手に入れよう。なるべくヒレがいいが、無ければ馬肉のモモだって構わないじゃないか。

丹念にきざんで、けっしてミンチなどにはかけないがよろしいだろう。包丁のミネや、ハラで叩いたり、きざんだり、さて、タマネギ、ニンニクを丁寧にきざみ込もう。ショウガの好きな人は、ショウガもまぜ、粒コショウを打ちくだき、一緒にまぜ合わせるのもよろしいだろう。

ここいらで少し醤油をたらし込んでみるか。

もちろん、もう一度塩、コショウをしよう。

なめておいしそうでありますか。馬肉は少し甘いから、酒を加えるなら、強烈なウオットカ、焼酎なぞをたらす方がいいだろう。

シュナップスとか、コルンなどというドイツの焼酎があるが、これなぞ、たらし込むと、舌にピリッと精気が湧く。

ところで、パセリをきざみ込んでお入れなさいなどと、料理女史先生方はおっしゃるかも知れないけれど、薬味ならやっぱり、コエントロッシュを入れたいところだ。コリアンダーを播いて、その葉っぱをきざみ込み、入れるだけのことだが、面倒なら、ワケギや、アサツキをきざんで入れよう。

あとは、クミンやパプリカなどをふりかけておく方が味と匂いが引きしまるかもわからない。少し油を足してみたいが、西洋人ならオリーブ油。日本人ならゴマ油。ほかに卵を加えたいのだけれど、実は、鶏卵では量が多すぎるのだ。

そこで、ウズラの卵を一つ二つ、真ん中に、くぼみをつけて落とし込むのがよろしいかも知れぬ。

099

乾しナマコとタケノコいため

レシピは
P.415

乾しナマコのもどし方を書きましょう、と約束しておきながら、先回、間に合わなかった。

実は、乾しナマコ（キンコ）の完全にもどるのは二日目、乃至三日目ぐらいだから、写真が間に合わなかったのである。

それでは、三日もかかる料理なのかと、奥様方はびっくりなさるだろうけれど、時には三日ぐらいの時間をかけてつくる料理もやってもらいたいものだ。

もしそれができたなら、旦那様はびっくり……、あなたは、中華料理店のコックなみの得意顔をするがいい。

三日もかかるといったって、大半はほったらかしておいてよいのだから、その手順を覚えさえすれば、さして難しいことでも何でもない。

さてその乾しナマコだが、たいていのデパートの中華材料品部にならあるだろう。

拇指《おやゆび》大の乾しナマコ一ツ百円ぐらい、一袋五個入りで四、五百円ぐらいのものだろう。

しかし、これをもどせば十倍ぐらいの大きさになるから、五個ももどしてしまえば、十人前ぐらいの量になるだろう。

だから、はじめは二個を丁寧にもどすつもりでやってみよう。

まず、鍋に水をたっぷり張り、その中にキンコ二つを投げ込んで二、三時間トロ火でゆっくり煮る。こんなところで神経質になるのはよしにしよう。二、三時間でも三、四時間でも、ちっとも構わない。

そのまま自然にさめるのを待って、キンコをマナ板の上に取り出し、よく切れる包丁で、真ん中から縦に二ツ割りにしよう。この時キンコのトゲをこわさないように注意する。

縦割りにしたキンコを新しい水を張った鍋にもう一度もどし、一、二時間、弱火で煮る。

これもまた、時間厳守など神経質になる必要はない。ただよくさめてからキンコを取り出し、キンコのはらわたの部分、コノワタの部分を、丁寧にピンセットではずし取るのである。つまり、ナマコの腹腔を取り除くわけである。

乾しナマコの腹腔をきれいに取り除いたら、もう一度水を替えた鍋の中にもどし、二、三時間弱火で炊く。

さて、これですべての処理は終わったが、あとは半日に一ぺんずつぐらい水を替えてやれば、それでよい。やがて二、三日目には、びっくりするぐらいの大きさになっているだろう。

この間ちょっと申し上げた通り、このもどした乾しナマコを、ほんのちょっとギョーザの具に加えると、ギョーザのおいしさが倍加すること請け合いである。

さて、タケノコの出盛りだから、タケノコと乾しナマコをあつかった素敵な料理を紹介することにしよう。

二ツ割りにしたナマコを、ブツブツと大き目の斜めブツ切りにする。タケノコは乱切りにして、乾しナマコと、あらまし大きさを揃えるのが、具合いいだろう。つまり、一口ずつ、乾しナマコを食べたり、タケノコを味わったりできるからである。

中華鍋を強い火にかける。ラードを入れる。ラードが熱したら、叩きつぶしてきざんだニンニクとショウガを、乾しナマコと一緒に、その油の中に入れる。続いてタケノコを入れる。猛烈な火勢の中で、手早くいためるが、せっかくのナマコをこわさないようにしよう。生醬油を入れる。この醬油とほとんど等量の酒を入れる。最後にスープにときこんだ片栗粉を加え、全体をドロリとさせれば出来上がりである。最後にゴマ油を落とし込んで深めの大皿に出そう。

100 水貝

レシピはP.416

ほんとうなら、今頃は、五島列島の小値賀《おじか》島に出掛けていて、島のアワビを使いながら、さまざまのアワビ料理を習い、つくり、これを撮影して、みなさまに伝授するつもりでいた。

ところが、私の身辺に何かと、ゴタゴタが続き、石神井の自宅にいないと、どっちみち、島までうるさく電話で問い合わせられるようなハメになったから、不本意ながら、東京で、アワビの料理ということになった。

東京などで、アワビの料理を食べるくらいなら、豚の耳を食っておった方がよっぽどよい。

バカ高く、まるでダイヤモンドでも食っているようなものである。だから、みなさんは、たまたま連休で能登に出かけたり、舳倉《へぐら》島に遊んだりした時に、朝市のアワビでも買ってきて、炭を抱かせながら自分の家に持って帰り、水貝をつくってみるのがよいだろう。

死んでしまったら、仕方がない。煮貝をでもつくるがよい。そういえば甲府の煮貝はなかなかおいしい土産物である。

さて、小値賀のアワビも、この頃では、香港の料亭から、ことごとく買いしめにやってきて、みんな、乾しアワビにして持ち去られてしまう有様で、そうそう私達の口には回らなくなってきた。

ただ、土地の人は、まだアワビなど、無尽蔵に海の中から湧いているような気分が抜け切らないから、あきれかえるような、とんでもない料理法が残っている。

いつだったか、私を接待してやろうという好意の現わ

れだが、アワビを山のように運んできて、

「檀さん。生アワビのソッパを飲んだことがありますか？」

そういって大ドンブリの中に水を張り、氷を浮かべたから、水貝をつくってくれるのだと思ったら、そうではない。

　殻から取って、よく水洗いしたアワビを、自分の掌の上にのっけ、トントントントン木槌で叩くのである。掌は、半分、その氷水の中に漬けているから、アワビの琥《こ》珀《はく》酸であるか、液汁であるかが、白くその氷水の中に滲み出してゆくわけだ。

　つまり、白濁したアワビのにじみ汁が出来上がる。

　そのアワビの冷たい汁をお椀にすくい入れて、

「さあ、生アワビのソッパ」

とすすらせられたが、私にしてみたら、もったいないのだか、何だか異様な感じで、ゆったりと賞味するところまでいかなかった。彼らは、その山盛りのアワビを残して、帰っていってしまったから、ようやく、私は、自分流の水貝や煮貝をつくって、こっそりと食べた次第である。

　ところで、水貝には、やっぱり男（雄）貝が向くだろう。つまり表面の皮が、黒っぽく見えるのが雄貝であって、赤い方は雌貝である。

　雄貝はシコシコと表皮がかたく、水貝にして食べる時の、しっかりとした歯ごたえがあるが、雌貝はやわらかく、蒸し物に向いている。

　さて、その雄貝に塩をまぶして、タワシでこすってよごれを落とす。ビラビラした耳を去り、適宜に切り分けて冷たく氷で冷やした水中に落とせば、それでもう水貝だ。

101

ヤキメシ

レシピは
P.416

ヤキメシほど日本人の食生活に密着してしまった料理も少なかろう。

カレーライス。トンカツ。ラーメン。ギョーザなどともに、おそらく、日本風外国料理の五指の中に教えられるものの一つである。

そのむかし、漢口の花楼街というところに、「鰻の寝床」のように細長い食堂があった。もう、すっかり店の名前も忘れてしまったが、「湯包子《タンパオズ》」のおいしい店であり、また、ヤキメシのおいしい店で、高見順さんや、伊藤永之介さんや、荻原賢次さんなどと、よく通ったものだ。

「湯包子」というのは、「シュウマイ」のようなものを蒸しあげてあり、それを口に頬張ると、衣の中がスープなので、ジューッとそのスープの味わいが、口の中にひろがるわけだ。

どうして、衣の中にスープを包むことができるか……、七不思議の一つのように思われようが、実は、豚の骨髄などの煮コゴリを冷やしたまま包み込み、これを蒸し上げるわけだ。

そのセイロの底には、松葉が敷きつめてあって、随分シャレた大衆食堂であった。そのうち、この「湯包子」のつくり方も、丁寧に披露するつもりだが、今日はここの店のヤキメシの模様を、紹介したかっただけである。

この店のヤキメシには、よくもどした「乾しエビ」が入れられるならわしで、そのもどし方と味つけばかりは、とても真似のできるものではない。

あとは、みじんのシイタケと、卵であって、たしか、そのシイタケにも味がつけてあったろう。

これらの具をラードでいためて、別によく焼いたメシを加えて炒りつけるわけだが、エビと、シイタケと、メシが、サラサラと、べたつかず、絶妙のあんばいにまざり合うところがすばらしかった。

日本人は、日本流にねばる米を、一番いい米と考えがちだが、中国人や、西欧人らは、サラサラと粘りつかぬ米の方を愛好するようだ。

そうして、ヤキメシは、べたつかぬ米飯の、食べあましで、つくるものなのである。

例えば湖南省でメシを煮るのはどんなふうにするかというと、カマドの上に、固定されてしまった大きな鍋の中にまず水を張る。米を入れる。沸騰してくる。二、三分沸騰させたあげく、全部をザルにすくい取ってしまって、水を切る。

さて、ザルにすくった米を今度は大鍋の中央に山形に盛り、トロ火でしばらく蒸す。これで出来上がりだ。その食べあましを、次の食事の時にラードで炒りつけるとヤキメシである。

日本の米はヤキメシには不向きだが、ややかためのポロポロしたあまりメシを充分に油でいためよう。ラードでも、植物油でもよろしいが、みなさんが考えている量の倍量か三倍量くらいの油をつかって、いためる時間も、うんと時間をかけるがよい。

さて、ハムとか、豚とかを小さくきざみ、シイタケ、タケノコなど、おなじ形にみじんにきざみ、別の鍋でよくいためる。塩、コショウをする。最後に青みのネギを加えてしんなりしたら、全部の具を焼いたメシの中に放り込み、もう一度丁寧に焼く。この時、少しずつ、鍋底の方に醬油をたらし込みながら、まぜ合わせ、鶏卵一個を放り込んで、その卵が、完全にサラつくまで焼けば、出来上がりだ。

102 アラブの肉団子①

レシピはP.417

せっかく、檀流料理教室を受け持っているのだから、月に一度ずつぐらいは、世界中の、めずらしい痛快な料理を紹介してみたい。

世界の、庶民料理の、飛びきり安くて、飛びきりおいしいものがよいにきまっているけれども、その材料が日本にないものは、いくら痛快だって、これは実現不可能だ。

例えば「青海亀のスープ」だとか、「カンガルーのシッポ」だとか、「駱駝《らくだ》の肉団子」だとかを紹介したって、その材料はどうするんだ？　と読者から張り倒されるだろう。

そこで、材料は日本で豊富に手に入るものに限るわけで、せめて、その香料だけは現地通りのものを列記しておくけれども、手に入らない香料など、ぬかしていただいたって、なるほど本場料理の匂いはないかもしれないが、食べて、命に別状ないはずだ。

今回はひとつ、「アラブの肉団子」といこう。しかし、どうせ同じ材料を使うのだから、肉団子の煮込みと串焼きとこの二つを伝授のつもりであり、読者は、今週の分を切り抜いて来週の分とあわせ読んでもらいたいものである。

モロッコの町々を歩いていると、あちこちにちょうど日本のヤキトリ屋か鰻屋のような店や、屋台があって、そこに細長い七輪が置かれ、さまざまの串焼きが焼かれているのを見るだろう。

また、その七輪のうしろの台の上に、挽肉の大きなかたまりのようなものが置かれ、濡れブキンがかぶせられてある。

これは「ケフタ」という、肉団子の材料であって、串焼きにしたり、「タジン・ウエア」という大鍋で蒸し煮にしたりするのである。

こいつは素敵においしい。

肉は、羊であったり、牛であったり、駱駝の肉であったりするが、羊は今日、日本で容易に手に入る材料だから、マトンを使おう。

まず、五、六人分だと考えて材料の方をならべてみよう。〈別表参照〉

〈**材料**〉

マトン	５００グラム	ハッカ
牛脂	１００グラム	マヨーラム
タマネギ	半個	（マジョラム）
ニンニク		オールスパイス
ショウガ		塩
コショウ		パセリ

マトンの肉に牛脂を加えながら、面倒でも、丁寧に切り、包丁のミネや腹でよく叩き、自分でこまかに、挽肉のようにつぶすがよい。

いやなら、しかたがないからマトンの挽肉を買ってきて牛脂を切りまぜるのだが、このとき、ニンニク、ショウガ、コショウなどを少量ずつ、タマネギ半個とパセリ一本の葉をみじんにきざんで加え、よくまぜ合わせ、こね合わせるのがよろしい。

103

アラブの肉団子②

レシピはP.417

先週述べたケフタの材料や香辛料のまぜ加減は、それこそ、千差万別であって、カレーと同じこと、めいめいの家の自慢の調合やあんばいがあるわけだ。

先週の調合もその一つの流儀だが、包丁で丁寧に叩き、まぜ合せたあげく、最後にクミンシードを小さじ一杯、レッドペッパーとパプリカを好みのままに加えよう。

すると、パセリとコリアンダーのきざみ青葉が散らばったミンチの肉が出来上がるわけだが、日本ではコリアンダーの葉っぱなぞ、なかなか手に入りにくいから、ワケギかアサツキででも代用するがよい。

手に入りにくいといったのは、八百屋に売っていないというだけのことで、コリアンダーの粒なら、デパートの香辛料のところにいくらでも売っている。

それを買ってきて、木箱に土を入れ、その中にコリアンダーの種子を播いて水をやれば、十日か二十日くらいで、青い芽をふくだろう。

タネ物として売っているわけではなく、香料として売っているのだから、多少年数が経っており、発芽しにくいかもわからないが、私はいつも、これを花壇に播いていコリアンダーの青みなら、欠かしたことがない。烤羊肉《カオヤンロー》や、涮羊肉《サオヤンロー》（いずれもジンギスカン鍋）には、欠かせない香菜だからである。

さて、用意した羊肉を、ウズラの卵ぐらいの大きさに丸めよう。肉団子をつくるわけである。

鍋に水を張り、これを沸騰させて、肉団子を一つ一つと入れてゆく。

あまり一時にたくさん放り込むとこわれやすいし、それにお湯をたぎらせ、肉団子をおどらせすぎると、これまたくずれやすい。

十五分ばかり煮て、全部お皿の上に取りあげて、さます。

これからが、ほんとうの煮込みである。

アラブでは「タジン・サラウィ」という、巨大なスリ鉢形の蓋付き鍋で煮込むならわしだが、これは、あまり急激に高熱にしないためだろうと私は思う。

だから、天火のある人は、その天火に入れる蓋付きキャセロールでよいはずだし、天火のない人は、なるべく分厚い蓋付き鍋で、弱火で煮ることにしよう。

まず、その鍋なり、キャセロールに、バターを大さじ二杯ぐらい入れる。サラダ油をこれまた大さじ二杯ばかり入れ、水をコップ一、二杯。できたら、この水は、サフランの煮汁がよろしいし、サラダ油の代わりにオリーブ油がいいにきまっているが、ないものは仕方がない。

本場の匂いがなくったって、つくるはつくらないにまさる。

さて、パプリカ、ニンニク、トウガラシを好きなだけ入れ、トマトを切り込んで、コトコトと一、二時間煮れば出来上がりである。一緒に今、出盛りのソラ豆など煮込むのもよい。

ケフタはまた、竹串に、ウインナーソーセージのように刺して（いや、くっつけて）、串焼きにすることも多い。

104

エビとソラ豆いため

レシピは
P.417

ソラ豆の季節になってきた。塩煮したソラ豆を食べながら、ビールを飲んでいると、人生の憂鬱など消しとんでしまう。

世界中、よく、ソラ豆を食べるが、モロッコでは、例のタジン(先回紹介)の中にソラ豆を入れて煮て食べる。ポルトガルでも、スープのトロミをつけるのにソラ豆は多用するし、ソラ豆なしでは、夜も明けないぐらいのものだ。

その食べ方、料理のし方にしたって、日本とほとんど同一の場合もあるが、またガラリと変わる場合もある。

今日は一つ、そのガラリと変わるやり方の中国風お惣菜をつくってみよう。覚えれば、こんなやさしい料理はないのだから、亭主の、日曜料理の、馬鹿の一つ覚えの部に、入れておいてもらいたい。

「エビとソラ豆いため」である。

エビは首無しの「大正エビ」で結構だ。もっとも、生きている「車エビ」を使おうなどという豪快亭主があれば、一年に一度の料理だろうから、大歓迎ということにするがよい。

そのエビの殻をむき、シッポもはずして、背ワタを抜くのだが、首無しの「大正エビ」なら、多分もう、背ワタも抜けているだろう。

そのエビを塩水の中でちょっとゆすいで、二つ三つに切る。というのは、中国料理では、材料の形を、ほぼ揃えるのが流儀だから、ムキミのソラ豆の長さより、少しばかり、大き目に切ればよいだろう。

切ったエビを茶碗かドンブリに入れて、酒を少したらし込み、下味をつけておくがよい。

この時、好みでは、ニンニク汁でも、ショウガ汁でも、加えておく。


さて、ソラ豆の料理にかかるのだが、ここからがちょっと日本流と違うところで、日曜料理の亭主は、この新聞を切り抜いておいて、しっかり読んでもらいたい。

まず、ソラ豆を鞘から抜きとる。鞘から抜きとったソラ豆の皮をむく。皮をむいたソラ豆を、その合わせ目から、二つに分ける。

ソラ豆の実の合わせ目を二つに分ける、などと大変むずかしそうな気がするだろうが、こんな簡単なことはない。ほかに割りようがないのである。

エビとソラ豆の量は、エビがソラ豆の半分ぐらいのつもりでよいだろう。もっとも、エビを沢山きばって、エビとソラ豆と等量だってちっとも構わない。

中華鍋に、ラードを張る。ラードの量をどのくらいにするかなどと訊かれると私は困るが、さあ、大さじ二杯ぐらいでは、どうだろう。まあ、やってみたまえ。

鍋に火を入れる。油がたぎってくる。塩をほんの一つまみ投げ入れて、ソラ豆を放り込もう。手ぎわよくいためてゆくうちに、ソラ豆が煮えるのだが、時折、一つまみ、一つまみ食べてみると、その煮え具合がよくわかる。

煮えたら、取り出して、ドンブリの中に移しておく。

今度はエビだ。ラードを熱し、エビを放り込んで、いためてゆくと、エビが赤い色に変わってくる。そこへ一挙に、ソラ豆も加え、淡口醬油で味をととのえれば、終わりである。

105

地豆腐、ゴマ豆腐

そろそろ、一年で一番嫌な季節になってきた。梅雨である。降らなければムシムシとむし暑いし、降れば降ったで、ビショビショとしめり放題だし、まったく、太宰治でなくったって、玉川上水にでもとび込んでみたくなるような鬱陶しい季節である。

アメアメフレフレ母サンガなどと歌っていられるのは、子供だけだが、しかし、待て！

こういう鬱陶しい時期にこそ、知恵をしぼって、気分を変えるようなご馳走をつくり、梅雨もまたいいなァ、などといってみたいものだ。

そこで、ひとつ、地豆豆腐、ゴマ豆腐など、どうであろう。こっそりつくり上げて、冷蔵庫の中に冷やしておき、酒場帰りの亭主などに食べさせたら、

「コ、コレは何だ？　何でつくった？」

などと、おそれ入って、ふるえあがるかもわからない。

地豆豆腐というのは「落花生豆腐」のことで、鹿児島をはじめ、琉球などでよくつくる葛練り豆腐のことである。

一番おいしいのは生の落花生を使ってつくった地豆豆腐だろうが、生の落花生など、オイソレとそこらで、手にはいらない。

もし、生の落花生が手にはいったなら、殻をむいて一晩水に漬け、シブ皮をむいて、落花生の実をスリ鉢で丁寧にすりつぶすがよい。

コップ一杯の生落花生の実をよくすりつぶしたら手鍋に移し、それと、ほぼ等量の葛を入れ、コップ五、六杯

レシピは
P.418

の水を加え、トロ火でたんねんに煮つめて、その色が半透明に変わってきたら、お弁当箱だとか、ボウルだとかに移し、よくさまして、冷蔵庫で冷やす。

好みによっては、砂糖や塩など加えてもよいが、そのまま、適当な形に切って、ショウガ醬油や、梅酢などをかけて食べるのがよい。

もちろんのこと、木の芽だとか、青ジソだとか、ミョウガのせん切りなどを添えた方が、季節感が濃厚になるだろう。

フワフワとやわらかいから、箸で取って食べるより、スプーンですくいながら食べる方が手っ取り早い。

じつは、私はもっと簡便なつくり方でやっている。生落花生の実をコップ三分の一、ミキーサーに入れ、葛もまたコップの三分の一。その五、六倍ばかりの水を加えながら、ミキサーでガラガラ回し、これを煮つめて、ハイ出来上がり。

生落花生が手にはいらないからといって、あきらめてはいけない。

焼いた落花生で結構だ。殻とシブ皮をむき、これをよくスリ鉢ですりつぶして、ミキサーに入れる。葛を落花生とほぼ等量入れて、水は落花生の五、六倍から、六、七倍と思ってもらいたい。ミキサーを回しながら、水を少しずつふやしてゆくのがよい。

さて、これを鍋に移して絶えずかきまわしながらトロ火で煮つめるだけである。あとは、弁当箱やボールに移してさますだけだ。

ゴマ豆腐なら洗いゴマをパチパチはじく寸前まであぶり、おなじく、スリ鉢でよくする。葛が無かったら片栗粉で結構だ。水の代わりに、牛乳で割ってみたりするのも面白い。

106

ピロシキ

そのむかし、私が満州（今の中国の東北地区）で、白系ロシア人のバウスの部屋を間借りしていたころ、バウスの奥さんは、何かと言えば、ピロシキをつくっていたものだ。

ときどき、もらったことがあるから、私はロシア人の愛好する、この素朴な味わいがなつかしいが、先年ソビエトを旅行したときにも、あちこちの町角で、ピロシキならよく、見かけた。

あまり道端で、食べ物など売っているのを見かけないソビエトでも、アイスクリームと、ピロシキなら、ときどき見かけた。

みなさんが好きなギョーザによく似た具入りの饅頭みたいな、パンみたいな、ものだと思えば間違いない。

普通は油で揚げたり、天火で焼いたりだが、またスープや、水煮にして食べることもあって、こうして食べると、まったく水ギョーザそっくりだ。

つくるのは、ちょっと面倒だが、おっくうがらずに、一度やってみてごらんなさい。出来そこなえば、水煮にして食べればおいしいのだから、気を大きく持って。出来、不出来など気にしない。そのうち、きっとうまく出来上がるようになること請け合いだ。

まず、ピロシキの衣をつくらねばならないのだが、イーストを使って、本式にやってみよう。

①コップ一杯のぬるま湯（風呂の湯加減よりぬるめのもの）の中に、大さじ一杯ぐらいの生イーストを入れる。このとき、砂糖と、メリケン粉をそれぞれ小さじ一杯ず

レシピは
P.419

つ加えて、どろどろにし、蓋をかぶせて、なるべくあたたかいところに、しばらくおく。するとだんだんにごってくるだろう。

②ほかにコップ一杯の牛乳に、砂糖大さじ二、三杯。塩一つまみ。バター大さじ一杯を入れて、弱火にかけ、バターがとけたら、火からおろして、少しさまして、卵一個を割り込んで、よくかきまぜる。

さて、大きめのボウルに五〇〇グラムほどのメリケン粉（強力粉）を入れ、①と②をまぜ合わせたものを、少しずつメリケン粉の中に加えてゆきながら、よくよくこねる。

これねまわしては叩きつけるようにし、これねまわしては叩きつけるようにしながら、ボウルのまわりに、粉がくっつかなくなったと思うまで、よくよく練り、最後に濡れ布巾をかけてなるべくあたたかいところに放置する。

一時間かそこらで、どんどんふくれてくるだろう。そこで、上から押しつけながらこねて、内部のガスを抜く。三十分おきぐらいに、合わせて三度、このガス抜きを繰り返し、全体に打ち粉をしながら、十なり、十二なり、等分にちぎって分け、ギョーザつくりのあんばいに、中の具をつつみ込むのである。

中の具は羊でも、牛、豚、鶏、なんでもよいが、三〇〇グラムばかり挽肉にし、タマネギ一個、キャベツ少々、ニンニク一かけをみじん切りにして、バターと一緒にフライパンでいためる。

最後に塩、コショウをし、少しばかり水かスープを足しながら、メリケン粉を加え、全体をねっとりさせよう。かたゆでの卵を一個か二個、みじん切りにして、まぜ合わせ、これを具にして、さっきの衣の中につつみ込み、濡れ布巾をかけ、もう一度よくふくらむまで待つ。

ふくらんだら、天プラ油で狐色に揚げるだけだが、油の温度は、少し低めがよい。

107 ラーメン

レシピは
P.420

ラーメンほど、日本人の食生活の中に普及した食べ物は少ないかも知れぬ。私の少年の頃には、まだ見ることも、食べることも、ほとんど無かった食物が、いつのまにか日本中をおおいつくしてしまったのだから、おそれ入った話である。

「ラーメンなどと、あれでも中華料理か？」

と、そのむかし芥川龍之介が笑ったというけれども、まず、まあ、中国風のソバであることには間違いない。その様式が、ほぼ定型化したのは、チャルメラを吹いて歩いた屋台車の支那ソバが決定したものだろう。

だから、今日は、その屋台車式ラーメンの、少し上等のものをつくってみることにしよう。

スープは、鶏ガラでも、豚ガラでも、牛ガラでも、何でも使ってよろしいが、牛豚の骨なら、ナタか、薪割りで、骨を割って、七、八時間トロ火で煮出すことにしよう。蓋をしめて煮ると、白く濁るから、蓋無しで、ゆっくりと煮てもらいたいが、ニンニクや、ショウガ、ニンジンの棄てるところ、ネギの青いところなど、野菜の屑を、一緒に入れ、あまり酒でもあれば、少しお酒を加え、塩と、淡口醬油半々ぐらいで、あまり色のつかないスープに仕立て上げて見よう。

ときどき、水を加えながら、丁寧にアクを抜く。

さて、中に入れる具は、焼豚と、ゆで卵と、シナチクと、モヤシ、ホウレンソウなど贅沢に入れてみることにする。

ゆで卵や、ホウレンソウはゆで上げるだけ。モヤシは、中華鍋かフライパンで、ラードと塩で、いためた方がおいしいようだ。

シナチクは、よく塩抜きして、小さく切り、スープに少しばかり醬油を加えて、味つけしておこう。

さて、焼豚だが、今日は、焼豚ではなしに、煮豚でやってみよう。煮豚だと、その煮汁を、スープの本体の方に加えることができて、おいしさが倍加するからだ。

豚肉は、豚バラか、肩ロースをまとめて五〇〇グラムばかり塊で買い、なるべく、その肉が動かないような小さな手鍋の中に入れ肉全体にかぶるくらいの水を入れ、ニンニク、ショウガ、ネギなどを加え、塩と淡口醬油で、コトコトと二時間ぐらい煮るがよい。ときどき水を足さないと焦げつくが、何も手のかかることではない。もちろん残り酒でもあれば、酒を加えた方がおいしいだろう。

そのまま肉の温度をさまして、薄切りにするだけでもよいが、せっかくのことだ。その肉塊を、お醬油、酒、ニンニク、ショウガのおろし汁の中に三十分ばかりひたして、下味をつけ、フライパンで、表面を綺麗に焦がすと、焼豚らしい、味と品格ができる。豚の煮汁はもちろん、スープの本体の方に加えるがよい。

さて、ラーメンは生のラーメンを買ってきて、たっぷりのお湯の中で煮る。

中華ドンブリの中に薬味のネギを敷き、大さじ一杯ぐらいの生の醬油をたらし、スープを張り、煮えたラーメンをすくい入れる。あとは好みの通りに具を入れるだけだが、できたら、最後に、二、三滴の上等のゴマ油をたらすがよい。

紅ショウガを加えるのもオツなものだ。

108 身欠きニシンとネマガリタケの煮ふくめ

レシピはP.421

先日、桜桃忌をかねて、二、三日の間、弘前の界隈をうろついたが、やっぱり津軽はいい。

岩木山に登ってみると、その山中のあちらこちらで、背負い子を背負った山菜採りのおばさん達を見かけたものだ。

ネマガリタケ、ワラビ、シオデ、タラの芽、ミズ等々を摘むのだろう。

マーケットに出掛けてみると、そのネマガリタケや、ミズや、ニシン、サケなどの類が、色どり美しくならびあって、津軽の人達の、なつかしい食生活の一端がのぞき見られる心地さえした。

さて、友人達から案内されていった酒場は、「かぎのはな」という板の間酒場であって、そこで食べさせてもらった、さまざまの津軽料理は、美しく、簡素で、こんなおいしいものを、久し振りに味わう嬉しさであった。

「かぎのはな」とは、自在鉤のことをいうらしい。その鉤の花のおばあちゃんは、自分で一切の料理をまかなっていて、私は早速、入門ということになった。

今回は、その津軽料理の紹介ということになるが、材料の手に入りにくいものは、はぶくことにし、「身欠きニシンとネマガリタケの煮ふくめ」ということにしよう。

誰でも知っている通り、津軽の人達は、身欠きニシンをきわめて愛好するようで、その身欠きニシンの皮をむしりとり、みそをつけて、丸かじりするのは、まったく愉快な酒のサカナである

私も何年かむかし、この素朴な酒のサカナを食べならってから、地上で最もおいしいサカナの一つだと信じ込

んでいる。

「かぎのはな」のおばあちゃんは、身欠きニシンの皮をはぎ、これを少し厚目のソギ切りにして、キュウリや、シロ（細い青ネギ）などと一緒に、みそをそえて出してくれたが、ニシンが厚くソギ切りになっているから、丸かじりよりは、ずっと食べやすく、恰好な私達の酒のサカナに思われた。これなら、アッと一瞬にして出来上がる酒のサカナであり、シロ、東京にシロが無いのが残念だが、その代用にはアサツキだって、ネギのせん切りだってかまわないだろうし、エシャロットなどつけ合わせると、素敵な酒のサカナである。


さて、「ネマガリタケ」は、東京のデパートのどこにでも「姫ダケ」とか、「ススダケ」とか、「月山ダケ」とかいって、売っている細いタケノコと同一種であろう。なーに、全く同じでなくたって、構いはしない。

コンブでドロリとするくらいのダシをとり、そのダシの中に、みそを入れる。このみそは、なるべく赤みそのの色の勝ったものをよけて、白みそに近いものを選びたい。というのは、そのダシとみその中で、ネマガリタケを煮ふくめる時に、なるべくタケノコの地肌の色を残したいからだ。

タケノコは、適当の長さに割ったり、切ったり、静かにコンブダシのみそで煮ふくめる。

別に、身欠きニシンの油気を抜くのだが、まず皮をはぎ、米のトギ汁とか、アクだとかに、一昼夜ばかりつけて、アク抜きをしたいものだ。私はといえば、身欠きニシンをヌカミソの中に一晩放り込んでおいて、あくる朝、タワシでよく洗い、また、一、二時間、水にひたしたあげく、タケノコより少し細めの短冊に切り揃え、タケノコにコンブダシのみそ味が煮ふくまったころ、その身欠きニシンを加えて煮る。

長く煮すぎると、ニシンの味がタケノコに強くからまりすぎるし、さりとて、そのニシンのうまみなしには、せっかくのニシン料理の値打ちがない。

109 葉くるみ

レシピは
P.421

野菜屋の店先にシソや、青ジソが出回っている今の時期に、もう一品、弘前の「かぎのはな」のおばあちゃんから教えてもらった、シソの葉の料理を紹介しておこう。

「葉くるみ」とか、「シソ巻き」とか呼ばれている津軽の料理だが、むかし、八戸や盛岡でも食べたような記憶があるから、南部や津軽で、シソの葉の時期に、どの家ででもつくるお惣菜だろう。

弘前の市場では、大きめのシソの葉を、何十枚と重ねくくって売っていた。ちょうど、東京の野菜屋で、青ジソの葉を売っているあんばいに、だ。

私は、シソの葉と、青ジソの葉とを用意し、ナスと、シロナスを用意し、二種類の「葉くるみ」をつくってみたが、これは、写真写りを面白くするためと、来客接待用の酒のサカナのつもりである。

日曜クックの亭主族は、青ジソだって、赤ジソだって問題じゃない。つくってみるだけでもお手拍子喝采というところだろう。

弘前の流儀は、ナスも、シソの葉も、いっさい、アクを抜かず、そのままくるんで焼く、素朴で豪快な流儀であったが、気になる人は、ナスは水にひたしてアクを抜き、シソの葉は軽く塩もみして、アクを抜いたがよろしいかもわからない。

しかし、本当の色と香りは、やっぱり、弘前流がよろしいようだ。

まず、ナスを短冊に切ろう。長さは四、五センチに切り揃えた方がくるみやすいようだ。時に応じて、ほかに、青インゲンや、シシトウなどを一緒にくるんで焼くと、味わいが深くなるばかりでなく、シソ巻き全体を、シャンとさせる芯の役目をする。

これもまた、インゲンやシシトウに限るわけではなくて、ベーコンでも、ピーマンでも、ミョウガでも、ニンジンでも千変万化でやってみるがいい。

ただ、インゲンなど、少し焼けにくいものは、細めに切るなり、斜め切りにするなりしておく方がいい。

さて、シソの葉が大きければ一枚、小さければ二枚合わせにして、くるみ込むのがよろしい。

と書いても、何のことだか、わかりにくいかも知れないが、実はシソの葉の中に、ナスの短冊切りにしたものをくるみ込み、フライパンに油を敷いて、焼き上げるだけの料理である。

それでは味がないから、ナスのまわりに、ちょっとばかり、みそをくっつけて、シソの葉の中にくるみ込んで焼くと、香ばしく、味わい深く、みそとナスとシソと油の香が、こもごもひびき合うような素敵なお惣菜になるのである。

シソの葉は、葉の表を内側にして、その中に、ナスだの、インゲンだのを包み込み、葉の裏側の面をフライパンの油で焼くといっていたが、どっちが表になったって構うものか。

好みでは、みそに砂糖を加えるのもよい。

油は何油でもよかろうが、最後にゴマ油を一たらしする方が香りがよろしい。

うまく包み込めてないような気がしても、焼けてくるとシンナリとなり、恰好がつくものだ。

火加減は弱目にして、焦げ目がつく一歩手前で取り出すのがよい。

110 タカ菜のサラサラがゆ

レシピは P.422

そろそろ、梅雨明けの時期にさしかかるが、やれ、不快指数八〇だの、九〇だの……、おまけに、光化学スモッグだとか、何だとか……、日本人にとって、今が一番、食生活の細る時期である。

そこで、ウナギだの、ドジョウだの、冷っ汁だのを食べて、活力を大にし、積極的にこの辛い時期を凌ぐのがよろしい。

しかし、冷っ汁のつくり方は、いつだったか、何回かにわたって伝授したから、今日はひとつ「タカ菜がゆ」のつくり方をでも指南して、梅雨明けの、鬱陶しい時期に、サラサラとかゆをすすってみることにしよう。

かゆの本場は、何といっても、関西である。

その原因は、むかし、関東で、メシを朝炊きする風習があり、関西（上方）では、昼炊きする風習があったから、その名残りだろうといわれている。

関西では「茶がゆ」といって、きのうの茶を煮かえし、きのうの残りメシを、その中に入れ、塩味のかゆにして食ったわけで、これを「入れ茶がゆ」といっていた。

また、もう少し手の込んだものに、大和の「揚げ茶がゆ」といって、白米をザッと一洗いし、これを煎茶の煎じ出したものに水を加えて、煮る。米のシンが取れた頃、すかさず桶の上にのせたザルの中に全部をあけると、シンのとれたメシはザルに残り、茶の湯は桶にたまることになるわけだろう。そこで、茶碗の中に今しがた煮えたばかりのメシを入れ、茶の湯をもう一度たぎらせて、メシの上からたっぷりかけ、サラサラと喉の中に流し込むのである。

つまり、ベタつかない、サラサラのかゆを愛好するわけだ。

今日は、そのサラサラの、ベタつかないかゆの中に、タカ菜を入れて、「タカ菜がゆ」をつくってみたいが、ワザワザ、「揚げ茶がゆ」のように煮込むような手数ははぶくことにしたい。

だから、きのうのあまりメシを、サッと水で洗って、メシのまわりのヌラを取り、サラサラにするだけだ。

もっとも前日から、明日はタカ菜がゆにすると計画を立てておいて、少しくかために炊き、少しく焦げ目をつくっておくのが、面白いかもわからない。その少しくかために炊いた焦げメシを、水で洗って、サラサラにするのが、一番おいしいはずだ。

というのは中国の南の方では、「焦げがゆ」を大変愛好するのである。

さて、タカ菜を、なるべく小さくみじん切りにしよう。

このみじん切りにしたタカ菜と豚肉のせん切りを、サラダ油で一瞬いためる。

別に鶏ガラのスープを用意し、そのスープの中に、サラサラの洗いメシと、油でいためた豚のせん切り、タカ菜のせん切り（タカ菜のせん切りは、葉が長くつながり過ぎるから、みじん切りのつもりがよい）等を入れて、塩加減をととのえながら、ちょっと煮立ったらそれで出来上がりである。出来上がりに上質のゴマ油をたらし込む。

塩加減はタカ菜を入れてから、味見をしないと塩が効きすぎるし、洗いメシをスープに入れてから、グズグズ時間がたつと、サラサラのかゆがベタついてくる。下味をつけたシイタケや、タケノコのせん切りを、油いためして加えれば、なおさら贅沢だ。

111

煎り煮干し、ラッキョウのみそいため

レシピは
P.422

今回は、手軽で、お粗末で、しかし、酒の箸休めには、なかなかよろしい、ツキダシを伝授しよう。

この料理は、モノ臭亭主の日曜クックには、きわめて好適だから、ひとつ、念入りにつくってもらいたい。

念入りにつくってもらいたいなどと書くと、かえって、できそこないの原因をつくりそうだから、申し添えておくが、迅速、猛烈に、仕上げてほしいのである。

それには、材料と、調味料と、香料などをキチンと揃えておいて、一気に仕上げてもらいたい。

ちょうど、この写真を撮りにきてもらった時には、いささか、私の酒の気が失せていたせいか、その迅速、猛烈の、気魄が欠け、ややベタベタのできそこないになってしまったが、

「いいや、写真だから、味や歯ごたえまで、写らないだろう」

などと、ゴマ化してしまった。

さて、材料は、煮干し、掌一杯ぐらい。中ぐらいの大きさのタマネギ一個を四分の一ぐらい、みじんに切る。ニンニク少々。ショウガ少々。包丁の腹でつぶして、みじんに切っておこう。

あと、お酒少量。醬油少量。トウガラシを、ほんの一つまみ、種子を抜いてきざんでおくがよろしいけれども、無ければ、七味トウガラシでも結構だ。ほかにペパー。

さて、フライパンか、中華鍋に、大さじ一、二杯の油を敷く。ラードでもよろしいし、サラダ油でもいいだろう。

ガスに点火して、油に煙があがりはじめた頃、一気に煮干しとニンニク、ショウガを放り込む。

その煮干しのまわりのニンニク、ショウガが焦げる寸前、みじん切りのタマネギを全部放り込み、手早くいためよう。

次にお酒だ。少量のお酒をジューッとふりかけ、そのお酒が蒸発したと思った瞬間、醤油を入れる。

手早くいためつづけ、その酒と醤油の水分が無くなったと見える頃、トウガラシとペパーをふりかけて、火をとめる。出来上がりだ。

皿に盛り、さめた頃、箸でつまんで食べてみて、ベタベタせず、歯ざわりよろしければ、上出来である。

ビールのつまみ、酒のサカナに大変おいしいものだから、みんなやってみるがよろしいだろう。


次に、ラッキョウのみそいためだが、これはまた、土俗の、風変わりな味わいだから、酒の大通（？）が喜ぶものだと思ってもらいたい。


ただし、田舎流の、あまり甘ったるくない酸っぱいラッキョウでないと妙味がないが、まあ、いい。甘酸っぱいラッキョウで喜ぶ向きもあるかも知れぬ。

まずはじめに少しばかりのみそをお酒で丁寧にといておこう。ドロドロとラッキョウにまぶしつくかつかぬぐらいの濃度がよい。

さて、フライパンに大さじ一杯ぐらいの油を敷き、弱火で、ラッキョウを、丁寧にいためよう。

だんだんと狐色になってくるだろう。そこで、酒みそをまぶしつけて、しばらくいためれば出来上がりだ。大通向きの、土俗の珍味であること請け合いだ。

112

韓国カヤクメシ

この一週間ばかり、韓国のあちこちをうろつき回っていた。

町はソウルと、晋州と、忠武、慶州等であったが、私はそれ等の町の安食堂で食べ、市場をうろつき、買出しをするのを、無上の楽しみにした。

もっとも、ソウルでは、高級な料亭をたらい回しにされて、何をいただいたんだか、何がどう組み合わされて出されていたのだか、とうとう、わからなくなってしまったほどだ。

その点、市場の界隈の、庶民の屋台店や、食堂は、簡素、豪気であって、何がどうまぜ合わされてつくられているか、見当もつき、自分でも、すぐに復元できそうな感じがした。

そこで、その一つ。韓国カヤクメシとでもいったものをつくってみよう。

ただ、韓国では、ちょっとした個人の家でも、お店でも、その、家の前には、沢山の巨大なカメが並べられてあって、そこにはトウガラシみそみたいなもの、モロミみたいなもの、ションション（醬油の元）みたいなもの、つまり「コチジャン」が熟成されているのである。

その「コチジャン」をさまざまなものの味つけに使用するのだが、日本でも大きな食料品屋とか、韓国食堂なら手に入ろうが、手に入れにくかったならば、モロミだと思って下さい。そのモロミの中に、中国流の「ラー油」だとか、メキシコ流の「タバスコ」だとか、ぶち込めば何となく似ているものができるだろう。

さて、その韓国流カヤクメシだが、ご飯をスープとゴマ油でネットリさせたものの中に、あり合わせの煮込み

レシピは P.423

の肉だの、油揚げだの、卵だの、野菜だのを散らし放題。叩きゴマとミツバやネギなどの薬味でまぶし、上にノリでもふりかければ、上等に出来上がるはずだ。

さて、その韓国カヤクメシの上には、例外なく、「コチジャン」がのっけてあるので、これをかきまわして食べると、つくづく韓国の食べものだという感じがする。それを嫌いな人は仕方がない。私は大好きだから、日本カヤクメシも愛好するが、韓国カヤクメシで、また、夏バテを防ぐわけである。

さて、これではあんまり、空々漠々で料理になるまいから、順序を追って説明してゆこう。

何かあまりものの挽肉でもあったとする。牛でも、豚でも、合挽でも、鶏でもいいだろう。

フライパンの中で塩や醬油やスープなどで炒りつけるようにしながら味をととのえる。

シイタケとか、サヤインゲンとか、ナスとか、卵とか油揚げだとか、モヤシだとかを、塩味、醬油味等で、さまざまにいため煮しておこう。こう書いたのは、モヤシだの、卵だのに醬油を入れたら色が汚れるからだ。全部別々に、せん切りとか、ソボロいためにしておく方が、色が美しく食べやすくもある。

小さな手鍋にスープをとる。さあ、コップ一杯ぐらいがいいかも知れぬ。そのスープの中に、冷やメシを入れてよくかきまぜる。急いでかきまわすべきで、焼飯や、雑炊のようにしてはいけない。冷やメシの周囲をベタつかせるほど度がよい。

そこへネギの薬味、叩きゴマ、ゴマ油を少し多いめに入れてかきまわしながら、先ほどつくっておいた、肉や野菜の類も放り込み、しばらく炒り温めたあげく、ドンブリにつぎ分け、ノリとコチジャンでものっければ出来上がりということになる。

113
イカの筒煮とポンポン炊き

日本海から、ただ今東京にたくさん出回っている、スルメイカの料理といこう。

イカの姿を見る度に、私は隠岐の島で、イカ釣り船に乗り、イカを釣りあげた時のことを思い出す。幽玄な、まるで光り出すようなイカであって、その夕、刺身にして食ったが、何とも香ばしく、私はイカの刺身があんなにおいしいものだとは知らなかった。

また真夏の夕、函館や、羅臼の港に、いっぱい寄り集まっているイカ釣り船の集魚灯の輝きを、思い出すのも、なつかしい。

東京に出回っている夏のイカは、おそらく裏日本から来るのであろうが、刺身や、塩辛にはちょっと無理のようである。塩辛がつくりたかったら、やっぱり寒中に、近海もののイカを選ぶよりほかにない。

しかし、煮もの、焼きものにするならば、今、出回っている裏日本の、スルメイカで充分だ。

今回はイカの筒煮とイカのポンポン炊きであるが、イカの煮ものは、なるべく弱い火で、おでんのあんばいに、とっくりと煮上げる方がよろしい。

いつだったか、スペイン風のイカ料理は、指南したはずだ。

イカのスペイン焼きは、イカの全貌を切りきざんで、スミもモツも一緒くたに、塩とブドウ酒でまぜ合わせ、これをニンニクとトウガラシの入ったオリーブ油で一瞬に焼き上げる。まことに手軽でおいしいお惣菜だが、イカの筒煮やポンポン炊きは日本の東北や、北海道で愛好

レシピは P.423

する田舎煮である。

筒煮は、イカの足の方から、キモをつぶさないようにソッと引き抜き、イカの胴から舟を抜いて軽く水洗いし、イカの足は眼の上あたりから切り、よくスミを抜き、そのまま、イカの胴体の中にさしこんで、お酒と薄口醤油で、気長に、トロトロと炊けばよい。その後、冷蔵庫の中で、一晩煮びたしにしておくと、味もよくしみ、やわらかくなり、切りやすくもなるものだ。

さて、イカのポンポン炊きは、イカの胴の中にモチ米をつめて、トロ火で炊き上げるのだが、たしか、北海道のオシャマンベあたりの駅弁にして売っていた。

なかなか素朴で、おいしい料理の一つだが、家庭でつくっても、そんなにむずかしいことはないから、やってみるがよい。


まず、モチ米を買ってきて、一晩水にひたしておく。

そのモチ米をイカの胴の中に、七、八分目ぐらいつめ合わせ、お酒と薄口醤油で味つけした充分な汁の中でコトコトと煮ふくめるだけである。

モチ米がふくれ、イカの胴体もふっくらとふくれるから、中のつめ具合の心配などいらないだろう。

ただ、ダシの加減を、あまり濃厚にすると、くどくなる。お吸物より、ちょっと濃くしたぐらいのつもりがよく、煮上げたあとに、その煮イカを取り出してみりんと醤油を煮つめた「照り醤油」をつくり、イカの表面に塗って、筒切りにして食べる。

イカの足も、イカのポンポン炊きと一緒に煮込んでおく方が、筒煮の味もよくなるものだ。

もちろん、モチ米の中にシイタケだの、タケノコだの、ゴボウだの、好みの具をきざみこんで煮込んでみるのも、面白い。

114

韓国風ゴマ油薄焼き

レシピは
P.424

こないだから、韓国のソウルや、忠武や、慶州などをうろつき廻って、どこの料亭でも、たいてい出してくれる薄い油焼きの、天プラのようなものに、お目にかかった。

お目にかかったではない、食べさせてもらったわけだ。日本の天プラとよく似通っているが、揚げたものではない。油で焼いたものだ。かりに材料がエビであれ、タマネギであれ、カニであれ、セリであれ、ネギであれ、きわめて薄く焼き上がっていて、皿の上に五、六枚重ねて出されると、まるでオセンベの天プラのような感じがする。

日本でも、いや、欧米でも天プラや、フライは部厚く仕上がるものであり、あんな、オセンベみたいな、油焼きは、珍しい。

しかし、これをゴマ油などたらした酢醤油だの、コチジャン（トウガラシみそ）だの、ゴマ塩だの、で食べると、その歯ざわりというか、舌に乗り具合というか、ビールのサカナなどに好適なのである。

そこで、聞き習ったまま、少しは間違っているかも知れないが、つくってみたところ、まあまあ似たものができた。

はじめに、「世宝」というところで食べたネギと、カキと、薄く切った蒸し豚ようのものを、鶏卵と、水ときしたメリケン粉とで重ねるようにして焼き上げた、薄焼きからつくってみる。

カキははぶき、塩蒸し豚はハムで代用しよう。フライパンの上にゴマ油を敷き、小麦粉を水にとかして、ソッと流し込む。火加減は弱火がよい。

その上に、ネギの薄く短冊に切ったもの、タマネギの薄くそいだもの、続いてハムなどを、重なり合わぬように丁寧に散らす。

あとはよくといた鶏卵を、上からソッと流し込み、あまり焦げ目がつかないうちに、ひっくりかえして、今度はとき卵の側をゴマ油で焼くだけだ。

「世宝」の中で、同席した人に訊いた時は、片面は白玉粉を水ときして焼くということだったが、私の実験ではうまくできない。もしかすると、小麦粉と白玉粉を合わせて、水ときするのかも知れぬ。出来上がったところを、格好よく切り揃えれば、終わりである。

次にタマネギの薄切り焼きだが、タマネギはなるべく薄く輪切りにしよう。輪切りがくずれてゆくと困るから、爪楊枝か何かで横につなぎとめておくとよい。さて、小麦粉をまぶしつけ、その上から丁寧にとき卵を塗って、弱火のフライパンに敷いたゴマ油の上で両面を焼き上げれば、終わりである。

エビはなるべく小さめのものを買い、殻をむき、背ワタを取り、シッポもはずして、お腹の方から包丁を入れながら、開いておく。

ついでに、包丁の腹で叩くようにして、エビの身をひろげた方が、薄く仕上がるかもわからない。

エビの身に、小麦粉をまぶしつけ、卵を塗り、ゴマ油で、丁寧に焼いたら出来上がりである。

115

鶏のタゴス

レシピはP.425

今回はひとつメキシコ料理をやってみるが、習いおぼえたのは、阿部合成画伯から、である。阿部君は太宰治の幼友達であって、金木町(青森県北津軽郡金木町、太宰の生地)の太宰文学碑は阿部君がつくってくれたものだ。

今年、私がその金木の町に招ばれて、太宰文学碑の献花式に立ち合っていたところ、思いもよらず、阿部合成君の急死の報らせを聞いた。

感慨無量であった。もともと、金木の文学碑を阿部君に頼んでみたらといいだしたのは私だし、その文学碑の前で、阿部君の急死の報らせを聞くなど、不思議を通り越している。

この料理は、阿部君が、メキシコから帰った直後に、私の家でつくって教えてくれた料理である。

「トルテア、スイサ」とか何かといっていたようだったから、スイス風にチーズをたっぷり入れる料理だったかもわからない。つくり方も少々心細いが、何しろ、たしかめてみる相手が天国へ行ってしまったことだし、ダン流に変化を遂げたメキシコ料理だと思ってもらいたい。

さて、第一番目に、パンケーキをつくっていただきたい。私の少年の頃は、このパンケーキを「フナ焼き」といったのだが、「フナ焼き」風がよろしく、あまり、ベーキングパウダーとか、重曹とか、砂糖とか入れて、ふくらまさないでもらいたいものだ。

小麦粉に、卵と牛乳だけをとき入れて、耳タブぐらいにこね合わせ、しばらく放置してから、フライパンで焼くだけでよろしい。

もし、メキシコ風に、トウモロコシのミズミズしい匂いを加えたいなら、生のトウモロコシに、水とレモン汁でも加え、ミキサーにかけて、小麦粉の中に加えるとよいだろうし、あるいは、「コーンミール」をデパートで買ってきて、少量まぜ合わせるのも一案だし、あるいは「トウモロコシの缶詰め」を買ってきて、小麦粉とまぜ合わせるのも、大いによろしい。

何によらず、メキシコにいないから、あの材料が無いワ、などという泣き言を申さぬのが、料理の本道である。


鶏の骨付き肉を五〇〇グラムばかり買ってくる。塩、コショウして、月桂樹の葉など、香草の束と一緒に、一時間ばかり水煮しよう。

トマト二個をお尻からフォークで突き刺して、金網の上で焼く。皮をむく。つぶす。赤くうれたピーマン一個。これまた焼く。みじんにきざむ。

タマネギ一個は、生のままスライスする。

ニンニク二塊は、スライスする。

トマト、ピーマン、タマネギ、ニンニク等をミキサーに入れ、鶏のスープを加え、ミキサーにかける。

このドロドロ液に、塩、コショウ、タバスコ、パプリカ、チリーパウダー、オールスパイスなど入れて、ほどよく煮つめよう。

最後にレモン汁を加えるのもよろしい。

鶏をむしって、パンケーキの間にほどよく包み込み、ドロドロのソースの中に入れて、ちょっと温めれば、出来上がりだ。

パンケーキの中には、もちろん、何を包み込んだって構わない。

116 シジミの醤油漬け

今回は台湾のシジミの料理だが、秘伝の部であって、あんまり私は公開したくない。

台北の「青葉」という店の、大変、珍しく、おいしい料理である。

しかし、その原料は日本にもふんだんにあるし、この味わいをよく知るものも、日本の酒のみ達であろうから、私は涙をのんで秘伝公開に及ぶというわけだ。

シジミの生食いは、肝臓ジストマの原因になる、などという医者が現われるまで、諸君らもシジミの生食いを楽しんでみるがよい。

かりに、肝臓ジストマの原因であることが確実であっても、私は六十歳だ。何のおそれることもない。大いに、生シジミを楽しんで、台湾料理の秘伝公開ということにしよう。

さて、「青葉」で、その生シジミを食べていた時に、二説があった。

その一つ、

「日本のシジミでやってみたけれども、渋くて食べられない。これはやっぱり、淡水の上流の澄みきった水の中に棲息したものでなければ駄目だろう」

という話であった。

なるほど、日本のシジミの棲息地など、PCBだか、イタイイタイ病の原因の汚水ばかりで、そんなものを生食いしていたら、たちまち地獄行きだぞ、という意味合いかもわからない。

しかし、私は、六十年の経験によって、生食いと、煮

レシピは
P.425

食いは、人体に及ぼす影響は大して違うものではない、と、思い込んでいる。人体といって悪かったら、檀体にとって、である……。

よく考えてみて下さい。赤貝の何百円かするすしを通人ぶって食うより、シジミの生を通人ぶらずに食う方が、どれほどいいか知れはしない。

前口上が長くなった。

「青葉」で聞いた第二説は、

「シジミをいちいち、ドライバーのようなもので開けていた。ゆでたりなんぞしていない」

という意見があったが、私の「青葉」における観察によれば、サッとひとゆでしているに相違ない証拠があった。

産業スパイの秘密に属するから、このことはこれ以上書かないが、私の料理ではひとゆですることにしよう。


初めから順序を追って書く。

シジミを買ってくる。

よく真水にさらして、ゴミをおとす。

そのシジミを大量の熱湯にくぐらせて、半分口が開く段階まで持ってこよう。

熱湯をかけるぐらいでは、なかなか口を開かないから、中華鍋あたりに、お湯を張っておいて、下から炊き、広いザルにシジミを入れて、ひとゆでし、口が半開きになりかけた時に素早く取り出そう。

そのシジミを皿にうつし、叩きニンニク二、三塊。醬油ヒタヒタ、きざみネギ少量。できたら、豆豉とか、腐乳とか、モロミとか、ションションとか、日本の醬油味をやや古代のものに返す工夫をして、冷蔵庫でよく冷やして食べる。一昼夜もおけばいいだろう。

ああ、何と、素晴らしい酒のサカナであるか。

蛇足ながら、台湾における料理の名前は「蜊仔《ルイツァイ》」。

117

挽肉の揚げ煮

ついこの間、花蓮市から、ちょっと入りこんだ、太魯閣峡を見物に行ってきた。

素晴らしい峡谷で、台湾の真夏というのに、あそこばかりは谷の風が、天空に舞上がるほどの涼しさで、クーラーばやりの日本の生活が、みじめに思い出されたことである。

さて、その太魯閣の遊園地の食堂で、食べた昼の定食の一品だが、簡単なお惣菜にしては、おいしかった。

いってみれば、いつだったか、そのつくり方を説明した「獅子頭」の変形でもあるだろう。

しかし、「獅子頭」ほどの手間がかからず、いちどきにどっと煮込んで、食べたいだけ箸やスプーンでつまみとれるから、まったく家庭向きのお惣菜だ。

名前は中国流はみんな気取ってややこしいから、「挽肉の揚げ煮」とでもしておこう。

一家全部で喜べる、おいしい、家庭料理であることは請け合いだ。

さて、肉は、鶏でも、豚でも、牛でもよかろうが、台湾で出されたものは、脂の多い豚肉であった。そこで、豚のバラ肉を、五〇〇グラムばかり、買ってこよう。

ニンニク、ショウガ、ワケギなどを、包丁の腹で叩き、肉と一緒にきざみ込んでいく。つまり、バラ肉と、ニンニク、ネギ、ショウガを、肉団子に丸められるぐらい、ねばりが出るように、叩きたいが、面倒な人は、豚の挽肉を買って、それを二度挽きにしてもらったらよいだろう。ただし、挽肉の場合は、バラ肉より脂が少なく、パ

レシピは P.426

サつくから、そのつもりでいてもらいたい。

ついでながら、きざんだシイタケだの、キクラゲだの、タケノコだのをまぜ合わせた方が、おいしいに決まっている。

最後に、水を切った豆腐を、肉の量より、ちょっと少なめに加え、スリ鉢や、ドンブリに移して、よくまぜ合わせる。

この時、味というほど、くどい味つけではないが、砂糖だの、酒だの、醤油だのを、ほんのわずかずつたらし込み、最後に上質のゴマ油を二、三滴、落としてもらいたい。

この大きな肉魂を大きいまま天プラ油で、ほどよく、揚げるのだが、肉団子の形は、どうでもよろしい。

油でカラ揚げした肉団子を、おでん風のスープで煮込めば終わりである。このスープは、鶏ガラのスープ、豚ガラのスープ、何でもいいが、ただ、少しく濃い目の砂糖と醤油で味つけした方がいいだろう。

煮込み時間は長いほど味がしみておいしいはずだ。

さて、ドンブリに汁ごと盛り、スプーンですくいとって食べる。

花蓮で食べた時は、肉のまわりのダシ汁の中にホウレンソウが青くゆでて添えてあった。

蛇足ながら、中国流の野菜のゆで方を説明するならば、中華鍋に少しの油を熱し、一つまみの塩を落とし、猛烈な火勢にして、ホウレンソウであれ、インゲンであれ、コマツナであれ、手早くいため、最後に熱湯をかける。これだけだ。

この野菜を肉団子のまわりに盛り添えたらおいしいだろう。

118 ビーフン

この頃、どこの店にもビーフンをよく売っているから、一つ、台南で味わったビーフンのつくり方を紹介しよう。

何のことはない。ただ熱い容器にビーフンとスープを入れて、この中に豚肉とネギと醬油でつくった「バーソー」をたらし込み、それをまた熱して、フーフーいいながらアツアツのところ食べるわけである。

実は、臼田素娥さん（料理研究家）が私を台南のビーフン屋に連れて行って、そこで土地の本場の食べ方を教わったわけだが、現地では煉瓦で造りあげたカマドの煙道があり、その上に茶碗をのせておくと、中のビーフンがいつもたぎっているように熱い。その熱いビーフンを汁だくで食べるのが、格別おいしいわけだ。

ちょうど、日本の湯呑茶碗ぐらいの小さな容器にスープを入れ、ゆでたビーフンを入れ、その上から手さばきよろしく「バーソー」をたらし込み、モヤシを加え、時によっては肉団子などのっけながら、熱いところをすすり込む。

なにしろ、湯呑茶碗ぐらいの大きさだから、何杯もおかわりができ、暑い国の夏向料理にはかえって熱いものが、一番おいしいのである。

まさか、台湾なみの、煉瓦のカマドまでは用意できなくても、それぞれ自分の家の天火などを使って、工夫しながら台湾風のビーフンをつくって残暑をなぎはらってみることにしよう。

さて、ビーフンのタレ代わりにふりかける「バーソー」は、一度つくり方を紹介したはずだが、もう一度簡

レシピは P.427

単に紹介すると、ザクザク小口切りしたネギを、ラードで長時間いためこみ、もとのネギの量の五分の一になるまでぐらい、ベトベトにいためつくしたあげく、二度挽きした豚の挽肉を加え、きざみニンニクを加え、ショウガを加え、醬油と酒を入れて、ドロドロに煮込めばよい。もし、あったら、オール・スパイスか、黒コショウでも入れて、ドロドロのタレをつくっておくわけだ。

ビーフンは熱湯の中に五分ばかりひたして、もどしておいてからザルにとり、使う時にもう一度、お湯をくぐらせるがよいだろう。

では、ひとつ、順序を追ってつくり方を説明していこう。

まず、天火に入れてもはじけないような小ぶりの茶碗を用意する。

三分の一ばかり熱いスープを入れ、そのスープの中に、ザルで熱湯をくぐらせたビーフンを入れる。ビーフンの量は容器の半分ぐらいがよい。つまりスープの上にビーフンの一部がのぞき出しているぐらいが、天火に焦げておいしいのである。そのビーフンの上にゆでたモヤシをのせ、しばらく天火の中で熱しよう。全体がまんべんなく熱くたぎってきたら、取り出して思い思いに「バーソー」をふりかけながら食べると、アツアツで歯ざわりのよいビーフンがいただける。「バーソー」は、ネギを丹念に気長く油いためして、ほとんど、その形がなくなり、ねっとりと狐色の糊のようになった頃合に、二度挽きの豚のバラ肉を加えてまたしばらくいためよう。そこで、醬油、お酒を入れるのである。

ただし、バラ肉は脂が多いから、肉屋は挽肉にするのを嫌がるが、自分で包丁を使いながら、丁寧に叩きつぶすのが一番だ。

119 チャプツエ

中国の料理だか、韓国の料理だか、くわしくそのモトをたしかめたことはないが、「チャプスイ」とか、「チャプツエ」などと呼ばれる、肉や野菜をゴタまぜにいためた料理があるだろう。

片栗粉の水ときでドロリとさせて、甘酸っぱくつくる人もあり、塩味だけでサラリとつくる人もあり、酒や醬油の味を加える人もあり、まあ、いってみれば手軽な家庭料理であって、亡くなった坂口安吾さんのところなど、よく、

「今夜はチャプスイにしよう」

と、甘酸っぱい「チャプスイ」をご馳走になったりしたものだ。

中国で、「チャプスイ」だけを独立して食べた記憶はないが、ニューヨークの中国料理店では、「チャプスイ」というのがよく出されたから、かなり普及した料理の一つだろう。

だから、ひょっとしたらアメリカ式中国料理の一品かと思っていたら、今度韓国に行ってみたら、韓国は「チャプツエ」が、はなはだ普及していて、田舎の一膳メシ屋にも、「チャプツエ」があるといった有様であった。

その韓国流「チャプツエ」には、必ず「春雨」が入れられるきまりであり、今日はひとつ、韓国風「チャプツエ」のつくり方を研究しよう。

こんな手軽にできるお惣菜はないし、大人にも、子供にも、よろこばれる料理だから、わが家の「チャプツエ」のつくり方を確立しておく必要がある。

レシピは P.427

さて、材料は、牛肉でも豚肉でもあり合わせのコマギレやバラ肉でいいだろう。

ニンジン、シイタケ、タケノコ、タマネギ、ハクサイ、セロリ等少しずつ。

ほかに春雨とモヤシを用意すればよい。

肉は、なるべく細くせん切りにし、酒、ニンニク、ショウガ、塩などで下味をつけておこう。

春雨は、中国産の春雨が腰がつよいから、なるべく中国産のものを手に入れて、熱湯に入れてもどし、水洗いしザルにあげておく。

モヤシは、中華鍋に油を少し敷き、塩を一つまみ、強火にしてモヤシを入れ、ちょっといためたあげく、中蓋をし、そのまま火を細めて、しばらく蒸す。

ニンジンのせん切りや、タケノコや、ハクサイ、タマネギなど、油と塩でなるべく別々にいためておく方が、くどい味にならなくてよろしい。

さて、中華鍋に、油（ラードでも植物油でも何でもよろしい）を熱し、下味をした肉に少々の片栗粉をまぶしつけて、なるべくくっつき合わぬように手早くいためる。

続いて、シイタケを入れていため、酒、塩、醬油等、好みの味を加えて煮立て、七、八センチに切った春雨を投げ入れよう。

肉の味、シイタケの味、酒、醬油の味が春雨に吸い取られたころ火をとめて、野菜全部をまぜ合わせ、叩きゴマと、薬味のネギを加え、もう一度、味加減をたしかめ直して、ペパーとゴマ油で総仕上げをする。

もちろん、好みでは、スープと、片栗粉の水ときで、ドロリとさせたり、砂糖や酢で、甘酸っぱくしても結構だ。

120 博多の水炊き

レシピはP.428

そろそろ、秋が深まってくるし、鍋物恋しく、鶏がおいしくなってくる時期だから、ひとつ、今回は鶏の水炊きということにしよう。

それには、ちょうど、私が博多に滞在中だから、「本場の博多水炊き」を大いに食べて、もし私の料理法が間違っていたら、あとから訂正ということにしたってよい。

「博多の水炊き」に欠かせないのは、ほんとうは、庭先で飼ったような地鶏であり、コウトウネギであり、スダチか、カボスか、ユズだろうが、そんなことはいっていられない。

ブロイラーだって、「若鶏のブツ切り」だって、何だって、つくってみるは、つくらないよりいい。

「コウトウネギ」などと書いておどかしたが、薬味用の細ネギのことで、福岡、大分、熊本のあたり、いくらでもあるが、東京でなら、アサツキか、ワケギの、なるべく青いところを細かに切って、水にさらしたらいいでしょう。

もちろん、深谷ネギだって結構だ。

ネギの薬味と、モミジおろしと、ユズだけは、骨付き鶏のブツ切りと一緒に、必ず用意して下さい。

「モミジおろし」のつくり方がわからないと困るから、日曜料理の亭主も、よく読んで、おぼえておいてもらいたい。

ダイコンの皮をむき、そのダイコンをほどよい長さに切って、その切口から、お箸で縦に、穴をあける。トウガラシの種子を抜き、その赤いトウガラシの皮を、まるごとダイコンの穴の中に、お箸で、上手にさし込むのである。

トウガラシが乾いていると、種子がとりにくく、ダイコンの中につめにくいから、赤トウガラシに熱湯をかけて、五、六分ほったらかしておくとよい。

上手につまったら、なるべく細かな目のオロシ金で、丁寧にすってゆく。ほら、綺麗なモミジおろしができたろう。

さて、鶏のスープをつくるのだが、鶏ガラを二羽分ぐらい買ってきて、一度熱湯でもかけて水洗いをし、ゆっくりとトロ火で煮よう。

アクが出たらアクをすくい、好みでは、ネギをまるごと一、二本、ショウガを一個おしつぶして、スープの中に入れる。

この時、ちょっともったいないような気もしようが、お酒をきばって入れてもらった方がおいしいし、私の母は、お米を一握り入れていた。

この、スープを金網かフキンで、ていねいに漉し、土鍋の中に入れたら、これで支度ができた。


亭主を静かに待つだけだ。いや、奥様の帰りを待つなら、私以上の亭主である。

その待つヒマに、栄養の上から考えて、ハクサイを切ったり、シュンギクを切ったり、豆腐やシラタキを切り揃えたり、タケノコを切ったり、シイタケをもどしたり、しておこう。スキヤキのつもりでよい。

もし、手に入ったら餅を用意するともっとおいしいかも知れぬ。


さて、亭主が帰った。

土鍋に火を入れる。強火がよい。ブツ切りの鶏を一斉に入れて、アクをすくい、一たぎり、二たぎりしたら、その白いスープをコップに入れ、好みの塩味ですすらせる。

薬味のネギ、ユズ、醬油を取り皿に入れておいて、まず鶏から食べる。食べ頃は、煮えた瞬間がよい。あとは、好みの野菜や餅など、何でも入れて、フーフーいいながら食べる。

121 秋サバのゴマ醤油びたし

レシピはP.429

秋ナスだの、秋サバだの、大変おいしい時期になってきた。

秋ナスを煮たり、焼いたり、秋サバを煮たり、焼いたり、いや、シメサバにしてみたり、すしにつくってみたり、まったく、こんなに、安くて、おいしい、食べ物の仕合わせがあるだろうか。

この頃、日本では、年がら年じゅう、サバはブリブリと脂がのっているように思われがちなのは、冷凍が発達して、大ぶりの、脂ののったサバが、季節にお構いなしに、市販されているからである。

秋サバの、ほんとうの、秋サバらしい味わいなど、日本海の、どこかの漁港にでもたどりつかないと、味わえないようなものだ。

こないだうち、私はポルトガルの、サンタ・クルス浜というところに一年半ばかり暮らしてみて、サバはどのように春痩せするか、いや夏痩せするか……、よくわかり、秋サバが、どのようにおいしいものか、認識し直したものだ。

サバは、春から夏にかけて、ゲッソリと産卵やつれをして、シメサバなどにつくっても、ペシャンコになり、味もソッケもなくなるものだ。

それが、秋になってくると、肉が充実し、ひきしまり、脂がのり、まったく、サバなどという、贅沢な、おいしい魚が、よく、この世にあった、と嬉しくなるような心地がする。

サンタ・クルス浜で、秋サバの、ピンとそっくりかえったようなイキのよい奴を見つけて、買って帰ると、私は、きまって郷里の、九州の、一番簡単な、サバのゴマ醬油漬けを思い出して、それをつくってみるのが楽しみであった。

だから、みなさん。

秋サバの、素晴らしく新鮮なものに出会った時にだけ、この料理をつくってみて下さい。

なーに、イキのよい秋サバと、小刀一本と、お醬油と、黒ゴマさえあれば、できる簡単な料理だから、海辺のどこかに行って、ピンと反りかえるような新しいサバを見つけたら、一度つくって、味わってみて下さい。

九州の、一番簡単な郷土料理です。

何の手数も要らない。

サバを買ってくる。三枚におろす。サバの外皮を剝ぎ取る。

その、サバの肉を、お刺身のように、ブツブツと切ってゆけばよろしいが、左様、マグロの刺身をつくるときよりは、もっと薄く切った方がいいかもわからない。

その薄く切ったサバの刺身を、ドンブリにタップリと張ったお醬油の中に、次々と放り込んでゆくだけの話である。

まあ、一、二時間、醬油びたしをしたあとに、黒ゴマの煎ったのを、指先でひねって、いっぱいふりかければ終わりである。

これを酒のサカナにしてよろしく、お茶漬けにしてよろしく、メシの惣菜にしてもよろしい。

なーんだ。サバの刺身に、黒ゴマのヒネッたのをかけて食べるだけの話だな、とみなさんはおっしゃるだろうし、まったく、その通りだが、醬油の中にひたす時間が問題だ。

一時間漬けてみたり、二時間漬けてみたり、いや、半日漬けてみたり、タップリと醬油にひたし込むと、新しいサバは、脱水し、肉がひきしまり、素晴らしい歯ざわりと、味になる。もちろん、ショウガや、ワサビや、ミョウガのつけ合わせは、好みの通りがよい。

122

イワシの煮付け

今回はひとつ、わが秘伝のイワシの煮付けを公開しよう。

イワシに限らない。光る、小魚の煮付けであって、たとえば、ハヤや、アユなど、形と姿の美しい川魚など、それが小ぶりのものであったなら、塩焼きにしないで、丁寧に煮上げると、色も形も、その姿のまま美しく、匂い高い、煮魚が出来上がる。

順を追って説明するから、早速イワシを使って練習を重ね、のちに、川魚の小モノなども煮付けてみるがよい。

イワシは、水洗いするだけで、ハラワタは抜かぬ。私は、普通小魚を煮物にする時に、ハラワタは決して抜かず、その全貌のまま煮付けるならわしだ。

鍋の底に、まずダシコンブを敷く。次に、ヒネショウガを軽く押しつぶして、薄切りにし、あちこちに散らす。

今度は、梅干しを二つ三つ。

肉の部分を指先でつまみ取って、ちぎりながら、ショウガ同様、そこここに散らす。梅干しの種の部分も、邪魔にならないようなところに一緒に入れる。

さて、水洗いしたイワシを、煮上がった時に皿にキッチリとならべられるよう、お腹を手前にしながら、丁寧にならべてゆこう。重ねたり、乱雑にならべたりすると、取り出しにくいから、はじめにキチンとならべ合わせておくがよい。

次にコップ一杯のお酒をかける。続いて、コップ三分の一程度の淡口醤油をかける。

梅干しの塩味が入っているから、塩加減を用心しなくてはならないが、まだ甘いと思ったら塩を足すが、少し煮つめたあとに味の調節はすることにして、だいたい酒

レシピは P.429

一、淡口醤油三分の一ぐらいで充分だろう。
もっと甘味のほしい方は、みりんを加えるのもよろしいが、私は、通常酒だけで、みりんをあまり使わないことにしている。

さて、魚の上に煮汁がかかる程度なら、この上に軽い中蓋をのせて煮はじめればよろしいけれども、もし、煮汁が少ない時には、はじめから、コップ一杯のお茶をそそぎ入れておこう。

お茶の葉ではない。お湯をかけてほどよく茶気のにじみだした急須のお茶だ。

繰り返すが、軽い中蓋を魚の上にのせて、中火で、静かに煮はじめてゆこう。

カケ汁が半量ぐらい煮つまった頃、もう一度、コップ三分の一ぐらいのお酒と、コップ一杯ぐらいのお茶をそそぎかける。この時、塩加減を調節したらよいだろう。

また中火で根気よく煮込む。

火の強さにもよるが、三、四十分煮つめると、イワシの表面がだんだんとツヤを帯びてくる。


煮汁が三分の一程度に煮つまってきたら、一、二度さじですくって、イワシの表面にかけてやりながら、ツヤをよくし、煮汁が五分の一程度に煮つまったら、火をとめる。

イワシがこわれるから、熱いうちには、決して取り出さないようにしよう。さめてから、丁寧に、皿に取り出す。

123

アジやイワシのヌカミソ炊き

レシピはP.430

今回はひとつ九州の変わった料理を紹介しよう。北九州市一帯の地方で愛好される「ヌカミソ炊き」だ。

みなさんの家庭では、ヌカミソをつくっているでしょうね。毎日そのヌカミソに漬けたキュウリだの、キャベツだの、カブだのを、大切なご主人に食べさせているでしょうか。

「糟糠の妻」といって、奥さんはヌカミソ臭い手をしてないと、結局はそのご主人から逃げ出されますよ。いくらカワイ子ちゃんにウツツをぬかしていたって、おいしいヌカミソヅケを朝な、夕な、そっと差し出してくれる奥さんがいれば、かりに二日家出することがあったって、三日目には、必ずそのヌカミソ臭い奥さんのところに帰ってくるものです。

みなさんも、さまざま工夫をこらして、ビールを入れたり、ビオフェルミンを入れたり、エビオスを入れたり、おいしいヌカミソつくりに一所懸命だろう。

ところが、だ。

北九州市の奥さん達は、ヌカミソのことになると目の色を変えてそれこそ、まったく、素晴らしい糠床をつくって、朝な夕な、撫でまわしているのである。

糠床はまったく、香料の宝庫のような有様で、うちではトウガラシ、ショウガ、コンブを入れてるのよ、などという単純なものではない。だからそのヌカミソを舐めてみると、家ごとに個性の違う複雑な匂いと味わいのカクテルである。

この、複雑で、手入れのよくゆきとどいたヌカミソを調味料にして、イキのよい、サバや、アジや、イワシを煮付けるから、まことに複雑な個性的な、ヌカミソ炊きができるわけだ。

うちの糠床は、とてもそんなヤヤこしいヌカミソじゃないんだからなどと、早目にあきらめてはいけない。これを機会に、工夫をこらし、絶対よその家には無いような味わいの深い糠床をつくってもらいたいものだ。

例によって前書きが長くなり過ぎたが、ヌカが発酵してくると、魚肉にも不思議な味わいを覚えるもので、富山県や石川県あたりで、ヌカをまぶしつけて乾燥貯蔵したブリやフグがあるはずだ。北九州市のヌカミソ炊きは、自家で、日々漬物を漬け込むそのヌカミソを、そのまま活用して魚を煮込むのであって、私は日本の家庭料理の中のもっとも奇抜なものの一つだと思っている。

さて、ヌカミソを鍋に取り、そのヌカミソの中にイワシや、アジなら、まるごと、サバなら、適当に筒切りにして、十分でも、二十分でも、ちょっとの間、漬け込んでおこう。

そのまま、お醤油と、酒を足し、必要ならショウガや、コンブを入れて、あまり焦げつかないように、適宜の水を入れ、中蓋をして静かに煮込んでゆくがよい。

普通の煮付けとまったく同じだから、魚に味がしみればそれでよろしいし、お皿に盛りつける時に、ヌカミソを気味悪く思う人は、魚の表皮を破らないように、ソッと濡れフキンででも拭いとればよい。

124

卵と豆腐

豆腐や卵を、さまざまの料理に活用する……。

これは日本人も大変に上手である。第一、生卵をメシにかけて食べたりする活用法は、日本流のまことに大胆で、痛快な味わい方だ。

ただ、日本人は包丁サバキを大切にするから、あまり、グニャグニャの卵の食べ方は、上手ではない。つまり、半熟程度の料理は、上手というほどではない。

などというと、それでは、茶碗蒸しはどうだ……と叱られそうで、おそれ入りました、茶碗蒸しは美しくおいしい日本のグニャグニャ料理です。

ところで今回は、そのグニャグニャな半熟料理のうち、韓国と、台湾で見習ったものを、二つばかりやってみよう。

まず簡単な、韓国流グニャグニャ卵の料理を指南するから、日曜料理の亭主も、朝の目覚め時に、アッという間につくってみせて、女房の心胆を寒からしめるがよい。

実は何のことはない。西洋のスクランブルド・エッグスを韓国版にしたと思ったらよろしいので、ただ、バターの代わりに上質のゴマ油を使い、お塩の代わりに「アミの塩辛」を使うというだけのことだ。それをグニャグニャに半熟の焼き上がり程度で、焼きとめるのがコツである。

もう一度順序正しく説明しよう。

フライパンに火を入れる。油を少し多いめに敷く。ここはサラダオイルで結構だ。鶏卵をお椀に入れ、ちょっとかきまわし、「アミの塩辛」を少々入れ、フライパンに流し込んで、シャモジか何かでかきまわす。

まだ完全に焼き上がらず、グニャグニャで、八分焼き

レシピは
P.430

かと思う頃、火をとめて、香りつけのゴマ油をたらし込むだけだ。

次は臼田素娥さんと邱永漢君姉弟の台南の家でご馳走になった「木の実おとし卵豆腐」とでもいうものだが、素晴らしい家庭料理であった。

それは、ポーチ（？）とかいう木の実の塩漬けを使い、豆腐の枠入りにかたまってないものと一緒に、さっきの韓国流卵焼きの調子で半焼きにし、次に卵を落として、八分焼きでとめた、グニャグニャ料理である。

これは原料のポーチの塩漬けや、まだかたまりきらぬ豆腐などが市販していないから、みなさんにはちょっと無理な料理である。

しかしだ。似たものをつくって、気を晴らせばよろしいのだから、ポーチ（木の実）の代わりに豆豉（中国料理材料）でも使い、豆腐を大まかに手でほぐして、シイタケの漬け汁の中にひたしておいたのを取り出して、今申し上げた順番で焼き、ゴマ油をたらす。

ただ、塩味だが「木の実の塩漬け」を使えないから、塩を落として味つけするよりほかにない。

その微かな匂いと、歯ざわりのためだけに、さまざまの木の実を活用するのはうれしいことだ。

例えば、むかしは、「イナリズシ」の中には必ずといってよいほど、麻の実が入っていたのに、もうこの頃は、誰も使わない。

麻の実など、復活していただいて、プツリとした歯ざわりをなつかしみたいものだ。

125 アミにダイコンのトロリ煮

九州の柳川では、恋人でも、夫婦でも、あまり相性がよすぎて、男女が骨抜きのようになり、うっとりしている状態をヤッカミ半分、

「アミにダイコンで、トロリしとんなはる……」

という。

アミは日本では、有明海のアミや、児島湾のアミや、阿賀野川河口のアミが、よく知られている。

南氷洋に鯨が沢山集まるのも、南極大陸から流れ出す氷河がとけて、大量のアミが発生するから、そのアミを目当て(口当て?)に鯨が集まるらしい。

さて、アミのナマは手に入りにくいだろうけれども、塩辛のアミなら、どこのデパートの食品売場だって、簡単に買うことができる。

柳川では、このアミの塩辛のことを「ツケアミ」と呼んで、私達の少年の日には、三度三度の食事の度に、この「ツケアミ」は、お新香同様欠かせなかったものだ。

韓国でも、この「アミ漬け」は、調味料の一つとして、さまざまの料理に活用される。例えば、「キムチ」の中の重要な味つけの材料として漬け込まれるし、蒸し煮豚を切って食べる時に、その添えもののお醤油代わりに、つけて食べるし、卵焼きに添えて食べるし、私も、その都度、韓国流のアミの活用の仕方を本紙で紹介してきたはずだ。

そこで、今度は柳川流の「ダイコンのアミ煮」の秘伝を伝授する訳だけれども、柳川の「ダイコンのアミ煮」は、私の少年の頃まではよくつくられていたが、この頃

レシピはP.431

では絶えて煮る人なく、私は、その味だけのうろ覚えを頼りながらの料理である。

オフクロに聞いてみたし、親類の婆さんにも聞いてみたが、なにしろむかしのことで、あまりハッキリしない。しかし、生のアミでも、塩辛のアミでもどっちだって、いいだろう。

私にしてみたら、塩辛のアミを使う方が、複雑な味になっておいしい。しかし、少しく口ひびくように思われるご婦人方は塩辛のアミをサッと水洗いして、使ってご覧になったらよいかも知れぬ。

どうでもよいから、一度、アミの塩辛とダイコンを使って、自分の口に合う煮物をつくってみることが肝要だ。それがつくれないようだったら、「アミにダイコンで、トロリとなれる……」ような、恋人や、夫にめぐり会えないだろう。

では、順序を追って「アミにダイコンのトロリ煮」を紹介しよう。


ダイコンの皮をむき、輪切りにする。そのダイコンはあまり厚く切らない方が、アミの匂いや味のしみつきが、よろしいようだ。

ダイコンは直接煮込んでもよろしいし、一度湯煮をしたものを使用してもよろしく、これは、好みの通りである。

さて、鍋に水を張る。コンブを入れる。沸騰させる。ダイコンを入れる。塩辛のアミを入れる。水はヒタヒタより多い目に入れておいて、酒を加える。

ダイコンがトロリとやわらかく煮え上がったら、タップリ、アミの汁を加えた煮物として、向う鉢に盛って食卓に加えるようにしよう。

秋深く、酒のサカナに恰好な、温かい料理であること請け合いだ。ことさら、「アミにダイコンでトロリ」のいわれいんねんを亭主に説明でもして聞かせたら、あなたがそのまま、「アミにダイコン」になってしまうかも知れぬ。

126 ビーフ・ストロガノフ

レシピはP.431

今回は、手っ取り早くておいしくつくれる西洋の料理を紹介しよう。

いや、もともと西洋の料理だか、東洋の料理だか、私はくわしく知らないので、ひょっとしたら、フン族が、ハンガリーに持ち込んだ料理だったかもわからない。

ただ、サワークリームを使うのだから、ロシアや、北欧や、東欧が、その源流か、本場のような気がするだけだ。

とに角、ロシアや、欧米の町々をうろつきまわる時に、ちょっとしたレストランで、かりに、カレーライスの無い店はあっても、ビーフ・ストロガノフの無い店は少なかろう、といえるぐらいのものである。

なんのことはない。肉をタマネギとバターで焼いて、マッシュルームを加え、スープとサワークリームでドロリとさせながらご飯にかけて食べる……、大変、日本人向きの、お手軽料理だが、さて、ほんとにおいしい、ビーフ・ストロガノフとなると、そのビーフが問題だから、ビフテキなみのお値段ということになるだろう。

また、日本人はサワークリームをつくることにも、食べることにも、あまり馴れないから、サワークリームをどうするか、頭が痛いところである。

しかし、だ。いつだったか、神戸のオリエンタル・ホテルのキスさん（ハンガリー人の名コック）に会った時に、

「サワークリームを手っ取り早くつくるには、どうしたらいいでしょう？」

と訊いたところ、

「生クリームに硫酸を入れたらいいでしょう」

キスさんは眉毛一つ動かさないで、そう答えた。硫酸は、きっと、キスさん流の冗談だ。しかし、生クリーム

にクエン酸でも、レモン汁でも入れて、二、三時間ほったらかせば、よろしいだろう。

もっと、丁寧につくりたい方は、生クリームにブルガリア菌でも入れて酸敗させるのが、上等にきまっている。

さて、順序を追って、ビーフ・ストロガノフのつくり方を説明しよう。

私は、タマネギを二通りにきざむ。

その第一はなるべく薄くスライスして、いためやすくするわけだ。この時一緒に、ニンニクもきざみ込んでおくならわしだが、まずタマネギ一個を使うとして、その半個分は、いためやすく、極端に薄く切り、バターを大さじ二、三杯、フライパンの中で、火を弱くして、丁寧にいためつくすのである。

だんだんと狐色になってきたと思う頃(二、三十分)、もう一度バターを足し、小麦粉をまぶしつけておいた上等の肉片(ランプやヒレの薄切りを指くらいの幅と長さに切って)を、おなじフライパンの中に入れて少し火を強め、肉が、黄金色を呈するまで、手早くいためる。肉をいためる時間は、肉の質にもよるが、ヒレなら、二、三分で結構だろう。

さっきの、残り半分のタマネギを、今度は櫛形に切る。なに、むずかしいことも何もなく、タマネギの切り口をマナ板に伏せて、ザクザク、少し厚目に切るだけだ。

このタマネギを、バター大さじ二杯、別の鍋で、やや強火にしながら、荒っぽくいためよう。さっきのタマネギは、全体の甘みをつくり、今度のタマネギは、歯ざわりと、食べている充実感をつくるためだとでも思ってもらいたい。八分通りいためたと思える頃、マッシュルームを一緒に加えて、またいためる。

さて、一の鍋と、二の鍋の中味を一緒にし、スープでとき、ブドウ酒、月桂樹の葉、ナツメッグでも入れて、煮上がる頃、サワークリームをたっぷり加えて、炊き上げれば、終わりである。

皿のご飯にかけるだけだ。もっとも温めたサワークリームを、適宜、添えておくのもよろしかろう。上等のローストビーフを使うなら、なおさらよい。

127 アナゴの地中海風

レシピはP.432

日本のウナギ料理だけは、世界一おいしいウナギの食べ方だ……、と思っているのが、日本人のほとんど全部だろう。それで、結構だ。

私だって、そう思っているので、例えば、ポルトガルのサンタ・クルス浜にいた時、少年のジョゼーから、三十尾のウナギを投げ込まれた時には、うわずり気味に、どうしても、このウナギを日本の蒲焼き風に……と思い込んだものだから、切れない包丁を無理にとぎあげ、マナ板の上に、ウナギを釘でハリツケにし、トントントントン、夜明けまで、ウナギ割きに熱中したものだ。

そのトントントントンの音が異様だったのだろう。向かいの飛行隊長がこっそりのぞきにきたりしたのだが、ちょうど二十五尾目に、まぶしい朝の日差しは入ってくる、とうとう力尽きて、六尾のウナギは洗濯盥《だらい》の中に入れ、もう、割くのをやめた。

それからは、暖炉端で、醤油と白ブドウ酒を煮つめる……。焼き上げた頭と骨を入れる……大騒ぎをしながら、和風ウナギ焼きをつくり上げ、

「うまい。やっぱり、日本の蒲焼きはうまい」

と、自分一人で大声をあげたものだが、自分で大声をあげるよりほかには、誰一人食べてくれようとはしない。ウナギをとってきてくれたジョゼーはは き出してしまったし、アナ・ベラ、アナ・マリア等美人達は逃げ出すし、蒲焼きの味の説得力は、大変に弱かった。

では、あちらの奴らは、いったい、どうやってウナギの類を食べているのか？

いやでも研究しなければならないハメにおちいったわ

けだ。

ウナギといえば、例えば上海風の料理の中に、ハスの葉にくるんでモチ米やシイタケやクルミやサンザシなどと一緒に蒸し上げたおいしい中国料理がある。

しかし、地中海沿岸諸国では、大体アラブ流の調理法でやっているようだ。

今から順を追って、その料理法を指南するから、ウナギがもったいない、と思ったら、アナゴでやってみるがよい。生憎と、丸のままのアナゴがなく、もう魚屋が割いてしまったあとの祭りであったから、写真は割きアナゴになっているが、丸アナゴがよろしい。

鋏でも、包丁でもよいから、まず、アナゴを五、六センチの長さにブッタ切る。

そのアナゴを鍋に入れ、レモン汁と、酒を加えた水で、コトコトと静かに四十分ばかり、煮よう。

実は、アラブにはレモンの漬物があって、レモンをまっ二つに割り、ニンニク、トウガラシなどを加え、塩をし、重しをかけて保存した漬物が、どこにもある。このレモンの漬物の汁を、アナゴやウナギにかけてブドウ酒と一緒に煮込むのである。

さて、やわらかく煮上がった、アナゴやウナギを、今度はパエリヤの鍋や、グラタン用の天火皿に移すわけだが、この時、タマネギの輪切り、馬鈴薯の塩煮したもの、ニンジンの輪切り、トマトの輪切り、セロリ等、思い思いの野菜をたっぷり入れ、香草の束か、できたらサフラン汁でも加え、ニンニク、コショウを入れて、天火で焼く。

もちろん、魚のスープとブドウ酒をかけとかなかったら、すぐに焦げつくだろうし、バターや、チーズを入れた方がおいしくもあり、焦げ目が美しい。

アナゴの皮に美しい焦げ目が入った頃が、おいしいはずだ。

128

アジ、タチウオの「背越し」

レシピは
P.432

もう随分とむかし、佐藤春夫先生のお宅で、アジの「背越し」という珍味をご馳走になった。

正直な話、私は「背越し」などという料理は知らなかったから、びっくりすると同時に、感心した。

その時伺った話では、新宮あたりの熊野の料理だそうであり、つまり、和歌山県の庶民の味ということになる。「アジの背越し」といえば、「アジのナマス」であるが、その骨を切り通して、小口切りにしてゆくところが、面白い。

面白いではないか。骨まわりの格別野趣に富んだ味わいが味わえるもので、もし、アジさえ新しかったら、「アジの背越し」をためしてみるがよい。

さて、それから何年か経ったあとに、湯ノ山であったか、日奈久であったか、三太郎峠近いあたりの九州の出湯の街で、今度は、「タチウオの背越し」を食べた。タチウオの「背越し」といったか「背切り」といったか、忘れたが、熊野の「背越し」と同一の流儀であることに間違いない。

この時は、タチウオが、太刀そのままの輝きを持つ新しさで、つくづくそのおいしさに感心した。

タチウオは少し小振りではあったが、「背越し」はおそらく小魚だけしかできないものと思い込んでいたものだから、にわかに「背越し」の領域がひろがったような心地がしたものだ。

新しいタチウオや、アジの類が見つかったら、一度は「背越し」をつくってみて、亭主をびっくりさせてやるがよい。

「その骨まわりをよくしゃぶるところがこの料理の味わい方なのよ」

ぐらいいってみると面白かろう。

つくり方は至極簡単で、アジやサバを酢でしめたことのある人ならまったく造作ないものだ。

ただ、アジやタチウオの酢にしめたものを、筒状のまま、骨を通して、小口切りにしてゆくだけのことである。

しかし、「シメサバ」もつくったことの無い人達のために順を追って、アジとタチウオのシメ方を指南しよう。

まずアジも、タチウオも、頭を落とし、そのハラワタを抜く。

次に、少し塩を多いめのつもりで、魚の全体に塩をまぶしつける。もちろんのこと、ハラワタを除いたその腹腔の中にも塩をしておこう。

塩をした魚は、なるべく水はけのよい竹簀《たけす》とか、ザルの上に置くがよい。というのは、皿の上などに直接置くと、魚から脱水したよごれ水が、魚の味わいをまずくする。

さて、魚のほどよい塩のしみ具合と、脱水の加減は、魚の大小によって大変違うが、アジで、三、四時間ぐらい、タチウオで、四、五時間ぐらいではなかろうか。

その時を見はからって、一度酢で魚の表面の塩を流し、魚を酢の中に漬け込もう。砂糖を加えるなら自分の好みの通りがよろしく、コンブを入れたら、もっと味わいがよくなること請け合いだ。

酢にしめる時間は三、四十分から一時間。アジは取り出して薄皮を剝ぎ、タチウオはそのまま、筒状の魚を、骨を通して、小口切りにして皿に盛る。

129

おでんの袋モノ

レシピはP.433

そろそろ歳もおしつまってきた頃、静かに立ち昇るおでんの湯気を眺めながら、一杯やっているほど愉快なことはない。

多少、ボーナスが少なかろうが、出掛けに、かりにそれを女房から悔まれようが、なーに、おでんの湯気をぼんやり見守りながら、

「袋とコンニャク……。もう一本つけてもらうか……」

などとやっていれば、いつのまにか、心鎮まるのである。

まったく、おでんという奴ほど、嬉しい日本的食品はない。

ネギマだの、豆腐だの、ツミイレだの、シラタキだの、コンニャクだの、ヤツガシラだのに、そこはかとない味わいがゆっくりとしみついていって、人生のぬくもりそのままのような楽しさが感じられる。落着きが感じられる。

なにも、家を飛び出して、おでん屋でばかり気をはらさなくったって、師走間近い日曜日ぐらい、その亭主も、心鎮めて、おでんぐらい煮てみたっていいだろう。

カツブシとコンブでダシを取り、それに淡口醤油と、塩と、お酒など加えてみて、おでん屋のおでんの色を思い起し、思い起し、おでんのツユをたっぷりとつくってみるのも面白いもんだ。

味を、きわめて淡く、お吸物と、ほとんど同じぐらいのつもりでやってみた方がいい。

さてその、おでんのツユを大鍋にとり、コンニャクだとか、ガンモドキだとか、ダイコンだとか、サトイモだとか、一度水煮か、湯通しをしておいた好みのものを、味のしみにくいものから、順に静かに入れていって、な

るべく弱い火で、煮えたぎらせないようにしさえすれば、もう、わが家の日曜おでんも、万歳といったところだ。

そこでひとつ、日曜おでんの亭主族に、飛びきりおいしい「袋」のつくり方を指南しておこう。

材料は、オアゲ（油アゲ）と、モヤシと、シラタキと、豚のバラ肉ぐらいで結構だが、お餅を一枚買ってきておくのが肝心なことである。

まず、オアゲの一方を切りおとし、麺棒か、スリコギを横にしながら、マナ板の上で、そのオアゲを板ずりにする。

というのは、オアゲを袋にするのに、皮と皮をはぎやすくするためだ。

そのオアゲを、湯通しして、油を抜いておこう。

ほかに、シラタキとモヤシをサッと一ゆでし、そのシラタキに包丁を通して小さくきざみ、シラタキとモヤシをまぜ合わせながら、袋の中につめ合わせてゆくのである。

そのつめ合わせてゆく時に、豚のバラ肉を少々と、お餅ひとかけらを、一緒につめ合わせて、コンブの紐で、その口をくくればわが家のおでんの秘訣は終わりである。

これをおでんのツユの中で静かに煮込みさえすれば、お餅のネットリと、肉の味と、モヤシと、シラタキの歯ざわりが、からみ合って、飛びきりおいしい袋になること請け合いだ。

130 白子のみそ鍋

こないだうちから、どうした風の吹きまわしか、九州と北海道の間を何度も往復するようなハメになった。東京を素通りしながらである。

そこで博多の柳橋市場だの、札幌の二条市場だのを、久しぶりにタンノウしてうろつきまわったものだ。さすがに、この南の町と、北の町は、東京とはちがった新鮮な魚介類でにぎわっていて、どちらの町でもよいからしばらく東京とはお別れして暮らしたいような気持ちにかられたものである。

年の暮れも押しつまってきて、九州は、そろそろフグの一番おいしい時季にさしかかっており、フグのチリや白子鍋をあっちこっちで、食べる仕合わせにめぐり合った。

フグの白子のみそ鍋は、まったくおいしい。

ただどうも、フグの白子となると、いささかもったいがつき過ぎてきてしまっており、値段も高く、それでなくったって歳末で気づまりになっているところに、フトコロ淋しく、気が滅入ることおびただしい。

さて、札幌にたどりついてみても、筋子やイクラのおいしいことは重々わかっているが、これまた、一腹二千円だのなんだのと、天文学的値段には度肝を抜かされた。

しかし、である。もう少し仔細に、うろついてみたまえ。スケソウダラのタチが、至るところの魚屋に揉み合っていて、これなら、私だって安心して買える。

また、そこここの大衆食堂で、そのスケソウダラのタチのみそ鍋が、盛大に湯気をあげている。

レシピは P.433

つくり方も、味わいも、フグの白子鍋と大して違いのあるものではない。

いや、これだって、間違いなく、白子のみそ鍋ではないか。

フグの白子みそ鍋だなどと威張るな。スケソウダラの白子みそ鍋だって、まったくおいしい白子鍋に相違ない。スケソウダラの白子だったらどこにだってある。新潟をはじめ、裏日本の蟹の季節の珍味だが、東京のどの魚屋だって、安く売っている。

そこで、その白子を買って、冬の夜長の白子のみそ鍋をタンノウすることにしよう。

みそは、毎朝使っているみそでももちろん結構だが、ここは一つ白子鍋に敬意を表して、普段のみそとガラリと味の変わったみそを使ってみたらどうだろう。

私の経験によると、白子鍋には、多少甘味の多いみそを使ってドロリとさせた方が、白子の生臭味が消えるように思われる。

そこで、京みそとか、九州のみそとか、なるべく甘味のかったみそを使ってみよう。

鍋は土鍋。水を張り、ダシコンブを敷いて、火を入れる。少々お酒を加え、さて、ようやくたぎりかかってきた頃、みそを静かに溶かし込もう。

タケノコだとか、ダイコンだとか、ハクサイだとか、ネギだとか、好みの野菜を煮える順番に入れ、豆腐を投げ入れた直後あたりに、湯通しした白子を、鋏ででも切り落として入れてゆく。

静かに煮立たせ、ここで、キノコなどを加えながら、やがて取り皿に受けて啜るようにして食べると、年の暮れ万歳ということになること請け合いだ。ユズの香や、薬味のネギなど散らすのもよろしかろう。

ただ、スケソウダラの白子は湯通しをすると、かえって早くくずれやすくなるものだから、注意をしよう。

131

牛アバラの韓国煮

いつだったか、「カルビクイ」という牛のアバラ骨の焼き方なら、韓国風焼肉料理のついでに、紹介した記憶がある。

アバラ骨を両手に握って、ナリフリ構わず、かじりつく恰好が、ちょうどハモニカを吹いているようなあんばいだから、俗にハモニカと呼んでいて、下司の食いザマとさげすむ向きもあろう。

しかし、あんなにおいしいものも、少ないはずだ。おいしいものを食べる時に、人間の原始以来の、率直で、自然な食べ方に従うのは、随分と愉快なことで、骨まわりのスジ肉だの、軟骨だのに、かぶりつき、こそぎ取り、犬も顔まけするように、骨の残骸だけを残したいものだ。

そこで今回は、「カルビ」は「カルビ」でも「カルビチム」と呼ぶ、肋骨の蒸し煮を紹介してみよう。

うまく煮上げ、おなじく、ハモニカ・スタイルでかじり食べて、年の暮れの鬱陶しさをなぎはらおうではないか。

ただ、残念なことに、日本ではアバラ骨付きの牛バラなぞ売っておらず、はじめから、肉屋に注文しなければならないのが困りものだ。

これがほんとうの肉食国であると、例えば「カツレツ」の語源である「コートレット」なども、ちゃんと骨付きであるのが道理であり、肋骨など、たいてい肉付きで売ってくれるから、必要ではその肉だけをはずして、一品つくり、残りの肋骨の骨まわりで、それこそ、たっぷりとたんのうできるような「カルビクイ」だの「カルビチム」だのをつくることができるが、骨まわりをかじる習

レシピは
P.434

慣の少ない、わが国では、心やすい肉屋か、もよりの肉屋に、事情を打ち明けて、多少の肉付きのアバラ骨を特につくってもらうよりほか、手はなさそうだ。

その肉付きアバラ骨が、あまり長過ぎたら、せいぜい十センチ程度に、肉屋で切り揃えてもらうがよい。もっとも、日曜料理を待ち構えている奇特な亭主なら、たんねんに、鋸でアバラ骨を切り揃えてみるなど、気晴らしでもあり、生活のリクリエートに、どれほどプラスするかわからぬだろう。

次に、アバラ骨の、骨まわりの肉を、よく切れる小刀や出刃包丁でタンネンに切れ目を入れる。これは大切なことだ。味がよくしみるばかりか、スジや肉汁の滲出をよくするのである。

さて、肉付きアバラ骨の味つけだが、まずネギかワケギを、ニンニクも一緒にして、包丁の腹で、押しつぶし、叩き、薬味のあんばいにトントントントンきざむがよい。

ゴマをほどよく煎り、きざみゴマか、叩きゴマにしておこう。叩きゴマというのは、煎ったゴマを布巾でくるみ、マナ板の上で、スリコギとか包丁の柄などで叩きつぶすだけのことだ。

ほかにも、さまざまの木の実をきざみ込むのがおいしいから、栗の実をきざんだり、クルミの実をきざんだり、その他松の実、ギンナン、落花生など、なんでも手に入る木の実をきざんでおこう。

鍋に骨付き肉を入れる。その上に、ネギ、ニンニクを散らす。ゴマを散らす。クリ、クルミ、ギンナン等もきざんだものを散らす。

さて、少量のゴマ油を垂らし、その上に、少量の砂糖をかけ、お酒をきばって、醬油と一緒にその上からかけ、よくまぜ合わせて、三、四十分ほったらかす。

もう一度、まぜ合わせて、火を入れ、蓋をして、トロ火で一時間ばかり蒸し煮にしたら、出来上がりである。

水は要らない。焦げつきそうだったら、酒でも足すがよい。モロミがあればモロミをちょっと加えると、もっとおいしい。

132

そばがきとそば練り

レシピはP.434

またまた、年の暮れということに相成った。

大晦日ともなると、来年も細く長く、かどうか知らないが、またまた、年越そばということになるだろう。一度ぐらい、太く短く、ぐらいやってみたいものだ。九州の漁師達は、来年は一つ、どえらいことをやらかそう、というので、大晦日の晩に、鯨を食べる習慣がある。

まあ、どっちにせよ、大したことはできないのだから、ただ、手づくりの、そばの変種でもこしらえて、大晦日の鬱気を散らすことにしよう。

いや、そばの変種だ、などと書くとおこられるかもしれぬ。おそらくそば切りより、ずっと古い、伝統的な、そばの食べ方なのである。

その一。

そばがきのつくり方だけれども、これまた千差万別、そばつゆなど、好きな通りにやってくれ、といいたくなるくらいだが、年の暮れらしく、少しは晴れがましくやってみたい。

そば粉は、どこの食料品店でも簡単に手に入るだろう。もともと、シベリアが原産地らしく、ロシア人も日本人同様そばを愛好することに変わりはない。例えば、そばのカーシャといって、そばの実の挽き割りを、スープで煮込んだお粥のようなものを、ロシア人はよく食べる。

日本人で、そば粉がそばの原型だなぞとでも思い込んでいる人は、一度信州あたりのそば畑へでも出向いていって、山の気を吸ってくるがいい。

そういう山家の中では、よく、そばがきを饗応してくれる。

むずかしいことはない。そば粉を手鍋の中に入れて、火にかざしながら、熱湯でしっかり練り上げるだけだ。しかし、うまく練り上げることは、きわめてむずかしく、相当の力が要るのである。

そこで、なるべく、手鍋に釣り合いのとれるスリコギを握りしめ、直接、火にあてないで、別の大鍋に熱湯をたぎらしておきながら、湯せん式に、そば粉を練っていくのがいいようだ。

ときどき、手鍋の練りそばをその蒸気にかざしてみたり、熱く、手早く、しっかりと練り上げるのである。ベタベタにしてしまったら身も蓋もない。

薬味は、そば切りの薬味と同様だと思っていただいてよろしく、さらしネギだとか、削りぶしだとか、モミジおろしだとか、ノリのせん切りだとか、切りゴマだとか、を思い思いにふりかけながら、お醬油味でいいだろう。もちろん、ダシをつかったそばつゆでも結構である。

さて、その二。そば練り。

そば粉を少しかたい目に、水で充分に練り上げる。全体をそのまま一つの大きな団子につくりあげ、これを鍋の中に入れて、たっぷりの水を張ろう。

この水を煮立てて、そばのアク抜きをするつもりになってもらいたい。煮上げた水は、捨てるなり、そば湯なりにとっておけばいい。

大団子のそばを、もう一度、マナ板の上に取り出して、練りに練る。これを卵の形、団子の形、紡錘状等、思い思いの形に丸めて、もう一度、お湯を通し、お湯のまま、ドンブリにでも移して、そばがきと同じようにして食べるのも面白い。

いや、鶏や魚のチリの中の具にしたり、お吸物やみそ汁の実にしたり、オヤツ風に砂糖醬油にまぶしつけて食べてみたりすると、太く短い年越になって、アマノジャク向きの愉快なそばに変わるだろう。

133 粥三種

今回は七草の粥というところだが、七草の粥の方は、近所のお年寄のおばあさんからでも聞いてもらうことにして、私は、中国のお粥のつくり方でも、二、三品、紹介しておこう。

中国では、実によくお粥を食べる。

まったく、さまざまのお粥がつくられるばかりか、そのお粥に添えられる副菜が、また千変万化で、いつだったか、革命後の中国を訪れた時にも、毎朝毎朝、おいしく、珍しく、つくづくと感心したものだ。

だから、お粥のつくり方を二、三品紹介したあとは、お粥を取り巻く副菜を、思い出し思い出し、つくってみることにするから、粥のつくり方をおぼえておいて、後々のオカズの類と、合わせ、つくってみるがよい。

いつだったか、草野心平さん流の、ゴマ油粥の煮方なら、一度、紹介した記憶がある。

簡単だから、粥つくりのついでに、もう一回指南しておくなら、お米をコップ一杯、ゴマ油を、おなじく、コップ一杯。水を十五杯。これだけを、大きな深鍋に入れて、蓋をしコトコトコトコト一、二時間煮込むだけだ。

米など、洗ったって、洗わなくったって、知ったことじゃない。秘訣を申し上げるなら、絶対触らないということだ。

中国人は、お粥をつくる時に、

「その水を見ない。その味を見ない」

ということを、建て前にする。かきまぜたり、さわったりしないで、コトコトと煮えるのを一、二時間、待つだけだ。塩加減は好きな通り、なさるがよい。

レシピは
P.435

さて、その次は、スープ粥の煮方を指南しよう。

そのスープ粥のスープは、牛スネのスープが一番よろしいから、正月ぐらい牛スネを塊のまま、せめて四、五百グラムばかりきばり、トコトコ、塩味で、三、四時間ばかり煮込んでみたらどうだろう。ダシの出たスネ肉は、実にさまざまの用途があるから、けっして不経済にはならないはずだ。

まあ、それがもったいないというのなら、鶏ガラのスープをつくりなさい。お酒をちょっと入れ、塩味にし、ニンニク、ショウガ、ネギでも、一緒に煮込んでおいたらよいでしょう。


さて、肝腎の粥だ。今度は、お米をコップ一杯。スープをコップ十杯入れ、鍋の蓋をし、トロ火できっちり、一時間煮よう。見ず、触らず、かきまわさない。

よろしいですか。白身の魚を薄くソギ切りにして、お酒で下味をつけておこう。このソギ切りした白身の魚を、ドンブリの底に花ビラのあんばいにはりつけて、一時間煮上がった、粥をその上から、たっぷりと盛りかける。魚が半煮えになって、こんなにおいしいお粥も少なかろう。


さて、第三の粥だが、お粥そのものは、一時間炊いたスープ粥である。

ただ、その中に入れる具を、今度は鶏のササ身か、手羽肉にし、やっぱり薄くソギ切りにしよう。酒で下味をし、ベタベタに水でといた片栗粉をまぶしつける。この片栗粉をまぶしつけた鶏のソギ切りを、一度熱湯にくぐらせておく。鶏は煮えなくてもよろしく、ただ外まわりの片栗粉を半透明にしておくのである。

最後に、煮え上がったスープ粥の中へ、この鶏肉と、ミツバのきざんだ青みをでも散らして、かきまわせば、第三の粥は、出来上がりだ。

セリやシュンギクの青みなら、先にアク抜きをしておかないと、粥がよごれます。

134

炒り卵

今回は中国風のお惣菜だが、これを盛ると、見た目にも美しく、小皿に取り分ければ、ちょっとした箸休めだとか、酒のサカナだとかに、おあつらえ向きの、おいしく、しゃれた、卵料理を紹介しよう。

中国料理というより、何だか、日本料理といった方がふさわしいような、気がきいたお惣菜だ。

もともと、中国では「金木犀」と呼ばれる料理だが、よろずコケオドシの名前が多い中国料理の中で、この「金木犀」だけは、これを上手に仕上げれば、散り敷いた金木犀の花びらのような美しさと、いろどりになる。

仕上げそこなうと、蛆が這いまわったようなテイタラクになるから、こまめに、丁寧に、炒りつけてもらいたい。

いってみれば、貝柱と、タケノコと、鶏卵のソボロのようなものである。

貝柱は、北海道の帆立貝の貝柱でも、九州のタイラ貝の貝柱でも、どちらでもよろしいが、乾したものを買って来る。

カチカチに乾し上げた貝柱を私はデパートでいくらでも見掛けたが、まさか、正月用だけのものでもないだろう。

さて、鶏卵五個を炒りつけるとして、貝柱の五つ六つもあったら充分のはずだ。

ただ、貝柱をもどすのに、少しく時間を要するから、よろず怠け心の日曜料理亭主殿も、せめて土曜日の夜の、飲み残しの酒ぐらい、貝柱にかけてやっておくがよい。

レシピは
P.435

これは、洒落や酔興でいっているのではありません。

乾した貝柱五つ六つをコップにでも入れて、その上からヒタヒタの酒をかけておくのである。酒がそんなに惜しかったら、せめて貝柱が半分ひたるくらいの酒をかけ、あとは、熱湯をでもかけ足しておくさ。

さて、日曜の午後になる。

酒を吸った貝柱を小さな手鍋に移し、水を少々足して、弱い火でコトコトと煮よう。煮つまらないように水を足すだけであって、貝柱が、ほどよく煮え、その貝柱が、指先で、うまくほぐせるようになったら、火をとめる。

貝柱全体を、一本一本の繊維に裂きほぐすぐらいの意気込みで、細かに裂いてもらいたい。

ここでくじけて、女房の応援を仰ぐようでは、蛆が這いまわったような泥んこの「金木犀」になりますぞ。

次にタケノコを、ときほぐした貝柱と形をそろえるくらいの意気込みで、細いせん切りにする。

何のことはない。タケノコの根の方から、包丁で皮をむくあんばいにカツラにむいて、そのカツラにむいた帯状のタケノコを、繊維にそいながらせんに切るだけだ。

さっきの手鍋の中に貝柱の煮汁が残っているだろう。その中へ、ほぐした貝柱も、タケノコも入れて、卵五個を割り入れる。砂糖と塩で味をつける。その塩加減は、自分の好みに従ってやってみるのが一番だ。失敗は成功のもとというだろう。

次に片栗粉を小さじ一杯加えるがよい。全体をよくまぜ合わせる。

中華鍋にラードを多いめに入れ、手鍋の中のもの全体を一気に流し入れる。よくまぜ、よく炒り、焦げつかせず、団子にせず、ここを先途と奮闘してもらいたい。

散り敷いた金木犀の花片のように黄色くサラサラに仕上げれば万歳だ。

私はずるいから、最後は電子レンジで仕上げるのである。

135

スネ肉のデンプ

今回は、スープのだしがらしを使ったスネ肉のデンプをつくってみることにする。

スープのだしがらしのスネ肉だなぞと、贅沢もほどほどにしろといわれるかも知れないが、その途中では、スープの実になり、ライスカレーの具になり、千変万化のご馳走をつくったあげくに、取り残されてしまった、だしがらしの処理である。

ちょっと触ればこわれるような、肉のゼラチン、肉の繊維の集りだ。

この肉塊を、ソーッとすくいあげて、ドンブリにでも移し、冷蔵庫の中に格納しよう。一昼夜もたてば、いくらか手の処理がしやすくなるから、これを取り出し、なるべく一本一本の繊維になるようにときほぐす。

つい、先回だったか、貝柱を、一本一本の繊維にときほぐしたが、同じくスネ肉のだしがらしを一本一本ときほぐす意気込みで、丁寧に裂いてゆくのである。

気長に、指の訓練でもするつもりで、全部ときほぐしてしまえばよい。

あとは、このときほぐした肉の繊維に、自分の好みの味をしみつかせて、もう一度、中華鍋で炒りあげるなり、天火であぶるなり、電子レンジにかけるなり、日光にさらすなり、するだけのことだ。

こうして出来上がった肉デンプは、半永久の保存に耐える。ビールのつまみによろしく、ご飯のふりかけ、茶漬けの友に、もってこいだ。

私流の味つけの方法を申し上げるならば、まず、熱し

レシピは
P.436

た中華鍋の中にラードを敷いて、ニンニク、ショウガ、ネギなどきざみ込み、丁寧に焼く。続いて肉の繊維をサラサラにするつもりで、一緒に中華鍋の中で炒りあげる。ほとんど水分がなくなる頃を見はからって、今度は火力を少し強め、思い切りよく酒をブチかける。

酒が肉にからみつき、炒り上がる頃、今度は鍋底の方に醬油を流し込む。もう一度、醬油が肉の繊維にからみつき、なるべくパサパサになるまで炒りつけよう。

しかし、パサパサになるまで炒りつけることは大変むずかしいので、あとは天日で乾かしたり、繰り返し電子レンジにかけてみたりするとよい。

炒りつける最後に、少量のゴマ油をかけるとおいしく感じられるものだ。味と香りは、こしらえる人の好みによって千差万別。煎りゴマをふりかけるのもよろしく、たいがい甘納豆をきざみこんで、味つけに変化をつけるのもよろしく、豆豉を押しつぶして所々に散らし込み、その香りと味をなつかしむのもよろしい。


いやいや、ナツメグ、メース、肉桂《ニッキ》、はてはオールスパイスと呼ぶジャーマイカの粉末を散らして、複雑な芳香を楽しむのもよいだろう。

もちろん、ペパーは不可欠のものだが、黒い粒コショウをあらく、スリ鉢ででもひき割り全体に散らす。中国で花椒といっている、サンショウの実の茶色いガクを、わずかでもスリつぶして入れるのも、またおいしく感じられるものだ。

日本の匂いばかりがよろしいという向きには、さて、日本独特のものかどうか知らないが、ケシの実だの麻の実だの、ゴマだの、クルミのひき割りだの、ギンナンやカチ栗の実のきざみ込んだもの等、お醬油を炒りつける時に一緒にまぜ込みながら炒ればよい。

ベタつく感じがとれないなら、天日にさらすのが一番だ。

136

イワシのつみ入れ

レシピは P.436

今回はひとつ、日本の各地で愛好されている、大変素朴なお惣菜をつくってみることにしよう。

イワシのつみ入れだ。

戦後のママさん達は、イワシのつみ入れのつくり方なぞ、あまり心得がないかもしれないし、ひょっとしたら、食べたことさえないとおっしゃる向きもあるかもしれないが、戦前のオッ母様なら、誰だって、イワシのつみ入れぐらいつくっていたものだ。

スリコギを手に、トントントントン、イワシの身をつぶす、スリ鉢の鳴る音は、他ならぬ、おふくろの味と響きであった。

もっとも、もう今日、イワシは、高級魚に昇格して、せっかく、イワシを買ったからには、

「塩焼き以外はもったいない。お刺身にしたって食べられるのよ」

といった有様で、これを叩きつぶして、つみ入れなんぞをつくったら、

「馬鹿馬鹿しい。ワザワザこんなもの、つくる暇なんか無いわよ」

とテレビママから怒鳴られるかもわからない。

しかし、私達のような、野暮な日本男性は、今だって、イワシのつみ入れのトントントントンを、なつかしがり、この間うち、ポルトガルのペニシェという漁師町でビニール袋いっぱいただのイワシを投げ込まれた時など、家に持ち帰って、早速、イワシのつみ入れをやらかしながら、むかしの日本をなつかしんだことである。

さて、前置きが長くなりすぎた。

イワシを買ってきたら、よく洗い、まずモツを除き去る。次に、左手でイワシの頭を握り、右手の指先でイワシの腹を裂き開くようにしながら、中骨を取り除く。全部のイワシの骨を抜き終わったら、頭や、尻尾を包丁で切り落とし、イワシの身をもう一度、塩水で洗いなおそう。


そこでイワシの身をスリ鉢に移し、ショウガ汁とレモン汁を少々たらし込み、トントントントンと、あてこすりで丹念にすりつぶすことにする。さて、好みの塩加減に酒でも足したらいいかもわからない。

この時に、取り残したイワシの骨を、なるべく丁寧に除き去るのもよろしかろうが、私なぞ、多少の骨まじりのつみ入れの方が、味わいも、野趣も、満喫できるような気がするくらいだから、いったん、スリ鉢に入れたら、もう、骨なんか知っちゃいない。トントンゴロゴロ、ヤミクモにすりつぶすだけだ。

この時、つなぎを補強する意味で、卵の白身とか、片栗粉とか、加えてもよろしかろう。

つみ入れのいっさいの操作はたったこれだけのことだ。テレビにボンヤリ眺め入っているより、よほど、たしかで、気の晴れるリクレーションだろう。


さて、このイワシのスリ身を、そのまま油の中にすくい落として、揚げものにすれば、つみ入れの天プラができる。

また、コンブで丁寧にダシを取り、そのダシ汁の中にイワシのつみ入れを、スプーンですくい入れながら、煮上げれば、つみ入れのおいしい椀ものができるだろう。

その椀ものに、ネギの白髪に切ったものを落とし、針ショウガをでも加えたら、野趣豊かなつみ入れの汁になる。

137

白菜巻き肉団子

去年の夏、台湾に出かけていった時に、花蓮港に近い太魯閣の峡谷を見物に行った。

この大理石の仙境は、夏なお寒いほどの涼しさで、私は南国の涼風を満喫したが、おまけに、思いがけない昼のご馳走にありついた。

というのは、バスの終点に、静かな遊園地があり、その遊園地の中に常設された食堂があって、バスの乗客は全員、その食堂に案内されていった。

太魯閣峡のバスめぐりには、昼食がサービスされていたわけである。

もちろん、贅沢なご馳走ではないが、大変においしかった。

お粥と、スープと、鶏のカラ揚げと、それから大きな蒸し団子のような挽肉の塊を、みんなで、つつき合うのである。

この蒸し団子のような挽肉の料理が私には珍しく、おいしかった。

随分とむかし、漢口で、蓮の葉にくるんで蒸した、ちょうどおなじようなものを食べた記憶があるが、その時には、団子の中に、豚の挽肉はもちろん、モチ米や、ハスの実や、サンザシの実のようなものが、幾種類も入れられてあって、かなり甘く、濃厚な、ご馳走であった。

太魯閣峡の蒸し団子は、もっと質素な、お惣菜にもってこいの、挽肉団子である。

全体を蒸しキャベツでおおってあって、大きさは、ちょうど洋皿に頃合にのっかる半円形であった。

レシピは
P.437

私は丁寧に、その内容を点検してみたが、豚の挽肉と、タマネギと、ワケギのきざんだものが主体であって、もし入っているとすれば、わずかなタケノコと、キクラゲの歯ざわりがあったかも知れぬ。

そのつなぎは、おそらく片栗の澱粉と、豆腐ででもあるだろう。

と、すると、獅子頭の材料と、ほぼ同じもので、ただ、全体をキャベツでくるみ、丁寧に蒸し上げただけだ。

私は自分の家に帰って、早速、この挽肉団子を復元してみたが、なかなか、おいしい。キャベツのほどよい大きさのものが無かったから、白菜の葉っぱを湯通しして使ってみたが、うまくできた。

そこで、檀流料理教室の虎の子料理に加えてみることにする。

まず、豚のバラ肉を挽肉にしてもらおう。

大きな肉団子にするために、せめて五〇〇グラムは、きばることにしよう。

さて、スリ鉢の中に豚のバラ肉を入れる。続いて、タマネギのみじん切りを主に、ワケギ、タケノコ、シイタケ、キクラゲ等、小さく、きざんで、一緒に練り合わせよう。

つなぎとして、豆腐の煮ほぐしたものを少々と、片栗粉をまぜ合わせておく。

味は塩と、酒と、醬油少々。上質のゴマ油をたらし込み、全体を大型の団子に丸めて、その外側全体を、湯通しした白菜か、キャベツで包む。

皿にのっけたまま、丁寧に蒸し上げれば出来上がりだ。

好みの醬油や、酢醬油で、熱いうちに食べる。

もちろん、好みの人は、カラシでも、ニンニクでも、入れるがよい。

138 中国風伊達巻

レシピはP.437

今回は、見かけは大そう立派であり、つくり方は至ってやさしい、中国風の伊達巻みたいな料理を紹介しよう。

味の方は、それこそ千変万化、料理人の力量によって、どのようにでもおいしく、どのようにでも複雑な味に仕立てられるわけだ。

だから、味はその人の手柄なのである。

つまり、簡単にいってしまえば、卵の薄焼きをつくり、その薄焼き卵の中に、牛肉であれ、豚肉であれ、魚肉であれ、をスリ身にして、これを、のり巻きのように巻き込んで蒸し上げるだけだ。

みなさん、よくご存知の、日本の伊達巻のようなものだが、卵と挽肉をまったく分離した形で、巻き上げるところが、かえって簡単でもあり、できそこないの少ない料理なのである。

見かけは立派だが、つくり方は至ってやさしい料理だから、正月だとか、お花見だとか、友人など寄り集まった時のおもてなしによろしい、見栄えのする、ご馳走だ。

「あら、お宅も中国風伊達巻？」

などと、安心してみたって、その味は、つくる人の、ほんとうの力量を問われる料理だから、よくよく心してつくり上げることが肝要だ。

まず、鶏卵の薄焼きだが、これは、自分の流儀で、フライパンであれ、卵焼き器であれ、中華鍋であれ、使い馴れたものを使って、薄く焼き上げていただけばよろしい。

ただ、日本の伊達巻のように、フワフワと焼くのではなく、薄く、ユバ巻のユバのように焼き上げた方が、巻き上げるのに都合がよいことを申し上げておこう。

さて、中に包み込む肉のスリ身である。

豚の挽肉を使うのが一番手っ取り早いだろうが、牛豚の合挽だって、鶏の挽肉だって、魚肉のスリ身だってよろしいことは、最初に申し上げた通りである。

私は、と申し上げると、豚の三枚肉を使うことが多い。脂肪は多いが、挽肉にしてもらって、この豚バラの挽肉に、ワケギのきざみ込んだものだの、ネギのきざみ込んだものだの、ほかに、タケノコ、キクラゲ、シイタケ、ゆで卵のみじんにきざんだものなど、思いのままに入れる。


時には、乾しナマコのもどしたものや、エビや、イカなどを、こっそりかくし入れて、それこそ、ひと味違うところを威張ってみせることもあるが、そんな苦心をするより、挽肉の中に、わずかでもよいからおみそや、金山寺納豆や、モロミを加えたり、お醤油、ゴマ味、お酒などを加えて、得意の味に仕上げる方がおいしかろう。

もちろん、ニンニク、ショウガ、ナツメグ、時にはパプリカなど面白かろう。

ただ絶対に欠かせないのは、片栗粉だ。片栗粉を大さじ一杯ぐらい加えて、よくまぜ合わせ、その肉のスリ身を、ひろげた焼き卵の上にベッタリと塗る。

よろしいか。マナ板の上に薄焼き卵をひろげ、なるべくなら焼き卵を巻きやすいように四角にして、手前の方から、肉のスリ身を、ナイフなどでまんべんなく塗りひろげる。この、スリ身を塗りつけた卵を、手前の方から巻き上げていって、伊達巻のような形にし、蒸し上げれば出来上がりだ。

これを筒切りにして、お重にでもつめ合わせれば、見事な、お花見のご馳走になるだろう。

139

田楽刺し

レシピは
P.438

先年ポルトガルで一年半ばかり暮らした時、日本の食べ物で、何が一番食べてみたくなったと考えますか。それは田楽豆腐だ。田楽刺しのコンニャクや、サトイモだ。いや、木の芽田楽だ。

私は生まれつき、異国に対する同化性が強いのか、それとも、愛郷心が薄いのか、外国に暮らしていたって、格別に、オフクロの味がどうのこうのなどと、思ったことなんか、ありはしない。

ポルトガルの間引きタマネギのピックルスがあれば、ああ、こりゃ、ラッキョウよりいいやぐらいに思っているし、ウナギやアナゴのスペイン蒸し焼きがあれば、おっと、こりゃ、日本の蒲焼きより乙なものだ、ぐらいに考える方だ。

おまけにポルトガルでは、イワシは七輪の炭焼きにするし、サバだって、カツオだって、マグロだって、タイだって、新しい上に安いから、日本よりはよっぽど暮しよいぐらいに思っていた。

そういう私でも、春の頃になってくると、

「オッと、木の芽田楽……」

などという、日本への咄嗟《とっさ》な感傷を持ったことがある。豆腐とコンニャクとサトイモ、なんか、ポルトガルで考える方が無理だし、第一、木の芽なんて、どこを探したって、あるはずがない。

ところが、ある日、リスボン在住の柔道の先生で小林さんという人が、手づくりの豆腐をバケツ一杯運んで来てくれた。

そこで、待望の田楽豆腐をつくって、大いに気を晴らしたことである。田楽串の方は、持って行った竹箸を田楽串らしい平削りにし、サトイモはジャガイモで間に合わせ、木の芽の代用は海のアオサを採ってきて、乾して、粉にして、みその上に散らしてみると、まことに見事な田楽刺しになった。

さて、脱線はこのくらいにして、ただポルトガルで大いに活用した天火を、日本在住の諸君も、もっと使った方が、田楽の味をぐっとひきしめると申し上げてみたかったのである。

例えば豆腐でも、コンニャクでも、サトイモでも、みそをまぶしたあとで、しばらく天火の中に入れておくと、豆腐やコンニャクやサトイモの肌の濡れがほどよく乾くばかりか、みその焦げ具合も、匂いも、直火よりはよほどしっくりと出来上がる。

田楽刺しなど、誰にでもできる料理であり、そのおいしさも、姿も、まことに日本的なものだから、そろそろ木の芽時に近づく今、大いに修練して、「田楽法師が高足にとりついたような」この料理に精進してもらいたいものだ。

豆腐はマナ板を二枚合わせてその間にはさみこみ、まず水を切っておくがよいだろう。サトイモやコンニャクは水煮して、食べ頃にしておこう。

木の芽時であれば、木の芽をスリ鉢ですり、みそを加え、酒で練り、甘味のほしい人はさらに砂糖を入れるのもよろしかろう。

よく練って、一度火にかけるのだが、天火を使う人は、そのままのみそダレを、田楽刺しの豆腐や、コンニャクや、サトイモの表面になすりつけ、天火にぶち込むだけで、みそはほどよくあぶることができる。

出来上がりに、私はよくアオサをかける習慣だ。

140

船場汁《せんばじる》

この世の中に、オカシな、オカシな話があるから、ちょっとばかり書いておく。

二、三年むかしのことだ。私は九州の五島列島の小値《おじ》賀《か》島というところにいた。小値賀島はブリの定置網があるから、ブリの本場であり、伊勢エビがよくとれ、アワビ、アジ、サバ、イカなど、よそのものなど食えたもんじゃない、と島の人はよくいうし私も固く、そう信じ込んでいた。

漁師が獲ってくる度に、私のところへは、デカイ伊勢エビが投げ込まれたり、バケツ一杯のトコブシだの、ドンブリ一杯のウニだの、持ってきてくれるのは有難いが、とても、私一人で処分しきれるようなものではなかった。

ところが、である。秋の半ば頃のことであったろうか。あいにくのシケ続きになった。来る日も、来る日も、沖も、波止場も、白い波頭ばかり。風がおさまろうとすると、また新しい台風の発生で、あの時ばかりは、私も泣かされた。

漁師の家に泣きつくのは嫌だけれども、とうとうたまりかねて、よく顔見知りの漁師の家に出向き、

「干魚《ひざかな》でヨカですから、何かなかですか?」

「あいにくの時化《しけ》タイ。何も、無かバイタ」

「アジの干物でヨカですが」

といってみたが、

「いやー、あげなモノは食わされん。明日は明かる……」

といって、手を振るばかりである。アジの干物はそこにブラさがっているけれども、出来が悪いのか、それとも、私を陛下なみのやんごとなさに思うのか、どうしても分

レシピは
P.438

けてくれようとしないのである。いや、一徹男が思い込むと、梃子《てこ》でも動かないから困りものだ。

そこで私はあきらめて、こっそりと野菜屋の方に回ってみた。シケると青い野菜もない。が、その野菜屋の店の一隅に、ダンボールの箱が半分口を開いていて、少し脂の回ったような塩サバの姿がのぞいていた。

「オッと、あれを分けてもらえんですか」

「コレですか？　地モンじゃ無かですよ。房州もんですタイ」

房州もんだろうが、何だろうが、私は奪い取るようにして、そのサバを買う。そのサバを抱えながら家に帰って、立ちどころに酢にひたしたあげく、そうだ「船場汁」をつくってみようと思い立って、鬼の首でもとったようなうれしさであった。

まったく、大阪の「船場」の御寮はんは偉い。

シメサバの、シメ過ぎたあまりものだとか、何だとかを、巧みにあんばいしながら、あんなうまいものをつくり上げたのだ。今度は備荒食《びこうしょく》でもあることをつくづくと思い知らされたばかりか、「船場汁」のほんとうの味わいを、ハッキリと思い知った心地がした。風の吹く限り、毎日、毎日「船場汁」をつくって食べあきなかったからだ。

塩サバだったら一度酢にしめ直そう。シメサバだったら、その漬かり過ぎのものでも、あまりものでも、何でもよろしい。

刺身のあんばいに切る。

さて、シメサバにひたしておいたコンブを水煮して、ダイコン、ニンジンの短冊に切ったものを加え、刺身に切ったシメサバも一緒に鍋に入れて煮る。

ダイコン、ニンジンがほぼ煮上がった時に、塩加減をたしかめ直し、少々の酢と、酒をたらし込もう。火をとめる少し前に、白髪に切ったネギや、細く線に切った針ショウガを落とし、あとは椀に盛りつけるだけだ。

毎夜、毎夜、時化続きだと思って、「船場汁」つくりに打ち込んでみるがよい。その塩加減や酢加減など、たちまち微妙なあんばいがのみ込めてくるはずだ。

141 フキの煮もの

レシピはP.439

そろそろフキが出盛ってきた。

今日では、魚も野菜も一年中、都会の市場に出回っていて、季節感が次第に薄れてきてしまったが、しかし、フキ、フキノトウなどは、やっぱり、まだまだ季節の匂いと、喜びを、存分に味わわせてくれる食物のひとつである。

筆者は現在九州の唐津近い海辺の山の中に来ているが、ツワブキがあたりいちめんをおおっている感じで、今夕その山寺で馳走になった「ツワの煮ふくめ」が、まったく、おいしく、なつかしかった。

フキほど、おいしく、匂い高い野菜は少ない。

ただ、丁寧にアク抜きをしないと、独得のニガ味があり、ことさら、フキノトウや、フキの葉の処理には、くれぐれも注意深いアク抜きがほしいものである。

都会の御婦人方はバッサリと葉っぱを切り落として棄ててしまうが、あの葉っパを細かにきざみ、油揚げのせん切りなどと一緒に煮ふくめると、あんなに結構な酒のサカナはないくらいのものである。

フキノトウも、なおさらそうだ。

田舎では、フキの茎、フキの葉、フキノトウなど、いずれも、灰のアク汁を塩でサッと一うがきして、一度取り出し、そのアク汁と塩を入れた熱湯の温度をさましてしまってから、もう一ぺん、その冷えた汁の中に二、三時間、ひたしておくのである。それからまた真水で洗い、真水にひたして、ようやく味つけにかかるのだが、都会では、木灰がなく、アクの取りようがないから、仕方がない、重曹でやることにしよう。

まずたっぷりの熱湯をわかし、塩と、一つまみの重曹を入れたあとに、フキを落とす。

この時、フキの茎や、葉や、フキノトウは、それぞれ新しいゆで汁でやってもらいたいものだ。

茎の方は皮をつけたまま。あんまり長くて鍋に入りきらなかったら、半分に切るなり、三つに切って、アク抜きをする。アク抜きを終わってから、皮をむき、皮をむき終わった茎にわずかに塩して、マナ板の上で軽く揉んだ方が色の仕上りがよろしいように思う。そのあと、よく水にすすいで下準備を終わるわけである。

フキノトウも、ほとんど、同じ方法でよろしいだろう。ただ、できたら、フキノトウの方は、少し長い時間、水にさらしておいた方がアクが抜ける。

どちらを煮つけるのにも、コンブとカツオブシでダシを取り、淡口醤油とお酒で味をつけるが、茎の方は、たぎっている煮汁の中で、短い時間、煮付け、一度中味を取り出して、ダシ汁をさましてから、またゆっくり茎をひたし込むようにすると、フキの茎の青みが残って、美しい上に、歯ざわりがよろしい。フキノトウの方は、トロトロと佃煮風に煮込んだ方がいいだろう。しかしなるべく、薄味に仕上げる方がおいしいはずだ。

さて、フキの葉だが、アク抜きをしても、まだまだいがらっぽいから、私はフライパンの中に油を敷き、一つまみの塩を入れ、アク抜きをした葉をもう一度油いためした上で、熱湯を注ぎ、ゆでこぼすことにしている。

その葉をできるだけ細かにきざみ、油揚げのせん切りと一緒に、今度は、普通の薄口の醤油とお酒で、少し時間をかけて煮る。

この時、歯ざわりに変化をもたせる意味合いで私は、麻の実を少々加える習慣だ。

142 スウェーデン風 馬鈴薯の蒸し焼き

レシピはP.439

今回は馬鈴薯を使って、ひとつ、スウェーデン風のジャガイモのサラダをつくってみよう。

「スメルガス・ボールド」の中にもよく見かける料理だから、天火用の大皿ごと食堂まで運んでいって、勝手に取りわけるがよい。

もともと、「スメルガス・ボールド」というのは、スウェーデンの部落の寄り合いの時に、

「オレんとこは、ニシン漬けでも持ってくべエか……」

「ウチはビーツのサラダにするワ」

「じゃ、ワシは昨日すくってきたエビでも献納するか」

「だったら、ワタシのところはいつものジャガイモだけで堪忍していただくわ」

などと、思い思いの料理を持ち寄って、それをみんなが好きなように自分の皿にもらいうけ、楽しく飲んだり、食ったりすることからはじまった寄り合いご馳走の習慣の名残である。

だから、家庭でつくる時にも、少しく多いめに、天火用の耐熱ガラスか、耐熱陶器の、大皿いっぱい、またはドンブリいっぱい、つくりあげて、みんなの取り放題に出しておく方がよいだろう。

まず馬鈴薯の皮をむく。この馬鈴薯を、やや細目の短冊に切って、次々とボウルに張った水の中に、投げ込んでゆくようにしよう。

しばらく水につけておいた方が、煮くずれや、焼きくずれが少ないからである。その水の中にほんの一つまみの塩を落としておくのがよいかも知れぬ。

さて、かりにジャガイモを五、六個むいたとするなら、タマネギを二つばかりの割合で、皮をむき、みじんにきざむ。

フライパンを熱し、たっぷりとバターを敷き、そのみじん切りのタマネギをフライパンの中で、丁寧に、狐色に近くなるまで、いためるのである。火をとめる。

ここで、アンチョビーを使いたいのだが、もし、手に入ったら、そのアンチョビーの魚肉をなるべく小さいみじん切りにきざんでおこう。

ジャガイモを水の中からすくいあげて、よくよく水を切り、今しがたいため終わったタマネギと一緒にまぜ合わせながら、フライパンから、天火用の耐熱ガラス器にうつす。

この時、みじんに切ったアンチョビーの魚肉の細片も、一緒にまぜ合わせ、全体に散らしてゆくが、一番上ッ面のところには、なるべく、ジャガイモだけをならべておいた方が綺麗でもあり、歯ざわりも、上と下で、面白い変化ができるだろう。

ペパーをふりかける。

さて、生クリームをコップ半杯、用意し、その中にアンチョビーの汁をほんの少したらし込み、天火皿の中のジャガイモ全体にふりかける。

ところどころ、バターを散らしながら、天火に入れ、中火でジャガイモの上ッ面が、美しい黄金色から狐色の輝きを見せたなら、万歳、出来上がりだ。

火をとめる。生クリームのあまりがあれば、もう一度全体にまぶしかけて、天火の余熱の中で、念の入った仕上げができるはずである。

何？　アンチョビーなどという、しゃれたものは無い？　無い時にだって、私は、カツオの塩辛や、アミの塩辛を使って、ちゃんとつくり上げるのですゾ。

143

春の白和え

レシピは
P.440

この世で、豆腐ほどありがたいものはない。大豆から豆腐という素敵な食物をつくり上げてくれた人にならどんな立派な勲章を差し上げたってよいくらいだ。

もちろん、中国から日本に伝わった食生活の一つだが、日本人もこの豆腐を随分とだいじに育て、さまざまに活用して、豆腐を私達の生活から、一日だって引き離すことができないくらいのものである。

朝はみそ汁の実にそのままぶち込むだけで幸せだし、夏は冷ややっこ、冬は湯豆腐と、豆腐そのままの姿で、結構一年三百六十五日、過ごすことだってできるようなものだ。おまけに、油揚げ、厚揚げ、がんもどきなどと、千変万化の豆腐の子や孫があるから、日本人の食生活の何分の一かは、確実に豆腐に支えられている。

また、その豆腐を使って、実にさまざまのご馳走がつくられるもので、その何種類かはすでに紹介したつもりである。

さて、豆腐の「白和え」は、この頃あまりつくるご婦人を見かけなくなった。私の少年の頃、春ともなれば、きまってどこの家だって、一週間に一度ぐらいは「白和え」を食べさせられたものだ。

そういえば、今日、スリ鉢をかかえたお母さん姿をあまり見かけないが、スリ鉢を活用するお母さんなら、きっと、その家の朝夕の食事は、おいしいにきまっている……。

さて、「白和え」だが、白和えは豆腐をすりつぶして、そのすりつぶした豆腐の中に、好みの具を入れてほどよくまぶし、和えものにして食べるだけの話である。

しかし、これをおいしく仕上げるのには、実にさまざまの工夫が必要だ。

まず、その豆腐だが、二枚のマナ板の間にはさんで、斜めにし、水気を充分に抜いておいた方がよい。一度、豆腐をゆであげてしまう人もあるが、私は生のままの方が好きである。

一番先に、よく乾いたスリ鉢を用意しよう。そのスリ鉢の中で、ほどよく煎り上げた白ゴマを丁寧にすりつぶしておく。

このゴマの代わりに、好みによってはクルミを使い、あるいは落花生を使うなど、さまざまにためしてみるのも面白いだろう。

さて、ゴマがすれたら、そのゴマと一緒に、おおよその見当でみそも一緒にすっておく。ごく少量のみそで結構だ。

そのみそは、なるべく白いみその方が、「白和え」の名を汚さないように、白く豆腐の色に仕上がるわけである。

このゴマとみそをよくすり合わせたスリ鉢の中に、水分を抜いた豆腐を手でほぐし入れていく。もう一度、豆腐とゴマとみそが、よくまざり合うように、丁寧にすり合わせるのである。

この時、好みでは、ときガラシを入れてみたり、味の調子を整えるのがよいだろう。

さて、つぎは、中身の具だが、私の女房にいわせると、白和えの具は、若いカラシ菜のゆであげたもの一色に限るといっている。だから、仮に、セリをいれてもたった一色……。その通りに、女房はつくりたがる。

しかし、私は、何だっていい。ごたまぜがいい。ニンジン。シイタケ。タケノコ。セリ。コンニャク。なんであれ、醬油の薄味のダシで煮込んだものをすくい上げて水気を切り、白和えの中にぶち込む流儀である。たとえば、黒く煮しめ上げたヒジキを、バラバラと白和えの中に散らしこんだのなぞ、おつなものだ。

白和えを小鉢に盛り合わせたら、その上に軽く煎ったケシの実をあしらうのが、美しく、匂いよく、おいしいものだ。

144

ポルトガル風 豚の詰め合わせ焼き

レシピは
P.440

ここのところ、しばらく、ジジ臭い老人向きの日本料理ばかり続いたから、今度はひとつ、グッと若者向きに、ポルトガルの豚の包み焼きといこう。

天火を使いたいところだが、かりに天火が無くったって、フライパンや中華鍋にしっかりと蓋でもかけて、蒸してみたり、焼いてみたり、何とかそれらしい焦げ目と、そのまわりのドロドロしたソースの味わいをつくり上げてみたいものだ。

ポルトガルの豚の詰め合わせ焼きである。

材料は豚のなるべく大きく薄くひろげて切れる肩ロースなどがよろしかろう。肩ロースの広い部分を、底辺を少し残して切ってもらい、これを左右にひろげ、同じ肉二枚もつくったら充分だ。

この二枚の肉を、木綿糸で縫い合わせ、不器用でもいいから、何とか中に詰め物ができるような袋に仕上げてみよう。

なに、多少の不出来でも焼き上げれば、結構肉がしまるものだし、また、多少破れて、あちこち中味がこぼれ出る方がかえって味わいよろしいぐらいのものだから、気にしない、気にしない。

ポルトガルの料理は、日本料理のように、こせつかないのだぐらいに思っておこう。

その肉に、好みの塩、コショウをしてひとまず脇におく。

さて、タマネギ一個をみじん切りにして、フライパンの中にバターを敷き、そのタマネギを弱火で丁寧にいためよう。

このとき、ニンニク一個も、みじん切りにして一緒に加えていためたいが……、ニンニク嫌いな人は……、いや、嫌いな人も、これはポルトガル料理だ。是が非でもニンニクは入れる。

つまり、ニンニクとタマネギのみじん切りを、あまり強くないフライパンの中で、バターで充分にいためつくす。

ようやく狐色に近づいてきたら、トマト一、二個をザクザク切って、おなじニンニク、タマネギのフライパンの中に放り込み、もう一度一緒にいため直すのである。

その際、チリーパウダーという、辛いピーマンの粉を加えたいが、無ければ、普通のトウガラシ粉と、ピーマンのみじん切りをでも少々加え、コショウと塩で味をつけよう。

いためるのは強火で、五、六分というところ。いため終わりの頃、乾しブドウを一つかみ、投げ入れることにしよう。

さて、この全体を、半分ずつに分ける。

半分は、オーブン用の天火皿に移してひろげ、フライパンの中に残ったあと半分のいため物の中には、今度は、ひやメシ（炊きたてのご飯でも、一向に構わない）を、ほどほどに入れて、よくかきまぜる。

この時、もっと色々な味や舌ざわりがほしかったら、マッシュルームでも、きざみシイタケでも、まぜ合わせてみるがいいだろう。

この、メシを加えたいため物を、さっきの豚肉の袋の中に、スプーンですくい入れて、糸でまた、豪快に縫いふさぐのである。

さて、肉の大団子を天火用の皿のまん中にのっける。

全体に、ブドウ酒があればブドウ酒。無ければ日本酒をブチかけ、肉の上にバターをのっけ、中火で焼きはじめる。
二、三度まわりが焦げつかないようにたしかめながら、あと少しで肉に綺麗な焦げ目がつきそうだと思える頃、馬鈴薯、ニンジンのゆがいたのだの、タマネギのいためたのなど、まわりに取り散らして、バターをふりかけ、オーブンの中で仕上げ焼きをする。

145 ハンゲツ

この一カ月ばかり、九州の唐津の山奥にある村落で、土地の人々に、まぎれて暮らした。

もちろん、現地の人々がつくる料理を実見し、食べる物を食べて、その味と、嗜好が、現代日本の大都市の食生活とどのように違い、どのようにズレてしまっているか、たしかめ直してみたかったわけだ。

結論から先に申し上げると、この山間の部落の食生活は、簡素ではあるが、大変においしかった。

折からツワの出盛りであり、タラの芽（土地ではダラといっているが）が小芋の口ざわりのようにやわらかく土筆《つくし》がもえ、ワラビは気をつければ朝の散歩時にさえ、片手ににぎれきれぬほど摘み取れる。

厚揚げの豆腐と、これらの山の幸のくさぐさと、聖護院大根の煮付けだけでも、毎日飽きることはなかったのに、塩とヌカに漬け込んだ、昨年の孟宗竹のタケノコが塩抜きして一緒に煮込んであるから、ほとんど贅沢といえるほどの、野菜の煮込みであった。

ダシはコンブや鯵子のようであったが、そのコンブや鯵子も一緒に食べる。

それに近くの海浜で採れる一番ワカメやヒジキが見事で、朝のみそ汁のワカメ、ヒジキの油いため等、日本の田舎の重厚な食べ物を満喫した。

残念ながら醬油はもうどこの家でも、自家製造はしておらず、みそは市販の家が半分、自製の家が半分といったところだが、ナメみそと呼ぶモロミの類はどこの家にもあった。

さて、味だが、田舎の味はドギツイと信じ込んでいたら、まったくその反対であった。

レシピはP.441

例えば、アズキのアンコを例にとってみても、塩味を喜ぶようだし、仮に砂糖のアンコでも、その甘味がきわめて淡白だ。

だから、唐津界隈の「ケイラン」と呼ぶ団子のたぐいは、新堀「ケイラン」でも、浜崎「ケイラン」でも、土地の人が喜ぶ「ケイラン」のアンコの甘味が大都会のものより遥かに淡白である。

さて、私が住みついていた部落のオヤツに喜ばれる「ハンゲツ」（半月？）のつくり方を教わったから、伝授しよう。実に簡単にできるオヤツであり、その味は淡白だが、この淡白な甘味のよさを、もう一度都会の人々に味わい知ってもらいたい一心からである。

まず最初に鍋に浅く水を張る。その水の中に、皮をむいたサツマイモを薄く輪切りにしていって、二、三個分入れる。

その水の量は、薄切りにしたサツマイモを鍋に敷きひろげて、ピタピタと掌で水が叩ける程度がよいそうだ。ヒタヒタの水よりちょっと多いめというところだろう。

鍋の底の火に点火する。続いて、モチ米一合、ザッと水洗いをして、そのサツマイモの上にひろげる。モチ米をイモの下にすると、鍋に焦げつくから、必ずイモの上にひろげる。だんだんと煮えてくるだろう。焦げつきそうだったら水を足し、イモやモチ米が煮えてきたと思う頃、シャモジやスリコギで、その煮えイモをつぶしてゆく。

一つまみの塩を入れる。いってみれば、イモとモチ米のドロドロの粥の姿だが、そこへ、ウルチの米の粉なり、そば粉なりを入れて、少しやわらかめに練り上げる。

ドンブリに水を入れ、その水で手をぬらしながら、団子に丸めていけば出来上がりだ。

そのまま、まことに淡白な甘味であるが、好みの人は、塩アンや、砂糖アン。また黒砂糖をつけて食べたりするそうだ。

この「ハンゲツ」の少しかたくなりかけたのを翌朝、焼いて食べるのがおいしく、土地の人は「十五日食べ続けるから半月というんだ」といっていたが、ほんとだか、どうだか……。

146

ポークチョップ

オランダという国は、大そう朝メシをきばるところである。

その証拠といったら、私の泊った宿がお粗末に過ぎるから、あまり国際的な比較などできにくいのだが、その充分にお粗末なハタゴでも、朝メシの食卓は贅沢であった。

実は駅前のごく普通のホテルに泊ろうと思って駆け込んでみたが、予約が無いものはお断りだと、可愛い受付の女の子からニベもなく断られた。

可愛い女の子は、もう少し親切にしてくれるものと期待していたからガッカリした。

そこで、ヤケ気味に、行きあたりばったり、暗い運河のほとりを、あっちに行き、こっちに歩き、精根つきて居酒屋の中に入り込み、ウイスキーを飲みながら、そこに居合わせた酒客にホテルの在り場を訊いてみたら、

「ここのオヤジに頼んだら……。こんな居酒屋は、どれも、これも二階から上はハタゴになってるよ」

と、店のオヤジをアゴでしゃくってみせた。

訊いてみると、もちろん泊めるといっていた。

一泊九百円だったか、千円だったかもう忘れたが、朝メシは、さまざまのパンを盛り上げ、コーヒーのほかに、選りどり見どりの、ハムやソーセージをうず高く盛り上げて出してくれたのを覚えている。

さて、その晩は、相客が食べていたポークチョップ風の肉料理の皿の上に、アンディーブ（キクヂシャ）と、白いゴハンが添えられているのを見て、急に食欲をおこし、

「あれを……」

レシピは
P.441

と頼み込んで、この豚肉料理をつつきながら、大酒をくらったことである。

そのポークチョップの復元だが、確実なことは、タマネギと、トマト汁と、アプリコットで、甘酸っぱく、蒸し焼きされていたことだ。

豚肉は多少かたかったから、腿肉だろう。もちろんのこと、煮汁には多量のブドウ酒が入っていた。肉の上には、黒コショウ、ジャマイカ（オールスパイス）、コリアンダー、ニンンク等の匂いがした。

こう書いてしまっては、料理教室の生徒諸君が途方にくれるだろうから、通常の欧風料理のしきたりに従って、もっともらしく、その手順を説明しよう。

まず豚の腿肉でも、肩ロースでもよろしいから、少々厚目に切ってもらう。

その肉の両面に、黒コショウと、コリアンダーと、オールスパイスの粒を挽いて塩とニンニクと一緒に押しつけるようにまぶしつける。

フライパンにバターを敷き、この豚肉を、強火で、両面、狐色の焦げ目をつける。

さて、タマネギ大一個をみじんに切り、バターで丁寧に時間をかけていため、塩と、クローブを入れ、トマトのザク切り、乃至トマトピューレを一緒にしてさらにいため続け、天火用の皿に移す。

この天火皿の中に、今しがたいためておいた豚肉をのっけ、その豚肉の上と外に、瓶詰めアンズ二、三個のサイの目に切ったものを散らす。これは大切だ。アンズの甘酸っぱさが豚肉の焼き上がりの味を、ひきたて、ひきしめるからである。

アンズの瓶詰めは、都内のデパートで一瓶三十五円で売っていたが、どうしても手に入らなかったら、乾しブドウをブドウ酒にひたして代用するがよい。できたらパン屑も少々散らしておこう。

オーブンをとめる時間は、表面に焦げ目がつき加減の頃で、肉の上に卵でものっけて、半熟になったら出す。

添え物は、アンディーブは手に入らぬから、インゲンのバターいためと、ゴハンではどうだろう。

147

湯元《タンエン》

中国の漢口に、花楼街という細いにぎやかな盛り場があった。

そのゴミゴミとした小路の両側には、庶民の愛好する点心屋がいっぱいならんでいて、例えば、アンコや挽肉の外側にモチ米をまぶしつけて蒸したものを売っていたり、また「蓮子湯《レンズタン》」といって、蓮の実のお汁粉みたいなものを食べさせる店があったり、「湯包子《タンパオズ》」と呼ぶ衣の中にスープがくるみこまれている風変わりな包子が売られていたり、また「湯元」と呼ぶ熱湯に浮べられた小さな団子屋があったり、私など、漫画家の荻原賢次君を誘って、一軒一軒、その両側の店を食べ歩いたものだ。

現在も、あんな店が残っているかどうか、革命後も漢口を通るには通ったが、いちいちそんな店を訪ねて歩く時間の余裕がなかったのは残念である。

さて、その「湯元」は、戦時中、おふくろに教えるため日本でつくってみたことがあるから、どうにか復元ができるはずで、今回は中国の曽遊《そうゆう》の旅を思い出しながら、「湯元」をつくってみよう。

日本で一番近い食べ物と云ったら、そのむかし、夏の頃、井戸冷やしで、水に浮べながら食べていた「寒ザラシ団子」とほぼ同一のものであるが、「湯元」は小さいながら、その団子の中にアンコを、くるみ込むようだ。

いや、アンコばかりではなく、肉アンの「湯元」もあったような記憶があるし、その団子を浮べたお湯（スープ）は熱い。

それに、思い違いでなかったら、アンコの団子の時には、お湯（スープ）が淡いシロップであり、肉アンの時

レシピは P.442

には、肉汁のスープだったような記憶がある。それとも、アンコや、肉アンの、甘味や、肉汁が、お湯の中ににじみ出していたのかもわからない。

どうでもよろしい。

今日は、アンコの「湯元」をつくるから、まずアンコを用意してもらうことにする。アズキを丁寧にゆでコボシながら、最後に裏ゴシをして、完璧に仕上げるのもよろしいし、圧力鍋だのミキサーだの使って、大まかなアク入りアンコにしたって構うことはない。

それも面倒なら、インスタントのサラシアンでも用意なさい。

でも、ちょっと中国の匂いをきかせる心意気で、ケシの実をスリ鉢ですりつぶし、ほんのちょっぴりまぜてみたり、極上のゴマ油を、アンコの仕上げ時にたらし込んでみたりするのが、面白いかも知れぬ。

ところで「湯元」の衣だが、モチ米をよくひいてさらした「白玉粉」を買ってくる。

その「白玉粉」をドンブリにでも入れて水で練り、まずまあ、耳タブぐらいのかたさにすればよいだろう。

なるべく小さい団子に丸め、これをひろげのばして、中にアンコをくるみ込んでゆくわけだ。

白玉粉は水練りをしても、冷たい間はヒキが無く、割れ目ができやすいが、なーに。お盆の上に片栗粉を敷いておいて、出来上がった団子をその上にころがせば、割れ目ぐらいすぐふさげる。それでも気になる人は、片栗粉を、少々白玉粉の中にまぜ合わせて練っておけばよい。

このお団子を熱湯の中で煮立ててその団子が浮き上がったら出来上がりだ。

お椀か、お茶碗の中にお湯ごとすくい入れて、春の日長のおやつに、のんびりと味わうことにするがよい。

148

芙蓉蟹《フーヨーハイ》

芙蓉蟹という料理は、おそらく私が少年の日から食べならい、見覚えている、もっともなじみの深い中国料理の一つであろう。

そのくせ、中国では、一度も食べたことがなく、それが中国のどの地域で多く食べられているか、くわしく知らないが、発音だけから考えてみると、広東料理の一品かも知れぬ。あるいは広東の料理人が、この料理の名と実体をいち早く日本に持ち込んだわけだろう。いずれにせよ、日本への普及度は早く、広く、田舎の中学生の頃、中国料理屋にかけ込めば、

「フーヨーハイ」

と馬鹿の一つ覚えみたいに、大声をあげたものだ。

だから、私の「フーヨーハイ」は中国流のフーヨーハイというよりは、多分に日本化した田舎の角店《かどみせ》料理だと思ってもらいたい。

タケノコや、グリンピースをあしらう方が、色も美しく、口ざわりもよろしいから、ただ今の季節料理としてもピッタリだろう。

まず、タケノコの食べ残しでも、煮あまりでも、何でもよろしい。ザクザクと切って、ドンブリに入れる。続いて水にもどしたキクラゲを石づきの辺りだけ取り除き、切っても切らなくてもよろしい、そのまま入れる。おなじく、グリンピースを二さじ、三さじ、加えてみよう。

続いて、よくほぐした蟹の肉か、蟹缶の肉を、同じくドンブリの中に加えよう。

その量は多くても少なくても好みのままである。

次に卵だが、よくかきまぜた鶏卵を三ツ四ツ、具のも

レシピは P.442

のと見合わせながら、ドンブリの中に、一緒に割り込んでほかの具とまぜ合わせる。

さて、中華鍋に火を入れる。少し多いめかと思えるほどのラードを張るのだが、このラードの量を、みんな少なめに考えてしまいがちだ。思い切りよくドッと入れてみてご覧なさい。もっとも、お年寄に、豚の脂は不向きだから、多少、味が淡く思えても、植物油に切り換えてやる方がいいだろう。

はじめ、心持ち強火にする。

ドンブリの中の材料を、一気に中華鍋の熱したラードの中に流し込もう。

この時、ラードと卵をよくまぜ合わせるために、手早く、全体をかきまぜるのだが、これを一瞬にやってのけて、あとではあまりいじくりまわさず、ところどころ、焦げを防ぐ程度に、つついては鍋底から剥がしてみる程度がよく、火加減も弱火、全体は半熟程度に仕上げるつもりでやってみてもらいたい。

申し忘れたが、味は、蟹の塩味があるから、ほんの一つまみの塩。好みでは、ショウガの汁と酒を少量加えておくとよい。

出来上がりのまぎわに、上質のゴマ油を、わずかに散らし、白コショウをふりかけるのがよろしかろう。

私はタバスコをたらして食べる凶悪な趣向である。

149 筑紫のケイラン

レシピは
P.443

この間うち、「湯元」という中国の点心のつくり方を紹介したはずだ。

ちょうどその頃、私は九州の唐津の近所をうろついていて、その唐津の町はずれで、「ケイラン」という、お団子みたいなものを食べた。

その味わいが、いうにいわれず古風でなつかしく、

「こんなものをいつどこで食べた？　こんなものをいつどこで食べた？」

と、私は、思わず口にしながら、自分の半生を回顧した。

「ケイラン」という名もゆかしいし、その味わいもなつかしい。その店の様子もガランと暗い土間。白木の机や椅子。坐って食べている人は、日傭い労務者であったり、そこらのおカミさんであったり、お百姓さんであったり、一皿三本六十円の「ケイラン」を食べながら、お茶をすすっては、帰って行く。

私もまた、その「ケイラン」を頰ばりながら、自分の少年の頃を回顧してみたり、中国周遊の旅の日のことを思い出してみたりした。

そういえば、子供の頃、四、五月の陽春の日になると、山には、「ガメの葉」という艶のある葉がひろがって、この葉っぱの間に挟んで食べさせられた、「ガメの葉餅」というのが「ケイラン」の味に似ていたろう。

が、それよりも、漢口の花楼街で食べていた「湯元」や、あるいはまた、桂林の路傍で食べた「？」何という名の餅団子であったたか、点心の方が、遥かによく、この「ケイラン」の味と似ているだろう。

すると、九州……いや、日本、中国とつながる幅の広い地域の「おやつ」として、長い間、どこの家々にも愛

好されていた稲作文化の代表的な食物の一つではないか。「ケイラン」という名前もゆかしい。いつ、どこで、呼びならわされた名前であるかわからないが、随分と古くから、団子のことを伊勢では「おまり」尾張では「いしいし」筑紫では「けいらん」と呼んでいたらしく、モチ米、ウルチ米を水でこね、キンカンぐらいの大きさに丸めて、中に、黒砂糖を包み込み、蒸して食べていたものらしい。

唐津の人達は、朝鮮の役の時に、秀吉が浜崎の諏訪神社で、出征兵士を励ますために、つくらせたものだと、いっており、「勝たねば、帰らん（ケイラン）」がなまったのだろう、といっているが、「ケイラン」の名はもっと古いはずだ。

さて、前置きはこのくらいにして、現在の「浜崎ケイラン」の恰好と味の真似ごとをやってみよう。

土地の人は、ウルチを用い、モチ米は使っていない、といっているが、私は石臼を用意し、さまざま、モチ米や、ウルチや、小麦粉、クズ等の組み合わせを変えてみたが、「ケイラン」に近いものをつくるには、市販の白玉粉と片栗粉を使うのが、一番手っ取り早い。

白玉粉一袋（二〇〇グラム）に、片栗粉をコップ半分くらい入れて、ボールの中で水でこねる。かたさは耳タブよりちょっとやわらかい程度にし、濡れ布巾の上で、ハガキ大ぐらいの大きさに、のばしひろげよう。水でこねた白玉粉はひび割れて切れやすいから、布巾と手であんばいよくひろげ、その真ん中にアンコの帯を入れる。海苔巻のすしを巻く要領に、アンコをこね餅で巻き込み、蒸し器の皿の上で蒸せばよろしい。

くっつきやすいから、皿の上に布巾を敷いたり、葉蘭《ハラン》の葉を敷いたり、片栗粉をまぶしつけたり、いろいろ工夫したら面白いだろう。

アンコは好みの甘さでいいが、繰り返すように、唐津のアンは、淡い薄味で、一年に一度ぐらい、手づくりのさっぱりしたアンコの「ケイラン」をつくってもらいたいものだ。

150

ツァルツェラ

レシピは
P.443

　バルセロナの浜辺の町に「カサ・コスタ」というシーフードのレストランがあった。いや、今でもあるかもしれないが、昨年たずねていった時には、海辺の模様が何となく変わってしまって、とうとう見つけ出すことができず、その代わり「ピカソ館」というムゼーオ（美術館）が新設されているのに気がつき、にわかにピカソ研究ということになった。団子より花という次第である。

「カサ・コスタ」はよかった。

　店に入り込んでゆくと、左側のカウンターの後ろに、さかんな火が燃え、さまざまの魚介類が、ジュウジュウと湯気とけむりをあげていた。

　一段踏みあがった奥の広間は、海中につき出した桟敷のあんばいで、そのガラス戸越しに地中海の夕映えを眺めやりながら、ドロリと赤い地酒をあおるのは、まったくよかった。

　バルセロナにいる間は、「カラコーレス」とこの「カサ・コスタ」に通いつめたものだ。

「オロタボ」のウナギの子もおいしいが、少しばかり、店が高級に過ぎる。

　そこで、毎夕、「カサ・コスタ」に鎮座ましまし、地中海を眺めやりながら、ドロリとした赤い地酒を飲みながら、馬鹿の一つおぼえで、

「ツァルツェラ・ポルファボール（ツァルツェラを下さい）」であった。

「ツァルツェラ」というのは、「パエリア」の米抜きだと思ったら間違いない。

日本になじみの、イカだとか、魚のフライだとか、エビだとか、ムール貝だとかを、タマネギや、トマトと一緒にオリーブ油でいため煮にしたものである。

エビはもちろん殻ごと。ムール貝は殻ごとのこともあり、ムキ身の時もあったような気がする。イカは胴の筒切りだが、時に、網焼きしたイカが入れられているように感じたこともある。魚は白身の魚をサイの目に切って、カラ揚げにしたものだ。

パンのカラ揚げは、入れてあることも、入れてないこともあった。サフランの匂いと色は、通常入っていなかったように思う。ただ、ポルトガルでサルサといっているパセリが、いっぱいきざみこまれて天火の焦げを見せていた。

順を追って復元してみるなら、まずタマネギ一個をミジン切りにしよう。そのタマネギとニンニクを、フライパンの中で、オリーブ油（サラダ油）を使い、丁寧にいためながら、皮をむいてザク切りにしたトマト一個も加える。

やがて、トマトがドロドロになった頃、全体を天火皿に移し、その上にムール貝の代用としてアサリを殻ごと散らす。

ほかに、イカは墨を抜いて筒切りにし、軽く油いためしておき、白身魚は小麦粉をふってカラ揚げにしておき、エビは殻ごと油いためしておいて、これを、天火皿の中に一緒に移す。

適当に塩、コショウし、バターを散らし、パセリのみじん切りを散らし、レモン半個の汁をしぼり込み、酒かブランデーを適当にたらし込んで、アサリが口を開ける頃、天火からひっぱり出せばよい。

151

そばパン①

レシピはP.444

二、三回パンの焼き方でも書いてみようか……、といったら、

「檀。お前、気でもふれたのか？」と笑い出す友人がいた。

冗談じゃない。私は、パンは大好きだ。ロシア人の家に間借りしていた時だって、毎日ロシアパンを食ってたんだし、パンづくりの大よそを目撃していたものだ。

いつだったか、ミュンヘンの町まで、黒い、ふくらましオセンベイみたいなバイエルン地方のパンを買って、これはうまいと感じ入り、またしこたま買い足してコルン（焼酎）のサカナ代わりにポリポリポリポリかじりながら、ノールウェーまで、棄てきれずに、運んでいったこともある。

自分の口に合ったパンぐらい、せめて日曜日にでも、手間、ヒマおしまず、つくってみたらどうだろう。愉快なレクリエーションになること、請け合いだ。

早速ダン流の「そばパン」のつくり方の秘密を全公開するが、もし、営業として売り出す人があるなら、一言の挨拶ぐらい私にしないと、罰が当たるかも知れぬ。

さて、そばパンといっても全部をそば粉でつくるわけではない。小麦粉も使うんだから、小麦の強力粉を二袋と、そば粉を一袋ぐらい買ってきておこう。

本当なら、小麦も、そばも、そのまま挽きぐるみに、自分で石臼で、挽く方が、もっと愉快なレクリエーションになるのだが、あまりおどかすと、はじめからあきらめてしまう気の弱い人達がいるから、そこらに売っているそば粉、小麦粉で結構ですと、いっておこう。

次にイーストはどうしても必要だ。

ドライイーストで結構だが、イーストなしには、パンはふくらまないから、デパートにでも行って、ドライイーストを買ってもらいたい。

まず、最初に……、コップの中にぬるま湯を入れよう。まあ、コップ半分ぐらいのぬるま湯で結構だ。そこへ、ドライイーストを小さじで、一、二杯入れる。

何もビクビクすることはありません。イーストなんて多くたって、少なくたって構わない。多ければ発酵が早いし、少なければ発酵が遅いだけの話である。

もっと発酵を早くしたければ、砂糖を入れる。

順番が逆になったが、別に大ボウルを用意しよう。

そのボウルの中に、コップ一杯のそば粉を入れて下さい。そのそば粉に、熱湯をかけ、シャモジで、かきまわそう。どのくらいの量の熱湯をかけるか？　まあ、ドロドロのトロロくらいにそば粉をとくつもりでよろしい。

そのトロロ状の練りそば粉を一時間ぐらいほったらかしにして、熱をさましておく。


さて、もう一つ、コップを用意して下さい。

そのコップの中に半分くらい砂糖のシロップを入れる。黒砂糖でも、花見砂糖でもよろしい。湯ときしたものだ。ぬるま湯の中に糖蜜を入れるのが、もっとよろしいけれど、誰も糖蜜の手持ちなどないだろう。

同じコップの中にモロミをドロリと流しこみ、ゴマ油を入れる。

おわかりかな。コップの中に、パンを仕上げる糖分と、塩気と、脂肪を入れるわけだ。

さあ、大ボウルの中のそば粉の熱がさめた。そこへ、今度は、コップ四、五杯の小麦粉を入れ、ぬるま湯にといて泡立ってきた（十分か十五分）イーストを入れ、砂糖、モロミ、ゴマ油を流し込む。シャモジで、大いに（五、六分）かきまわし、三、四十分ほったらかす。

さーて、ブクブクとふくれてきただろう。

取り出そうと思ったって、少しやわらか過ぎ、ネバリ過ぎるだろう。そこで、ドンドンドンドン打ち粉をしながら、練りに練る。

152 そばパン ②

レシピはP.444

もう一度、簡単にそばパンの練り方を、順序を追って説明しよう。

大ボウルの中に、コップ一杯のそば粉を入れる。そのそば粉の上に熱湯をかけて、シャモジで、充分にかきまわす。何？　熱湯の量がどのくらいだって？

コップではかってたりしたら、熱くてたまらないだろう。コップ二、三杯のつもりで、やかんからお湯を流してみ、そば粉がネットリとトロロのあんばいぐらいでいいだろう。

そのまま一時間ばかり、濡れ布巾でもかけてほったらかそう。熱をさまし、そば粉を慣れさせるのである。

別に、コップの中にぬるま湯ぐらいのお湯を入れる。コップ半分ぐらいでいいはずだ。湯加減は、おフロぐらいのつもりで、そこへドライイーストを茶さじ一、二杯入れてみよう。十分か十五分でブクブク泡立ってくればそれでよし。泡が足りないと思ったら、イーストを足せばいいんだし、時間をかけて待ったって、どうだって構わない。

もう一つコップを用意し、黒砂糖か、ザラメか、花見砂糖のシロップを入れる。

そのシロップはコップ半量ぐらいにし、ゴマ油と、モロミを加えよう。何？　モロミが無い。モロミが無かったら、みそだって、お醤油だって、塩だって構うもんですか。あんまり塩からくしたら、パンのふくれが悪いだけだ。

さて、湯ときした大ボウルのそば粉の熱気がさめた頃、コップにブクブクと泡立つイーストをボールの練りそば粉の上から流し込もう。続いて、砂糖湯とモロミとゴマ油の入ったぬるま湯も、一緒に大ボウルの中へ流し込もう。

今度は、小麦粉の強力粉を、コップ四杯ばかり、なるべく、フルイにかけて、大ボウルの練りそば粉の上から、ふるいかける。

シャモジを使って五、六分。よくよく、全体をかきまわそう。さあ、充分に練り合わせたかな。

練り合わせたら、大ボウルの上にマナ板でも渡し、そのマナ板の上に濡れ布巾でもかけて、三、四十分、ほったらかす。

のぞいてみたって構わないが、何も気にすることなんかない。ほったらかすがいい。

さて、練り粉は、もうふくらむ気充分だ。

ここで、濡れ布巾を取り、マナ板をはずし、練り合わせの粉の上に新しい小麦粉を打ち粉しながら、上手に、ボールの中から取り上げよう。

テーブルの上に、ビニールの風呂敷でも敷いて、その上に小麦粉を充分に打ち粉しておき、取り上げた「練り粉」を、のっけるわけだ。

「練り粉」はやわらかい。いや、指にくっつきやすい。そこでドンドンとまた打ち粉しながら、「練り粉」の大団子を練りに練るのである。あまり、指にくっつかなくなってきたら、棒で叩き、両手でこね合わせ、子供に踏ませ、といった具合に、知恵の限りをつくして、練り団子を練り上げるわけだ。小麦粉はあとから、あとからと打ち粉していって、左様、よくいうが耳タブの手ざわりよりちょっとかたいぐらいでよいだろう。打ち粉してゆく小麦粉の量なんか、考えなくったっていい。

大団子の大きさがどのくらいになったか知らないが、つくりたい大きさのパンを、二つ三つに、大ざっぱにわけて丸めよう。手持ちの天火の大きさにもよるが、一度に焼ききれないようなら、一部をビニールにくるんで、冷蔵庫にでも安置しよう。

さて、一番焼きの部を、天火用のドンブリや皿に、ときバターを塗って、その上にのっけ、大ザルをでも上から伏せて濡れ布巾をかけ、最後の発酵をさせる。さあ、一時間くらいか。倍ぐらいにふくらんだらよろしい。布巾を取り、中味の団子をもう一度押し丸めて、ガス抜きをやる。

カッコよく、表面に包丁の切れ目なんか入れてから、とき卵を塗り、ゴマだの、ケシの実だの、その上から、散らしておく。

天火に入れる。まだ火は入れず、もう一度、しばらくパンのふくれる模様を見たあげく、さあ、強火を入れろ。

十分か、二十分。表面に焦げ目ができてきたら、アルミ箔でものっけて、表面と内部との調和を取りながら、今度は火を弱めて、二十分ぐらい……。焼き上げる。そこで、万歳！　ということにならなかったら、また次の日曜日に、工夫の限りをつくしましょう。

153 ピローグ

レシピは
P.444

前回まで、二回にわたって、そばパンのつくり方を大ざっぱに申し述べてみたが、さて、焼き上がりは、どんなであったろうか。

天火の火力の相違によって、その焼け方も千差万別であるから、自分の家のオーブンの火加減を、さまざまに研究しておくがよい。

パンの大きさも、天火の大きさに合わせて、ほどよい自分の家のパンの大きさをきめることが大切だ。

そばパンの焼き方のあらましのコツを申し上げるなら、はじめ強火にして、表面の鶏卵にほどよい焦げ目ができかけた頃（十分か十五分）、上からアルミ箔をすっぽりとかぶせ、火力をおとして、二、三十分蒸らすように焼き、全体の時間が三、四十分というところがよろしいようだ。

そばパンの練り上がりの頃、クルミを入れてみたり、落花生を入れてみたり、また表面に卵を塗った直後、ゴマを散らしてみたり、ケシの実を散らしたり、時には梅干しの果肉を、はめ込んでみたりするのも、家庭パンの面白さの一つである。

中の味つけに黒砂糖だとか、モロミだとかいったが、糖分はザラメだって、白砂糖だってよろしく、塩味は、それこそみそだって、醤油だって、塩だって、もちろん構わない。

ただ、糖分の場合は、イーストがよく効果を発揮するけれども、塩分を加えると発酵がにぶることを知っていなければならぬ。

また、バターとか、油とかは、パンにうるおいとネバリをあたえるものだから、これも承知しておいた方がよいだろう。

そばの代わりに、例えば、オートミールの麦を使ったら、とても品の良い家庭パンができること請け合いだが、この時は、多少の牛乳や、バターなどを使った方がよいだろう。

いずれにせよ、コップに半分ぐらいのぬるま湯を用意しておいて、イーストを発酵させ、小麦粉と合わせ、牛乳だの、バターだの、砂糖だの、塩だのを好みの味に加えてドロドロに練り合わせ、三、四十分放置してから、そのドロドロの練り団子に打ち粉をしてゆくあんばいで、小麦粉を加えてゆきさえすれば、万に一つ、パンを練りそこなうはずはない。

あとは練りに練って、耳タブぐらいのやわらかさの、つやのある、団子づくりをすればよい。その団子の上にザルでもかぶせて、ザルの上に濡れ布巾でもかぶせて、倍ぐらいにふくらむのを待つのである。倍ぐらいにふくらんだら、もう一度ガス抜きのために、揉み直して、形をつくる。

例えば、ロシア流儀のピローグなどつくる時には、この状態で、天火皿にその団子をのばしひろげ、ピラフだの、ヤキメシだのをのっけて、その上に、シャケの切身とか、ゆで卵のみじん切りなどをあしらいながら、またその上に、パンの練り団子で蓋をかぶせるように閉じ合わせて、天火で焼き上げるわけだ。

そのピローグの表面に卵をぬり、粉チーズをふれば、美しい焦げ目ができる。

154

アラブ風 カレー煮

レシピは
P.445

夏の野菜が、八百屋の店先に、見事な色の輝きを見せている。

ソラ豆だの、キヌサヤエンドウだの、ピーマン、シシトウ、ピース等……。トマトが、ほんとうの季節の色に色づいていて嬉しいから、今回はひとつ、季節の野菜を存分に盛り入れた印度カリーのようなものをつくってみよう。印度カリーでなかったら、アラブのタジンだと思っていただきたい。

タジンは、ソラ豆だの、ピーマンだの、シシトウだの、ニンジンだの、手当たり次第にブチ込んだ煮込み料理であって、サフランをはじめとするさまざまの香料がひしめき合ったカレー煮のようなものだ。

ムキ身の小エビか、アサリにでも、主役になってもらって、いつものカレーより時間を手早く、さまざまの野菜の色どりを美しく残すように仕上げてみたいものである。

まずはじめに、タマネギを一個。

そのタマネギの五分の一ぐらいを、なるべく細かくみじんにきざみ、ニンニク、ショウガも、一緒にきざみ合わせ、色と、匂いと、味の複雑さを増すキャラメルをつくってみよう。

残りの五分の四のタマネギは、ザクザクときざんで、しばらく別にしておくわけだ。

そこで大きいフライパンか中華鍋に、サラダ油とバターをひき、今しがたみじんにきざんだタマネギと、ニンニクと、ショウガを、ほとんど狐色になるまで、丁寧にいためよう。

キャラメル色に近づいたら、今度はカレー粉をふり込んで、またひといためし、続いて、よくうれたトマト一個をブツ切りにして加え、残りの五分の四のザクザク切りにしたタマネギもフライパンの中に放り込んで、一緒にいため続ける。

水気が足りなくなってきたら、その都度、少しずつ、水だの、スープだの足しながら、まず赤いトウガラシ一本。シシトウを丸ごと五、六本。ピーマンは皮だけ切り裂いて一、二個入れる。

この時、もし、あれば、サフランの湯煮をした黄金の色を加えたいし、クローブだの、肉桂だの、月桂樹の葉っぱだの、香料の束を加えたいが、無ければ、パセリの茎でも、沢山放り込むとよい。私は、カラシの実など、丸のまま、一緒に煮込むならわしだ。あとは手当たり次第、ソラ豆のむいたのだの、ピースだの絹サヤエンドウ豆だの、ダイコンだの、ニンジンだの、ゴタ煮にして結構だが、しかし、色どりを美しく残すためだったら、別のフライパンの中に油をひき、塩を加え、青い豆類だとか、ニンジン、ダイコンなど、別にいためておいて、あとで加える方が、鮮やかな色と、匂いが残る。

さて、主役の、ムキエビ(又はアサリ)は、酒とニンニク、ショウガなどで下味をつけておいて、最後に片栗粉をまぶしつけながら、カレー粉の中に放り込もう。

申し忘れたが、チャツネの代わりに、リンゴジャムとレモン汁でも入れて甘味と酸味を加え、塩やバターで味を加減しながら、もう一度、カレー粉を追加して、全体の味を新鮮にしよう。あまりダラダラと長く煮込まず、手早くつくり上げて、ゴハンの上に美しい色をひろげよう。

155

サケとゴボウの卵鍋

レシピはP.446

ジトジト鬱陶しい梅雨の時候になってきた。

そこで、その梅雨の季節に一番見事なものは何だろう、と考えてみると、やっぱり、「桜桃」ということになるだろう。

むかし中国では、この季節になってくると、皇帝から、その廷臣達に「桜桃」が下賜されたものらしいが、今の日本では、「桜桃」など、おいそれと、我々の口に入るものではない。

さて、梅雨の時期に出回ってくる季節の野菜に何があるだろう。

それは、「ゴボウ」だ。新ゴボウだ。「ゴボウ」ほど、日本的な食品がほかにあるだろうか。そのむかしは、中国から伝来された惣菜かも知れないが、今日、中国では、薬用程度の利用しか、されていないように見受けられる。

「ゴボウ」の常用は、やっぱり日本が第一であって、「ゴボウ巻き」「キンピラ」「ゴボウ天」等々……、何でもよろしい。日本人なら、大いに、「ゴボウ」の匂いと、歯ざわりと、味を、楽しみたいものだ。

さて、ここで私が紹介する鍋物は、「柳川鍋」の変り種だと思ってもらいたい。

ドジョウがそうそう手易く手に入らず……、いや、かりにドジョウが手に入っても、ドジョウだけは真っ平だ……、などというムキに、一度はぜひやってみてごらんなさいとすすめてみたい鍋料理だ。

新ゴボウの、ソギゴボウが、実に匂い高く、この鍋物の味をひきたてるから、この梅雨の時期に、新ゴボウを使ってやってみるのが一番である。

材料は、切身の塩ザケと、ゴボウと、鶏卵と、それにネギか、ワケギがあれば、充分である。

まず塩ザケの切身一、二枚を、刺身ぐらいの厚さ、大きさに皮ごと小口切りにしよう。

塩ザケの切身を、小口切りにするのだから、多少その切りザマは無理になるが、塩ザケ一尾をどこからでも使ってよい身分の方は、キチンとそれこそ刺身のつもりで、切り揃えてゆくがよいだろう。

骨だけはのける。

細かく切った切身は、皿にでも入れて、たっぷり、お酒をふりかけておく。どうせ、酒ごと、鍋の中に入れてあとで食べるのだから、ケチケチすることはないだろう。

さて、サケの切身を酒にひたしておく間に、新ゴボウを取り出して、よく洗い、皮をこそぎ、薄いソギゴボウにしてゆこう。ソギゴボウは、そのまま、一たらし酢をたらしたボウルの水にさらして、充分にアク抜きをする。

ワケギやネギはザクザクと切ろう。鶏卵を二つ三つ割り、これで用事は終わった。

もし、できれば、カツオのダシをでも取って、浅い鍋(素焼き鍋でも、天火皿でも、スキヤキ鍋でも、何でもよろしい)に敷き、酒ビタシの塩ザケを、そのまま鍋底にひろげる。

ここで醤油を入れ、ザッと味をととのえるが、みりんや砂糖は、好みのままがよい。

サケの切身の上に、よく洗ったサラシゴボウをまんべんなく、のせる。ザクザク切りのネギを散らす。火を入れる。しばらく蓋をのせて、全体に火が回った頃、その蓋をはずし、多少のダシを加えたとき卵を全体の上にドロリとかける。

その卵が半熟から、八分通り煮えてきたと思った頃合に、火をとめて、あとは新ゴボウの匂いと歯ざわりを賞味しながら、サンショウの葉でも散らし、食べるだけだ。

156

大豆のうま煮

レシピはP.447

長年の間、柄にもない料理の手ほどきを担当して、貴重な紙面をよごしてきたが、いいたいことはたった一つ……。

誰でも、自分の食べるものぐらいは、工夫をこらし、知恵をつくして、つくってみよう……ということだ。

つまり、人間という動物が、ほかの動物と違ってしまった最初の大きな分岐点は、人間が、煮炊きをし、料理をする一点であった……、と私は思う。

インスタント食品、よろしい。手間暇はぶいて、腕組みしながら、なるべくうまいものを、りこうに食べる知恵、大いによろしい。

しかし、また、人間の本源にかえって、草の根を掘り、魚鳥をとらえて、さまざま、自分の食べるものに、工夫をこらしてみるのは、愉快でもあり、面白くもある、生活のリクリエーションだ、といってみたい。

さて、あと二、三回で、私の野蛮な料理講習を終わるにあたり、私は、私のオフクロの料理を、紹介してみたい。

いや、実は今日まで、紙上で私が色々とこころみた料理の数々の中に、オフクロの手ほどきが、数多く混入していたにちがいないのは、当たり前のことである。

幸いに、私のオフクロは、まだ私より健康で、日々、買出しに歩き、日々、料理を楽しみにしているから、オフクロのつくる料理を直接、取り次いでみることにしたい。

ところで、この間、その前ぶれのつもりもあって、よく少年の頃食べさせられた、大豆と、コンブと、肉のうま煮の話をオフクロにしてみたところ、それはオフクロの流儀の料理ではないといわれてびっくりした。

オフクロは、大豆とコンブだけを煮ていたそうだ。すると大豆に牛肉がよく合う……といって、大豆とコンブのうま煮に、牛肉を加えて煮てくれたのは、第三の母であった。

見給え。私は、第一、第二、第三、第四……、と数々のオフクロを持っていて、このこともまた、私の手料理の種類を豊富にしたといってみたいのである。

しかし、やっぱり、自分の体質からだろう。生母の料理をなつかしむのは、致し方のないことだ。今回のは第三の母の流儀に従って、大豆と、コンブと、牛肉のうま煮をつくり、あと二回は、生母にジキジキ登場してもらって、オフクロの料理を満喫しよう。


前置きは、このくらいにして、大豆をやわらかく、おいしく煮るのには、大豆を、一晩水にひたしておく方がよい。

一晩水にひたした大豆を、小さい短冊に切ったコンブと一緒にタップリの水で、ゆっくりと時間をかけながら煮る。

面倒でも何でもない。トロ火で、時間をかけるだけの話であり、やたらかきまわしたり、ふきこぼしたり、焼き焦がしたりさえしなかったら、大豆もコンブも嫌でもやわらかく煮え上がってくるものだ。

注意することはたった一つ。大豆がやわらかくなるまで、調味料の砂糖や、醬油や塩など、一切入れないことである。

さて、大豆が指にとり、ひねりつぶしてほどよく煮えていると思える頃（いや、食べてみる方が早い）、牛肉を加え、自分の好みの砂糖、醬油等のあんばいにしよう。この時、自分の舌で感じるより、ずっと薄味にして、アクをすくいすくい煮ていった方が危なげないし、ニンジンやハス等、ほかの野菜を小さくサイの目に切って一緒に加えるのもよい。

157 みそ豆腐

レシピはP.447

今回はひとつ、田舎流の豆腐の料理ということにしよう。少年の日に食べていた豆腐の食べ方であって、料理などというものではないかも知れぬ。

今日では、もうほとんど日本中、豆腐はキヌゴシとか、モメンとかいって、均質の、フワフワの豆腐が支配的になってしまったが、私の少年の頃は、豆腐といったら、大袈裟にいえば、縄でしばって持ち帰れるぐらいの、かたさはあった。

もちろん、その豆腐を井戸水に冷やして冷奴で食べることもあるにはあったが、「冷奴チブス」だの、「冷奴赤痢」だのが、部落をあらかた全滅させるぐらいの猛威をふるったもので、うっかり、冷奴など食べられたものではなく、豆腐はやっぱり、煮物にするのが普通であった。

東京とか、京都とか、大阪とか、大都会の、イキで清潔な地帯でなかったら、生の豆腐なんか、そうそう多用できなかったわけである。

その代わり、白ヌタのようなものや、オカラの類は、どこの家でも、おふくろがこまめにつくってくれて、これがなかったら、そもそも、家が成り立たないようなものだったろう。

豆腐をうがき、水を切って、ゴマやみそなどと一緒に丁寧にすり合わせる。ある時は、木の芽を入れ、ある時は、落花生を入れ、ある時はクルミを入れる……。それをスリ鉢ですり合わせる仕事だけは、私達、末輩の子弟に命じられることがあり、

「今日は、何のご馳走になるじゃろか？」

と、その筋道の一端だけをまかせられた形で、こっそり自分のすったゴマみそ豆腐を舐めてみたものだ。

するると、オフクロやオバアさんが、時折、私の手元をのぞき込んで、一つまみの砂糖を足したり、イカを投げこんだり、ニンジンを加えたり、コンニャクを入れたり、いつのまにか白和えが出来上がるようなものである。時たま、

「このままでもうまか」

と私が、スリ鉢のゴマみそ豆腐を舐めてみせると、

「そんなら、それ、いっぱしで（専門）つくってやろう」

婆さんがそういってつくってくれたみそ豆腐だから、まことに簡単な料理のイトグチのようなものだが、今でも、ときどきつくって、酒のサカナにする。

あるいは酒のサカナの添え物にする。

まず、豆腐はマナ板とマナ板の間にでもはさんで、よく水を切る。

ゴマでも、クルミでも、落花生でも何でもよろしい。

スリ鉢でよくすっておこう。

さて、フライパンか鍋を取り出して、上質のゴマ油を張り、よく熱する。

水を切った豆腐を入れる。シャモジを使いながらいためていって、次にみそを加え、一緒に、またしばらくいためる。煮つまれば酒を足し、黒砂糖を入れ、すりゴマや、すりクルミなどを一緒にいためて、トキガラシの辛味を加えれば出来上がりだ。

白和え（白ヌタ）の豆腐の部分を、ずっと濃厚に仕立て上げると思ったら間違いない。時によって、豆豉だの、モロミだの、散らして仕上げると面白かろう。

158 鯊《む》り鯛

レシピは P.448

オフクロの料理を二、三品みなさまに紹介してダン流クッキングを終わるつもりでいたところ、雑用が折り重なって、オフクロの隠棲している神奈川の田舎町に、なかなか出かけられず、たった一回分の紹介しかできなくなった。

私のオフクロのサトは、福岡県久留米市の野中であって、私も十歳の頃まで、オフクロの両親の膝元で育てられた。

だから、その外祖父の家で、毎夕どのようなものを食べていたかおぼろげな記憶があって、オフクロと私と一緒に、何度か、その復元をしてみたこともある。

たとえば、夏の今頃であると、ドジョウ汁だとか、叩きゴボウだとか、ニガゴリのみそヌタだとか、棒ダラとジャガイモのあんかけだとか……等々。

ただ、むかしのように自家製の醬油やみそが無いと、煮炊きした時の味が、何となく物足りない心地がされ、ほんとうの復元ができなかったように、オフクロも私もがっかりするのである。

しかし、あまりチマチマしたお惣菜の紹介では、連載の最後を飾るにふさわしくない、何か少し派手な料理を、とオフクロに注文しておいたところ、「鯊り鯛」にしようということになった。

大鯛をそのままの形でドカンと伊万里の大皿に盛るのだから、メデタイ親類の寄合いとか何とかに中央に据えるご馳走のひとつである。

その割に、手のかからない、見栄えのする料理だから、友人でも大勢呼んだ時には、思い切ってやってみたらよいだろう。

鯛はどんなに大きくてもよろしいが、来客の数にもよるだろうし、それに大鯛をそのまま頭の先からシッポまでそっくり沈めてうがく鍋が、普通の家庭ではなかなか無いから、気をつけた方がよい。まずは、中華鍋というところかも知れぬ。

さて、大鯛は鮮度のよい鯛をまるまる一尾。魚屋に注文し、ウロコとハラワタをきれいに抜いてもらうことにしよう。

その鯛の胴まわりの部分に、包丁の切れ目を入れる。煮えをよくするためと、塩のまわりをよくするためだ。うがき上げる一、二時間前頃に、全体に塩をしておこう。

鯛の表面が、塩でしまりかかってきた頃に、大鍋に水を張り、塩を入れる。その水を沸騰させて、今度は思い切りよく酒を入れるのである。

この大鍋の酒と塩湯の中に、鯛を入れるわけだが、そのまま放り込んではこわれやすいから、ほどよいザルか蓆《むしろ》のようなものを用意したいものだ。

さまざま知恵をしぼって、大きめの浅いザルに、あげおろしの紐をつけるのも、思いつきだろう。

鯛の下に、今頃だったら、サンショウの若葉を沢山敷くとよい。そのまま、グラグラ煮たっているお湯の中に沈めてゆくのである。

煮る時間はわずかでよい。おそらく、二、三十分ぐらいのものだろう。静かにザルをあげ、中の大鯛を取り出すわけだが、こわれないように、心持ち、鯛の冷えてくるのを待った方がりこうである。

大皿に鯛を移す時に、鯛の頭と尾びれのすわるあたり、ダイコンの輪切りの枕を、皿の左右に置いておくがよい。

つけ合わせは、酢カブと新ショウガの梅酢漬けなどがよろしく、鯛の身はめいめいの箸でむしり取りながら、酢醤油で食べる。

もちろん、その酢はユズやダイダイがよろしいが、レモンでも構わないだろう。

番外　ビーツのサラダ

◆材料

ビーツの酢漬け（360ページ参照）
（5～10㎜のさいの目切り）　2カップ
じゃがいも（5～10㎜のさいの目切り）
2カップ
にんじん（5～10㎜のさいの目切り）　1カップ
玉ねぎ（5～10㎜のさいの目切り）　1カップ
セロリ（5～10㎜のさいの目切り）　1カップ
りんご（5～10㎜のさいの目切り）　1カップ
ハム（5～10㎜のさいの目切り））、
ゆで卵（5～10㎜のさいの目切り）
合わせて1カップ
マヨネーズ　大さじ1
フレンチドレッシング　大さじ1½
サワークリーム　大さじ1½
塩、白胡椒

◆作り方

❶じゃがいもは一度水にさらし、くずれないようにゆで、ざるに取ってさます。にんじんも、ほどよくゆでる。
❷玉ねぎ、セロリ、りんごは、それぞれ水にさらし、水気をきる。
❸大きめのボウルにマヨネーズ、フレンチドレッシング、サワークリームを入れてよく混ぜ合わせる。
❹③に①と②を加えて混ぜ、味をみて、塩、白胡椒で調える。このときはまだ色がバラバラだが、冷蔵庫で一晩寝かせてから数回混ぜると、全体が鮮やかな紅色になる。☆ビーツの水煮缶を使う場合は、同様にさいの目に切り、調味に酢大さじ1～2を加える。

○このレシピ集について
「檀流クッキング」は、本来、材料の分量にこだわらず，自分流のさじ加減で、料理をつくることを基本としています。そのため、本レシピ集には、材料の分量表記がないものも多数掲載されています。目安として材料の分量を明記したレシピもあります。

少人数向けの料理あり、大人数対応のレシピもあり、その用途もまちまちです。お好みの分量で、自由に料理を楽しんでください。

（檀太郎・晴子）

○計量の単位は
1カップ……200㎖
大さじ1……15㎖
小さじ1……5㎖
1合…………180㎖

○オーブンは、ガスオーブンを使用しています。電気オーブンの場合、また機種によっても、それぞれ微妙に温度差があったり、加熱時間、加熱のムラが出ますので、様子を見ながら加減してください。

○材料に〝だし〟とあるものは、昆布とかつお節でとった〝だし〟です。また〝スープ〟については、ほとんどのケースで、376ページに掲載した鶏ガラスープで代用できます。少量、もしくは、だしの出る材料を使う料理では、スープの代わりに、酒や水を代用してもらってかまいません。

檀流クッキング全レシピ集　檀太郎・晴子

001 カツオのたたき

◆材料（分量はお好みで）
カツオ（刺し身用の節）
[薬味]
　長ねぎまたは青ねぎ（みじん切り）
　山椒の葉（みじん切り）
　生姜（みじん切り）
　にんにく（みじん切り）
　大根おろし
　みょうが（小口切り）
　青じそ（みじん切り）
　レモン（スライスして刻む）
ポンス（柑橘類の絞り汁）
塩、しょうゆ、酢
溶き辛子、にんにく（すりおろす）
☆金串

◆作り方
❶薬味をすべて合わせて冷蔵庫で冷やしておく。
❷皮つきのままのカツオに金串を５〜６本扇状に刺す。全体に薄く塩を振り、ガス火で表面をさっとあぶって霜降りにする。
❸②の金串を抜いてバットに取り、全体に①をパタパタと叩くようにまぶし、食べる直前まで冷蔵庫で味をなじませる。
❹③を薬味ごと厚めに切って皿に盛り、ポンス、酢、しょうゆ、溶き辛子、おろしにんにくなど、好みの味で食べる。

002 レバーとニラいため

◆材料
豚レバー　200g
にら　1束（ざく切り）
にんにく　1片（すりおろす）
生姜　1かけ（すりおろす）
片栗粉　大さじ1
ラード
しょうゆ、酒

◆作り方
❶レバーを食べよい大きさに切り、10分ほど水に浸けて血抜きをする。
❷①の水気をきり、にんにく、生姜、しょうゆ・酒各少々をからめ、20分ほどおく。
❸②に片栗粉を振り、指先で混ぜる。
❹中華鍋にラードを強火で熱し、③を手早く炒め、火が通りかかったら、にらを加えて混ぜ、しょうゆ大さじ1を加えて全体にからめる。
☆常に強火で手早く炒めること。

003 前菜用レバー

◆材料
豚レバー　400～500g
塩　ひとつかみ
A［にんにく　1片（つぶす）
生姜　1かけ（つぶす）
長ねぎの青い部分　1本分
八角　1個
赤唐辛子　1本］
しょうゆ、酒、ザラメ、ごま油
針生姜

◆作り方
❶鍋に湯を沸かして塩を入れ、丸ごとのレバーを5分ほどゆでて血抜きし、取り出す。
❷鍋に①を入れてかぶるくらいの水を張り、しょうゆと酒で吸いものより濃いめに味をつけ、ザラメ少々とAを加えて火にかける。煮立ったらとろ火にし、蓋をして30分ほど煮る。ごま油大さじ1～2を加えてさらに10分ほど煮て、煮汁に浸けたままさます。
❸食べるときにレバーを薄く切り、煮汁をかけ、針生姜を添える。
☆丸ごと煮汁に浸けたまま、冷蔵庫で1週間ほど保存可。

004 タンハツ鍋

◆材料（分量はお好みで）
豚のハツ、タン、
喉仏の軟骨、食道
キャベツ（ざく切り）
わけぎ（5㎝長さに切る）
[鍋の汁]
　昆布だし
　にんにく、生姜（ともにつぶす）
　しょうゆ、酒
粉山椒、七味唐辛子など

◆作り方
❶タン、軟骨、食道はいっしょの鍋に、ハツだけは臭いを移さぬよう別の鍋に入れる。それぞれたっぷりの水を注いで火にかけ、40分ほどゆでてから、薄切りにする。
❷すき焼き鍋に昆布だしを張り、にんにく、生姜を入れ、しょうゆと酒で吸いものより濃いめに味をつけ、①のもつを入れて火にかける。煮立ったら、キャベツ、わけぎを加え、煮えばなを汁ごと器に取る。好みで粉山椒、七味唐辛子などを振って食べる。
☆もつ類は、汚れがついていたら、おから、酢、塩をたっぷり振ってよく揉み、水で洗い流してきれいにする。

005 コハダずし

◆材料

コハダ　5〜6尾
　塩、酢
[おからの煮しめ]
　おから　150g
A ┌干し椎茸　少々
　│（もどして 1〜2㎝長さのせん切り）
　│きくらげ　少々
　│（もどして 1〜2㎝長さのせん切り）
　│にんじん　少々（1〜2㎝長さのせん切り）
　└しらたき　少々（ゆでて1〜2㎝に切る）
　せり　少々（小口切り）
　だし　1/2カップ
　塩、淡口しょうゆ、砂糖、酢
　サラダ油
甘酢生姜

◆作り方

❶コハダは頭を落として腹開きにし、中骨を取り除き、両面にたっぷり塩を振って4時間ほどおく。塩を酢で洗い流し、新たに、酢に1時間浸ける。

❷だしに塩と淡口しょうゆで吸いものよりやや濃いめに味をつけ、Aを入れる。歯ざわりを残しながら、煮汁が少し残る程度に煮て、せりを加える。

❸中華鍋に油少々を回しておからを入れ、弱火でまんべんなく火が通るように炒めて、砂糖と塩で控えめに味をつける。②を煮汁ごと加え、中火で炒め、だしで握れるくらいのやわらかさに加減する。酢大さじ2〜3で好みの味に調え、さましておく。

❹コハダは、背びれを切り取る。③をしっかりと握ってコハダで包み、ラップで巻いて魚の姿に整える。

❺④をラップごと食べやすい大きさに切り、形を崩さないようにラップをはずして皿に盛り、甘酢生姜を添える。

006 大正コロッケ

◆材料
おから　½袋（約200g）
トビウオ（アジ、イシモチでも可）　1〜2尾
A
- 干し桜エビ　½カップ
- きくらげ　適量（もどして細切り）
- 青ねぎ　1〜2本（小口切り）
- 麻の実　適量

卵　1個
小麦粉　適量
揚げ油

◆作り方
❶トビウオは三枚におろし、身を包丁でこそぎ取る。すり鉢（またはフードプロセッサー）ですり身にする。
❷①をボウルに取り、おからを加えてよく混ぜ合わせ、Aを加えて混ぜ、卵と小麦粉を加えてさらに混ぜる。
❸②を平らな円盤状にまとめ、170℃の揚げ油で中まで火が通るように揚げる。

007 バーソー

◆材料
豚三枚肉　200g
長ねぎ　15本（粗みじん切り）
生姜　1かけ（みじん切り）
にんにく　1片（みじん切り）
酒　½カップ
しょうゆ　⅓〜½カップ（好みで加減）
白ごま、麻の実　各少々
ごま油

◆作り方
❶豚肉は、二度挽きする。
❷中華鍋にごま油を熱して生姜、にんにくを炒め、香りが出てきたら長ねぎを加えて中火で炒める。ねぎがしっとりとしてきたら、火を弱めてさらに炒める。
❸②が色づいてペースト状になったら豚肉を加え、ねぎと肉がよく混ざるよう丁寧に炒める。
❹酒、しょうゆをひたひたに加え、さらによく炒める。しょうゆが全体にしみ込んでみそ状になったら、ごま、麻の実、ごま油大さじ1を加え、照りが出てきたところで火を止める。

008 ドジョウのみそ汁と丸鍋

◆材料
活きドジョウ　400g
昆布　10㎝
生姜　少々（つぶす）
酒　½カップ
ごぼう　1本（ささがき）
[みそ汁]
　みそ　適量
　長ねぎ（小口切り）、粉山椒
[丸鍋]
　長ねぎ　2〜3本（小口切り）
　しょうゆ、みりん
　粉山椒

◆作り方
❶ドジョウは、しばらく水に泳がせておく。
❷深鍋に水を張り、昆布、生姜、酒を加え、ドジョウを入れ、蓋をして火にかける。沸騰したらとろ火にして、20〜30分静かに煮る。
❸②の鍋から、ドジョウを⅔量、煮汁をカップ2〜3杯取り分ける。取り分けた分はドジョウの丸鍋にする。
❹みそ汁は、③の鍋にみそを溶き入れ、ごぼうを適量加えてひと煮し、椀に盛る。好みで長ねぎを散らし、粉山椒を振る。
❺丸鍋は、浅めの鍋にドジョウの煮汁を入れ、しょうゆとみりんで吸いものよりやや濃いめに味をつけ、ゆでたドジョウ、ごぼうを広げて火にかける。煮立ったら大量のねぎをのせ、煮ながら食べる。好みで粉山椒を振る。

009 柳川鍋、ウナギの酢のもの

柳川鍋

◆材料

さきドジョウ　300g
新ごぼう　1本（ささがき）
卵　2個
だし　適量
しょうゆ、酒、みりんまたは砂糖

◆作り方

❶さきドジョウをざるに並べ、大鍋に沸騰させた湯にざるごとくぐらせ、霜降りにする。
❷だしに、しょうゆ、酒、みりんを加えて、好みの味に調える。
❸浅めの鍋に水をきったごぼうを敷き、ドジョウを放射状に並べて②を注ぎ、落とし蓋をして火にかける。ごぼうがしんなりしたら溶いた卵を流し込み、卵が七分通り煮えたら火を止める。

ウナギの酢のもの

◆材料

ウナギの白焼き　1串
きゅうり　1本（薄い小口切り）
みょうが　1個（細切り）
青じそ　2～3枚（せん切り）
卵　1個（錦糸卵にする）
塩
[二杯酢]
　酢　大さじ2～3、
　淡口しょうゆ　大さじ1、だし　大さじ1

◆作り方

❶ウナギは小口から細切りにし、遠火にかけた魚焼き網であぶるように焼く。
❷きゅうりは薄く塩を振り、しんなりしたら水気を絞る。
❸器にきゅうり、みょうが、青じそ、錦糸卵、①のウナギを形よく盛る。二杯酢の材料を合わせてかける。

010 シソの葉ずし、メハリずし

シソの葉ずし

◆**材料**（分量はお好みで）
青じそのしょうゆ漬け（右参照）
ご飯

◆**作り方**
しその葉を広げて小さめに握ったおむすびをのせ、形よく包む。

メハリずし

◆**材料**（分量はお好みで）
高菜の古漬け（市販品）
ご飯

◆**作り方**
高菜を広げて、大きめにまとめたご飯をのせ、ご飯がとび出ないようにしっかり巻き、食べやすい大きさに切る。

青じそのしょうゆ漬け

◆**材料**（分量はお好みで）
青じそ
塩、しょうゆ
☆卓上漬物器

◆**作り方**
❶青じそは、根元を束ねたまま水の中で振り洗いし、水気をきり、糸で綴じておく。
❷鍋に湯を沸かして塩を多めに入れ、①を一瞬くぐらせて、ざるに取る。
❸卓上漬物器に、②を一束ごとに多めの塩を振りながら重ね入れ、押しをかけて一晩おく。
❹③の水が上がったら捨て、ペーパータオルなどでしっかりと葉の水気を取る。容器に戻し、かぶるくらいにしょうゆを注ぎ、再びしっかりと押しをかける。
☆1カ月くらいから食べられ、3カ月ほどからが美味。1～2カ月で蓋のある容器に移して冷蔵庫で保存する。

011 サケのヒズ漬け、三平汁

サケのヒズ漬け

◆材料（分量はお好みで）
塩鮭の頭
酢
柚子の皮（せん切り）

◆作り方
❶鮭の頭は、縦に二つに割って、鼻先のほうからヒズの部分を皮ごと薄く切る。
❷①と柚子の皮を器に入れ、酢を注ぎ、好みの加減に漬け込む。

三平汁

◆材料（分量はお好みで）
塩鮭のアラ（頭、カマ、中骨など）
玉ねぎ（大きめの輪切り）
じゃがいも、大根、にんじん、生椎茸
（すべて食べやすい形に切る）
キャベツ（ざく切り）
豆腐（ひと口大に切る）
長ねぎ（小口切り）
昆布
酒粕、みそ

◆作り方
❶鮭のアラをぶつ切りにし（鮭の塩気が強いときは薄い塩水に浸けて塩出ししておく）、沸騰した湯に通して汚れを除く。
❷鍋に、①を入れて水を張り、昆布を加えて火にかける。煮立ったら、キャベツと長ねぎ以外の野菜を火の通りにくい順に入れる。
❸②の汁の味をみてから、見合った量の酒粕をすり鉢に取り、②の汁で溶きのばす。
❹③を鍋に加え、みそで味を調え、キャベツ、豆腐を加えてひと煮する。器に盛って、長ねぎを添える。

012 柿の葉ずし

◆材料

新巻鮭　1/4身
（一度冷凍する）
米　5合
酒　1/2合（米の1割）
塩
柿の葉　約100枚
☆飯台またはすし桶、
押しずしの型、
卓上漬物器など

◆作り方

❶米を少しかための水加減で炊き、ふいてきたら酒を加える（炊飯器の場合はスイッチが切れたらすぐに回しかける）。蒸らし終えたら飯台に移し、かたまりがないようほぐして、完全にさます。

❷柿の葉は洗い、水気をしっかりぬぐっておく。

❸新巻鮭は、すし種の大きさに薄くそぎ切りにする。

❹①を、手に薄く塩をつけながら、握りずしよりやや大きめにしっかりと握り、③をのせ、柿の葉の表を内側にして巻く。

❺④を飯台にすき間なくきっちりと並べ、押し蓋をして、重めの押しをのせる。

☆最短でも半日おいてから食べる。翌日のほうが美味。2～3日で食べきる。

☆〆サバを使う場合は、少し甘めのすし飯（392ページ参照）で握る。

013 ヒヤッ汁

◆材料
アジ　500g
みそ　ほぐしたアジの身と同量
白ごま　みその1/5量
麦飯（麦と米を半々で炊く）
[薬味]
　長ねぎ、青じそ、
　みょうが（すべてせん切り）
　青ねぎ（小口切り）
　こんにゃく（ゆでて細切り）
　焼きのり（細切り）など

◆作り方
❶アジは、えらと腹わたを除き、こんがりと素焼きにする。
❷①の身をはずし、残った頭、骨、皮をたっぷりの水に入れて火にかけ、10分ほど煮出して、だしをとっておく。
❸みそをアルミ箔に塗り広げ、オーブントースターで丁寧に焼き目をつける（杉板があれば、塗りつけて火であぶり、軽く焼き目をつけるとなおよい）。
❹ごまは、煎ってからすり鉢でよくすり、②のアジの身、③のみそも加えてよくすり混ぜ、すり鉢全面に押しつけるように広げる。
❺ガスに焼き網をのせ、④のすり鉢を逆さにしてうっすらと焼き目がつくまであぶる（これが、〝アジごまみそ〟。ほかの料理用に取り分けておく）。
❻②のだしをこして⑤に加えてすり混ぜ、とろろ汁くらいの濃さにのばし、冷蔵庫で冷やしておく。
❼熱々の麦飯を茶碗によそい、薬味をのせ、よく冷やした⑥をかけて食べる。
☆④ですり鉢がなければ、フードプロセッサーやミキサーを使う。
☆⑤の〝アジごまみそ〟は、適量を取り分けて円盤状にまとめ、オーブントースターなどであぶっておくとよい。

014 アジゴマみその デンガク

◆材料（分量はお好みで）
豆腐
こんにゃく
アジごまみそ（349ページ参照）
木の芽

◆作り方
豆腐とこんにゃくは、食べやすく切ってゆでで、よく水気をぬぐって串に刺す。軽く焼き目がつくまであぶって、アジごまみそを塗る（かたければ水で加減する）。好みで木の芽を添える。

酢みそ和え

◆材料（分量はお好みで）
アジごまみそ（349ページ参照）
砂糖、粉辛子、酢
[具]
　イカ（さっと湯通しして細切り）
　こんにゃく（ゆでて薄い短冊切り）
　生椎茸（細切りにして酒で軽く煎る）
　わけぎ（色よくゆで4㎝のざく切り）
[薬味]
　みょうが、木の芽、青じそなど

◆作り方
アジごまみそに砂糖をひとつまみ加え、粉辛子を加えて、酢で好みの味にのばす。下ごしらえした具を和えて器に盛り、好みの薬味を添える。

015 ユナマス

◆材料
アジ　中1尾
大根　½本
にんじん　1本
豆腐　½丁
わけぎ　2〜3本（小口切り）
サラダ油　大さじ3
だし　⅓カップ
塩　小さじ1
淡口しょうゆ　大さじ1
酢またはレモン汁　大さじ2
ごま油　小さじ1
☆鬼おろし

◆作り方
❶アジは、えらと腹わたを除いて素焼きにし、頭、骨、皮を除いて、身をほぐしておく。
❷大根、にんじんは皮をむき、鬼おろしなどで粗くおろす。
❸中華鍋に油を熱し、豆腐を手でほぐしながら入れ、②を加えて強火で一気に炒める。だしを注いで塩、淡口しょうゆで調味し、煮立ったところに①のアジの身を加えて混ぜる。わけぎを加え、酢をたらし、ごま油を振って仕上げる。

016 カレーライス（西欧式）

◆材料
肉（牛、豚、鶏）　600g（ひと口大に切る）
玉ねぎ　5個（薄切り）
にんじん、じゃがいも　各適量
にんにく　2〜3片（薄切り）
小麦粉　⅓カップ
カレー粉　適量
鶏ガラスープ（376ページ参照）
　または水　5カップ
ブーケガルニ（ローリエ、クローブ、タイム、
　パセリの茎などをたこ糸で縛る）
チャツネ（354ページ参照）
　またはジャムとトマトピュレ
ご飯　適量
サラダ油、バター
塩、ウスターソース
[薬味]
　らっきょうの甘酢漬け、
　きゅうりのピクルス、漬けものなど

◆作り方
❶フライパンか中華鍋に油とバターを半々に熱し、玉ねぎ、にんにくをとろ火で1時間ほど炒める。
❷別の鍋に油とバターを半々に熱し、肉を強火で手早く炒め、乱切りにしたにんじんを加えてスープを注ぎ、ブーケガルニを入れる。
❸①が¼量になり、きつね色に色づいたら、小麦粉を加えてよく炒め合わせ、カレー粉を加えて、②のスープで溶きのばす。
❹②と③を合わせてとろ火でゆっくり煮る。肉がやわらかくなったらひと口大に切ったじゃがいもを加えて、やわらかくなるまで煮る。
❺塩、ウスターソース、チャツネで調味し、最後にもう一度カレー粉を加え、香りを立てて仕上げる。器に盛ったご飯にかけ、薬味を添える。

017 カレーライス（インド式）

◆**材料**

鶏肉（骨つきぶつ切り）　600g
玉ねぎ　3〜4個
（1/4個は薄切り、残りはざく切り）
にんにく　2片（薄切り）
生姜　1かけ（薄切り）
サフラン　ひとつまみ
（熱湯に浸けて色出しする）
カレー粉　適量
鶏ガラスープ（376ページ参照）
またはトマトジュース　適量
トマトピュレ　適量
赤唐辛子　2本
マスタードシード、粒胡椒
チャツネ（354ページ参照）
またはジャムとトマトピュレ　適量
ご飯　適量
サラダ油、バター
塩
[薬味]
香菜、漬けもの、チャツネなど

◆**作り方**

❶油とバターを半々に熱し、にんにく・生姜各少々、薄切りの玉ねぎを軽く焦げ目がつくまで炒め、キッチンペーパーなどに取って油をきっておく。
❷鍋に少し多めの油とバターを半々に熱し、鶏肉、残りのにんにく、生姜を入れて焼き目がつくまで炒め、ざく切りの玉ねぎも加えて炒める。
❸②に、サフランを浸け汁ごと加え、カレー粉も加えて混ぜる。
❹スープをひたひたに注ぎ、トマトピュレを加え、赤唐辛子、粗挽きのマスタードシード、粒胡椒を加える。
❺①を指先で揉んで散らし、チャツネ、塩で味を調える。鶏の骨ばなれがよくなるまで煮込んで、カレー粉で香りを足して仕上げる。器に盛ったご飯にかける。

018 カレーライス(チャツネのつくり方)

◆材料
りんご(酸味の強いもの)
　2〜3個(700g)
にんにく(つぶして粗みじん切り)
　大さじ1
生姜(つぶして粗みじん切り)
　大さじ2
赤唐辛子　2〜3本
レモン汁　⅓カップ
ザラメ　100g
干しぶどう　60g
コリアンダーパウダー　少々
サラダ油　大さじ2〜3
塩　小さじ1弱
酢　1カップ

◆作り方
❶鍋に油を温め、にんにく、生姜を焦がさないよう丁寧に炒め、薄切りにしたりんご、赤唐辛子を加える。とろ火で、ときどき混ぜながら煮る。
❷レモン汁、ザラメ、干しぶどう、コリアンダーパウダー、塩、酢を加え、ねっとりとジャム状になるまで煮詰める。

019 ピクルス

◆材料(分量はお好みで)
きゅうり、セロリ、にんじん、
カリフラワー、大根など
にんにく
[スパイス]
　赤唐辛子、ローリエ、パセリの茎、
　フェンネルシード、ディルシード
塩、ザラメ
酢

◆作り方
❶きゅうり、セロリ、にんじんなどを食べやすい大きさに切ってボウルに入れ、塩を振って全体を返し、ときどき混ぜて水気が出るまでおく。
❷鍋に、水3カップに対し、塩大さじ1、ザラメひとつまみの割合で入れ、にんにく、スパイス類もすべて加えて火にかける。ひと煮立ちしたら酢1カップを加え、火を止めて室温にさます。
❸①の水気をよくきって清潔な瓶に入れ、②をスパイスごと注いで、冷蔵庫で保存する。
☆翌日から食べられる。
☆漬かりを早くしたければ、常温で1〜2日おいてから冷蔵庫に入れる。

020 鶏の手羽先料理

西洋風手羽先料理

◆材料

鶏手羽先　10本
にんにく　1片（つぶす）
[香味野菜]
　にんじん、玉ねぎの切れ端　各適宜
[スパイス]
　ローリエ、クローブ、タイムなど
バター　大さじ1
白ワインまたは酒
塩、胡椒

◆作り方

❶手羽先は、塩、胡椒をし、5〜10分おく。
❷ぴったりと蓋の閉まる深鍋に①を入れ、半分浸かるくらいに水を注ぎ、にんにく、香味野菜、スパイス、バター、白ワインを加える。
❸②を火にかけ、沸騰したらとろ火で焦げつかないよう20〜30分、水気がなくなるまで煮て、温かいうちに食べる。

中華風手羽先料理

◆材料

鶏手羽先　10本
[香味野菜]
　にんにく　1片、生姜　1かけ
　長ねぎ　1/3〜1/2本
　にんじんの切れ端など野菜くず　適宜
にんにく　1片（つぶす）
赤唐辛子　1本
サラダ油　大さじ3
[合わせ調味料]
　しょうゆ、酒　各大さじ2
　五香粉　少々
胡椒、ごま油

◆作り方

❶深鍋に手羽先とたっぷりの水を入れ、香味野菜を加えて火にかける。沸騰したら弱火にし、アクをすくいながら20分ほど煮る。
❷手羽先だけをすくって水気をきり、よくさます（ゆで汁はスープとして使える）。
❸中華鍋に油を熱してにんにくを入れ、香りが出たら赤唐辛子、手羽先を加え、強火で焼きつける。焼き目がついたら、合わせ調味料を回し入れ、汁気をとばし、胡椒、ごま油で香りをつける。

021 干ダラとトウガンのあんかけ

◆**材料**（分量はお好みで）
干ダラ
じゃがいも
冬瓜
昆布
塩、酒、片栗粉、淡口しょうゆ
生姜の絞り汁
☆木槌

◆**作り方**
❶干ダラは、かたいものは木槌で叩き、やわらかめのものはゆでこぼし、1～2晩水に浸けてほどよいかたさにもどす。
❷①を好みの太さに裂き、皮は包丁で細切りにする。鍋に入れて、水、昆布を加え、火にかける。沸騰したら昆布を取り出し、とろ火で1時間ほど煮て、塩と酒で調味する。
❸皮をむいたじゃがいもを加え、静かに煮る。
❹冬瓜は適当な大きさに切り、皮をむいて種とわたを除き、③に加える。
❺冬瓜が半透明に煮えたら、水で溶いた片栗粉を加えて全体にとろみをつけ、塩と淡口しょうゆで味を調える。火を止めて、生姜汁を加え、ひと混ぜして仕上げる。

022 イモ棒

◆**材料**（分量はお好みで）
棒ダラ
セレベス芋
だし
酢
A［しょうゆ、酒、みりん
　花見砂糖またはきび砂糖
☆金槌

◆**作り方**
❶棒ダラは、金槌などでよく叩く。米のとぎ汁で煮て、そのまま一晩おいて、ほどよいサイズにほぐす。皮は、ハサミで細く切る。
❷セレベス芋は皮をむき、水に酢少々を加えて、箸が通るくらいまで下ゆでする。
❸だしを、Aで甘めのおでん汁くらいに調味する。タラと湯をきった芋をいっしょにして、とろ火で気長に煮込む。

023 獅子頭

◆**材料**

[獅子頭]

豚バラ肉（挽き肉でも）　600g

長ねぎ　2〜3本（粗みじん切り）

にんにく　1片（つぶしてみじん切り）

生姜　1かけ（つぶしてみじん切り）

干し椎茸、きくらげ

（ともにもどしてみじん切り）　各少々

豆腐　⅔丁（水きりする）

A［砂糖、酢、しょうゆ　各少々

片栗粉　大さじ1

卵　1個

ごま油　大さじ1

揚げ油

[煮汁]

B［しょうゆ、酒、砂糖

C［にんにく、生姜（ともにつぶす）
長ねぎ、赤唐辛子、八角

[煮込み具材]

セレベス芋または八つ頭

（皮をむき大きめに切って下ゆでする）

こんにゃく（大きめに切って下ゆでする）

干し椎茸（もどして大きめに切る）

ゆで筍（大きめに切って湯通しする）

ゆで卵

溶き辛子

◆**作り方**

❶豚バラ肉を包丁で叩いて挽き肉状にし、長ねぎ、にんにく、生姜、椎茸、きくらげを加え、丹念に叩き混ぜる。

❷①をボウルに移し、Aを混ぜ合わせ、豆腐を加えてつぶしながら混ぜ、ごま油、片栗粉、卵を加えて、全体を練り合わせる。

❸②をゴツゴツした大きめの団子に丸め、熱した揚げ油に入れて、表面がきつね色になるように揚げる（あとで煮込むので、表面を色づけるだけでよい）。

❹鍋にたっぷりの水を張り、Bでおでんより少し濃いめの味をつける。Cを加え、③の団子と煮込み具材のこんにゃく、椎茸、筍、ゆで卵を加え、途中でセレベス芋も加えて、躍らせないように1〜2時間煮る。

❺器に盛り、溶き辛子を添える。

024 ローストビーフ

◆**材料**

牛肉（ヒレ、ランプ、ももなど）
　600g～1kgのかたまり
[香味野菜]
　玉ねぎ、にんじん、セロリ
　（すべて薄切り）　小鍋1杯分
　にんにく　1片（薄切り）
赤ワイン
バター
塩、胡椒
A［パセリの茎、ローリエ、クローブ、セージなど、好みのスパイスやハーブ
B［トマトジュース、しょうゆ、ウスターソースなど
[つけ合わせ]
　クレソン、ホースラディッシュ、わさびなど
☆たこ糸

◆**作り方**

❶肉はかたまりのまま、全体に塩、胡椒をし、ワインをたっぷり振りかけ、しばらくおく。
❷たこ糸で①の形を整える。バターをひいたフライパンを強火で熱し、肉の表面に少し焦げ目がつくように全体を焼きつけ、取り出す。
❸香味野菜を、②のフライパンでしばらく炒める。
❹耐熱皿（オーブンの天板でも可）に、③の半量を敷いて②の肉を置き、残った③で覆い、180℃に熱したオーブンに入れる。25～35分、ときどき脂や肉汁をかけ、裏返しながら焼く。
❺好みの加減（肉の中心に金串を刺して5～6秒してから引き抜き、唇に当てて、冷たくなかったらレア、生温かかったらミディアム）に焼き上がった肉を取り出し、よくさます。
❻③のフライパンを洗わずに、耐熱皿に残った野菜や肉汁を入れ、ワイン・水各少々を注ぐ。Aを加えて煮詰め、塩、胡椒、Bで好みの味に調え、こしてソースを作る。
❼さめた肉を薄切りにし、器に並べる。クレソン、ホースラディッシュ、わさびなどを添え、⑥のソースをかける。
☆⑤で焼き上がった肉は、ポリ袋に入れてタオルで包み、ゆっくりさますとなおよい。袋に出た肉汁も⑥に加える。

025 キリタンポ鍋

◆材料（分量はお好みで）
きりたんぽ（米3合で約10本分。
うるち米9に対しもち米1の割合）
[鍋の汁]
鶏ガラスープ（376ページ参照）
しょうゆ、みりん、酒
[具]
鶏もも肉（ぶつ切り）
ごぼう（ささがき）
白菜、長ねぎ、舞茸など好みのきのこ類、
せり、焼き豆腐
（すべて食べよく切る）
しらたき（ゆでて適宜切る）
[薬味]
大根おろし、青ねぎ、
七味唐辛子、粉山椒など
塩
☆太さ1㎝くらいの棒

◆作り方
❶きりたんぽを作る。表記の割合で炊いたご飯が熱いうちに、米粒が半ば残るくらいにすりこ木などで突きつぶす。手に塩水をつけて棒に均一に巻きつけ、塩水で絞った布巾で形を整える。焼き網やオーブンで焼き目をつけ、熱いうちに棒を回して抜き取り、さめてから5㎝長さに斜めに切る（フッ素樹脂加工のフライパンやプレートで焼いてもよい）。
❷鍋に、鶏ガラスープを入れて火にかけ、しょうゆ、みりん、酒で、吸いものより少し甘辛に調味する。
❸②が煮立ったら、鶏肉、しらたき、豆腐、野菜を、火の通りにくい順に入れる。頃合いを見て、きりたんぽを加える。
❹好みの薬味を添えて食べる。
☆きりたんぽは、早くから入れると煮崩れるので注意。

026 ボルシチ

◆材料
牛すね肉　500gのかたまり
[香味野菜]
　にんじん、玉ねぎ（ともに切れ端）、
　長ねぎの青い部分、
　にんにく　各適量
クローブ
A
- 玉ねぎ　1個（粗みじん切り）
- にんにく　1片（みじん切り）
- トマト　2個（皮をむいて粗みじん切り）
- ビーツの酢漬け（右参照。生や缶詰でもよい）400〜500g（拍子木切り）

バター
B
- ビーツの漬け汁または酢　1/4カップ
- ザラメ　小さじ1
- 白ワインまたは酒　1/4カップ
- 塩　小さじ2

[ハーブ類]
　ローリエ、パセリの茎、セージ、ディル
黒胡椒
米　ひとにぎり
[具]
　玉ねぎ（輪切り）
　じゃがいも（下ゆでする）
　キャベツ（大きく切る）
　にんじん（輪切り）、マッシュルーム、
　ベーコン（スライス）　各適量
塩、黒胡椒
サワークリーム、パセリ

◆作り方
❶ビーフストックを作る。深鍋に、牛すね肉、水2〜3ℓ、香味野菜、クローブを入れて火にかける。沸騰したら、弱火にし、ときどきアクをすくったり水を足しながら、数時間煮込む。肉を取り出して、さめてから好みに切る。野菜くずは取り除く。
❷鍋にバターを溶かし、Aを入れて炒める。しんなりしたら、Bを加え、ハーブ類、黒胡椒、米を加えて、①を3カップほど注ぎ、30分ほど（ビーツが生の場合は50分ほど）煮込む。
❸具の玉ねぎ、じゃがいも、にんじん、マッシュルーム、①の牛肉、残りのビーフストックを適量加える。野菜に火が通ったら、湯通ししたベーコン、キャベツを加え、塩、黒胡椒で味を調える。
❹器に盛り、サワークリーム、パセリを添える。

ビーツの酢漬けの作り方
ビーツを丸ごと、串がすっと通るくらいまでやわらかくゆで、皮をむいて1㎝厚さの輪切りにする。ガラス瓶などに入れて、ひたひたの酢に漬ける。数カ月保存可。

027 サフランご飯

◆材料
米　3合
キャベツ　1個
豚の背脂　100g
玉ねぎ　½個（みじん切り）
サフラン　小さじ1
（熱湯に浸けて色出しする）
マッシュルーム　適宜（薄切り）
サラダ油、バター
塩

◆作り方
❶米は洗い、沸騰したたっぷりの湯で4〜5分ゆで、ざるに上げる。
❷キャベツは熱湯にくぐらせて葉をしんなりさせ、1枚ずつはずしておく。背脂は細く切る。
❸フライパンに、油（またはバター）をひいて玉ねぎを炒め、①を入れて丁寧に炒め、塩少々、サフランを汁ごと加え、全体が真っ黄色になるまでよく炒める。
❹蓋ができる大鍋を用意する。鍋の底に②の背脂を敷きつめ、その上にキャベツ1個分の葉をすべて広げ、真ん中に③の米を盛る。蓋をして、ごく弱火で焦げつかないように30分ほど蒸し煮にする。煮上がる10分ほど前に、マッシュルームとバター少々を加える。
❺火を止めてしばらくそのまま蒸らし、大皿に盛りつける。

028 オニオンスープ

◆材料
玉ねぎ　一人あたり1個（薄切り）
にんにく　適量（半分に切り、半量はみじん切り）
鶏ガラスープ（376ページ参照）
一人あたり1カップ
フランスパン　一人あたり1切れ
チーズ（グリュイエール、
エメンタール、パルミジャーノなど）
一人あたり大さじ2〜3
サラダ油、バター、しょうゆ、胡椒

◆作り方
❶フライパンに油とバターを半々に熱し、玉ねぎ、みじん切りのにんにくを入れる。はじめは強火、色づき始めたら弱火にして、焦げつかせぬよう気長に、きつね色になるまで炒める。
❷フランスパンを3㎝厚さに切り、軽く焼いて、にんにくの切り口でこすって香りをつける。鶏ガラスープは温め、チーズは薄切りにする。
❸一人用の深さのある耐熱の器に、①を入れてしょうゆをひとたらしし、②のフランスパンをのせる。スープを七分目まで注ぎ、胡椒を振ってチーズをのせる。
❹250℃に熱したオーブンで10分ほど、おいしそうな焼き色がつくまで焼く。

029 アナゴ丼

◆材料（分量はお好みで）
アナゴ
（開いたもの。なるべく頭や中骨ごと）
ご飯
卵（錦糸卵にする）
ごぼう（ささがき）
しょうゆ、砂糖、酒、みりん
☆金串、刷毛

◆作り方
❶アナゴの頭、中骨、尾の先の部分を素焼きにし、小鍋に入れて水1カップを注いで火にかける。煮立ったら、しょうゆ、砂糖、酒を各½カップ加えて煮詰め、途中でみりんを⅓カップ加えて照りを出し、たれにする。
❷アナゴの身を2つ〜3つに切り分けて金串を刺し、じか火で素焼きにする。①のたれを刷毛で塗って、こんがりと蒲焼き風にあぶる。
❸丼にご飯を敷いて、たれをつけた刷毛でならし、アナゴをのせる。その上にまたご飯を敷いて刷毛でならし、アナゴをのせ、ご飯で覆う。蒸気の上がった蒸し器で10分ほど蒸し、錦糸卵を散らす。
❹ごぼうは、薄めた①のたれでさっと煮て、③に添える。
☆今回は、ご飯の上にもアナゴをのせ、錦糸卵を散らした。

030 魚のみそ漬け

◆材料（分量はお好みで）
サワラ、マナガツオ、甘鯛など
[みそ床]
みそ、みりん、酒
塩
☆ガーゼ

◆作り方
❶魚を切り身にし、全体に軽く塩をしてざるにのせ、3〜4時間おく。
❷みそを、みりんと酒で、好みの味にのばす。
❸バットに②の半量を敷きのばし、その上に清潔なガーゼを広げて①の魚を並べ、ガーゼで覆って残りのみそを塗り広げ、冷蔵庫に入れる。漬け込む時間は、好みで2時間から2〜3日。
☆ガーゼではさんで漬けると扱いやすいが、みそっぽさを楽しみたいなら、じかに漬けて、焦げないよう気をつけて焼くこと。

031 クラムチャウダー

◆**材料**

アサリ（殻つき）　2パック
ベーコン　2〜3枚
（湯通ししてみじん切り）
玉ねぎ　½個（みじん切り）
パセリ　適量（みじん切り）
トマト　中1個（湯むきしてざく切り）
セロリ　½本（粗みじん切り）
じゃがいも　2〜3個
（皮をむいてさいの目に切りかためにゆでる）
牛乳　1カップ
小麦粉　大さじ2
サラダ油、バター
塩、胡椒、タイム
クラッカー

◆**作り方**

❶鍋に水3カップを沸騰させ、砂抜きしてよく洗ったアサリを入れ、殻が開いたら火を止め、ざるに上げる。身を殻からはずし、ゆで汁の中で振り洗いして、適当に刻む。ゆで汁は茶こしなどでこして、砂や澱を除いておく。

❷深めの鍋に油とバターを温め、ベーコン、玉ねぎ、パセリ少々（最後に散らす分を残す）を入れて、玉ねぎが色づかないように炒める。トマトを加え、小麦粉を振ってしばらく炒める。①のゆで汁を注ぎながら、丁寧に溶く。

❸②に牛乳を加えて弱火で混ぜ、塩、胡椒、タイムで味を調える。セロリ、じゃがいもを加え、沸騰してきたら①のアサリを入れる。

❹器に盛り、パセリを散らし、クラッカーを添える。

☆②でトマトを加えず、③で牛乳とともにトマトピュレを加えてもよい。

032 からしレンコン

◆**材料**
れんこん　中2本
[辛子みそ]
　白みそ　60g
　粉辛子　大さじ2
　おから　30g
　みりん　小さじ1
　砂糖　（好みで）
[揚げ衣]
　小麦粉　1カップ
　ターメリック　大さじ2
　卵黄　1個分
　塩、水　各少々
揚げ油
酢、塩、小麦粉

◆**作り方**
❶鍋に水とれんこんを入れ、少量の酢、塩を加えて火にかけ、沸騰してから4〜5分、歯ざわりを残す程度にゆでる。ざるに上げて湯をきり、両端を穴が見えるまで切り落とし、さましておく。
❷辛子みそを作る。おからを、フライパンでパラパラになるまでよくから煎りする。みそに辛子を混ぜ、みりん、砂糖、おからを加えて混ぜ合わせる。
❸まな板の上に②を山にして置き、①のれんこんを垂直に握ってみその上でトントンと叩いて、穴からみそがあふれるまで充填する。
❹揚げ衣の材料を混ぜ合わせ、ドロリとした濃いめの衣を作る。
❺③に小麦粉をまぶし、④の衣をたっぷりとつけて、170℃に熱した揚げ油で色よく揚げる。
❻完全にさまし、食べるときに端から小口切りにする。
☆みそを詰めたあと、一晩おいて、辛子みそが落ちつくのを待つとよい。
☆衣をつけるとき、れんこんに竹串を刺して扱うと、まんべんなくつけやすい。

033 牛タンの塩漬け

◆**材料**

牛タン（皮つき）　1本
粗塩　ひとにぎり
A
- 玉ねぎ　1〜2個（薄切り）
- にんじん、セロリ　各1本（ともに薄切り）
- にんにく　2〜3片（つぶして薄切り）
- 生姜　1〜2かけ（つぶして薄切り）

［漬け汁］
水　約1ℓ
（タンと野菜に完全にかぶる量）
粗塩　½カップ（水の10％）
ローリエ　2〜3枚
タイム、セージ、黒粒胡椒、クローブなど　各適量

［香味野菜］
玉ねぎ、にんじん、セロリの切れ端　各適宜
好みのスパイス

◆**作り方**

❶タンは、味がしみ込むよう、キリや金串で穴をたくさん開けておく。
❷①をボウルに入れて塩を揉み込み、ざるに上げてしばらくおいて血抜きをする。
❸漬け汁用の水に、塩、ハーブとスパイス、香味野菜を加え、一度煮立たせてから室温にさましておく。
❹漬け込む器（蓋のできるもの）の底にAの半量を敷き、②のタンをのせて残りの野菜で覆い、③を注ぐ。皿などを重ねた重しをのせ、しっかりと蓋をして、20℃以下の涼しいところに7〜10日間おく。
❺漬かったタンを取り出して水洗いし、たっぷりの水に、新たに香味野菜やスパイスを加え、2時間ゆでる。
❻ゆで上がったタンは、熱いうちに手で皮をむく。さめたら冷蔵庫で完全に冷やしてから、薄く切る。

034 ダイコン餅

◆**材料**

大根　500g
上新粉　500g
A
- 豚の背脂　250g（さいの目に切って湯通しする）
- 中国式腸詰または中国ハム　100g（粗みじん切り）
- 干しエビ　少々（粗みじん切り）
- XO醤　小さじ2
- ごま油　大さじ½
- 塩、胡椒　各少々

サラダ油またはごま油
酢、しょうゆ、豆板醤、香菜
☆流し缶

◆**作り方**

❶大根は皮をむいて短冊に切り、ひたひたの水でやわらかくゆでる。
❷①の大根をすくってすり鉢に入れ、熱いうちにすりこ木でよくつぶす。上新粉を加えて手でこね合わせ、ゆで汁を足しながら耳たぶくらいのかたさにする。
❸②にAを加えてよく混ぜる。
❹流し缶に③を詰め、蒸気の上がった蒸し器で1時間蒸し、型に入れたままさます（冷蔵庫で一晩おくとにさらに扱いやすくなる）。
❺④を型からはずす。食べる際に1㎝厚さに切り、油をひいたフライパンで両面をこんがりと焼く。酢じょうゆに、豆板醤、香菜など、好みの調味料、薬味を添える。
☆④で、深めの皿に詰めたり、クッキングシートやラップでぴっちり包んで蒸してもよい。
☆冷凍保存できる。

035 博多じめ

◆材料（分量はお好みで）
ヒラメ（刺し身用）
昆布
塩、酢
わさび

◆作り方
❶ヒラメは五枚におろして皮をひき、薄くそぎ切りにする。
❷昆布を酢でふいて軽く塩を振り、①をすき間なく並べる。上からも薄く塩を振り、同様に酢でふいた昆布を重ね、軽く押しをする。
❸器に盛り、わさびを添える。
☆上下ともに新しい昆布を使うとうまみがくどくなるので、上にのせるのは、だしをひいたあとの昆布がよい。

036 タイ茶漬け

◆材料
鯛（刺し身用）　中1尾
[漬けだれ]
　白ごま　大さじ5強
　卵　1個（好みで）
　しょうゆ　180ml
みりん（好みで）
酒
ご飯
煎茶
[薬味]
　のり、わさび、三つ葉、白ごまなど

◆作り方
❶鯛は、刺し身よりやや薄めのそぎ切りにし、酒少々を振りかけておく。
❷漬けだれを作る。ごまを、香りが立ってはじけ始めるまで煎り（煎りごまなら温める程度に）、すり鉢に取ってすする。粗ずりの状態で薬味用に少量を取り分ける。残りはさらに、油がにじむまで丁寧にする。好みで卵を割り入れてすり合わせ、しょうゆを加えてよく混ぜる。
❸②の漬けだれに①を入れ、さっくりと混ぜる。漬け具合は、好みで。
❹③を、薬味とともに食卓に並べる。小皿に取り分けて薬味をかけ、そのまま食べてよし。茶碗にご飯をよそって鯛と薬味をのせ、漬け汁を適量かけて熱々の煎茶を注ぎ、茶漬けにして楽しんでも。
☆味を少しやわらかくしたいなら、③でみりん大さじ2を加えるとよい。

037 アンコウ鍋

◆材料（分量はお好みで）
アンコウの切り身、皮、
　ひれ、肝など
［ざく］
　白菜（ざく切り）
　三つ葉、せりなど
　　（４〜５㎝のざく切り）
　ごぼう（ささがき）
　うど
　　（皮をむいて短冊に切って
　　酢水にさらす）
　長ねぎ、きのこ類、
　ゆで筍（食べよく切る）
　しらたき
　　（湯通ししてざく切り）
　豆腐（食べよく切る）
［鍋の汁］
　昆布だし
　淡口しょうゆ
　酒
　生姜

◆作り方
❶アンコウの切り身、ひれなどは、熱湯にくぐらせ、霜降りにする。肝は10分ほど蒸し、ひと口大に切る。
❷好みのざくを用意し、下ごしらえする。
❸昆布だしに、淡口しょうゆ、酒で、吸いものより濃いめに味をつけ（好みでみりんを加えてもよい）、つぶした生姜1かけを入れて、煮立たせる。
❹食卓で鍋に汁を張り、アンコウ、野菜、その他の具を順に入れ、煮えばなを食べる。

038 羊の肉のシャブシャブ

◆材料（分量はお好みで）
羊薄切り肉（しゃぶしゃぶ用）
[ざく]
　白菜、ほうれん草、にら、長ねぎ、
　椎茸など好みのきのこ、ゆで筍、
　もどした春雨、豆腐など
　　（すべて食べよい大きさに切る）
[薬味]
　大根おろし、長ねぎ（小口切り）、香菜
酢またはポンス（柑橘類の絞り汁）
しょうゆ
木の実のたれ（右参照）

◆作り方
鍋に湯を沸かし、羊肉、下ごしらえしたざくなどを入れる。木の実のたれに、好みで酢、ポンス、しょうゆ、薬味を加え、煮えばなを食べる。
☆羊肉は、さっと湯にくぐらせたくらいがおいしい。

木の実のたれ

◆材料
煎り白ごま　⅓カップ
木の実（ピーナッツ、くるみ、
　カシューナッツ、アーモンド、松の実など）
　合わせて1カップ
りんご　1個、玉ねぎ　½個
にんにく　1片、生姜　1かけ
赤唐辛子　1〜2本、酒　½カップ
しょうゆ　1½カップ、レモン汁　½個分
ごま油　⅓カップ

◆作り方
❶ごまをすり、木の実といっしょにブレンダーで細かく粉末状に砕く。すりおろしたりんご、玉ねぎ、にんにく、生姜、ちぎった赤唐辛子、酒を加え、再び攪拌してペースト状にする。
❷①を鍋に移し、しょうゆを加え、焦げつかないよう木べらで混ぜながら弱火で煮詰める。鍋底をかいて底が一瞬見えるくらいになったら、レモン汁、ごま油で調味し、火を止める。
☆蓋つきの容器に入れて、冷蔵庫で1カ月以上保存可。

039 ジンギスカン鍋

◆材料（分量はお好みで）
羊肉（薄切り）
［ざく］
　もやし、キャベツ、ピーマン、
　ズッキーニ、玉ねぎなど
木の実のたれ（369ページ参照）
［薬味］
　香菜、大根おろし、長ねぎ
酢じょうゆ、ごま油など
☆義経鍋またはすき焼き鍋、
　ホットプレート

◆作り方
義経鍋を火にかけ、食べよく切った肉や野菜をのせる。火が通ったものから、木の実のたれ、酢じょうゆ、薬味などをつけて食べる。
☆義経鍋は、ジンギスカンとしゃぶしゃぶの両方が楽しめる。焼くだけなら、すき焼き鍋やホットプレートで楽しんでもよい。

040 朝鮮風焼肉

◆材料
羊肉　1kg
キャベツ　適量（ざく切り）
にんにく　2〜3片（つぶす）
長ねぎ　1本（叩いて小口切り）
A
　白ごま　50g（煎って粗ずりにする）
　淡口しょうゆ　1/3カップ
　酒　1/2カップ
　胡椒、粉唐辛子　各適量
　ごま油　大さじ2

◆作り方
❶羊肉は、食べやすい厚さに切る。
❷にんにくと長ねぎを合わせ、包丁でべとべとになるまで切り刻む。
❸ボウルで②とAを、よく混ぜ合わせる。
❹③に①を入れてよくからめ、1〜2時間漬け込む。
❺食卓で、キャベツといっしょに焼く。

041 牛豚のモツ焼き —

◆材料（分量はお好みで）
牛肉（好みの部位）
牛のタン、ハツ、
　ミノ、センマイ、
豚のタン、ハツ、
　ガツ、レバー、マメ
[下ごしらえ用]
　塩、酢、おから
A
　長ねぎ、にんにく、
　生姜、
　青唐辛子
　　（すべてみじん切り）
　白ごま（半ずり）
酒、しょうゆ
淡口しょうゆ、塩
粉唐辛子、ごま油

◆作り方
❶下ごしらえをする。牛肉は、食べよく切る。牛、豚ともに、タン、ハツは、そのまま薄めに小口切りにする。レバーは、10分ほど水にさらしてから薄切りにする。ミノ、センマイ、ガツは、塩、酢、おからを加えて揉み洗いし、さらに水で洗って汚れと臭いを落とし、ひと口大に切る。マメは、半分に割って白い脂肪部分をこそげ取り、よく水洗いする。
❷牛肉、もつを部位ごとに別々の器に入れ、それぞれにA、酒、しょうゆ（ミノ、ガツなど身の白っぽいものは淡口しょうゆと塩）をからめ、粉唐辛子、ごま油を振りかけて混ぜる。マメは1～2時間漬け込む。
❸食卓で焼き網を熱し、②を焼きながら食べる。

042 043 ナムル、野菜料理三種

◆材料
もやし　1〜2袋
ほうれん草　1束
ぜんまい（乾物）　30〜40g
牛挽き肉　大さじ2
塩、ごま油
根三つ葉　1束
[調味用]
　長ねぎ（みじん切り）
　にんにく（みじん切り）
　煎り白ごま（粗ずり）
　赤唐辛子
　もろみ、粉唐辛子
　塩、胡椒、酢、しょうゆ、淡口しょうゆ、
　砂糖、酒、ごま油

◆作り方

もやしのナムル

もやしは根を取ってさっと塩ゆでし、ざるに上げて水気をきり、長ねぎ大さじ1、にんにく小さじ½、塩小さじ½、酢大さじ½、淡口しょうゆ大さじ½で和え、ごま油大さじ1を加えて混ぜる。

ほうれん草のナムル

ほうれん草は塩少々を入れた熱湯で色よくゆで、水に取る。ざるに上げて水気を絞り、お浸しよりやや短めに切る。にんにく小さじ1、長ねぎ・ごま各大さじ1、しょうゆ大さじ1、砂糖小さじ1で和え、ごま油大さじ1を加えて混ぜる。

☆もやし、ほうれん草は、好みでもろみや粉唐辛子を加えてもよい。

ぜんまいのナムル

❶大きめの器にぜんまいを入れて熱湯を注ぎ、蓋をしてさめるまでおく。浸け汁は捨てる。再度熱湯を注ぎ、さますことを2〜3回繰り返し、4〜5倍の太さにもどす。
❷①を4㎝ほどに切り揃える。
❸鍋にごま油大さじ2〜3を熱して牛挽き肉とにんにく小さじ1を炒め、ぜんまいを加えて十分に炒め、酒・しょうゆ各大さじ2、砂糖小さじ1を加えて味を含ませるように静かに煮る。
❹ほぼ煮えたら、ごま・長ねぎ各大さじ½、胡椒少々、粉唐辛子を加えて混ぜ、最後にごま油大さじ½をよく混ぜる。

根三つ葉のナムル（写真奥）

❶根三つ葉は洗って4㎝ほどに切り揃え、深めの皿に並べておく。
❷鍋に水1カップ、塩小さじ1、にんにく少々、赤唐辛子を入れて沸騰させ、三つ葉にかける。すぐに酢・ごま油各大さじ½を加え、ごまを振る。
☆根三つ葉のナムルは色が変わりやすいので、調味は食べる直前にする。

044 豚の足と耳

◆材料（分量はお好みで）
豚の足、耳
（生の場合は、塩、酢、おから）
[足の煮汁]
しょうゆ
にんにく、生姜、
長ねぎの青い部分
（それぞれつぶす）
酒
八角または五香粉
ごま油
白髪ねぎ
[耳用のたれ]
酢、しょうゆ、ごま油、豆板醤
香菜

◆作り方
❶豚の足は、縦真半分に切って鍋に入れる。水をひたひたに注ぎ、吸いものより濃いめにしょうゆで調味し、にんにく、生姜、長ねぎ、酒、八角を加えて火にかける。沸騰したら弱火にし、静かにコトコトと30〜40分、箸でほぐれるまで煮て、仕上げにごま油をたらす。白髪ねぎを添える。
❷耳は表面の汚れを包丁などでこそげ取ってきれいにしてから、20分ほどゆで、薄く切る。香菜を添え、酢、しょうゆ、豆板醤、ごま油を混ぜたたれで食べる。
☆豚の足、耳が生の場合は、塩と酢とおからで、丹念に揉み洗いしてから、足は30〜40分、耳は20〜30分、下ゆでする。
☆耳は、足と同様の味つけで20分ほど煮て、薄く切ってもおいしい。

045 麻婆豆腐

◆**材料**

豆腐　1丁
豚挽き肉　100g
にんにく　1片（みじん切り）
酒　大さじ1
ごま油　大さじ3

A	パプリカパウダー　大さじ1 チリソース　2～3滴 もろみ　小さじ½ 豆豉（細かく切る）　小さじ½ 腐乳　1片 アンチョビ　小さじ½ 淡口しょうゆ　大さじ1

赤唐辛子（種を除いて小口切り）　適量
花椒（つぶす）　小さじ¼
鶏ガラスープ（376ページ参照）
　または水　適量
片栗粉　小さじ2
ごま油　少々
青ねぎ（小口切り）

◆**作り方**

❶豆腐は、半分の厚さに切り、まな板にはさんで水きりする。
❷豚挽き肉ににんにく、酒を加え、よく混ぜ合わせる。豆腐は2㎝角に切る。
❸鍋にごま油を温め、Aを順に入れ、とろ火でむらなく混ぜ合わせる。
❹③を強火にして、②の豚肉を入れて炒め、肉の色が変わったら赤唐辛子、花椒を加えて、ひたひたより少なめにスープを注ぐ。水で溶いた片栗粉を加え、ゆるくとろみがついたら、豆腐を加えて2～3分煮る。ごま油を加えて仕上げる。
❺器に盛り、青ねぎを散らす。

046 朝鮮風雑炊と心平ガユ

朝鮮風雑炊（写真手前）

◆材料（分量はお好みで）
牛・豚のもつ
（タン、ハツ、ミノ、腸など）
にんにく、生姜、
長ねぎ（すべてつぶす）
ご飯
塩、淡口しょうゆ、ごま油
大根（短冊切り）、もやし
長ねぎ（せん切り）
粉唐辛子

◆作り方
❶もつは、20分ほど下ゆでしてこぼす。新たにたっぷりの水を注ぎ、にんにく、生姜、長ねぎ、塩少々を加えて、とろ火で2〜3時間、アクや脂をすくいながら煮る。
❷焦げ飯を作る。フライパンを温めてご飯を薄く広げ、押さえつけるようにして、片面だけ焦げ色をつけ、適宜割っておく。
❸①のもつを取り出し、食べやすく切る。
❹①のスープを別鍋に取り、塩と少量の淡口しょうゆで吸いものくらいに調味し、大根、もつ、②の焦げ飯を入れる。大根が煮えて焦げ飯がほどよくほぐれたら、もやしをたっぷり加え、ごま油をたらす。
❺器に盛り、長ねぎを添えて粉唐辛子を振る。

心平ガユ（写真奥）

◆材料と作り方（分量はお好みで）
米1対ごま油1対水15の割合で鍋に入れ、弱火で2時間ほど煮て、塩少々を加える。
☆米はとがないで使う。

047 鯨鍋

◆**材料**（分量はお好みで）
鯨肉（薄切り）
水菜（ざく切り）
[鍋の汁]
　昆布
　淡口しょうゆ、酒
　にんにく（つぶしてみじん切り）
　生姜（つぶしてみじん切り）

◆**作り方**
❶昆布でだしをとり、淡口しょうゆと酒で、吸いものより少し辛めに味をつける。
❷鍋に①を張って火にかけ、にんにく、生姜を入れ、煮立ってきたら水菜を入れ、鯨肉を上に並べる。半煮えくらいを、水菜といっしょに食べる。

鶏ガラスープ

◆**材料**
鶏ガラ　4〜5羽分
にんにく　4〜5片
生姜　1かけ
赤唐辛子　2本
長ねぎの青い部分、玉ねぎ
　各適宜
塩　少々

◆**作り方**
鶏ガラを水で洗って大鍋に入れ、たっぷりの水を注いで強火にかける。沸騰したら中火にしてアクをすくい、残りの材料をすべて入れる。スープの表面がフツフツと沸くくらいの火加減で、アクをすくいながら2〜3時間煮る。

048 チャンポンと皿うどん

◆**材料**（分量はお好みで）
蒸し中華麺
鶏ガラスープ
（376ページ参照）
もやし
豚バラ肉
（薄切りをひと口大に切る）
にんにく、生姜
（ともにつぶして薄切り）
玉ねぎ（ざく切り）
ゆで筍（薄切り）
長ねぎ（斜め切り）
生椎茸（薄切り）
キャベツ（ざく切り）
イカ（ぶつ切り）
エビ（むき身）
アサリ（むき身）
片栗粉（水で溶いてアサリと合わせる）
淡口しょうゆ
塩、胡椒
ラード、ごま油
青ねぎ（小口切り）

◆**作り方**
❶フライパンにラードを温め、中華麺を炒めて火を通し、さめないようにしておく。
❷中華鍋にラードを熱して塩少々を入れ、もやしを手早く炒め、皿に取っておく。
❸②の鍋にラードを熱して塩少々をし、豚バラ肉を炒める。強火にして、にんにく、生姜、玉ねぎ、筍、長ねぎ、椎茸、キャベツを次々に入れて、手早く炒める。キャベツがしんなりしてきたら、②のもやし、イカ、エビを加えて炒め、アサリ入りの水溶き片栗粉を加えて全体にとろみをつける。淡口しょうゆで味を調え、ごま油をたらして、胡椒を振る。
❹①の麺を皿に広げ、③をかければ、皿うどん。麺を丼に入れて③をかけ、塩で薄めに調味した熱いスープをたっぷり注げば、チャンポン。どちらも、青ねぎを散らす。

049 パエリヤ

◆材料
米　3〜4カップ
玉ねぎ　1/3個（みじん切り）
にんにく　1片（みじん切り）
サフラン　小さじ1/3
（熱湯に浸けて色出しする）
鶏骨つきもも肉　1本（ぶつ切り）
塩　小さじ1
酒　大さじ2
白身魚　中1尾（ぶつ切り）
殻つきエビ　4尾（背わたを取る）
イカ　1パイ（ぶつ切り）
アサリ　適量（砂出しして殻をよく洗う）
きのこ類　適量（舞茸、マッシュルームなど、
石づきを落として薄切り）
パプリカ　1/2個（乱切り）
小麦粉　適量
オリーブ油、揚げ油
塩、胡椒
パセリ

◆作り方
❶米は洗って水気をきっておく。
❷鍋かフライパンにオリーブ油を温め、玉ねぎ、にんにくの半量を炒め、米を加えて5分ほど炒める。
❸②を鍋に移し、サフランを汁ごと加えて全体にむらなく混ぜ、鶏肉を加え、米と同量の水と塩、酒を入れて炊き上げる。
❹白身魚は、軽く小麦粉をまぶし、から揚げにする。
❺中華鍋にオリーブ油を熱し、残りのにんにくとエビを炒め、エビが赤く色づいたら、イカ、アサリ、きのこ、パプリカを加える。貝の口が開いたらほどよく塩加減し、③を加えて混ぜ合わせ、④の魚も崩さぬように合わせる。
❻⑤を皿に盛り、胡椒を振って刻んだパセリを散らす。

050 ブイヤベース

◆**材料**
白身魚
　(イシモチ、鯛、メバル、ホウボウなど)
アナゴ
殻つきエビ（背わたを取る）
　合わせて約1.5kg
貝（ムール貝、ハマグリなど。殻をよく洗う）
　10個くらい
玉ねぎ　1～2本
長ねぎ　1～2本（斜め薄切り）
米　ひとにぎり
A
　にんにく　1～2片（押しつぶす）
　トマト　1個（ざく切り）
　白ワイン　1カップ
　サフラン　ひとつまみ
　ブーケガルニ（セロリ、ローリエ、
　　パセリの茎、タイムなどを束ねる）
魚醤（しょっつる、ニョクマムなど）
フランスパン　適量（切って揚げる）
オリーブ油　大さじ6
塩、胡椒

◆**作り方**
❶白身魚は三枚におろし、食べやすい大きさに切り、アナゴは4～5㎝のぶつ切りにして、ともに塩をする。アラや頭は、だし用に取り分けておく。
❷鍋にオリーブ油半量を温め、玉ねぎ、長ねぎを焦がさないように炒め、米を加える。水2ℓを注ぎ、①の白身魚のアラ、アナゴの頭、Aを加えて胡椒を振り、中火で30分ほど煮て、ざるなどでこしておく。
❸鍋に魚介を崩れにくいものから順に入れ、かぶるくらいに②を注いで火にかける。残りのオリーブ油を加え10～15分、貝の殻が開くまで煮る。魚醤、塩、胡椒で味を調える。
❹器に揚げたパンを敷き、魚介をスープごと盛る。

051 具入り肉チマキ

◆材料
もち米　1升（10合）
豚バラ肉　400g（小さめのひと口大に切る）
鶏もつ　400g（小さめのひと口大に切る）

A
- 淡口しょうゆ　大さじ3
- にんにく、生姜のすりおろし　各小さじ1
- 塩　小さじ1、酒　少々

生栗（鬼皮と渋皮をむく）、
ぎんなん（殻と薄皮を除く）、
うずらの卵（ゆでて殻をむく）
　各20～25個
干し椎茸　4～5枚
　（もどしてひと口大に切る）
ゆり根　適量
　（鱗片を1枚ずつはがして洗う）
きくらげ　適量
　（もどして石づきを取って細切り）
サフラン　ひとつまみ
　（熱湯に浸して色出しする）
五香粉、ごま油　各少々
[たれ]
　酢、しょうゆ、豆板醤、ごま油
☆竹の皮　20～25枚
　（ゆでてやわらかくして水気をふく）

◆作り方
❶もち米は前の晩にといで、一晩水に浸ける。作る1時間ほど前にざるに上げておく。
❷豚バラ肉と鶏もつは、ボウルに入れて、Aを混ぜ、30分～1時間おく。
❸②に①を入れ、サフランを汁ごと、五香粉、ごま油を加え、むらなく混ぜ合わせる。
❹竹の皮に、③と栗、ぎんなん、うずらの卵を一つずつ、干し椎茸、ゆり根、きくらげも等分して入れ、米がこぼれないよう三角錐の形に包み、細く裂いた竹の皮で縛る。
❺④を全体がやわらかくなるまで蒸し煮する（普通の鍋で2～3時間、圧力鍋なら圧がかかってから30分ほど）。
❻熱々を、好みに合わせたたれで食べる。
☆冷凍保存可。食べるときに蒸すか、電子レンジで加熱する。

052 タケノコの竹林焼き

◆**材料**（分量はお好みで）
掘りたての筍
木の芽、しょうゆ、酒
☆ドライバー

◆**作り方**
❶筍を掘る。たき火をたいておく。
❷筍は、皮をつけたまま汚れを取り除く。切り口の真ん中にドライバーを差し込んで節を抜き、親指２本分くらいの穴を開ける。先端部分は切り落とし、栓に使用する。
❸②の穴に木の芽を詰め、しょうゆ、酒を注ぎ、筍の先端で栓をする。
❹③を切り口を上にしてたき火の灰に入れ、20〜30分焼く。周りが焦げて中まで火が通れば焼き上がり。焦げた皮を剝ぎ取り、ざくざくと切って、熱々を味わう。

053 イカのスペイン風、中華風

イカのスペイン風

◆材料

イカ　1パイ

A［塩、黒胡椒　各少々
白ワイン　1/4カップ
バター　大さじ1］

サフラン　ひとつまみ
（熱湯に浸して色出しする）
にんにく　1片（つぶす）
赤唐辛子　1本、ローリエ　1枚
オリーブ油、香菜

◆作り方

❶イカは軟骨、目玉、クチバシ（トンビ）を取り除き、わた、墨もいっしょにぶつ切りにする。
❷ボウルに①のイカ、わた、墨、A、サフランを汁ごと入れて混ぜ合わせ、15分ほどおく。
❸フライパンにオリーブ油をひき、にんにく、赤唐辛子、ローリエを炒め、強火にし、②をすべて入れて一気に炒める。イカに火が通るくらいで火を止め、香菜を添える。

イカの中華風

◆材料

イカの胴　1パイ分

A［にんにく、
生姜（ともにすりおろす）　各少々
酒　大さじ2
蝦油　大さじ1〜2］

赤唐辛子　1本
片栗粉
サラダ油

◆作り方

❶イカは、皮をむき、3㎝幅、5㎝長さの短冊に切り、縦に4〜5本切り込みを入れる。
❷Aで下味をつけ、しばらくおく。
❸中華鍋に油を熱し、②と赤唐辛子を入れて強火で炒め、水で溶いた片栗粉を加えてとろみをつける。

054 「カキ油」いため二料理

牛肉とアスパラのカキ油いため

◆材料

牛肉（ヒレ、ランプなどの赤身肉）
　150〜200g
A［にんにく、生姜（ともにすりおろす）
　　各少々
　酒、しょうゆ　各小さじ1
グリーンアスパラガス　1束（約150g）
オイスターソース　大さじ1〜2
ラード、片栗粉、ごま油
塩、胡椒

◆作り方

❶牛肉は、太さ1㎝、長さ4〜5㎝の棒状に切り、Aで下味をつけ、20〜30分おく。
❷アスパラガスは根元の皮のかたい部分をピーラーで薄くむいてから4〜5㎝長さに切り揃える。
❸中華鍋にラードをひいて、塩をごく少々して、②を根のほうから順に加えて歯ざわりを残すように炒め、器に取り出す。
❹①に片栗粉大さじ1をまぶし、ラードをひいた中華鍋に入れて強火で炒める。アスパラガスを戻し、オイスターソースをたらして炒め合わせ、ごま油小さじ1と胡椒を振って仕上げる。

豚の小腸とほうれん草のカキ油いため

◆材料（分量はお好みで）

豚の小腸
[下ごしらえ用]
　塩、酢、おから
A［にんにく、生姜（ともにつぶして刻む）
　酒、しょうゆ
ほうれん草
塩
オイスターソース
ラード、片栗粉

◆作り方

❶豚の小腸は、塩、酢、おからでよく揉み、水で洗い流す。生の場合は、とろ火で1〜2時間、やわらかくなるまでゆでる。
❷①を5㎝長さに切り、Aを振りかけて1時間ほどおく。
❸ほうれん草は水洗いし、根を切り落とす。
❹中華鍋にラードを熱し、塩をひとつまみ入れ、③を手早く炒める。しんなりしたら熱湯を注いで混ぜ、湯を捨て、水気をよくきって皿の周囲に並べる。
❺②に片栗粉をまぶし、ラードを熱した中華鍋に入れて手早く炒める。オイスターソースを加えて仕上げ、④の皿の中央に盛りつける。

055 トンコツ

◆材料

豚スペアリブ（5～6㎝長さのもの）
　500～600ｇ
こんにゃく（下ゆでする）
豆腐、里いも、大根、かぶ、ゆで筍、
　椎茸、ごぼう、ゆで卵など　各適宜
にんにく　1片（みじん切り）
玉ねぎ　1/4個（みじん切り）
サラダ油　大さじ1～2
黒砂糖　少々
焼酎　1/2カップ
みそ　適量
ごま油　少々

◆作り方

❶中華鍋にサラダ油を回し、にんにく、玉ねぎを丁寧に炒める。火を強めてスペアリブを入れ、軽く焦げ目をつける。
❷①にかぶるくらいの水を注いで中火にし、沸騰したらアクをすくい、黒砂糖、焼酎を加え、弱火で1時間ほど煮込む。
❸肉がとろけるほどやわらかくなったら、みそを（みそ汁の倍くらいの濃さを目安に）溶き込み、大きめに切ったこんにゃく、豆腐、里いもなど、好みの具を加える。中火で具に味がしみるまで煮込み、仕上げにごま油をたらす。

056 ツユク

◆材料

豚肉（ロース、肩ロース）　500ｇのかたまり
にんにく　1片
生姜　1かけ
長ねぎ　1本
酒
アミの塩辛　適量、サンチュ（あれば）
☆卓上漬物器

◆作り方

❶豚肉は、四角くなるように面取りして形を整える。
❷小鍋に①を入れ、ひたひたに水を張る。丸ごとのにんにく、生姜、長ねぎを入れ、酒少々を加えて40～50分ゆでる（ゆですぎないこと）。
❸②をゆで汁ごとさます。粗熱が取れたら肉を取り出し、きれいな布巾で全体をきっちりと包む。
❹③を卓上漬物器に入れて重しをかけ、冷蔵庫で冷やす。
❺食べごろは、翌日から4～5日間。薄くスライスして、あればサンチュの上に並べ、アミの塩辛を添える。

057 梅酢和え、蒸しナス

梅酢和え

◆**材料**（分量はお好みで）
キャベツ
きゅうり
みょうが
青じそ
赤梅酢
塩

◆**作り方**
❶キャベツは、１枚ずつ熱湯にくぐらせてざるに上げ、ざく切りにする。芯は薄切りにする。
❷きゅうりは、薄い小口切りにし、塩で揉む。みょうがは、縦半割りにして斜め薄切りにする。
❸①と②をボウルに入れ、梅酢をかけて混ぜ、冷蔵庫で冷やす。食べるときに、青じそを刻んで混ぜ合わせる。

蒸しナス

◆**材料**（分量はお好みで）
なす
煎り白ごま
[たれ]
　酢、しょうゆ、ごま油、
　にんにくのすりおろし（好みで）

◆**作り方**
❶なすは、へたを切り落とし、蒸気の上がった蒸し器で丸ごと蒸す。芯まで火が通ったら、へたのほうに包丁で切り目を入れて縦に裂き、放射状に皿に並べる。半ずりにしたごまを振る。
❷たれの材料を合わせ、①に回しかける。

ボウルに入れて軽くほぐし、梅酢を注いで揉みほぐす。
❷下漬けした梅の上に①のしそを平らに並べ、梅酢をかけて中蓋を置き、2kgの重しをのせる（梅酢が常に中蓋にかぶっているように注意する）。
❸梅雨が明け、晴天が４日以上続きそうな日和を選んで梅を取り出し、ざるに並べて天日に干す。表面が乾いたら裏返し、夕方、梅酢に戻す。
❹翌朝、梅を取り出して同様に干し、そのまま夜露に当てる。日干しを３日、夜干しを２日する。
☆保存は、そのままでも、梅酢に戻しても、どちらでも好みで。

写真左から、しょうゆ漬け、
梅酢漬け、甘酢漬け

ラッキョウ

◆材料

泥らっきょう　4kg
塩　600g
［甘酢漬け用］
　酢、赤唐辛子、氷砂糖

◆作り方

❶下漬けをする。らっきょうをざっと洗い、塩をまぶし、容器に入れて軽い重しをする。一週間ほどで水が上がってくるが、上がらない場合は水少々を加える。
☆この状態で１～２年間保存可。
❷甘酢漬けを作る。塩漬けにしたらっきょうをたっぷりの水に浸けて、好みの加減に塩抜きし、ひと皮むいて両端を切り揃える。
❸鍋に水２カップ、酢１カップと赤唐辛子を入れて沸騰させ、さましてから②を1kg漬け込み、氷砂糖200g（好みで加減）を加え、20日ほどおく。
☆梅酢漬け、しょうゆ漬けは、同様に塩抜きしたらっきょうを、梅酢、しょうゆに漬け込む。

060 インロウ漬け

◆材料
白うり　2～3本
青じそ　1束
なす　1～2本
みょうが　5～6個
新生姜　適量
ししとう、青唐辛子　各少々
塩
☆卓上漬物器

◆作り方
❶白うりは、両端を2㎝ほど切り落とし（長ければ半分にする）、種子をくりぬき、内外に軽く塩を振る。
❷青じそは、塩で揉んでアクを抜く。
❸なすの皮をむき、縦に細く切って水にさらし、水気をきって塩を振る。
❹②の青じそを広げ、ほどよく切ったみょうが、生姜、ししとう、青唐辛子、なすを塩をしながら並べて巻き、①の中に詰め込む。
❺④に塩を振り、卓上漬物器に並べて重しをする。涼しいところに2～3日おき、食べるときに小口切りにする。

058 059 梅干しとラッキョウ

現在の檀家の梅干し

◆材料
梅の実（完熟）　4kg
[下漬け用]
　粗塩　600g（梅の15%）
　焼酎　½カップ
[本漬け用]
　赤じそ　正味500g
　粗塩　50g（しその10%）
　梅酢（下漬けでとれたもの）　2カップ
☆竹串、漬け込み容器、中蓋、重し（2kg×2個。梅と同量）
☆容器などはすべて、カビ防止のため熱湯消毒しておく。

◆作り方
[下漬け]
❶梅の青みが強い場合は、たっぷりの水に一晩浸けてアク抜きをする。
❷梅の実を流水で洗ってざるに上げ、水気を完全にきる。実を傷つけないように、竹串でへたを取り除く。
❸漬け込む容器に、下漬け用の塩をひとつかみ振り入れる。
❹ボウルに焼酎少々を入れ、梅をその中で転がしてから、漬け込み容器にひと並べし、塩を振る。この作業をだんだん塩を多くしながら繰り返し、梅をすべて入れ終えたら、残った焼酎を注ぐ。中蓋をのせ、4kg（梅が熟度不足の場合は少し重く）の重しをのせ、ほこりよけをかぶせて、梅酢が上がるまで数日間おく。梅酢が梅にかぶるくらいになったら、重しを2kgにし、赤じそが出回るまでおく。
[本漬け]
❶赤じその葉を摘み取ってよく洗い、水気を十分にきる。半量の塩を振り、アク汁が出るまでしっかりと揉み、かたく絞る。軽くほぐし、残った塩で同様に揉んでアク汁を出し、かたく絞る。

061 ソーメン

◆**材料**（分量はお好みで）
そうめん
めんつゆ（別項参照）
［具］
　干し椎茸（もどしてせん切り）
　鶏挽き肉
　なす（縦半割りにして斜め薄切り）
　油揚げ（細切り）
　卵
　さやいんげん
塩、砂糖
ごま油
［薬味］
　青ねぎ、みょうが（ともに小口切り）
　青じそ（せん切り）、生姜（すりおろす）
　煎り白ごま（粗ずり）、梅干し

◆**作り方**
❶めんつゆは、冷やしておく。
❷椎茸は、ひたひたのめんつゆで煮る。鶏挽き肉は、椎茸の煮汁で炒りつけ、そぼろにする。なすは、ごま油で炒め、つゆとそぼろの煮汁を加えて煮る。油揚げもつゆで煮る。卵は、砂糖と塩を加えて、炒り卵にする。いんげんは、色よく塩ゆでし、斜め細切りにする。薬味の梅干しは、種を除いて叩く。
❸そうめんをたっぷりの湯にさばきながら入れ、好みの加減にゆでて水に取り、水を替えながら揉み洗いする。冷水を張った器に入れる。
❹小鉢にめんつゆを入れ、具と薬味を盛る。

めんつゆ

◆**材料**
水　3½カップ
昆布　5g
かつお節　10g
淡口しょうゆ　½カップ
みりん　½カップ

◆**作り方**
分量の水に昆布をしばらく浸けてから火にかけ、沸いてきたらかつお節を加え、淡口しょうゆ、みりんも加えて煮立てる。布巾などでこして昆布とかつお節を取り除き、さます。

062 釜揚げうどん

◆材料（分量はお好みで）
生うどん
めんつゆ
（388ページ参照）
小麦粉、揚げ油
[薬味]
生姜（すりおろす）
大根おろし
わけぎ（小口切り）
☆茶せん

◆作り方
❶揚げ玉を作る。小麦粉を、天ぷら衣より少し薄めに水で溶く。熱した揚げ油に茶せんですくって落とし、揚がったらよく油をきる。
❷生うどんをゆで、ゆで汁ごと鉢に盛り、めんつゆと薬味、①の揚げ玉を添える。

063 ブタヒレの一口揚げ

◆材料
豚ヒレ肉　400〜500gのかたまり
A
にんにく　1片（すりおろす）
生姜　1かけ（すりおろす）
酒　少々
塩、胡椒
卵白　1〜2個分
白玉粉または片栗粉　大さじ2〜3
揚げ油
粉山椒、塩

◆作り方
❶豚肉は、指の幅くらいに輪切りにし、太さを揃えて棒状に切る。
❷①にAをまぶして、下味をつける。
❸卵白をツノが立つまでしっかりと泡立て、白玉粉を加えてさっくりと混ぜ、衣を作る。
❹②を③に入れてからめ、約160℃に熱した油で焦げないように揚げる。
❺器に盛り、粉山椒と塩を合わせて添える。

064 シャシュリークと川マスのアルミ箔包み焼き

シャシュリーク（羊の剣焼き）

◆**材料**（分量はお好みで）
羊肉
ピーマン、パプリカ、玉ねぎ
A
にんにく（すりおろす）
生姜（すりおろす）
長ねぎ（みじん切り）
しょうゆ、酒、チリソース
もろみ
"香菜のソース"（391ページ参照）
☆金串

◆**作り方**
羊肉を適宜切り、Aを混ぜ合わせた漬け汁に漬ける。食べよく切った野菜と交互に金串に刺し、網焼きにする。好みで"香菜のソース"を添える。

川マスのアルミ箔包み焼き

◆**材料**（分量はお好みで）
川魚（アユ、マスなど）
塩、胡椒
パプリカパウダー
バター
ハーブ（イタリアンパセリ、香菜など）
白ワイン
"香菜のソース"（391ページ参照）
☆アルミ箔

◆**作り方**
アルミ箔を広げて川魚を置き、塩、胡椒、パプリカを振り、バター、ハーブをのせ、ワインを振りかける。きっちりと包み、網にのせて焼く。好みで"香菜のソース"を添える。

065 鶏の「穴焼き」

◆材料（分量はお好みで）
丸鶏
にんにく（すりおろす）
A［長ねぎ
　にんにく（つぶす）
　ハーブ（香菜、ローズマリーなど）］
塩、胡椒、白ワイン
〝香菜のソース〟（別項参照）
酢、しょうゆ、溶き辛子、
ごま油、チリソースなど
☆たこ糸、アルミ箔、
鶏を包める大きな葉（バショウの葉など）

◆作り方
❶砂地に30～40㎝深さの穴を掘る。こぶし大の石を敷き詰め、木の枝を積み上げて燃やして石を熱し、熾火を作る。
❷丸鶏は、表面と腹の中を丁寧に水洗いし、水気をぬぐう。
❸②の全体に塩、胡椒をし、すりおろしたにんにくをすりつける。腹腔にAを詰め、白ワインを注ぐ。たこ糸で脚をくくって形を整え、アルミ箔で包む。
❹①の焼き石や熾火を広げて、アルミ箔を敷く。バショウの葉を広げて③を置き、葉で包んでアルミ箔で覆う。焼き石と熾火で埋めるように、1時間ほど蒸し焼きにする。
❺取り出して、食べよく切り分ける。〝香菜のソース〟、酢じょうゆ、溶き辛子など、好みの味を添えて食べる。

香菜のソース

玉ねぎ、トマト、にんにく、香菜またはパセリ、青唐辛子またはチリソース、あればセロリ、ピーマンを、すべてみじん切りにし、塩、胡椒、レモン汁、オリーブ油を加えて混ぜ合わせる。

066 サバ、イワシの煮付け

サバの煮付け

◆材料

サバ　1尾
昆布　10㎝
生姜　2かけ（1かけはつぶして薄切り、1かけは針生姜に）
[煮汁]
酒、みりん、しょうゆ　各½カップ

☆イワシの煮付けは、429ページ参照。

◆作り方

❶サバは頭と腹わたを取り除いて筒切りにし、よく洗って水気をふく。
❷鍋底に昆布を敷いて薄切りの生姜を散らし、①を並べて煮汁の半量をかけ、落とし蓋をして中火で煮る（焦げつかないよう注意）。
❸煮汁が煮詰まりかけたら残りの煮汁を加え、サバに煮汁をかけながら、徐々に煮詰めて照りよく煮上げる。
❹器に盛り、針生姜を添える。

すし飯

◆材料

米　3合
水　2⅔～3カップ
昆布　5㎝
酒　大さじ2
A［酢　大さじ4弱
　塩　小さじ1強
　砂糖　小さじ2～大さじ1］

◆作り方

❶米をとぎ、分量の水、昆布、酒を入れて、いつもと同様に炊く。
❷Aを合わせてよく混ぜ、すし酢を作っておく。
❸①が蒸らし終わったら、釜を返して飯台にあけ、熱いうちに②をかけ回す。しゃもじで切るように全体をさっくりと混ぜ、うちわであおいでつやを出す。

067 小魚の姿ずし

◆**材料**（分量はお好みで）
アジ、イワシ、キスなどの小魚
塩、酢
すし飯（392ページ参照）
昆布
甘酢生姜（好みで）

◆**作り方**
❶魚は、頭と腹わたを取り除き、腹開きにして中骨をはずす。平らなざるに並べ、多めの塩を振って4～5時間おく。酢（または水）で、塩を洗い流す。
❷バットに昆布を敷き、新たに酢を入れて①を漬け、1時間ほどおく。
❸すし飯を、魚の大きさに合わせてほどよく握る。酢をふき取った②の魚をのせて姿に仕上げ、濡れ布巾で押さえて形を整える。バットにきっちり並べて②の昆布をかぶせ、軽い重しをして2～3時間おく。器に盛り、甘酢生姜を添える。
☆背びれが残って口に当たるので、気になるならハサミで切り取るとよい。

068 トウガンの丸蒸しスープ

◆材料（分量はお好みで）

冬瓜
鶏ガラスープ（376ページ参照）
[具]
　鶏肉（小さい角切り）
　干し椎茸（もどして小さい角切り）
　干しエビ（もどす）
　干し貝柱（もどす）
　ゆで筍（小さい角切り）
にんにく、生姜（ともにつぶす）
塩、酒
片栗粉

◆作り方

❶冬瓜は、小振りのものなら上（つるつき）¼ほどを平らに切り落とす。大きいものは横半分に切る。
❷スプーンで、①の種とわたを取り除く。
❸スープに、具、にんにく、生姜を入れて火にかけ、ひと煮立ちしたら、塩、酒で味を調える。
❹大きめの丼に②を立てて置く。穴の中に、スープから取り出したにんにく、生姜、具をぎっしりと詰める。スープを冬瓜の周りに注ぐ（スープは少量残しておく）。
❺残したスープに水で溶いた片栗粉でとろみをつけ、具の上からかける。蒸気の上がった蒸し器に器ごと入れ、果肉の縁が半透明になるまで、強火で約1時間蒸す。
❻スプーンで果肉を削り取り、スープや具といっしょに各々の器に盛る。
☆スープは、牛スネのスープ（409ページ参照）など、好みのものでよい。

069 鶏の白蒸し

◆材料（分量はお好みで）
丸鶏
にんにく、生姜、長ねぎ（すべてつぶす）
酒
鶏ガラスープ（376ページ参照）
白髪ねぎ
香菜
ごま油、酢、しょうゆ

◆作り方
❶鶏は、表面と腹腔を丁寧に水洗いする。
❷大鍋にたっぷりの水を張り、鶏を沈めて火にかける。5〜10分ほどで鶏の色が白く変わってきたら取り出して、もう一度水で洗う。
❸②の腹腔に、にんにく、生姜、長ねぎを詰め、耐熱のボウルに入れる。鶏の上にも、にんにく、生姜、長ねぎをのせ、酒をたっぷり振りかける。
❹③を、ボウルごと蒸気の上がった蒸し器に入れ、1時間ほど蒸す。
❺ボウルごと取り出して、腹腔のにんにく、生姜、長ねぎを除き、刷毛で鶏全体にごま油をまんべんなく塗りつける。
❻冷やしておいた鶏ガラスープに鶏を沈め、2〜3時間漬け込む。
❼食べるときにスープから取り出し、皮ごと骨つきのまま、ぶつ切りにする。器に盛り、白髪ねぎ、香菜、ごま油をたらした酢じょうゆなどを添える。

070 東坡肉《トンポーロー》

◆材料

豚バラ肉　600gのかたまり
にんにく　3片（1片はすりおろす）
玉ねぎ　1個
長ねぎ　1本
生姜　2かけ（1かけはすりおろす）
八角　1個
ラード、片栗粉
しょうゆ、砂糖
酒
塩
青菜（ほうれん草など）

◆作り方

❶鍋に、豚バラ肉、にんにく1片、玉ねぎ丸のまま、長ねぎの青い部分を入れ、かぶるくらいの水、酒少々を加えて火にかける。煮立ったらとろ火にして、ゆで汁がひたひたになるように水を足しながら、1時間ほど煮る。

❷肉を取り出して（ゆで汁はとっておく）、水気をぬぐう。ボウルに入れ、しょうゆ大さじ1、すりおろしたにんにく・生姜を全体にまぶし、脂身を下にして、冷蔵庫でしっかり冷やす。

❸フライパンにラード少々を熱し、②を脂身から焼いて、全体にきれいな焼き目をつける。

❹③の肉の繊維に直角に包丁を入れて、好みの大きさに切る。形を崩さないよう脂身を下にして耐熱のボウルに入れる。②のゆで汁⅓カップに、しょうゆ大さじ3、砂糖・酒各大さじ1を混ぜてボウルに注ぎ、残りのにんにくと生姜、八角、長ねぎをのせて、蒸気の上がった蒸し器で2時間ほど蒸す。

❺中華鍋にラードを熱して塩をひとつまみ入れ、根元を切り落とした青菜を手早く炒める。油が回ったら熱湯を注いで混ぜ、湯を捨て、水気をよくきって皿の周囲に並べる。

❻蒸し上がった肉を取り出して、皿に並べる。蒸し汁に片栗粉でとろみをつけて、上からかける。

071 イモの豚肉はさみ蒸し

◆**材料**

豚バラ肉　500～600ｇのかたまり
セレベス芋または八つ頭など　400～500ｇ
玉ねぎ　1個
にんにく　2片（1片はすりおろす）
八角　1個
生姜　1かけ（すりおろす）
しょうゆ、酒
ラード
長ねぎの青い部分
もろみまたはみそ、腐乳など
香菜

◆**作り方**

❶豚バラ肉は、かたまりのまま小さめの深鍋に入れる。縦半割りにした玉ねぎを、すき間に差し込み、にんにく1片、八角を加え、ひたひたに水を張って火にかける。煮立ったら弱火にして、コトコトと1～2時間煮る。

❷セレベス芋の皮をむき、ぬめりが取れる程度に下ゆでし、ざるに上げておく。

❸①の肉を取り出して（ゆで汁はとっておく）、脂身を下にボウルに移し、すりおろしたにんにく・生姜、しょうゆ、酒を全体にまぶしてさます。

❹中華鍋にラードをひき、③を脂身から焼いて全体に焼き目をつけ、1㎝ほどの厚さに切る。

❺②を1㎝厚さに切り、ボウルに④と交互にきっちりと並べて入れる。③の漬け汁をかけ、酒を振り、③のゆで汁少々を加える。長ねぎ、もろみをのせ、蒸気の上がった蒸し器で2時間ほど蒸す。

❻崩さないように器に盛り替え、香菜をあしらう。蒸した器ごと供してもよい。

072 オクラのおろし和え

◆材料（分量はお好みで）
オクラ
芝エビ（むき身）
大根おろし
塩
ポンス（柑橘類の絞り汁）
淡口しょうゆ

◆作り方
❶オクラは、塩少々を入れた熱湯にくぐらせ、水に取って冷やし、小口に切る。
❷芝エビは、①と同様にゆで、ざるに上げてさます。
❸大根おろしに①、②を入れて混ぜ、冷蔵庫でよく冷やす。
❹ポンス・淡口しょうゆ各少々をかけて混ぜる。

073 キンピラゴボウ

◆材料
ごぼう　2～3本
にんじん　ごぼうの1/4量
豚挽き肉　50g
サラダ油　大さじ1～2
赤唐辛子（輪切り）　少々
砂糖　大さじ1弱
酒　大さじ2
塩　ひとつまみ
酢　小さじ1
淡口しょうゆ　大さじ2
ごま油
白胡椒
煎り白ごま

◆作り方
❶ごぼうとにんじんは、細いせん切りにして水にさらし、水気をよくきる。
❷鍋に油を熱し、強火で挽き肉を炒め、①を加えて炒める。しんなりしてきたら、赤唐辛子、砂糖、酒、塩、酢、淡口しょうゆを順に加えながら手早く炒める。仕上げにごま油をたらし、白胡椒、叩いたごまを散らす。

074 ビーフステーキ

◆材料（分量はお好みで）
牛肉（ステーキ用）
にんにく（半割り）
レモン（薄切り）
クレソン
サラダ油、バター
塩、胡椒

◆作り方
❶肉をまな板に並べ、にんにくの切り口をすりつけ、片面に塩、胡椒を振る。
❷フライパンに、油とバターを半々に入れて火をつけ、塩、胡椒した面から強火で焼き始める。レモンを肉の脇で半焼きにし、肉に焼き色がついたら裏返して、レモンをのせる。
❸中火にして好みの加減に焼き上げ、はじめに焼いた面を上にして、器に盛る。バターと焼いたレモンをのせ、クレソンとつけ合わせ（下記参照）を添える。
☆肉が新しい場合は、空気に触れぬようラップで包み、2～3日冷蔵庫で寝かせると味わいが増す。パサついた肉は、薄切りにした玉ねぎ、にんじん、セロリ、ワイン、油に漬け込むとしっとりする。

075 ビフテキの脇皿

じゃがいもとにんじんのサラダ

◆材料（分量はお好みで）
じゃがいも、にんじん
白ワイン、バター
塩、胡椒、フレンチドレッシング

◆作り方
❶にんじんは、皮をむいて厚めの小口切りにし、胡椒を振る。鍋に入れてかぶるくらいの白ワイン、バター少々を加え、やわらかくなるまで煮る。
❷じゃがいもは、皮をむいて1㎝厚さに切り、しばらく水にさらす。沸騰した湯に塩を加え、ほどよくゆでる。ボウルに取り、熱いうちに白ワイン、フレンチドレッシングを混ぜ合わせ、冷蔵庫で冷やす。
❸②が完全に冷えてから、①とさっくりと混ぜ合わせる。

キノコのホイル焼き

◆材料（分量はお好みで）
松茸、エリンギなど、好みのきのこ
バター、白ワイン
塩、胡椒
☆アルミ箔

◆作り方
きのこは石づきを切り、丸のまま根元に切り目を入れ、アルミ箔にのせる。バター、白ワイン、塩、胡椒をしてしっかりと包み、焼き網にのせて蒸し焼きにする。

076 豚マメと豚キモのスペイン風料理

◆材料

豚マメ　1個

A
- にんにく　1片（つぶしてざく切り）
- 生姜　1かけ（つぶしてざく切り）
- 青唐辛子　1本（小口切り）
- 白ワイン　1/3カップ

玉ねぎ　1/3個（みじん切り）
セロリ　1/3本（みじん切り）
小麦粉　適量
牛乳　1/2カップ
サラダ油、バター
塩、胡椒
ブランデー
香菜、パセリなど

◆作り方

❶豚マメは平たく半分に切って、白く見える脂肪や尿腺を丁寧にそぎ取る。適当な大きさに切り、流水に10分ほどさらす。
❷①の水気をきり、Aと塩、胡椒で下味をつけておく。
❸フライパンを強火で熱して油をひき、玉ねぎ、セロリの順に入れて炒め、バターを加える。
❹②に小麦粉少量を振って指先で混ぜ、③に一度に加えて強火で炒める。全体に白っぽく色が変わってきたら牛乳を加えて、塩、胡椒で味を調える。最後にブランデーを振ってフランベ（火を入れてアルコール分をとばし、香りをつける）して仕上げる。
❺器に盛り、香菜などをあしらう。
☆豚レバーの場合も、同様に調理する。

077 ショッツル鍋

◆材料（分量はお好みで）

［鍋の汁］
　昆布
　ショッツル液（魚醤）
　酒
［具］
　ハタハタ（丸のまま）
　鶏の砂肝（薄切り）
　ごぼう（ささがき）
　里いも（ゆでて皮をむいて輪切り）
　白菜、春菊、せり、長ねぎ、ゆで筍、
　生椎茸、豆腐など（すべて適宜切る）
　しらたき（ゆでて適宜切る）
［薬味］
　大根おろし、青ねぎ
　柚子の皮

◆作り方

❶鍋に水を張り、昆布を入れて火にかけ、煮立ってきたら昆布を取り出す。ショッツル液と酒で、吸いものより少し濃いめの味に調える。

❷①が再び煮立ったら、ハタハタ、砂肝、ごぼうなど、火の通りにくいものから順に入れる。アクをすくい、魚に火が通ったら、ほかの具を次々と入れる。

❸煮えばなを汁ごと器に取り、薬味を添えて食べる。

078 タイチリ

◆材料（分量はお好みで）
鯛の頭、アラ
塩
［鍋の汁］
　昆布
　酒
［具］
　長ねぎ、白菜、春菊、好みのきのこ類、
　ゆで筍、豆腐など（すべて適宜切る）
　しらたき（ゆでて適宜切る）
しょうゆ
ポンス（柑橘類の絞り汁）
［薬味］
　細ねぎ（こうとうねぎなど）
　もみじおろし、柚子の皮など

◆作り方
❶鯛の頭とアラは、適当な大きさに切り、軽く塩を振って30分ほどおく。
❷鍋に水を張って昆布、酒少々を入れ、火にかける。
❸煮立ったら昆布を取り出し、鯛の頭とアラを入れ、アクをすくいながら煮る。鯛が煮えたら、具材を火の通りにくいものから順に入れる。
❹ポンスしょうゆ（柑橘類の絞り汁にしょうゆを加える）に薬味を入れ、煮えばなを食べる。
☆もみじおろしは、赤唐辛子を湯に浸して種を取り除き、少量の大根おろしの上で、包丁で全体が赤く染まるまで叩き混ぜてもよい。

079 ヨーグルト

◆材料
「ビオフェルミン」（乳酸菌製剤）
　小さじ⅓
「エビオス」（ビール酵母製剤）
　小さじ⅓
牛乳　200㎖
米麹　2〜3粒
好みのジャム、炭酸水、蜂蜜など

◆作り方
❶「ビオフェルミン」と「エビオス」は、すり鉢で細かく砕いて混ぜやすい状態にする。
❷牛乳を30℃くらいに温め、①と米麹を加えてよく混ぜ合わせ、ほこりよけに布などをかぶせて、一昼夜室温におく。
☆薬の匂いが残るので、蜂蜜で甘みをつけて炭酸水で割って飲むのがおすすめ。

080 ヒジキと納豆汁

ヒジキ

◆材料
ひじき（乾燥）　40g
にんじん　小1本（短めのせん切り）
油揚げ　1枚（短めのせん切り）
砂糖、みりん　各大さじ2
しょうゆ　大さじ4
だし　½〜1カップ
粉山椒または胡椒
サラダ油
ごま油

◆作り方
❶ひじきは、水に浸けてもどし、ざるに上げて水気をきる。
❷鍋に油少々を熱し、強火で、ひじき、にんじん、油揚げの順に入れて炒める。砂糖、みりんを加えて全体にからめ、しょうゆを加え、汁気が足りないようなら、だしを加える。にんじんに火が通って煮詰まってきたら、粉山椒を振り、ごま油をたらして仕上げる。

納豆汁

◆材料（分量はお好みで）
だし、みそ
納豆
豆腐（さいの目に切る）
なめこ
青み（三つ葉、春菊など）

◆作り方
❶だしを温めてみそを溶き、みそ汁に仕立てる。
❷納豆と①のみそ汁少々をミキサーに入れ、粒が残る程度に砕く。
❸①を火にかけて豆腐を入れ、温まったらなめこ、②を順に加え、煮立つ間際に火を止める。椀に盛って、刻んだ青みを散らす。

081 酢カブ

◆材料

かぶ　6〜7個
塩
酢
にんじん　少々
昆布　5㎝（せん切り）
赤唐辛子　1本（種を除いて輪切り）
柚子の皮（せん切り）

◆作り方

❶かぶは葉を切り落として皮をむき（皮がきれいならつけたまま）、縦1㎝厚さに切る。

❷ボウルに①を入れて塩大さじ1を振り、全体にからめ、しばらくおく。

❸②のボウルを傾けて水気が出てきたら、熱湯をひたひたに注ぎ、すぐに別のボウルで汁を受けながら、ざるに上げる。

❹③の汁3に対して、酢1の割合で合わせ、さましておく。

❺にんじんは花形の薄切りにする。

❻容器に③のかぶ、昆布、赤唐辛子、柚子の皮、⑤を入れ、さめた④を注いで、冷蔵庫へ入れる。2〜3日で味がなじみ、1カ月ほど保存できる。

082 伊達巻

◆材料

白身魚（イシモチ、トビウオなど。
　三枚におろす）　100g
卵　4個

A
- 昆布だし　大さじ3
- みりん　大さじ1
- 砂糖　大さじ2
- 塩　ひとつまみ
- 淡口しょうゆ　小さじ½

☆クッキングシート、鬼すだれ（巻きす）

◆作り方

❶白身魚は、小骨を抜いて皮をひき、小口に切ってから包丁で細かく叩き、すり鉢（またはフードプロセッサーなど）で、すり身にする。
❷①に卵を1個ずつ加えて混ぜ、Aを加えてさらに混ぜ合わせ、なめらかな生地にする。
❸オーブンの天板（今回は24×18㎝）にクッキングシートを敷き詰め、②を流し入れる。200〜230℃に熱したオーブンの上段で、全体にきれいな焼き色がつくまで、25分ほど焼く。
❹③が温かいうちに、巻きすの上に焼き目を下にして縦長に置く。包丁で2㎝間隔に浅い切り込みを入れてから、形よく巻き上げる。
❺両端を輪ゴムで留めてから、さめるまで立てておく。完全にさめたら巻きすをはずし、好みの厚さに切る。
☆鬼すだれは、伊達巻用の巻きす。

083 ザワーブラーテン

◆**材料**

牛肉（ヒレ、ランプ、ももなど）　1kgのかたまり
玉ねぎ　1個（薄切り）
にんにく　1片（薄切り）
ローリエ　1～2枚
クローブ　2～3粒
バター
酢
塩、胡椒
トマト水煮缶またはトマトジュース
[つけ合わせ]
　マッシュポテト
　きゅうりのピクルス
　カリフラワー（塩ゆで）
　サワークリーム

◆**作り方**

❶ボウルに肉を入れ、玉ねぎ、にんにく、ローリエ、クローブを散らし、酢と水を半々に合わせた漬け汁をひたひたに注ぐ。
❷①に軽い重しをのせ、冷蔵庫で2日間漬け込む。途中で一度上下を返す。
❸②の肉を取り出して布巾でよくぬぐい、やや強めに塩、胡椒する。漬け汁はとっておく。
❹フライパンを熱してバター少々を溶かし、強火で手早く③の表面全体にしっかりと焼き目をつける。
❺深鍋に④の肉を入れて、②の漬け汁を野菜ごと加え、常に煮汁がかぶっているように水を足しながら、とろ火で1時間半～2時間煮る。肉が十分やわらかくなったら、取り出してさます。
❻煮汁適量に、トマトの水煮を適量加えて煮詰め、ソースにする。
❼⑤を冷蔵庫で保存し、食べるときに薄切りにして、つけ合わせと⑥を添える。
☆残った煮汁で根菜を煮て、好みの味に加減して、スープにしても。

084 蒸しアワビ

◆材料

アワビ　1〜3個

A
- にんにく　1片（薄切り）
- 生姜　1かけ（つぶして薄切り）
- 長ねぎの白い部分 ½本分（4〜5㎝長さのぶつ切り）
- 塩　少々
- 淡口しょうゆ　大さじ½〜1
- 酒　大さじ2

針生姜

◆作り方

❶アワビは、タワシでこすって汚れを取り、流水で洗う。

❷①の殻と身の間に木べらを差し込み、わたを破らないように殻からはずす。

❸②のわたを丁寧に取り除き、身を器に並べてAを加える。器ごと圧力鍋（圧力がかかってから20分）か蒸し器（3〜4時間）で蒸す。

❹汁ごとさましてから冷蔵庫に移し、食べるときに薄くそぎ切る。器に盛って蒸し汁をかけ、針生姜を添える。

☆わたは、別の器で同様に調味して5分ほど蒸し、薄切りにする。

085 干ダラのコロッケ

◆材料

干ダラ　200g

じゃがいも　2〜3個

卵　1個（卵黄と卵白に分ける）

玉ねぎ　½個（みじん切り）

パセリ　5〜6本（みじん切り）

揚げ油

塩、胡椒

香菜またはパセリなど

◆作り方

❶干ダラは、水洗いして水に浸け（2〜3時間から2日間）、塩抜きしてもどす。

❷①の水をきって鍋に入れ、水を張って火にかける。30〜40分、ほぐせる程度まで煮る。

❸②の水気をきり、細かくほぐしながら、骨を残さず除く（すり鉢ですってもよい）。

❹じゃがいもは、皮をむいてゆで、マッシュポテトにする。

❺③と④を合わせて混ぜ、卵黄も加えてよく混ぜる。

❻別に卵白を泡立てて⑤に加えて混ぜ、玉ねぎ、パセリを加え、塩、胡椒で味を調える。

❼スプーン2本を使って、⑥を紡錘形の団子にまとめ、熱した揚げ油で黄金色に揚げる。器に盛り、香菜などを添える。

086 杏仁豆腐

◆材料

A
- 牛乳　600㎖
- 粉寒天　4～5g
- 杏仁霜　25g
  （なければアーモンドエッセンス少々）
- 砂糖　30g

［シロップ］
砂糖½カップを
水2½カップで煮溶かす
好みの果物

◆作り方

❶Aを鍋に入れて、混ぜながら火にかけ、沸騰したら火を止めて、水で濡らした型（2㎝ほどの深さがよい）に流す。粗熱が取れたら、冷蔵庫で冷やしかためる。
❷長めの菱形になるよう包丁を入れ、型から出して器に盛る。冷やしたシロップを注ぎ、果物を飾る。

087 焼餅

◆材料

A
- 薄力粉　150g
- 強力粉　150g
- ベーキングパウダー　小さじ1
- 塩　小さじ½
- 砂糖　小さじ1
- ぬるま湯　150㎖

白ごま　適量
ごま油

◆作り方

❶Aをよく混ぜ合わせ、ぬるま湯を少しずつ加えながら、耳たぶくらいのやわらかさになるまでこねる。つやが出るまで練ったら、ラップをかけて30分ほど寝かせる。
❷①をめん棒で薄く、なるべく四角くのばす。表面にごま油をまんべんなく塗って、端からくるくると巻く。
❸②を4～5㎝長さに切り、縦にして上から押しつぶし、薄い円盤状にする。
❹表面にまんべんなくごまをまぶしつける。
❺フライパンにごま油をひいて④を並べ、両面に焼き色がついたら水少々を注ぎ、蓋をして3～4分蒸し焼きにする。水気がなくなったらごま油少々を足し、表面をカリッと焼き上げる。
☆③の生地を、めん棒で薄くのばし、砕いた黒砂糖やバーソー（343ページ参照）などを包んで、同様に焼いてもおいしい。

088 モチ米団子

◆**材料**
もち米　1カップ
豚挽き肉　300g
玉ねぎ　1/3個（細かいみじん切り）
にんにく、生姜
（ともに細かいみじん切り）
各少々
ゆで筍、白菜、椎茸、
きくらげなど、好みのもの　各適量
A
塩　小さじ1
胡椒、酢、砂糖　各少々
片栗粉　大さじ1/2〜1
ごま油　少々
豆板醤、酢、しょうゆなど

◆**作り方**
❶もち米は、一晩水に浸け、ざるに上げて水気をしっかりきる。
❷豚挽き肉と玉ねぎをよくこね合わせ、にんにく、生姜を加えて混ぜる。
❸筍、白菜、椎茸、きくらげなどを細かく切り（肉の半量〜同量）、②に加えて混ぜ、さらにAを加えてよく混ぜる。
❹③をひと口大の団子に丸め、もち米の上で転がして米をまぶしつける。
❺④を蒸気の上がった蒸し器で、強火で20分ほど蒸す。好みで豆板醤、酢じょうゆなどをつけて食べる。

☆小豆あんを入れる場合は、あんにごま油を加えて火にかけて練り直し、さめてから団子に丸め、④と同様にもち米をまぶしつけて蒸す。

089 牛スネのスープと肉デンプ

牛スネ肉のスープ

◆**材料**（分量はお好みで）
牛すね肉のかたまり
[香味野菜]
玉ねぎ、にんにく、セロリの茎、にんじん
ローリエ、パセリの茎、クローブなど
（すべて適宜切る）

◆**作り方**
牛すね肉を深鍋に入れ、たっぷりの水を張り、香味野菜を入れて火にかける。ひと煮立ちしたら、とろ火にして、アクを取ったり水を足したりしながら、気長に一日かけて煮る。

☆スープは、376ページの鶏ガラスープと同様に、さまざまに使える。
☆スープに、さいの目に切った玉ねぎ、にんじん、セロリなどを入れて煮て、塩、胡椒で味を調えて一品に。
☆肉デンプの作り方は、436ページ参照。

090 牛の尻尾のシチュー

◆材料
牛テール　1本分
A［にんにく　2片（つぶす）
　しょうが　1かけ（つぶす）
　玉ねぎ　½個（薄切り）
サラダ油
塩
ローリエ、クローブなど好みのスパイス
B［しょうゆ　大さじ2〜3
　みりん　大さじ2
　砂糖　小さじ1
長ねぎ、赤唐辛子

◆作り方
❶牛テールは、関節に包丁を入れて一節ずつ切り分ける。
❷中華鍋を熱して油を回してAを炒め、①を入れて強火で表面に焦げ目がつくよう炒める。
❸②のテールと野菜を深鍋に移し（油は入れない）、かぶるくらいの水を注ぎ、塩少々、ローリエ、クローブなどを加えて、火にかける。沸騰したら火を弱めて、アクを取ったり水を足しながら5〜6時間煮る（圧力鍋なら圧力がかかってから40分ほど）。
❹③の肉を適量別鍋に取り出し、③の煮汁1½カップ、B、長ねぎ、赤唐辛子を加え、30分ほど煮て、味をなじませ、器に盛る。
☆③の煮汁に塩､胡椒をしてスープにしても。

091 スペイン酢ダコ

◆材料
ゆでダコの足　1〜2本
玉ねぎ　½個
トマト　中1個
セロリ　1本
きゅうり　1本
にんにく　1〜2片
レモン　1個
オリーブ油　大さじ3〜4（レモン汁の倍量目安）
塩、胡椒
香菜

◆作り方
❶タコは、沸騰した湯にさっとくぐらせて、ざるに上げてさます。
❷①を約1㎝のぶつ切りにして、ボウルに入れ、レモンを絞りかける。
❸玉ねぎ、セロリ、きゅうりは、さいの目切りに、トマトは、皮を湯むきして種を取り、小さい乱切りに、にんにくとレモンの皮は、みじん切りにする。
❹②に③の野菜すべてを加えて、塩、胡椒を振り、オリーブ油をかけ回してさっくりと混ぜ、香菜を散らして、器に盛る。

092 スペイン風と松江の煎り貝

◆**材料**（分量はお好みで）
アサリ（砂抜き）
[スペイン風の煎り貝]
　オリーブ油
　にんにく（みじん切り）
　赤唐辛子、塩、胡椒、白ワイン
　サフラン、香菜
[松江の煎り貝]
　ごま油、酒、しょうゆ、青ねぎ

スペイン風の煎り貝
❶コップにサフランと白ワインを入れ、電子レンジで加熱して色出ししておく。
❷中華鍋を熱してオリーブ油をひき、にんにく、赤唐辛子、アサリを入れ、塩、胡椒、①を白ワインごと加える。貝が口を開いたらひと混ぜし、香菜を散らす。

松江の煎り貝
中華鍋を強火で熱してごま油を回し、アサリを入れ、酒、しょうゆを振りかける。アサリの口が一斉に開いたらひと混ぜし、青ねぎを散らす。

093 094 ビーフシチュー

◆**材料**

牛肉（イチボ、バラ肉など）
　1〜1.5kg（角切り）

A
- にんにく　2片（叩きつぶす）
- 玉ねぎ　1〜2個（厚めのスライス）
- にんじん、セロリ
　合わせて玉ねぎの½量（薄切り）
- 赤ワイン　1カップ
- 塩、胡椒　各少々

トマト　2〜3個（ざく切り）
ピーマン　1〜2個（ざく切り）
玉ねぎ　2個（厚めの輪切り）
にんじん　1〜2本（ひと口大に切りゆでる）
マッシュルーム　1パック（石づきを切る）
しめじ　1パック（小房に分ける）
じゃがいも　2〜3個（ゆでて4つ切り）
スナップえんどう
　またはさやえんどう　適量（下ゆでする）
サラダ油
バター、小麦粉　各大さじ1〜2
[ブーケガルニ]
　ローリエ、クローブ、
　セージ、パセリの茎をひもで縛る
塩、ウスターソース、トマトピュレ、
しょうゆ、ジャム、カラメルソースなど

◆**作り方**

❶肉をボウルに入れて、Aを加え、ときどき返して一晩漬け込む。
❷①の肉を取り出して表面をぬぐい、油を熱したフライパンで強火で表面に焼き目をつけて、煮込み鍋に移す。
❸①の野菜の水気をきって、②のフライパンで丁寧に炒める。トマト、ピーマンを加え、全体が褐色になるまで炒め、ざるなどでこして煮込み鍋に加える。フライパンを①の漬け汁で洗い、汁をこしながら鍋に加える。肉が隠れるまで水を足し、コトコトと弱火で2〜3時間煮込む。途中で煮汁を1カップほど取り分けておく。
❹フライパンにバターを溶かして小麦粉を炒め、きつね色になったら③で取り分けた煮汁でのばし、煮込み鍋に溶き入れて、まんべんなく混ぜ合わせる。ブーケガルニ、塩を加え、ウスターソース、しょうゆ、トマトピュレ、ジャム、カラメルソースなど、好みで味を調える。
❺玉ねぎは、油をひいたフライパンで両面に焦げ目をつけ、④の鍋に加え、にんじん、マッシュルーム、しめじも加える。鍋ごとオーブンに入れ、表面に焼き色がついたら混ぜ合わせることを1〜2時間繰り返して、つやを出す（オーブンに入らない場合は焦げつかぬように煮込む）。
❻ゆでたじゃがいも、スナップえんどうなどとともに、皿に盛る。

095 アイリッシュ・シチュー

◆材料
羊肉（肩ロース、もも）　1kg
（大きめの角切り）
A
- かぶ（大きめのさいの目切り）　½カップ
- にんじん（大きめのさいの目切り）　½カップ
- じゃがいも（大きめのさいの目切り）　1カップ
- 玉ねぎ（薄切り）　1カップ

じゃがいも（輪切り）　1個
塩、胡椒
パセリ

◆作り方
❶羊肉は、煮込み鍋に入れ、かぶるくらいの水を注いで火にかけ、沸騰したら弱火で40〜50分煮る。
❷①にAを加え、水を足しながら、40〜50分煮る。
❸②に輪切りのじゃがいもを加え、じゃがいもがやわらかくなるまで煮て、塩、胡椒で味を調える。器に盛って、刻んだパセリを散らす。

096 タタキゴボウ

◆材料（分量はお好みで）
ごぼう（新ごぼうの細めのもの）
煎り白ごま（粗ずり）
酢、淡口しょうゆ

◆作り方
❶ごぼうは、皮をたわしか包丁の背でこそげ落とし、鍋に入る長さに切って酢水にさらす。
❷鍋に湯を沸かして酢少々を入れ、①をゆでる（ゆですぎないように注意）。
❸②を、まな板の上ですりこ木などで叩く。
❹4〜5㎝長さに切り揃え、酢と淡口しょうゆを控えめにかけ、ごまを振って和える。

097 餃子

◆材料

[餃子の皮]（約30個分）
強力粉、薄力粉　各150g
熱湯　170mℓ
打ち粉用強力粉　適量

[餃子のあん]
豚バラ肉　150〜200g
A
- 白菜漬け　100g（みじん切り）
- にら　1/2束（みじん切り）
- 長ねぎ　1/2本（みじん切り）
- 干し椎茸　2枚（もどしてみじん切り）
- きくらげ　少々（もどしてみじん切り）
- にんにく、生姜　各少々（みじん切り）

干しナマコ（もどす。415ページ参照）
1/2個（小さなさいの目切り）
砂糖、酢、しょうゆ、塩、ごま油

[たれ]
酢、しょうゆ、豆板醤、ラー油、
にんにく（すりおろす）、
生姜（すりおろす）、香菜など

サラダ油

◆作り方

❶餃子のあんを作る。豚バラ肉を、包丁で叩いて挽き肉状にする。ボウルに入れ、Aを加えて全体を混ぜ合わせ、少量の砂糖、酢、塩、しょうゆを加える。ナマコを加えて混ぜ、ごま油をたらす。

❷餃子の皮を作る。ボウルに2種類の粉を合わせて、熱湯を注ぎ、箸で手早くかき混ぜる。全体がなじんだら、手でひとまとめにして、打ち粉をした台に取り出す。手のひらのつけ根でのばして手前にたたむことを繰り返し、粉っぽさがなくなったら（きめはまだ粗くてよい）ひとつに丸めて、かたく絞った濡れ布巾（またはラップ）で包んで、30分ほど寝かせる。

❸②を台の上に取り、力を入れてこねてなめらかな生地にし、ラップで包んで30分以上おく。

❹③を2等分して長めの筒状にし、打ち粉をした台の上で転がして直径3cmほどの棒状にする。端から長さ2cmほど（約15g）に切り、切り口を上にして手のひらで押しつぶしてから、めん棒で直径10cmほどに丸くのばす。

❺①のあんを、④の皮でひだをとりながら包み、合わせ目をしっかりととじて打ち粉をした台の上に並べる。

☆③は冷蔵庫で1〜2日保存可。
☆④でのばすとき、中心を厚く、周辺は薄く仕上げるとよい。

水餃子

沸騰した湯に入れ、浮き上がってふっくらするまでゆで、ゆで汁ごと器に盛る。

焼き餃子

❶フライパンに油を熱し、餃子を並べて中火で焼く。薄く焼き色がついたら、餃子が1/3ほど浸かるまで水を注ぎ、蓋をして蒸し焼きにする。

❷皮に透明感が出て水分がほぼなくなったら、少量の油を全体に振りかけ、弱火にしてカリッと焼き上げる。

☆どちらも、好みに合わせたたれで食べる。

098 タルタルステーキ

◆材料
馬肉（赤身の刺し身用）　300g
にんにく（みじん切り）　小さじ⅓
玉ねぎ（みじん切り）　大さじ2
粒胡椒（叩きつぶす）　適量
淡口しょうゆ　小さじ½
塩　小さじ½
胡椒、焼酎　各少々
ミントの葉、香菜　各少々
クミンパウダー、パプリカパウダー
　など好みのスパイス
オリーブ油　小さじ2
うずらの卵　1個

◆作り方
❶馬肉は、包丁で細かく刻み、叩いて挽き肉状にする。にんにく、玉ねぎ、粒胡椒を叩き混ぜ、しょうゆ、塩、胡椒、焼酎を加えて混ぜる。ミントの葉、香菜を刻み込み、クミン、パプリカなど好みのスパイスも加え、オリーブ油を振って混ぜ合わせる。
❷①を器に盛って、うずらの卵の黄身をのせ、崩し混ぜて食べる。

099 乾しナマコとタケノコいため

◆材料
干しナマコ（きんこ）　親指大2個
ゆで筍　もどしたきんこと同量
にんにく　1片（つぶして刻む）
生姜　1かけ（つぶして刻む）
ラード　大さじ1〜2
しょうゆ、酒　各大さじ1½
鶏ガラスープ（376ページ参照）
　½カップ
片栗粉　大さじ1
ごま油
粉唐辛子（粗挽き）
香菜

◆作り方
❶鍋にたっぷりと水を張ってナマコを入れ、とろ火で2〜3時間ゆでて、そのまま冷ます。縦に半分に割って鍋に入れ、新たに水を張り、弱火で1〜2時間ゆでて、さます。わたや汚れを取り除き、再び2〜3時間弱火でゆでて、さます。
❷①を大きめの斜めぶつ切りにし、筍は、同じくらの大きさの乱切りにする。
❸中華鍋を強火にかけてラードを熱し、にんにく、生姜を炒め、香りが立ったら、②のナマコと筍を加えて手早く炒める。しょうゆ、酒、スープを加えて味をからませ、水で溶いた片栗粉でとろみをつけ、ごま油を振って仕上げる。
❹器に盛り、粉唐辛子を振って、香菜を添える。

100 水貝

◆**材料**（分量はお好みで）
アワビ（雄貝）
[薬味]
　みょうが（せん切り）
　きゅうり（小口切り）など
塩、しょうゆ、酢

◆**作り方**
❶アワビに塩をまぶし、たわしでこすって汚れを落とし、水で洗い流す。殻の薄いほうからしゃもじを差し込み、身をはずす。
❷肝、ヒラヒラしたところ、口をはずしてさっと水洗いし、薄めのそぎ切りにする。
❸器に氷水を張ってアワビを落とし、薬味を彩りに添える。好みでしょうゆ、酢じょうゆなどで食べる。

101 ヤキメシ

◆**材料**（分量はお好みで）
冷やご飯
A
　ハム（豚肉でも可）
　干しエビ（水でもどす）
　生椎茸、ゆで筍、にんにく
　　（すべてみじん切り）
卵（溶きほぐす）
青ねぎ（小口切り）
サラダ油
塩、胡椒、しょうゆ

◆**作り方**
❶中華鍋に油を熱し、Aをよく炒め、塩、胡椒で調味し、取り出す。
❷新たに多めの油を熱し、冷やご飯を入れてほぐしながら炒め、溶き卵を加え、弱めの中火でゆっくり時間をかけてパラパラになるまで炒める。
❸②に①の具を加えて混ぜながら炒め、鍋肌からしょうゆをたらして混ぜ、最後に青ねぎを加えて、さっと炒める。

102 103 アラブの肉団子

◆**材料**
羊肉(マトン) 500g
牛脂 100g
A
- 玉ねぎ ½個(みじん切り)
- にんにく 1片(みじん切り)
- 生姜 1かけ(みじん切り)
- 香菜 適量(みじん切り)
- ミント 適量(みじん切り)
- クミンシード 小さじ1
- 粉唐辛子、パプリカパウダー、マジョラム、オールスパイス 各適宜

トマト 1個(ざく切り)
そら豆 適宜
(さやから出し軽くゆがいて皮をむく)
サフラン ひとつまみ
(½カップの湯に浸けて色出しする)
にんにく 1片(つぶす)
パプリカパウダー、粉唐辛子 各適量
バター 大さじ2
オリーブ油 大さじ2
塩、胡椒

◆**作り方**
❶まな板の上で、羊肉と牛脂を包丁で叩いて、挽き肉状にする。Aを加えて叩き、塩・胡椒各少々をして混ぜ合わせる。
❷①をうずらの卵大に丸め、沸騰した湯で表面がかたまるまでゆで、取り出す。
❸厚手の蓋つき鍋(タジン鍋など)にオリーブ油をひき、②を並べ、サフランを浸け汁ごと加える。バター、パプリカパウダー、にんにく、粉唐辛子を好みで加え、トマト、そら豆を全体に散らす。蓋をして、ふきこぼれない火加減で約1時間煮て、塩で味を調える。

104 エビとソラ豆いため

◆**材料**(分量はお好みで)
エビ(大正エビ、芝エビなど)
そら豆の½〜同量
そら豆(さやから出し軽くゆがいて皮をむき半分に割る)
にんにく、生姜 各適量(ともにすりおろす)
酒
ラード
塩、淡口しょうゆ

◆**作り方**
❶エビは殻をむいて尾をはずし、背わたを取り除き、塩水でさっと洗ってから、そら豆より少し大きめに切る。にんにく、生姜、酒をからめて下味をつける。
❷中華鍋にラードを熱して塩をひとつまみ入れ、そら豆を強火で手早く炒め、取り出す。
❸中華鍋にラードを熱して①を炒め、色が変わってきたら②を加えて炒め合わせ、淡口しょうゆで味を調える。

105 地豆豆腐、ゴマ豆腐

地豆豆腐

◆材料

生落花生　正味⅓カップ
さつまいもでんぷん粉
　または本葛粉、片栗粉　⅓カップ
塩　ひとつまみ
水　2½カップ
だし、しょうゆ、わさび、生姜など
☆流し缶または深さのある容器

◆作り方

❶生落花生は、殻から出して一晩水に浸け、渋皮を除く。
❷でんぷん粉を、½カップの水（分量外）で溶いておく。
❸ミキサーに①と②、塩を入れ、分量の水を加えながら、なめらかになるまで攪拌する。
❹③を一度茶こしなどでこし（風味を強くしたければそのまま）、鍋に入れて火にかける。木べらで絶えずかき混ぜながらとろ火で煮詰め、木べらを動かすと一瞬鍋底が見えるくらいまで練り上げる。
❺水で濡らした流し缶に入れ、粗熱が取れたら冷蔵庫で冷やしかためる。
❻好みの形に切り、だしで割ったしょうゆわさび、生姜などで食べる。

ゴマ豆腐

◆材料

ごまペースト　⅓カップ
本葛粉　⅓カップ
塩　ひとつまみ
水または昆布だし　2½カップ
だし、しょうゆ、わさび、生姜など
☆流し缶または深さのある容器

◆作り方

❶本葛粉を½カップの水（分量外）で溶いておく。
❷ごまペーストに①と塩を加えて、分量の水を少しずつ加えながら木べらでよく混ぜる（茶こしなどでこしたほうがむらがなくなる）。あとの作り方は、地豆豆腐と同様に。

ピロシキ

◆材料

[生地]

強力粉　500〜600g

A
- ドライイースト　大さじ½弱
- 砂糖　小さじ1
- 強力粉　小さじ1
- ぬるま湯　1カップ

B
- 牛乳　1カップ
- 砂糖　大さじ2
- 塩　ひとつまみ
- バター　大さじ1

卵　1個

[具]

挽き肉（牛、豚、羊など、好みのもの）
300g

玉ねぎ　1個（粗みじん切り）

にんにく　1片（みじん切り）

キャベツ　3〜4枚（粗みじん切り）

ゆで卵　2〜3個（粗みじん切り）

塩、胡椒、バター、小麦粉

揚げ油

打ち粉用強力粉　適量

◆作り方

❶生地を作る。Aをすべてボウルに入れて混ぜ合わせる。布巾をかけ、泡立ってくるまで、暖かいところに置いておく。

❷鍋にBを入れて弱火にかけ、バターが溶けたら火から下ろし、粗熱が取れたら卵を割り込んでよくかき混ぜる。

❸大きめのボウルに強力粉を入れ、①と②を混ぜ合わせ、少しずつ加えながら混ぜ、ひとかたまりにまとめる。

❹③を打ち粉をした台に取り、なめらかになるまでよくこねる。ボウルに戻し、濡れ布巾をかけて、暖かいところに置いておく。

❺④が2倍くらいにふくらんだら、軽く押してガスを抜いて丸め直し、濡れ布巾をかけて30分ほどおく。これを3度繰り返したら、打ち粉をしながら、1個40〜50gの大きさに切り分けて丸め、濡れ布巾で覆っておく。

❻具を作る。バターで玉ねぎ、にんにくを炒め、挽き肉を加えて、肉の色が変わったらキャベツを入れ、塩、胡椒で調味する。全体に火が通ったら小麦粉を振り入れ、水少々を足し、ねっとりした状態になったら、ゆで卵を加えて混ぜ、さましておく。

❼⑤の生地を平らに丸くのばし、⑥をラグビーボール状に包んで、合わせ目をしっかりとじる。とじ目を下にして打ち粉をした台の上に並べ、濡れ布巾をかけて、ふっくらとふくらむまで30〜40分ほどおく。

❽約160℃に熱した揚げ油で、⑦をときどき返しながら揚げる。ふくらんできたら高温にして、揚げ色をつけて仕上げる。

107 ラーメン

◆**材料**（分量はお好みで）
中華生麺
鶏ガラスープ（376ページ参照）
長ねぎ（小口切り）
しょうゆ
[具]
　煮豚（別項参照。薄切り）
　もやし（ゆでる）、ゆで卵（輪切り）
　好みの青菜（ゆでる）
　メンマ（しょうゆ、酒、みりん、
　　ごま油で煮含める）
　青ねぎ、香菜
ごま油

◆**作り方**
❶鶏ガラスープは沸かしておく。麺は、たっぷりの沸騰した湯にさばき入れ、好みの加減にゆでる。
❷丼に長ねぎとしょうゆ大さじ1を入れ、熱々のスープを注ぎ、湯をよくきった①の麺を入れる。好みの具をのせ、ごま油を2～3滴たらす。

煮豚

◆**材料**
豚バラ肉　500～600gのかたまり
A［にんにく、生姜、長ねぎの青い部分（すべてつぶす）　各適量
B［塩、淡口しょうゆ、しょうゆ、酒
C［しょうゆ、酒　各大さじ2～3
　にんにく、しょうが（ともにすりおろす）　各少々
☆たこ糸

◆**作り方**
❶豚肉は、包丁で切り目を何本か入れ、切り目を内側にしてたこ糸で筒状に巻く。
❷①を鍋に入れてかぶるくらいの水を注ぎ、Aを加え、Bで吸いものより少し濃いめに味をつけ、コトコトと1時間半ほど煮る。
❸ボウルでCを混ぜる。②の肉を熱いうちに入れ、ときどき転がしながら30分ほど漬け込む。
❹フライパンを熱し、③の表面にゆっくりと焼き色をつける。
☆②の煮汁は、ラーメンのスープに加えるとよい。

108 身欠きニシンとネマガリタケの煮ふくめ

◆材料
身欠きニシン　3～4本
根曲がりたけ　約15本
濃いめの昆布だし　2カップ
白みそ（甘みが強くないもの）　大さじ4
酒、みりん　各大さじ4
木の芽
☆米のとぎ汁

◆作り方
❶身欠きニシンは、米のとぎ汁に一昼夜浸けてアクを抜き、やわらかくする。
❷根曲がりたけは、皮をむいて軽くゆで、食べやすい大きさに切り揃える。
❸①の皮をむき、筍より少し細めの短冊に切り揃える。
❹鍋に、昆布だし、みそ、酒、みりんを入れ、②を加えて静かに煮含める。
❺筍に味がしみてきたら③を加え、水気をとばすように煮つける。器に盛り、木の芽を添える。
☆ニシンを入れてから長く煮すぎないこと。

109 葉くるみ

◆材料（分量はお好みで）
しその葉（青でも赤でも可）
さやいんげん（ゆでる）
なす（４～５㎝の短冊切り）
[合わせみそ]
　赤みそ　50ｇ
　砂糖　大さじ2
　酒　大さじ1½
サラダ油、ごま油

◆作り方
❶合わせみその材料をよく混ぜ合わせる。しその葉は洗って、よく水気をきる。
❷しその葉を2～3枚重なり合うように広げ、①のみそを塗っていんげんをのせ、端からくるくると巻く。なすも同様に巻く。
❸フライパンに油をひいて、②の両面に軽く焼き目をつける。ごま油をひとたらしする。

110 タカ菜のサラサラがゆ

◆**材料**（分量はお好みで）
焦げ飯（冷やご飯でも可）
高菜の古漬け（市販品。みじん切り）
豚肉（細切り）
生椎茸（薄切り）
ゆで筍（せん切り）
鶏ガラスープ（376ページ参照）
サラダ油、塩、ごま油

◆**作り方**
❶フライパンに油を熱し、豚肉、高菜をさっと炒め、椎茸、筍を加えて軽く炒める。
❷焦げ飯を水で洗い、ざるに上げて水気をきる。
❸鍋にスープを温めて①と②を加え、煮立ったら塩で味を調え、仕上げにごま油をひとたらしする。
☆サラサラの仕上がりになるよう、煮すぎないこと。

111 煎り煮干し、ラッキョウのみそいため

煎り煮干し

◆**材料**
煮干し　手のひら1杯
にんにく、生姜　各少々（ともにみじん切り）
玉ねぎ　¼個（みじん切り）
赤唐辛子（刻む）　ほんのひとつまみ
酒、しょうゆ、胡椒
ごま油　大さじ1〜2

◆**作り方**
❶中華鍋にごま油を熱して、煮干し、にんにく、生姜を炒め、にんにくが色づいたら玉ねぎを加え、手早く炒める。
❷酒少々を振りかけ、すぐにしょうゆ少々を加える。手早く炒め続けて、水分がなくなったら唐辛子と胡椒を振り、火を止める。

ラッキョウのみそいため

◆**材料**（分量はお好みで）
らっきょう漬け（甘くないもの）
みそ、酒
サラダ油

◆**作り方**
❶らっきょうは、大きいものは縦半割りにする。
❷みそと酒を合わせ、らっきょうにからむくらいの濃度に溶いておく。
❸フライパンに油をひいてらっきょうを弱火で丁寧に炒め、きつね色になりかかったら、②を加えてしばらく炒め、味をなじませる。

112 韓国カヤクメシ

◆**材料**（分量はお好みで）
冷やご飯
牛肉（薄切り。牛、豚、鶏の挽き肉でも可）
干し椎茸（もどして細切り）
さやいんげん（ゆでて斜め薄切り）
もやし（ゆでる）
油揚げ（細切り）
ゆで筍（細切り）
卵（錦糸卵にする）
にんにく、長ねぎ（ともにみじん切り）
煎り白ごま
鶏ガラスープ（376ページ参照）
砂糖、しょうゆ、塩、淡口しょうゆ、ごま油
コチュジャン

◆**作り方**
❶牛肉は、細切りにし、にんにく、長ねぎ、砂糖、しょうゆ、ごま油で下味をつけ、ごま油で炒める。
❷干し椎茸は、にんにく、長ねぎ、砂糖、しょうゆ、ごま油で、ゆっくり炒め煮にし、味を含ませる。
❸いんげん、もやし、油揚げは、それぞれごま油でさっと炒め、塩で調味する。筍は、ごま油、塩、淡口しょうゆで炒める。
❹鍋に1カップのスープを温め、冷やご飯を約3倍量入れて、手早くかき混ぜる。しっとりしたら、長ねぎ、ごま、コチュジャン、ごま油を混ぜ、①と②と③を加えて混ぜる。器に盛って、錦糸卵を散らし、コチュジャンを添える。

113 イカの筒煮とポンポン炊き

◆**材料**（分量はお好みで）
イカ（剣先イカ、スルメイカなど）
もち米
酒、淡口しょうゆ、みりん
☆竹串または楊枝

◆**作り方**
❶もち米は、一晩水に浸しておく。
❷イカは、肝をつぶさないように足ごと引き抜き、足を切り離す。軟骨、目、クチバシ、内臓を除き、水洗いする。
❸筒煮は、イカの胴の中に足を詰め、端を竹串で縫うように留める。
❹ポンポン炊きは、胴の中に水気をきったもち米を七〜八分目まで詰め、端を竹串で縫うように留める。
❺③と④を鍋に入れ、水をかぶるくらいに注ぐ。酒と淡口しょうゆで、吸いものより少し濃いめに味つけし、落とし蓋をして、弱火でコトコトと煮詰める。
❻煮上がったら、イカを取り出す。残った煮汁にしょうゆ、みりんを加え、煮詰めてたれを作る。イカに塗り、輪切りにして器に盛る。好みで、切り口にもたれを塗る。

◆作り方
❶具を作る。鶏肉に塩、胡椒を振って鍋に入れ、ひたひたに水を注いでハーブを加え、1時間ほど煮る。取り出してさまし、細く裂いておく。煮汁はとっておく。
❷トルティーアの生地を作る。ボウルに3種類の粉と塩を混ぜ合わせ、ぬるま湯を半量加えて、全体になじませる。残りの湯を少しずつ加えながら、耳たぶくらいのかたさになるまでよくこねる。ラップで包んで、30分ほど寝かせる。
❸ソースを作る。トマト、パプリカ、玉ねぎ、にんにくをミキサーに入れ、①の煮汁を加えて、攪拌する。鍋に移してAを加え、中火で煮詰め、火を止めてレモン汁を加える。
❹②を約50gずつに切り分けて丸め、打ち粉をした台の上で、めん棒で直径12〜13㎝の円形に薄くのばす。熱したフライパンで、両面をうっすら焼き目がつくまで焼き、1枚ずつ重ねて布巾で包んでおく。
❺①を④で巻いて浅鍋に並べ、③のソースをかけて、温める程度に火を入れる。皿に盛って刻んだパセリを散らす。

114 韓国風ゴマ油薄焼き

◆材料（分量はお好みで）
A［長ねぎ（4〜5㎝長さの短冊切り）、玉ねぎ（縦に薄切り）、ハム（短冊切り）
B［玉ねぎ
C［小エビ（頭、尾、殻、背わたを取る）
小麦粉
卵（溶きほぐす）
ごま油
酢、しょうゆ、コチュジャンなど
☆楊枝

◆作り方
❶小麦粉に水を加えて、天ぷらの衣より薄めに溶く。
❷フライパンにごま油を弱火で温め、①を薄く流し込む。Aを散らして並べ、上から溶き卵を流す。軽く焼き色がついたら、返して焼き上げ、四角く切り揃える。
❸Bの玉ねぎは、楊枝で留めて1㎝弱の輪切りにする。小麦粉をまぶして溶き卵にくぐらせ、ごま油をひいた弱火のフライパンで両面を焼く。
❹Cのエビは、腹から包丁を入れて開き、ひとまとめにして包丁の腹で叩いて薄く平らにし、小麦粉を振って溶き卵を塗る。ごま油をひいたフライパンで、卵を塗った面を下にして焼く。表面にも溶き卵を塗り、両面を丁寧に焼き、四角く切り揃える。
❺好みで、酢じょうゆ、コチュジャンなどを添える。

115 鶏のタゴス

◆材料

[トルティーア]

コーンフラワー　200g

強力粉　100g

薄力粉　100g

塩　小さじ1

ぬるま湯　1～1½カップ

打ち粉用強力粉　適量

[具]

鶏骨つき肉　500g

塩、胡椒

ハーブ

（ローリエ、パセリ、タイム、エストラゴンなど）

[ソース]

トマト　2個

（網焼きして皮をむき、ざく切り）

パプリカ　1個

（網焼きして皮をむき、ざく切り）

玉ねぎ　1個（薄切り）

にんにく　2片（薄切り）

A［塩、胡椒、チリソース、パプリカパウダー、粉唐辛子、オールスパイス　各適量

レモン汁　½個分

パセリ

116 シジミの醤油漬け

◆材料

シジミ　300～400g

[漬け汁]

にんにく　1～2片（つぶして粗く刻む）

生姜　1かけ（つぶして粗く刻む）

赤唐辛子　1～2本

紹興酒　大さじ3～4

腐乳　1片

しょうゆ　½カップ

日本酒　½カップ

みりん　大さじ1

五香粉　小さじ1

八角　2～3片

香菜

◆作り方

❶シジミは、真水に浸して砂を吐かせ、殻をこすり合わせてよく洗う。

❷鍋に漬け汁の材料を合わせてひと煮立ちさせ、火を止める。

❸口の広い鍋に湯を沸かして①を入れ、貝の口が半開きになったら手早くざるに取り、②に漬ける。粗熱が取れたら容器に移し、冷蔵庫で一昼夜おく。好みで、香菜を散らす。

117　挽肉の揚げ煮

◆**材料**
豚バラ肉　500g
豆腐　½〜1丁（水きりする）
A［干し椎茸、
きくらげ（ともにもどしてみじん切り）、
ゆで筍（みじん切り）、
合わせて1カップ
B［にんにく、生姜、
長ねぎ（すべてみじん切り）　各少々
青菜（ほうれん草、小松菜など）
砂糖、酒、しょうゆ、八角、塩、
片栗粉、ごま油、サラダ油
揚げ油

◆**作り方**
❶豚バラ肉は、包丁で叩いて挽き肉状にする。AとBを加えて混ぜ、豆腐も加えて混ぜる。
❷砂糖、酒、しょうゆ、片栗粉を加えてよく混ぜ、ごま油をたらし、1〜3個の大きな団子状にまとめる（扱いやすい大きさでよい）。
❸中華鍋に揚げ油を熱して②を入れ、表面がかたまって、色づく程度に揚げる。
❹鍋に③を入れ、湯を八分目くらいまで張り、砂糖としょうゆで吸いものより少し濃いめに調味する。八角を加え、1時間ほど煮込む。
❺中華鍋に油少々を熱して塩をひとつまみ加え、強火にして青菜を手早く炒め、熱湯をかけてすぐにざるに上げる。
❻④の煮汁を別鍋に取って好みで味を調え、水で溶いた片栗粉でとろみをつける。
❼器に④の肉団子を盛り、周りに⑤の青菜をあしらい、⑥の煮汁をかける。

118 ビーフン

◆材料（分量はお好みで）
ビーフン
もやし
鶏ガラスープ（376ページ参照）
バーソー（343ページ参照）
香菜

◆作り方
❶ビーフンは、熱湯に5分ほど浸してもどし、ざるに上げる。
❷もやしは、根を取り除き、さっとゆでておく。
❸小振りの耐熱容器に熱いスープを入れ、ビーフンを再度熱湯にくぐらせてから加え、もやしをのせて、オーブンに入れる。スープが沸騰し、表面に焼き色がついたら取り出す。
❹バーソーをのせて香菜を添え、混ぜながら食べる。

119 チャプツエ

◆材料
緑豆春雨　50g
牛肉　200g（せん切り）
干し椎茸　2～3枚（もどしてせん切り）
きくらげ　適量（もどしてせん切り）
もやし　½袋（根を取る）
にんじん　小1本（せん切り）
ゆで筍　100g（せん切り）
玉ねぎ　½個（せん切り）
セロリ　½本（せん切り）
さやいんげん　50g（斜め薄切り）
にんにく、生姜、長ねぎ
　各適量（すべてみじん切り）
片栗粉
砂糖、しょうゆ、塩、胡椒、酒
白ごま（粗ずり）
サラダ油、ごま油

◆作り方
❶春雨は熱湯でもどし、さっと水に通してざるに上げ、ざく切りにして水気をきる。
❷牛肉は、砂糖大さじ½、しょうゆ大さじ2、にんにく・生姜・長ねぎ各少々、酒大さじ2で、下味をつける。
❸椎茸ときくらげは、サラダ油で炒め、酒・塩各少々を振る。
❹中華鍋にサラダ油少々をひいて塩ひとつまみを入れ、もやしを強火で炒め、蓋をして火を弱め、歯ざわりを残す程度に蒸し煮にする。
❺にんじん、筍、玉ねぎ、セロリ、いんげんは、別々にサラダ油と塩で炒めておく。
❻中華鍋にごま油を熱し、②に片栗粉少々をまぶして炒め、③を加えて炒め、①を加える。しっかり炒め合わせたら火を止め、④と⑤の野菜すべて、ごま、長ねぎを加え混ぜ、ごま油、胡椒で味を調える。

120 博多の水炊き

◆材料

[スープ]
鶏ガラ　2～3羽分
長ねぎ　1～2本
生姜　1かけ（つぶす）
酒　1カップ

[具]
鶏骨つき肉（ぶつ切り）　500g～1kg
長ねぎ、生姜　各少々
白菜（ざく切り）
春菊（ざく切り）
水菜（ざく切り）
生椎茸（石づきを切って2つ～4つに切る）
ゆで筍（薄切り）
豆腐（ひと口大に切る）
しらたき（ゆでてざく切り）
青ねぎ（5～6㎝長さに切る）
餅
すべて適量

[薬味]
細ねぎ
もみじおろし（402ページ参照）
ポンス（柑橘類の絞り汁）
塩、しょうゆ

◆作り方

❶スープをとる。鶏ガラに熱湯をかけて汚れを落とし、水洗いして鍋に入れる。たっぷりの水を張って強火にかけ、沸騰したらアクをすくい、長ねぎ、生姜、酒を加え、中火でグラグラと煮て、白濁したスープをとる。ペーパータオル（または布巾）でこす。

❷鶏肉は、長ねぎ、生姜を加えて食べやすいやわらかさになるまで30分ほど下ゆでし、取り出す。ゆで汁はとっておく。

❸①に②のゆで汁を加え、水炊きのスープにする。

❹土鍋などに③を張って強火にかけ、沸騰したら②の鶏肉をすべて加え、たぎってきたらアクをすくう。まずスープだけを器にとり、ひとつまみの塩で味わう。

❺別の取り皿に、ポンスしょうゆ、細ねぎ、もみじおろしを用意して、鶏肉から食べる。順次、野菜、餅、豆腐などを鍋に入れ、煮えばなを味わう。

121 秋サバのゴマ醤油びたし

◆**材料**（分量はお好みで）
サバ（生食できる新鮮なもの）
しょうゆ、みりん、酒
煎り黒ごま（粗ずり）
[薬味]
　三つ葉、みょうが
　生姜、わさびなど

◆**作り方**
❶サバは、三枚におろし、腹骨をすき取って小骨を抜く。表面の薄皮を剝ぎ取り、薄めの小口に切る。
❷丼に入れてしょうゆをひたひたに注ぎ（好みでみりんや酒少々を入れてもよい）、1〜2時間以上おく。
❸②に黒ごまをたっぷり振りかけて混ぜ、好みの薬味を添える。
☆そのまま食べても、ご飯にのせてお茶漬けにしてもおいしい。

122 イワシの煮付け

◆**材料**
イワシ（小振りのもの）　15尾
昆布　15cm
生姜　1かけ（つぶして薄切り）
梅干し　2〜3個
酒　1⅓カップ
淡口しょうゆ　⅓カップ
煮出し番茶またはほうじ茶　2カップ
針生姜
☆竹の皮（あれば）

◆**作り方**
❶イワシは、鱗を除き、わたを取らずに、よく水洗いして水気をふく。
❷鍋に竹の皮を敷き（取り出しやすくするため）、昆布を敷いて生姜を散らし、イワシを重ならないようにきっちり並べる。梅干しをちぎって散らし、酒1カップ、淡口しょうゆ、番茶1カップを注ぎ、落とし蓋をして、中火で静かに煮る。
❸煮汁が半分くらいに煮詰まったら、再び酒⅓カップと番茶1カップを注ぎ、中火で30〜40分煮る。
❹煮汁が⅓まで煮詰まったら、煮汁をすくってイワシにかけながら、さらに煮詰めて火を止め、そのままさます。
❺器に盛り、針生姜、細切りにした昆布を添える。

123 アジやイワシのヌカミソ炊き

◆材料

サバ　1尾（アジ、イワシなら5〜6尾）
糠みそ　150g
A
- 生姜　1かけ（薄切り）
- 昆布　10㎝
- 酒　1カップ
- しょうゆ　¼カップ
- みりん　⅓カップ
- 水　½カップ

針生姜

◆作り方

❶サバは頭を落とし、筒切りにしてわたを取り除き、水洗いする（アジやイワシなら丸ごと）。
❷鍋に糠みそを半量入れ、①を並べて、糠みそで覆い、20分ほど漬け込む。
❸②にAを加えて落とし蓋をし、味がしみ込むまで静かに煮込む。
❹糠みそごと器に盛り、針生姜を添える。

124 卵と豆腐

◆材料

卵　3個
豆腐（やわらかいもの）　½丁
（手でほぐす）
破布子　⅓カップ（種を除いて粗みじん切り）
青ねぎまたは長ねぎ　少々（粗みじん切り）
サラダ油

◆作り方

❶卵を溶きほぐし、豆腐をさっくり混ぜる。
❷フライパンに油を多めに熱し、ねぎを炒め、破布子を加えて炒め、①を流し入れて手早く混ぜ、半熟状に仕上げる。

☆破布子（ポープーツー。和名イヌジシャ）は、台湾のポピュラーな食材で、瓶詰で売られている。

125 アミにダイコンのトロリ煮

◆材料
大根　⅓〜½本
アミの塩辛　大さじ1強
昆布　10㎝
酒　½カップ

◆作り方
❶大根は、皮をむき、7〜8㎜厚さの半月切りにする。
❷鍋に昆布を敷いて大根を入れ、水をかぶるくらいに注ぐ。アミの塩辛と酒を加え、コトコトと大根がとろりとなるまで煮る。汁ごと器に盛る。

126 ビーフ・ストロガノフ

◆材料
牛肉（ヒレ、ランプなど、脂の少ない部分）
500g（細切り）
玉ねぎ　1個
（半分は薄切り、半分はざく切り）
にんにく　1片（みじん切り）
マッシュルーム　200g（薄切り）
ご飯　適量
バター　大さじ6
小麦粉　少々
サワークリーム　1カップ
塩、胡椒、ナツメグ、ローリエ
フェンネル、パセリなど好みのハーブ

◆作り方
❶鍋にバター大さじ2〜3を温め、薄切りの玉ねぎとにんにくを、弱火で丁寧に色づくまで炒める。
❷牛肉に軽く小麦粉をまぶす。
❸①にバター少々を足して②を入れ、火を強めて2〜3分炒める。
❹別鍋を熱して、バター大さじ2を入れ、ざく切りの玉ねぎを強火で炒める。八分通り火が通ったらマッシュルームを加えて炒め、③の鍋に移す。水1カップを注ぎ、ローリエ、ナツメグを加え、塩、胡椒をする。煮立ってきたらサワークリーム（少量取り分けておく）を加えて混ぜ、中火で2〜3分煮て、味を調える。
❺ご飯とともに器に盛りつけ、好みのハーブをあしらい、サワークリームを添える。

127 アナゴの地中海風

◆材料
アナゴ（丸のまま）　中1尾
白ワイン　1カップ
レモン汁（あれば塩レモン汁）　大さじ3
玉ねぎ　1個（輪切り）
じゃがいも　1個（下ゆでして輪切り）
にんじん　1本（薄切りにして下ゆで）
トマト　1個（輪切り）
セロリ　1/3本（薄切り）
ローリエ、タイム　各少々
にんにく　1片（つぶす）
サフラン　ひとつまみ
（熱湯に浸けて色出しする）
オリーブ油
バター　大さじ1～2
塩、胡椒

◆作り方
❶アナゴを5～6㎝長さにぶつ切りにして鍋に入れ、白ワイン、水1カップ、レモン汁、塩少々を加え、40分ほど静かに煮る。
❷オリーブ油をひいたオーブン用の器に①のアナゴを移し、玉ねぎ、じゃがいも、にんじん、トマト、セロリをのせ、ちぎったローリエ、タイム、にんにく、サフランを汁ごと、塩・胡椒各少々と①の煮汁も加え、バターを散らす。
❸200℃に熱したオーブンで、15～20分焼く。
☆塩レモンは、レモン3個をよく洗って水気をふき、縦に四つ割りにし、粗塩100gをまぶして瓶に詰める。冷蔵庫で保存し、1カ月くらいから使える。

128 アジ、タチウオの「背越し」

◆材料（分量はお好みで）
タチウオまたはアジ
昆布
塩、酢
みょうが（せん切り）
乾燥わかめ（もどしてざく切り）
生姜（すりおろす）

◆作り方
❶タチウオは、頭を落としてわたを抜き、腹の中までよく洗って、水気をふく（アジの場合も同様に）。背びれの両際に包丁で切り目を入れ、背びれを引っ張って骨ごと抜く。
❷①の表面と腹の中に塩を振り、ざるに並べる。4～5時間おいて身を〆る（魚の大きさによって加減する）。
❸②の魚の塩を酢で洗い流し、新たに酢（好みで甘みを加えても）に、昆布といっしょに漬け込む。
❹30分から1時間ほど漬けたら取り出す（アジは皮を引く）。中骨ごと薄切りにして器に盛り、みょうが、わかめ、生姜を添える。

129 おでんの袋モノ

◆**材料**（分量はお好みで）
油揚げ
もやし（ゆでる）
しらたき（ゆでてざく切り）
干し椎茸（もどして薄切り）
豚バラ肉（薄切り）
餅
昆布
（軽くもどしてひも状に）
またはかんぴょう

◆**作り方**
❶油揚げは、短い辺を切り落とす。まな板の上で、めん棒などを押しつけるように転がし、袋に開く。熱湯に通して、油抜きする。
❷もやし、しらたき、椎茸、豚バラ肉を①の中に均等に詰め、餅1個も入れ、昆布のひもできっちりと口を結わく。
❸おでんの具にして、静かに煮込む。

130 白子のみそ鍋

◆**材料**（分量はお好みで）
スケソウダラの白子
[鍋の汁]
酒、昆布、京みそ（甘めのみそ）
[具]
ゆで筍、大根、長ねぎ、白菜、春菊、きのこ類、豆腐など、好みのもの
[薬味]
柚子の皮、長ねぎ

◆**作り方**
❶白子は、湯通しする。
❷土鍋に水を張って昆布を入れ、酒少々を加えて火にかけ、沸騰してきたら静かにみそを溶かし込む。
❸下準備した具を、煮えにくいものから順に鍋に入れる。頃合いをみて、白子を食べやすい大きさにハサミで切りながら加え、静かに煮立たせる。
❹煮えばなを、好みの薬味とともに食べる。

131 牛アバラの韓国煮

◆材料

牛骨つきバラ肉
（6〜7㎝長さのぶつ切り）　2.5kg

A
- 長ねぎ（みじん切り）　⅓カップ
- にんにく（みじん切り）　大さじ2
- 煎り白ごま（布巾に包んですりこ木などで叩く）　大さじ2
- 木の実（くるみ、松の実、栗）、レーズンなど（すべて刻む）　各適量

B
- ごま油　大さじ3
- 砂糖　大さじ3
- 酒　½カップ
- しょうゆ　½カップ弱

もろみ（あれば）　少々
酒
白髪ねぎ、糸唐辛子（あれば）　各適宜

◆作り方

❶骨つきバラ肉は、肉に包丁で何本か切り目を入れておく。
❷鍋に①を入れてAとBを加えてよく混ぜ合わせ、30〜40分おいて味をなじませる。
❸②をもう一度混ぜてから、蓋をして、とろ火にかける。途中で上下を返し、あればもろみを加えて、焦げつかないよう酒を足しながら、1時間ほど蒸し煮にする。
❹器に盛り、白髪ねぎと糸唐辛子をのせる。

132 そばがきとそば練り

そばがき

◆材料

そば粉　100g
熱湯　約300㎖
そばの実（あれば）　少々
めんつゆ（388ページ参照）またはしょうゆ
[薬味]
　長ねぎ（小口切り）、削りがつお、
　大根おろしなど（好みで）
☆底の丸い片手鍋

◆作り方

❶片手鍋にそば粉を入れて熱湯を一気に注ぎ、すりこ木で手早く混ぜる。まとまってきたら弱火にかけて、すりこ木で力いっぱいかき回して練り上げる。
❷団子状にまとめて器に盛り、あれば煎ったそばの実を散らし、めんつゆやしょうゆで味わう。好みの薬味を添えても。

133 粥三種

◆材料（分量はお好みで）
米
牛すね肉のスープ
（409ページ参照）
または鶏ガラスープ
（376ページ参照）
白身魚
鶏ささ身
塩、酒
片栗粉
三つ葉、香菜など

◆作り方
❶鍋に米と、米の10倍量のスープ、塩少々を入れ、蓋をしてとろ火で1時間煮る。この間、かき混ぜたりしないこと。
❷白身魚は、薄いそぎ切りにし、酒を振って下味をつけておく。
❸鶏ささ身も、薄いそぎ切りにし、酒を振って下味をつけ、水で溶いた片栗粉をまぶし、熱湯にくぐらせておく。
❹器の底に②の白身魚を貼りつけるように敷き詰め、①の熱々の粥をたっぷりとかけ、三つ葉を添える。
❺同様に、③の鶏ささ身も器の底に貼りつけるように敷き詰め、①の熱々の粥を盛り、香菜を散らす。
☆心平ガユは、375ページ参照。

134 炒り卵

◆材料
卵　5個
干し貝柱　5個
ゆで筍　ほぐした貝柱と同量
片栗粉　小さじ1
ラード　大さじ3
酒、砂糖、塩

◆作り方
❶貝柱は、ひたひたの酒に浸して、一晩おく。
❷①を小鍋に移して水少々を足し、弱火でコトコトと煮る。十分にやわらかくなったら、繊維を一本一本ほぐすように細かく裂く。煮汁はとっておく。
❸筍は、ほぐした貝柱と同様の細かいせん切りにする。
❹②の鍋の煮汁に、貝柱、筍、割りほぐした卵を入れ、少量の砂糖、塩で薄めに調味し、片栗粉を加えて、全体をよく混ぜ合わせる。
❺中華鍋にラードを熱して、④を一気に流し入れ、焦げつかせないようによく混ぜながら、中火でサラサラを目指して炒りつける。

135 スネ肉のデンブ

◆**材料**（分量はお好みで）
牛すね肉（スープをとったあとのだしがら。409ページ参照）
にんにく、生姜、長ねぎ（すべてみじん切り）
酒
しょうゆ
ラード、ごま油
豆豉、シナモン、花椒、胡椒、ナツメグ、オールスパイスなど

◆**作り方**
❶だしがらのすね肉を、一晩冷蔵庫で寝かせ、扱いやすくする。
❷①を2〜3㎝厚さの輪切りにしてから、細かく指でほぐし、さらにすり鉢でする。
❸中華鍋にラードを熱し、にんにく、生姜、長ねぎを丁寧に炒め、②を加えてサラサラにするつもりで炒り上げる。水分がなくなってきたら酒をかけ回し、火力を少し強めて炒り、鍋肌からしょうゆ、ごま油をたらし、パサパサに炒りつける（味をみながら、少しずつ加えること）。
❹好みのスパイスを加え、香りをつける。耐熱皿などに移して、電子レンジに繰り返しかけて、水分をとばしてパサパサに仕上げる。

136 イワシのつみ入れ

◆**材料**（分量はお好みで）
イワシ（手開きにし頭と骨を除く）
生姜汁、レモン汁
卵白または片栗粉
塩、酒
揚げ油
昆布だし、塩
白髪ねぎ、針生姜

◆**作り方**
❶イワシを塩水で洗い、ぶつ切りにしてフードプロセッサーに入れる。生姜汁、レモン汁、卵白、塩、酒を加え、攪拌してすり身にする。
❷鍋に揚げ油を熱し、①をスプーンで形をまとめながら揚げれば、つみ入れの天ぷら。
❸昆布だしを温め、①をスプーンですくって落とし、浮いてくるまで煮て、塩で味を調えたら、つみ入れ椀。椀に盛って、白髪ねぎと針生姜を散らす。

137 白菜巻き団子

◆材料

豚挽き肉　500g

白菜（またはキャベツ）　大きい葉10枚

A
- 玉ねぎ　½個（みじん切り）
- わけぎ　1〜2本（みじん切り）
- 干し椎茸　1〜2枚（もどしてみじん切り）
- きくらげ　適量（もどしてみじん切り）
- ゆで筍　適量（みじん切り）
- 豆腐　¼丁（水きりする）
- 片栗粉　大さじ1

塩、酒、しょうゆ、ごま油

[たれ]

酢、しょうゆ、溶き辛子、にんにくなど

◆作り方

❶ボウルに豚挽き肉、Aを入れてよく練り合わせ、塩、酒、しょうゆ、ごま油で薄味に調味する。

❷白菜は1枚ずつ、湯通しする。

❸深さのある器に、②を外側にたらすように敷き詰める。①をひとまとめにして入れ、広げてあった葉で包む。

❹蒸気の上がった蒸し器に③を入れ、中心まで火が通るよう30分ほどしっかり蒸す。

❺熱いうちに食卓で切り分け、酢じょうゆなど、好みのたれで食べる。

138 中国風 伊達巻

◆材料

卵　4〜5個

豚挽き肉　250g

A［わけぎ、ゆで筍、きくらげ（もどす）、生椎茸、生姜（すべてみじん切り）　各適量

B［砂糖　小さじ½、しょうゆ　小さじ1、塩　小さじ1、片栗粉　大さじ1

みそ、もろみ、ごま油など　各適宜

◆作り方

❶卵は、卵黄1個分を別に取り分けておく。残りを溶きほぐし、四角い薄焼き卵を3〜4枚焼く（丸いフライパンで焼く場合は、四角く切り整える）。

❷豚挽き肉にAとBを加え、好みでみそ、もろみなども入れてよく混ぜ、薄焼き卵の枚数に合わせて等分する。

❸①を広げ、②の挽き肉あんを、手前からナイフなどでまんべんなく塗り広げる。向こう側1〜2㎝は塗らずに残して糊しろにする。手前から巻き上げ、糊しろに①で取り分けた卵黄を塗って、筒形にまとめる。

❹蒸気の上がった蒸し器に入れて、20分ほど蒸す。さめてから輪切りにする。

139 田楽刺し

◆**材料**
豆腐　1丁
里いも　3個
こんにゃく　1枚
木の芽　適宜
（飾り用に
少々取り分ける）
みそ、砂糖、酒
☆竹串
（あれば田楽用の串）

◆**作り方**
❶豆腐は、布巾にきっちり包み、まな板2枚の間にはさんで重しをし、しっかり水きりする。里いも、こんにゃくは、それぞれ食べごろにゆでる。
❷木の芽をすり鉢でよくすり、みそ（甘みが欲しければ砂糖も）を加えてすり混ぜ、酒で塗りやすいやわらかさにのばす。
❸豆腐、里いも、こんにゃくを好みの形に切って竹串に刺す。天板に並べて230℃に熱したオーブンで7～8分素焼きにする。②のみそを塗って、再びオーブンで軽く焼き色をつけ、木の芽を飾る。

140 船場汁

◆**材料**（分量はお好みで）
塩サバまたは〆サバ
サバのアラ
昆布
大根、にんじん
（ともに短冊切り）
酢、酒、塩
白髪ねぎ、針生姜、青ねぎ

◆**作り方**
❶塩サバは、昆布といっしょに酢に漬けて〆る。
❷①の昆布、サバのアラを鍋に入れ、水を注いで火にかける。煮立ったらアクをすくい、アラと昆布を取り出す。
❸②の鍋に大根、にんじん、7～8㎜厚さに切ったサバの身を入れる。野菜に火が通ったら、味をみて塩で調え、少量の酢、酒をたらす。
❹白髪ねぎ、針生姜を加え、椀に盛って青ねぎを散らす。

141 フキの煮物

◆**材料**（分量はお好みで）
ふき
油揚げ（せん切り）
だし
淡口しょうゆ、酒、濃口しょうゆ
サラダ油
塩
木の芽

◆**作り方**
❶ふきは、葉と茎を切り分ける。茎は鍋に入る長さに切り、まな板に並べて塩を振り、板ずりする。
❷鍋にたっぷりの湯を沸かして①の茎を入れ、少しかためにゆでて水に取る。鍋に残った湯で葉をゆで、水に取ってざるに上げる。
❸②の茎の皮をむき、穴の中の水をしっかり抜く。だし10に対し淡口しょうゆ・酒各１の割合で、薄味に調味して煮立て、茎を少し煮て取り出す。煮汁をさましてから再び茎を浸して、味を含ませる。
❹②の葉は細かく刻み、油揚げといっしょに少量の油で炒め、濃口しょうゆと酒でじっくり煮る。
❺③を汁から取り出して４㎝長さに切り揃え、④とともに盛りつけ、木の芽を添える。

142 馬鈴薯の蒸し焼き

◆**材料**
じゃがいも　５個
玉ねぎ　２個（みじん切り）
アンチョビ（みじん切り）　大さじ２
生クリーム　½カップ
胡椒、バター

◆**作り方**
❶じゃがいもは、皮をむいて細めの短冊に切り、水に浸けておく。
❷フライパンにたっぷりめのバターを温め、玉ねぎをじっくり炒める。
❸①の水気をよくきって②と混ぜ合わせ、アンチョビを散らして、耐熱容器に移しかえる。胡椒を振り、生クリームにアンチョビの油を少量混ぜて全体にかけ、バターを散らす。
❹220℃に熱したオーブンに入れて30分ほど、表面に焼き色がつくまで焼く。余分に生クリームがあればさらにかけ、オーブンの余熱で仕上げる。

143 春の白和え

◆材料
豆腐　1丁
にんじん、ゆで筍（ともに短い細切り）、
きくらげ（もどして短い細切り）、
こんにゃく（ゆでて短い細切り）
　合わせて約1カップ
せり　少々
煎り白ごま　大さじ3
白みそ　小さじ2
けしの実（煎る）　少々
だし、淡口しょうゆ、塩

◆作り方
❶豆腐は、しっかり水きりしておく。
❷だしを淡口しょうゆで薄く調味し、にんじん、筍、きくらげ、こんにゃくを入れてさっと煮て、ざるに上げて汁気をきる。せりは、塩ゆでして水に取り、水気を絞って2～3㎝に切る。
❸すり鉢でごまを丁寧にすり、白みそを加えて混ぜ、①を加えてさらによくすり混ぜる。②をすべて入れて和え、器に盛って、けしの実を散らす。

144 豚の詰め合わせ焼き

◆材料
豚肩ロース肉　600ｇのかたまり
玉ねぎ　1個（みじん切り）
にんにく　1片（みじん切り）
トマト　1～2個（ざく切り）
干しぶどう　ひとつかみ
ご飯　茶碗1～2杯
じゃがいも、にんじん
　各適量（適宜切ってゆでる）
バター
塩、胡椒、チリパウダー
白ワインまたは酒
☆たこ糸

◆作り方
❶豚肉は、2枚に切り分ける。それぞれに切り目を入れて開き、すりこ木などで叩いて平らにのばし、軽く塩、胡椒する。2枚を、たこ糸で袋状に縫い合わせる。
❷フライパンにバターを温め、玉ねぎ、にんにくを色づくまで炒め、トマト、塩、胡椒、チリパウダーを加えてさらに5～6分炒め、干しぶどうを加えて混ぜる。半量をオーブン用の皿に移し、広げておく。
❸フライパンに残した②にご飯を加え、よくかき混ぜる。
❹①の袋に③を詰め込み、口をたこ糸で縫ってから、②のオーブン皿に移す。白ワインを振りかけてバターを散らし、180～200℃のオーブンで40分ほど焼く。
❺肉に焼き色がついてきたら、じゃがいも、にんじんを周りに並べ、バターをのせ、オーブンに戻して仕上げ焼きをする。

145 ハンゲツ

◆材料
さつまいも　2～3本
（皮をむいて薄い輪切り）
もち米　1合（180㎖）
塩　ひとつまみ
そば粉　1カップ
☆笹または葉ラン、
クッキングシートなど

◆作り方
❶さつまいもを鍋に敷き詰め、ひたひたより少し多めの水を注ぐ。
❷もち米をざっと水洗いしてさつまいもの上に広げ、中火で煮る。煮えてきたら、しゃもじなどでいもをつぶし、塩を加える。
❸ドロドロの粥状になった②に、そば粉を加え、再び火にかけて少しやわらかめに練り上げる。
❹手に水をつけて③を団子に丸め、笹の葉の上にのせる。
☆そのままでも、あんや黒砂糖をつけて食べてもよい。

146 ポークチョップ

◆材料
豚肉（ロース、もも、肩ロースなど）
700gのかたまり
にんにく　1片（粗みじん切り）
玉ねぎ　大1個（みじん切り）
トマト　1～2個（ざく切り）
あんず（瓶詰）　3～4個（角切り）
黒胡椒、オールスパイス、
コリアンダー、塩
クローブ
バター
パン粉

◆作り方
❶肉は、少し厚めに切り、黒胡椒、オールスパイス、コリアンダーを挽いて振りかけ、塩、にんにくもいっしょにまぶしつける。
❷フライパンにバターを温めて①を入れ、強火で両面に焼き目をつけ、取り出す。
❸②のフライパンにバターを温め、玉ねぎを丁寧に炒める。塩、クローブ、トマトを加えてさらに炒め、オーブン用の皿に移す。
❹③の上に②の肉をのせて、あんずを散らし、全体にパン粉を振り、220℃に熱したオーブンで焼き目がつくまで焼く。
☆仕上げに卵を割って半熟に焼き、いんげんのバター炒めなどを添えてもよい。

147 湯元《タンエン》

◆**材料**
白玉粉　100g
片栗粉　¼カップ
小豆あん　適量
ごま油
ココナッツミルク、砂糖

◆**作り方**
❶小豆あんにごま油少々を加えて、弱火にかけて練り直しておく。
❷白玉粉と片栗粉を混ぜ合わせ、水を加えて練り、耳たぶくらいのかたさにする。小分けして直径2〜3㎝の団子に丸め、押し広げて丸くのばす。
❸かたく絞った濡れ布巾を手のひらに広げ、②をのせ、①のあんを包み込む。
❹湯を沸かして③を入れ、浮き上がってきたら出来上がり。湯ごと器に盛る。甘みをつけたココナッツミルクに入れてもおいしい。

148 芙蓉蟹《フーヨーハイ》

◆**材料**（分量はお好みで）
卵
カニ肉（ほぐす）
ゆで筍（小さな薄切り）
きくらげ
（もどして小さなざく切り）
グリーンピース
（生の場合はゆでる）
塩、酒、生姜汁、白胡椒
ラード、ごま油

◆**作り方**
❶ボウルに、カニ肉、筍、きくらげ、グリーンピースを入れ、よく溶きほぐした卵を加えて混ぜ合わせ、塩、酒、生姜汁で控えめに調味する。
❷中華鍋に少し多めにラードを熱し、はじめは強火で①を一気に流し込んで、手早く全体を混ぜる。弱火にして、焦げない程度に炒め混ぜ、胡椒を振り、ごま油で香りをつけ、半熟に仕上げる。

149 筑紫のケイラン

◆材料
白玉粉　200g
片栗粉　50g
こしあん　約200g
☆クッキングシート、
　葉ランなど
　（写真は山帰来の葉）

◆作り方
❶ボウルに、白玉粉と片栗粉を入れ、水を加えて、耳たぶより少しやわらかいくらいに練る。
❷小分けにして約4㎝の玉に丸め、濡れ布巾の上にのせ、めん棒で13×7㎝程度の楕円形に薄く広げる。クッキングシートの上に広げておき、蒸気の上がった蒸し器に入れ、強火で2～3分、透明感が出るまで蒸す。
❸②に棒状にまとめたあんをのせ、くるりと巻いて形作り、葉ランなどの上にのせる。

150 ツァルツェラ

◆材料
イカ　1パイ（墨とわたを除き、
　胴は輪切り、足は切り分ける）
白身魚（ホウボウ、メバルなど）　中2尾
　（三枚におろしてぶつ切り）
エビ　中10尾（背わたを除く）
玉ねぎ　1個（みじん切り）
にんにく　1片（みじん切り）
トマト　1個（皮をむいてざく切り）
ムール貝またはアサリ
　15個（殻をこすり洗いする）
パセリ（みじん切り）　少々
小麦粉　適量
オリーブ油、バター、揚げ油
塩、胡椒
レモン汁、ブランデー

◆作り方
❶イカは、オリーブ油でさっと炒める。白身魚は小麦粉をまぶし、から揚げにする。エビは、殻ごとオリーブ油で炒める。
❷フライパンにオリーブ油を熱し、玉ねぎ、にんにくを丁寧に炒め、トマトを加えて煮る。トマトが煮溶けてきたら、耐熱皿に移して広げる。
❸②の耐熱皿に、殻ごとのムール貝と①を並べる。塩、胡椒をして、バター、パセリを散らし、レモン汁、ブランデーを振る。200℃に熱したオーブンで、貝が口を開けるまで焼く。

151 152 153 そばパン、ピローグ

◆材料

[パン生地]
- そば粉　1カップ
- 強力粉　4～5カップ
- ドライイースト　小さじ2
- 黒砂糖または三温糖　大さじ2
- もろみ　大さじ1
- ごま油　大さじ2

[ピローグの具]
- 玉ねぎ　½個（みじん切り）
- 生鮭　1切れ（小さな角切り）
- ゆで卵　1個（粗みじん切り）
- バター　少々
- 塩、胡椒、好みのスパイス　各少々

打ち粉用強力粉　適量
卵黄　少々
☆クッキングシート、刷毛

◆作り方

生地を作る

❶大きめのボウルにそば粉を入れ、熱湯2～3カップを少量ずつ注ぐ。しゃもじで手早くかき混ぜてドロドロの状態にし、濡れ布巾をかけて1時間ほどおいてさます。
❷ぬるま湯½カップにイーストを入れて混ぜ、泡が立つまで15分ほどおく。
❸水½カップに黒砂糖を入れて溶かし、もろみ、ごま油を加えて混ぜる。
❹①のボウルに、②と③、強力粉を加え、しゃもじなどで5～6分、全体をかき混ぜる。なじんだらひとつに丸め、濡れ布巾をかけて30～40分おく。
❺打ち粉をした台に④をのせ、適宜強力粉を足しながら力を入れてしっかりとこね、耳たぶより少しかための生地にまとめる。ボウルにもどして濡れ布巾をかけ、倍の大きさにふくらむまでおく。

パンを焼く

❶ふくらんだ生地を2つに切り分ける。軽く押してガスを抜いて丸め直し、濡れ布巾をかけて30分ほど休ませる。
❷そばパンを焼く。①の生地のひとつを軽く押さえてガスを抜き、大きな団子に形を整える。とじ目を下にして、クッキングシートを敷いた天板に置く。1.5倍ほどにふくらんだら茶こしで強力粉を振りかけ、ナイフで十字に切り目を入れる。210℃に熱したオーブンで30分ほど焼く。
❸ピローグを作る。バターで玉ねぎを炒め、鮭を加えてほぐしながら炒め、塩、胡椒、スパイスで調味し、ゆで卵を加えて混ぜる。
❹①の残りの生地をさらに2つに切り分け、めん棒で長方形に薄めにのばす。クッキングシートを敷いた天板に1枚を置き、周囲を約1.5㎝ずつ残して③の具をのせる。もう1枚の生地をかぶせて四辺をしっかり閉じ、表面に刷毛で卵黄を塗る。210℃に熱したオーブンで30分間焼く。

154 アラブ風カレー煮

◆**材料**

むきエビまたはアサリ　1カップ強
にんにく　1片（みじん切り）
生姜　1かけ（みじん切り）
玉ねぎ　1個
トマト　1個（ざく切り）
カレー粉　大さじ2〜3
A ┌赤唐辛子　1本
　│サフラン　ひとつまみ
　│（熱湯に浸して色出しする）
　│クローブ、シナモン、ローリエ、
　└パセリの茎　各適量
ししとう　5〜6本
ピーマン　1〜2個
（種をとってざく切り）
そら豆（さやから出し軽くゆがいて皮をむく）
1カップ
にんじん　1本（乱切り）
ご飯　適量
サラダ油、バター、片栗粉
酒、塩、胡椒
チャツネ（354ページ参照）

◆**作り方**

❶むきエビに、酒・にんにく・生姜各少々で下味をつけておく。玉ねぎは、¼個をみじん切りに、残りはざく切りにする。
❷中華鍋に油とバターを温め、みじん切りの玉ねぎ、残りのにんにく・生姜を入れて、濃いきつね色になるまで丁寧に炒める。カレー粉を加えてさらに炒め、トマト、ざく切りの玉ねぎを加え、適宜水を足しながら炒め、Aを加える。
❸フライパンに油を熱し、ししとう、ピーマン、そら豆、にんじんを炒めて、②に加える。
❹①のエビに片栗粉をまぶして③に加えて混ぜ、エビに火が通るまで煮る。チャツネ、塩、胡椒で味を調え、カレー粉を加えて好みの辛さに仕上げる。器に盛ったご飯にかける。

155 サケとゴボウの卵鍋

◆材料
塩鮭（甘塩）切り身　2～3切れ
新ごぼう　1～2本（ささがき）
卵　3個（割りほぐす）
青ねぎまたはわけぎ
　適量（1㎝長さのざく切り）
だし　1カップ
酒　大さじ3～4
しょうゆ、みりん　各大さじ1
粉山椒

◆作り方
❶鮭は、骨があれば除き、皮をつけたまま刺し身くらいの大きさに切り、たっぷりの酒を振りかけておく。
❷浅鍋に、だし、しょうゆ、みりんを煮立て、ごぼうと①を酒ごと入れ、蓋をする。煮立ったら、味をみて調える。
❸青ねぎを散らし、溶いた卵を全体にかけ回す。好みの煮え加減で火を止める。粉山椒を振る。

156 大豆のうま煮

◆材料（分量はお好みで）
大豆（一晩水に浸ける）
昆布（小さな短冊切り）
牛肉（こま切れ、適宜刻む）
砂糖、しょうゆ

◆作り方
❶大豆は、水をきって昆布とともに鍋に入れ、たっぷりの水を注いで、とろ火で時間をかけて煮る。
❷やわらかく煮えたら、牛肉を加え、砂糖、しょうゆで薄めに味をつけ、煮汁を少し残す程度に煮含める。

157 みそ豆腐

◆材料（分量はお好みで）
豆腐
くるみ（ごま、落花生でも）
みそ、酒、黒砂糖
溶き辛子
ごま油

◆作り方
❶豆腐は、しっかり水きりする。くるみは、すり鉢でよくする。
❷フライパンにごま油を熱し、①の豆腐を手でほぐしながら入れ、みそを加えて弱めの中火でしばらく炒める。豆腐がパラパラになってみそがなじんだら、酒、黒砂糖、①のくるみを加えて薄めの味に調え、溶き辛子を加えて仕上げる。

158 毟《むし》り鯛

◆材料
鯛　1尾
山椒の葉　大量
塩、酒
ポンス（柑橘類の絞り汁）、しょうゆ
☆平らなざる

◆作り方
❶鯛は、鱗、えら、腹わたを取り除き、身の厚い部分に包丁で切り目を入れ、全体に塩をして1〜2時間おく。
❷大鍋にたっぷりの湯を沸騰させ、酒を加える。
❸平らなざるに山椒の葉を敷き詰めて①の鯛をのせ、煮立った②の中に沈め、20〜30分（鯛の大きさによって調整）煮る。
❹煮上がった鯛を崩さぬように大皿に取り出し、山椒の葉をあしらい、各々むしり取りながら、ポンスしょうゆで食べる。

福岡市西区能古に建つ檀一雄の歌碑——つくづくと櫨の葉朱く染みゆけど下照る妹の有りと云はなく

あとがき

　チチは御馳走するのが好きでした。細長いうなぎの寝床のような敷地の、あっちの端にチチの家、こっちの端に私たちの家、スープの冷めぬ距離に住んでいたので「美味しい料理を作りました。食べにいらっしゃーい」と呼ばれる事がよくありました。

　世界のあちこちを旅したチチの料理は多彩でした。パエリヤ、アンコウ鍋、ボルシチ、肉チマキ、それまでは名前も知らなかった洋の東西の様々な料理に、私はチチの家の食卓で出合いました。世界には美味しいものがこんなに色々あるのだと驚きました。そして、美味しい料理は、お店に食べに行ったり買いに行ったりしなくても、作ろうと思えば、家庭の台所でもできるのだということを知りました。

　客が多い家でした。二、三十人ということもよくあって、そんな時は「手伝いに来て下さい」と声がかかります。母は上等兵、夫と私は二等兵と呼ばれて、元帥を称するチチの指示のもとに野菜を刻んだり鍋を洗ったり、それが私の「檀流クッキング」入門の第一歩です。

　手伝いをしながら、干したナマコ、サフラン、香菜、見るも聞くも初めての食材や調味料に出合いました。驚く経験も多々ありました。

「オカラと酢と塩で揉んで奇麗にして下さい」と渡されたビニール袋に手を突っ込むと、出て来たのは舌から喉、食道、胃袋へ繋がっている豚の消化器一式。大鍋に湯が沸いた事を知らせると「これを入れてすぐ蓋をして下さい」。ピチピチくねくねのドジョウです。後日、これは「水からゆでて下さい」に変わりましたが、押さえている鍋の蓋にドジョウが、熱くて跳ねてぶつかる感触を今も思い出します。

山のようなネギや玉ネギを涙を流して刻みながら、これは一体どんな料理になるのだろう。不思議でした。どれも部分的な作業だったので、それがどんな風に繋がって美味しい料理となるのかはよく分かっていませんでした。

そんな切れ切れの体験が、私の中で料理という一つの形にまとまったのが「檀流クッキング」の新聞連載のための撮影です。毎回、材料の買い物から始まって料理が完成するまでの一部始終を、手伝いながら見る事が出来ました。出来上がった料理を皆で食べて、味も覚えました。

その記憶を武器に、文庫未収録の六十四作を新たに加えた「檀流クッキング」連載全料理の再現に挑んだのでありますが、えーっ、こんなに沢山作っていたのですかー。食べた事がない料理も色々あって、作家が書いた道しるべを唯一の頼りとする料理作りは、想像以上の大仕事でした。

迷路に踏み込んだり、突然放り出されたり、迷子になったり、新たな発見もあったり、楽しくもあり、面白くもあり、時に腹立たしくもあり、懐かしくもあり、様々な思いが交錯しながらの料理制作でした。

チチの料理を出来る限り忠実に再現するという一番大事なことが出来ているのかどうか。チチに「よく出来ましたねー」と褒めてもらえるか、「まだまだ二等兵ですねー」と言われてしまうか、心配です。

作る時に分かりやすいように、本文から作り方の部分だけを抜き出してレシピにまとめました。

「檀流」は細かい分量などにこだわらず大らかに作るところが魅力です。でも料理に不慣れな人もいるから目安が欲しいという声もあって、チチの流儀に反するとは思いつつ、分量を入れました。あくまでも目安です。分量に縛られずとらわれず、自分の舌を使って、のびのびと自由に作ってこそが「檀流」です。

数年前に福岡に移り住み、店に並ぶ食材が地域で違うことを実感しました。でも「無い物は無くてすませるに限る」のも「檀流」です。そして何より大事なことは「作るは作らないに勝る」。この本が「作る」きっかけになればいいなと願っています。

２０１６年２月

檀 晴子

1965年ごろ、東京・石神井の自宅キッチンでの食材仕込み風景。右から、一雄、太郎・晴子

檀一雄

1912年〜1976年。東京帝大経済学部卒。在学中より執筆活動をはじめ、35年『夕張胡亭塾景観』で芥川賞候補。44年、陸軍報道班員として中国戦線へ。同年、『天明』で野間文芸奨励賞を受賞。戦後は、捕鯨船に乗り込んで南氷洋へ出かけるなど、放浪的作家生活を実践する。50年、『長恨歌』、『真説石川五右衛門』で直木賞受賞。70年より2年間ポルトガル・サンタクルスに長期滞在。帰国後、福岡県能古島に自宅を構えた後も、文筆活動を続けた。病床で口述筆記により完結した自伝的長編『火宅の人』で、没後、読売文学賞、日本文学大賞を受賞。享年63歳。

檀太郎

1943年、東京都生まれ。エッセイスト、映像プロデューサー。檀一雄の長男。俳優座養成所を経て、南米に渡り、4年間の放浪生活。帰国後、広告制作会社勤務を経て、映像制作会社を設立。CFプロデュース、テレビ番組の企画、制作、講演等で活躍する。父親譲りのバイタリティーと旺盛な好奇心から世界100カ国超の国々を旅し、食、文化、風俗などについて独自の感性で綴ってきた。著書に『新・檀流クッキング』、『好「食」一代男』、『檀流エスニック料理』など多数。

檀晴子

1943年、東京都生まれ。エッセイスト。東京芸大在学中に檀太郎と結婚。以来、義父の一雄より檀流直伝、料理の薫陶を受けた。著書に『檀流クッキング入門日記』、『わたしの檀流クッキング』、『晴子さんちのおかず』ほか。2009年、夫婦揃って住みなれた東京・石神井の自宅を引き払い、父の終の棲家となった福岡市能古島に移住。四季折々の自然と向き合いながら、オリジナリティあふれるスローライフを実践している。

完本 檀流クッキング

○料理再現とレシピ　檀太郎、檀晴子
○レシピ構成　赤塚萌子
○編集協力　谷口哲幸（PumpkinHead）
○調理協力　朝田今日子
○撮影　高倉勝士（STUDIO TECH）、田畑伸悟（田畑写真事務所）
○本文デザイン　本橋健（NATTY WORKS）

完本《かんぽん》 檀流《だんりゅう》クッキング

二〇一六年三月三〇日 第一刷発行
二〇二〇年七月 七 日 第三刷発行

著　者 檀《だん》 一雄《かずお》 檀《だん》 太郎《たろう》 檀《だん》 晴子《はるこ》

発行人 海老原美登里

発行所 株式会社 集英社
〒一〇一―八〇五〇 東京都千代田区一ツ橋二―五―一〇
電話 編集部 〇三―三二三〇―六一〇五
読者係 〇三―三二三〇―六〇八〇
販売部 〇三―三二三〇―六三九三（書店専用）

プリプレス NATTY WORKS

印刷所 図書印刷株式会社

製本所 加藤製本株式会社

ISBN 978-4-08-780780-6 C0077